大学で学ぶ
西洋史［近現代］

小山 哲／上垣 豊／山田史郎／杉本淑彦 編著

ミネルヴァ書房

はしがき

　本書は，大学の教養科目（あるいは共通科目）などで西洋史あるいは西洋史に関連する授業の教科書，参考図書として編まれたものである。西洋史に関連する科目を受講している時は，授業をよりよく理解し，さらに授業内容に関連させて幅広く学ぶテキストとして活用してほしい。巻末の参考文献なども利用して，課題として出されたレポートを作成したり，レポートのテーマを探す時に役立つであろう。

　同時に，ひろく歴史に興味をもつ学生や一般の読者にも手にとって読んでもらいたい。最近の歴史ブームで，高校世界史教科書を社会人が買うという現象も起こっているが，残念ながら，通俗的な歴史読み物は多くても，専門の研究者によって書かれた一般読者向けのコンパクトで良質な概説書は意外と少ない。特に南北アメリカを含む西洋近現代史を一冊にまとめ，内容も高校世界史教科書よりもある程度詳しく，かつ最新の研究成果を反映した概説書となると，ほとんどないであろう。幸いにして，本書は，一線で活躍している西洋史研究者を執筆者にそろえることができた。本書を通じて最新の研究成果の一端に触れ，歴史を学ぶ本当の面白さを味わっていただきたい。

　歴史というと，大学に入ったばかりの学生ならば，「また暗記か」，とため息をつくかもしれない。たしかに，歴史学は記憶にかかわる学問であり，博識であることが重視される。だが，大学で歴史学を学ぶのは，歴史学を通じて知的な能力を鍛え，過去についての知識だけでなく現在や未来についての見識や洞察力を養うためである。近年になって大学で盛んに行われるようになったキャリア形成教育では，汎用的な能力（「ジェネリック・スキル」）や教養が重視されているが，歴史学はこうした能力を培う学問分野の1つとされている。肝心なのは知識の量ではなく，過去の事実を歴史的に関連づけ，現在との関係で意味を探ることができる能力である。そこからさらに，人類の歴史の中で，自分がどこに位置するのか，考え，認識する能力を培うところにまでいかなければ，教養とはよべないであろう。

本書は，アメリカ南北両大陸を含めた西洋世界の15世紀末から現代までの数百年の歴史の歩みを概観したものである。本書は4部構成で，第Ⅰ部「ヨーロッパの『近世』」は15世紀末に始まる大航海時代から18世紀末ごろまで，第Ⅱ部「『国民国家』をめざして」はフランス革命から第一次世界大戦勃発までを，第Ⅲ部「南北アメリカの推移」はヨーロッパ人の植民活動から現代までの南北アメリカの歴史を，第Ⅳ部は「現代世界の中の西洋」第一次世界大戦勃発から冷戦終結後の現在までを扱っている。

　大学で学ぶ学問はほとんどすべて西洋で生まれたものであり，専門的に学ぶ学問のバックグラウンドを学ぶために，西洋史は基礎的な教養として重要である。だが，それ以上に，西洋史に関する教養は，大学を出て，社会を形成する市民として身につけるべき教養になくてはならないものである。私たちが生きている世界のシステムは，資本主義世界システムともよばれるが，西洋で最初に生まれ，アメリカ大陸に広がり，そしてアジア・アフリカ・オセアニア，要するに全世界に拡大していったものである。このことだけとってみても，西洋史の基本的知識や西洋の歴史に対するそれなりの見識をもっておくことが大切なことが分かるであろう。

　歴史学は近代西欧の中で生まれた学問である。大きく変動していく社会の中で，西洋の人々は過去とのつながりを保持しながら発展していくために，歴史学を生み出し，歴史と歴史を研究する学問を尊重してきた。たしかに，日本を含めたアジアの近代化，工業化のスピードは驚異的なものがあり，もはや西洋から学ぶ必要はないように思われるかもしれない。だが，外国の歴史から学ぶということは，新型自動車のモデルや技術を輸入することとは本質的に異なっている。もし，日本人が現在の日本の社会に行き詰まりや閉塞感を感じているならば，西洋理解が表層的なものにとどまっていないかどうか，西洋からの学び方をどこで，どのように間違えたのか，問い直してみるべきである。西洋の歴史はその格好の素材であろう。

　世の中の変化は速く，しかもその変化のスピードは年々増しており，ひとたび「時代遅れ」の烙印がおされると，人々は見向きもしなくなる。こうした風潮は「時流」に身をまかせ，風向きをみることに敏感な日本人に特に目立つように思われる。「時流」に流されて自分を見失わないためにも，歴史意識を磨き，何が瑣末なことで，何が本当に重要なことなのか，見極める感覚を養う必要がある。

この点が，高校までの受験勉強でおろそかにされてきたことなのである。

　本書は統一的な歴史観をもって編まれたものではない。高校までの教科書で習った西洋史やテレビなどを通じて広められている西洋のイメージとは違った，多様で複雑な歴史の諸相が本書には提示されているだろう。近代西洋のイメージや，さらには個々の出来事の評価も，執筆者によって微妙に異なっており，たがいに矛盾しているところもあるだろう。だがそれは執筆者それぞれが現在と過去との対話を通じて歴史を読み解こうとした営為の結果なのである。また本書を読んで違和感を覚えたり，反論してみたくなるところがあるかもしれない。疑問を感じること，問いをもつことは，本書を作成した編者や執筆者の望むところである。その時は，巻末に紹介されている参考文献を読んでさらに学習を深め，外国の歴史を学ぶ意味を自分なりに考えていってほしい。それは先入観から解放される契機になり，知性を鍛えるよいトレーニングになるだろう。

　なお，『大学で学ぶ西洋史』には姉妹編として古代・中世編が数年前に出版され，好評を博している。西洋史は近現代史だけを学べばよいという声を時々聞くが，そうした西洋の学び方では，表層的な，安直な西洋理解しか得られない。直接に役立つ（ように思われる）ことしか学ぼうとせず，自分にとって都合のよい部分をもってきて，あたかもそれが全体であるかのように見なすならば，真理は永遠に分からない。西洋古代史・中世史を理解しておかねば，西欧近現代もまた本当の意味では分かったことにはならない。それは，少しでもまともに西洋近現代史の深層を理解しようとした研究者ならば，誰しも痛感していることである。ぜひ，古代・中世編をあわせて読んで，西洋史の理解を深めていただきたい。

2010年8月

編者　小山　哲
　　　上垣　豊
　　　山田史郎
　　　杉本淑彦

大学で学ぶ西洋史［近現代］

目　次

はしがき

第Ⅰ部　ヨーロッパの「近世」

総　説　近世のヨーロッパ ……………………………………………………… 2
　　　　（1）「近世」とはどのような時代か　2
　　　　（2）もしあなたが16世紀のヨーロッパに生まれたら？　3
　　　　（3）身分・地域・社団　7
　　　　（4）宗派化から啓蒙へ　9
　　　　（5）ヨーロッパの空間的拡大とその影響　13

第1章　宗教改革と対抗宗教改革　19

　第1節　ドイツの宗教改革 ……………………………………………………… 20
　　　　（1）ルターの改革　20
　　　　（2）都市の宗教改革　21
　　　　（3）宗教改革急進派と農民戦争　22
　　　　（4）宗教改革と諸侯　23

　第2節　宗教改革の波紋 ………………………………………………………… 25
　　　　（1）カルヴァン派の動き　25
　　　　（2）宗教改革の拡張　26
　　　　（3）イエズス会と対抗宗教改革　27
　　　　［歴史への扉1］宗教改革とジェンダー　28

第2章　ヨーロッパ世界の拡大と社会の変化　31

　第1節　ポルトガル・スペイン ………………………………………………… 32
　　　　（1）大航海時代の前夜　32
　　　　（2）ポルトガルの交易拠点帝国　33
　　　　（3）スペインの新大陸征服　35

　第2節　イタリア ………………………………………………………………… 38
　　　　（1）スペイン支配の確立と経済の「小春日和」　38
　　　　（2）啓蒙と改革　40
　　　　［歴史への扉2］シャイロックの居場所
　　　　　　　　　　　　――ゲットーの成立とユダヤ人　42

　第3節　オランダ ………………………………………………………………… 43
　　　　（1）16世紀中頃の低地諸州　43

　　　　（2）低地諸州の反乱　44
　　　　（3）オランダ共和国の政治・経済・宗教　46
　　　　[歴史への扉3]　絵画と歴史　47
　第4節　フランス……………………………………………………49
　　　　（1）絶対王政への道　49
　　　　（2）絶対王政の展開と矛盾　51
　　　　（3）社会的結合関係と文化の変容　53
　第5節　イギリス……………………………………………………56
　　　　（1）近世国家の成立　56
　　　　（2）内戦・共和制・王政復古　57
　　　　（3）帝国への道　60
　　　　[歴史への扉4]　反乱か革命か
　　　　　　　　　　──揺れるピューリタン革命の歴史像　62

第3章　自由と専制のはざまで　65

　第1節　神聖ローマ帝国とオーストリア……………………………66
　　　　（1）「ドイツの自由」と神聖ローマ帝国　66
　　　　（2）神聖ローマ帝国の構造　66
　　　　（3）三十年戦争と絶対主義的領邦国家の形成　69
　　　　（4）オーストリア・プロイセンによる二元主義的体制へ　71
　　　　[歴史への扉5]　社会的規律化と絶対主義　73
　第2節　近世北欧……………………………………………………74
　　　　（1）バルト海の覇権をめぐって　74
　　　　（2）絶対王政と新たな政治への模索　75
　　　　（3）経済と社会の繁栄　76
　第3節　東中欧・ロシア……………………………………………77
　　　　（1）近世のヨーロッパ東部を支配する4つの国家　77
　　　　（2）ポーランド・リトアニア共和国　78
　　　　（3）ハンガリーとボヘミア　80
　　　　（4）近世のロシア　82
　　　　[歴史への扉6]　ポーランド分割をめぐる議論　83
　第4節　オスマン朝…………………………………………………84
　　　　（1）オスマン朝, イスラーム, ヨーロッパ　84
　　　　（2）オスマン朝の興隆と拡大　85
　　　　（3）オスマン朝の脅威　86
　　　　[歴史への扉7]　オスマン朝の人材養成　87

第Ⅱ部 「国民国家」をめざして

総　説　ヨーロッパの世紀 ………………………………………………………… 90
　　（1）「国民国家」と現代　90
　　（2）パクス・ブリタニカのもとでの国民国家形成　91
　　（3）宗教・文化・教育の変容　93

第4章　フランス革命と産業革命　97

　第1節　フランス革命 ……………………………………………………………… 98
　　（1）革命の原因――政治文化の転換　98
　　（2）革命の開始――憲法制定議会・立法議会　99
　　（3）ジャコバン独裁――国民公会初期　101
　　（4）革命の軟着陸――国民公会後期・総裁政府　102
　　（5）革命の意義　103
　　［歴史への扉8］　革命・音楽・演劇　104

　第2節　ナポレオンとヨーロッパ ………………………………………………… 105
　　（1）ナポレオン・ボナパルトとフランス革命　105
　　（2）ナポレオン時代のフランス内政　106
　　（3）ナポレオンの大陸支配　107
　　（4）国民意識の覚醒と帝国の瓦解　109
　　（5）ナポレオン没落後のヨーロッパと世界　111

　第3節　ウィーン体制 …………………………………………………………… 112
　　（1）ウィーン体制の成立　112
　　（2）ウィーン体制の動揺　115
　　（3）1848年革命とウィーン体制の崩壊　118
　　（4）ウィーン体制の評価　119
　　［歴史への扉9］　ハンバッハ祭　120

　第4節　産業革命の進展と社会問題 …………………………………………… 121
　　（1）産業革命のイメージ　121
　　（2）産業革命と世界の構造化　122
　　（3）産業革命と連合王国体制　123
　　（4）産業革命と貧困　124
　　［歴史への扉10］　アングロ・サクソンとケルト　126

第5章　ブルジョワ社会の成立と国民統合の進展　129

第1節　ブルジョワ社会の原風景 …………………………………………130
　（1）1851年，ロンドン万博　130
　（2）ミドルクラスの再編　131
　（3）ミドルクラスという生き方　133
　（4）ミドルクラスと君主制　135
　（5）ミドルクラスとイギリス帝国　136
　［歴史への扉11］　大量消費空間，デパートの誕生　137

第2節　イタリアの統一 ……………………………………………………138
　（1）フランスの衝撃　138
　（2）復古体制期　139
　（3）革命の嵐　141
　（4）統一への助走　142
　（5）統一の達成　143

第3節　ドイツの統一と第二帝国 …………………………………………145
　（1）「ドイツ帝国」とは？　145
　（2）ビスマルクの政策　148
　（3）ヴィルヘルム時代　150
　［歴史への扉12］　「市民社会」としての帝政ドイツ社会　152

第4節　フランスの共和政と国民統合 ……………………………………153
　（1）19世紀フランスと共和政　153
　（2）ルイ＝ナポレオンの時代　154
　（3）共和政に向けて　155
　（4）国民国家　156
　（5）政治統合のほころび　158
　［歴史への扉13］　ライシテとは何か　160

第6章　中・東ヨーロッパの再編と民族問題　161

第1節　オーストリアと中・東ヨーロッパの再編 ………………………162
　（1）オーストリアにおけるアウスグライヒの成立　162
　（2）オーストリア＝ハンガリーにおける民族の問題　164
　（3）19世紀末の中・東ヨーロッパ　166
　［歴史への扉14］　ミューシャの町の複合的な社会
　　　　　　　　　　――ハプスブルク的秩序とその崩壊　168

第2節　ロシアの近代化 ……………………………………………………………169
（1）改革の時代　169
（2）改革後の対外関係と社会変容　170
（3）反改革と経済発展　172
（4）1905年革命から第一次世界大戦へ　173
[歴史への扉15]　帝国統治と「ロシア化」　174
第3節　トルコの近代化と民族問題 ………………………………………………175
（1）オスマン朝の「近代化」　175
（2）「民族国家」トルコ共和国の誕生　178
[歴史への扉16]　トルコ系国家としてのオスマン朝の特異性　180

第7章　帝国と植民地　183

第1節　イギリス帝国と移民 ………………………………………………………184
（1）年季契約労働者と奴隷移民　184
（2）移民の世紀　185
（3）組織的植民　186
（4）移民制限　188
（5）帝国の意味　189
[歴史への扉17]　ホワイトネス・スタディーズ　190
第2節　帝国主義と植民地問題 ……………………………………………………191
（1）帝国主義と国民国家　191
（2）世界各地への進出　193
（3）知の動員　195
（4）植民地の反乱と植民地支配の決算　196
[歴史への扉18]　国境を越えた娯楽　198

第Ⅲ部　南北アメリカの推移

総　説　南北アメリカ史の背景 ……………………………………………………202
（1）コロンブス以前　202
（2）植民地から独立へ　203

第8章　植民地から独立・建国へ　205

第1節　ラテンアメリカ ……………………………………………………………206
（1）征服されるインディオ社会　206

（2）ラテンアメリカ植民地社会の生成　208
　　　（3）ラテンアメリカ独立に向けて　213
　　　［歴史への扉19］　植民地時代を生きるインカ　215
　　第2節　北米植民地とカナダ ································· 217
　　　（1）北米での植民地建設　217
　　　（2）北米をめぐる英仏の覇権争い　218
　　　（3）カナダ自治領の成立へ――英米の影響下で　221
　　　［歴史への扉20］　アカディア人の追放　224
　　第3節　アメリカ合衆国の成立と拡大 ························· 225
　　　（1）抵抗から革命へ　225
　　　（2）広大な共和国の創造　226
　　　（3）建国期の社会と文化　228
　　　（4）1812年戦争と市場革命　229
　　　（5）ジャクソン時代の光と影　230
　　　（6）奴隷制の拡大と奴隷制廃止運動　232
　　　（7）リンカーンと南北戦争　233
　　　（8）南部の再建と人種問題　235
　　　［歴史への扉21］　市場革命とセクショナリズム　236

第9章　現代アメリカの形成　239

　　第1節　20世紀前半のアメリカ合衆国 ························· 240
　　　（1）革新主義　240
　　　（2）第一次世界大戦と1920年代　242
　　　（3）ニューディールと第二次世界大戦　243
　　　［歴史への扉22］　総力戦とアメリカ民主主義　245
　　第2節　アメリカ外交の展開 ································· 246
　　　（1）海外進出の開始　246
　　　（2）第一次世界大戦とロシア革命　248
　　　（3）国際連盟　249
　　　（4）1920年代の外交　250
　　　（5）危機の時代の始まり　251
　　　（6）「善隣外交」　253
　　　（7）第二次世界大戦の勃発　254
　　　（8）第二次世界大戦中の戦後構想　255
　　第3節　第二次世界大戦後の南北アメリカ ····················· 257
　　　（1）豊かな社会の形成――冷戦下のアメリカ合衆国　257

（２）保守化する社会の行方――1970年代以降のアメリカ合衆国　　259
　　（３）ラテンアメリカの推移　262
　　（４）カナダの推移　264

第Ⅳ部　現代世界の中の西洋

総　説　対立から協調へ向かう西洋世界　…………………………………268
　　（１）２つの世界大戦の時代　268
　　（２）冷戦の後先　269
　　（３）ヨーロッパ統合の進展　270
　　（４）現代の科学技術と社会　271

第10章　２つの世界大戦　273

第１節　第一次世界大戦とロシア革命の衝撃 ……………………………274
　　（１）「農業国」ロシアの危機　274
　　（２）二月革命が始まる　275
　　（３）二月体制から十月へ　277
　　（４）革命から内戦へ　279
　　（５）戦時共産主義からネップへ　282
　　（６）ソ連の「社会主義」建設　284
　　（７）穀物危機からスターリン独裁へ　286
　　（８）集団化の悲劇　287

第２節　ファシズムの時代 …………………………………………………289
　　（１）戦後危機とファシズムの登場　289
　　（２）ファシズムの第一波――イタリア・ファシズム体制の誕生　290
　　（３）ファシズムの第二波――ナチ党の権力掌握　292
　　（４）反ファシズムの動き　293
　　　　［歴史への扉23］２つの人種主義　294

第３節　第二次世界大戦 ……………………………………………………296
　　（１）ヴェルサイユ体制の崩壊と戦争の勃発　296
　　（２）ドイツによる大陸制覇と独ソ戦の勃発　297
　　（３）連合国の結成と戦局の転換　298
　　（４）戦争の終結から「戦後」へ　299
　　　　［歴史への扉24］第二次世界大戦と東欧のドイツ人　303

第11章　現代国際体制の成立と展開　305

第1節　冷戦の出現と展開　306
（1）冷戦構造の出現　306
（2）冷戦と発展途上地域　309
（3）東西陣営の変容　311
［歴史への扉25］キッチン・ディベート　313

第2節　多極化と冷戦の終焉　315
（1）1970年代――多極化とデタントの動揺　315
（2）1980年代――新冷戦と冷戦の終焉　318
（3）「新世界秩序」？――ドイツ統一と湾岸戦争，ソ連崩壊　321
［歴史への扉26］2つのSALT　322

第3節　冷戦後の世界　323
（1）時代の転換――軍縮と資本主義世界の拡大　323
（2）新しい危機――暴走するマネーと大量破壊兵器の恐怖　325
（3）21世紀の国際秩序――テロとの戦いと混沌の世界　327
［歴史への扉27］イラク戦争とヨーロッパ
　　　　　　　　――21世紀における民主主義と帝国主義　331

第12章　ヨーロッパ統合への道　335

第1節　脱植民地化とヨーロッパ統合　336
（1）戦後復興と植民地　336
（2）戦後復興と経済協調　337
（3）欧州石炭鉄鋼共同体の誕生　339
（4）脱植民地化と欧州経済共同体の誕生　340
（5）イギリスのEEC加盟問題　341

第2節　ヨーロッパ統合の拡大　343
（1）イギリスのEC加盟　343
（2）ECからEUへ――中・東欧への拡大　344
（3）現在のEU　345

第13章　現代科学技術の光と闇　347

第1節　ノーベル賞から見た20世紀の科学　348
（1）ノーベル賞への評価の確立　348
（2）第一次世界大戦の影響　350
（3）物理学の変革とノーベル賞　352

（4）第二次世界大戦とドイツ人受賞者たち　354
　　　［歴史への扉28］　日本の科学者とノーベル賞——戦前からの歴史　355
　第2節　戦争と科学技術 ……………………………………………………356
　　　（1）近代戦の始まり　356
　　　（2）科学者・技術者の戦時動員体制　358
　　　（3）原子爆弾　360
　　　（4）レーダー，コンピュータ，ネットワーク　362
　　　［歴史への扉29］　先見の明があったポール・バラン　365
　第3節　第二次世界大戦後の環境問題 ……………………………………366
　　　（1）「環境の時代」　366
　　　（2）塵降る戦後世界　367
　　　（3）黙示録と健康志向との間で　368
　　　（4）「環境の時代」と歴史学　370
　　　［歴史への扉30］　環境問題とメディア　371

参考文献
人名索引

第Ⅰ部
ヨーロッパの「近世」

世界を支配する女王としての「ヨーロッパ」(マールテン・デ・フォスの原画による銅版画,1588～89年頃)
出典：M. Wintle, *The Image of Europe. Visualizing Europe in Cartography and Iconography throughout the Ages*, Cambridge 2009.

- 第1章　宗教改革と対抗宗教改革
- 第2章　ヨーロッパ世界の拡大と社会の変化
- 第3章　自由と専制のはざまで

総説　近世のヨーロッパ

（1）「近世」とはどのような時代か

　第Ⅰ部でとりあげるのは、「近世」のヨーロッパの歴史である。世紀でいえば、ほぼ15世紀末から18世紀末までの3世紀間に相当する。300年余りにわたって続いた「近世」とは、どのような時代だったのだろうか。

　この時代は、西洋の諸言語では、しばしば「初期近代」と表現される（たとえば、英語では、"the early modern period"である）。この言い方に従うと、「近世」は「近代」というより長い時代の一部に含まれ、「近代」の最初の段階である、ということになるであろう。これからみていくように、「近世」という時代にそのような一面があることは否定できない。私たちが「近代」的な生活手段の一部としてごくふつうに利用しているモノや技術の中には、近世に始まったものも少なくない。

　たとえば、いま、あなたが手にしているこの教科書は、印刷されて出版された書物である。アルファベットの活字を用いて本を印刷して複製する「活版印刷術」は、15世紀半ばにドイツで発明され、近世をつうじてヨーロッパ各地に普及した。この技術を活用して、時事的な情報を編集・印刷して定期的に販売するメディアとして成立したのが、「新聞」である。新聞は、17世紀のドイツに始まり、18世紀になるとヨーロッパの各地で日刊紙が刊行されるようになった。新聞に掲載される情報を集めたり、新聞そのものを配布したりするために必要な「郵便」も、16世紀にドイツとイタリアを結ぶ定期便として始まったものである。

　近世のヨーロッパで生まれて、私たちの生活の一部となっているモノや作法の例は、ほかにもたくさん挙げることができる（たとえば、「砂糖を入れた紅茶やコーヒー」、「ハンカチを持ち歩く習慣」など）。こうした点を拾いあげていくと、なるほど「近世」は「近代のはじまり」であるとい

えそうである。

　しかし、近世のヨーロッパの人々の暮らしをもう少し立ち入って眺めてみると、19世紀以降の時代とは異なる様々な特徴も見えてくる。フランスの歴史家リュシアン・フェーヴルは、16世紀のフランスの社会と文化をいきいきと描き出した名著『フランス・ルネサンスの文明』（原著は1925年刊。日本語訳は二宮敬訳、ちくま学芸文庫、1996年）の中で、こう述べている。「フランス16世紀の具体的な人間、生きている人間、骨と皮とを持った人間と、われわれ20世紀のフランス人とは、ほとんど似たところがない。あの野人、あの放浪者、あの村人。彼は何とわれわれから遠いことか！」。フェーヴルが16世紀のフランス人の特徴として具体的に挙げているのは、生活の場が基本的に農村的であること、暖房や照明の設備が乏しくプライヴァシーもほとんどない居住環境の中で暮らしていたこと、上は国王から下は学生・職人にいたるまで移動を繰り返しながら生涯を送ったこと、等々である。

　1878年生まれのフェーヴルにとって16世紀のフランス人が遠い存在であったとすれば、21世紀の私たちと近世のヨーロッパの人びととの隔たりはさらに大きいということになるであろう。その隔たりを具体的にイメージしてもらうために、もしあなたが16世紀のヨーロッパに生まれたとしたら、どのような生涯を送ることになるか、フェーヴル以降の新しい歴史研究の成果もふまえながら、シミュレーションしてみよう。

（2）　もしあなたが16世紀のヨーロッパに生まれたら？

　16世紀のある日、ヨーロッパのどこかの町か村であなたが産声をあげたとしよう。あなたの最初の試練は、1歳の誕生日を無事に迎えることができるかどうかである。なぜならば、あなたと同じ年に生まれた赤ちゃんの4人に1人は、1年たたないうちに死んでしまうからだ。その後も、あなたと同い年の子どもたちは、次々にこの世から去っていく。あ

4 第Ⅰ部 ヨーロッパの「近世」

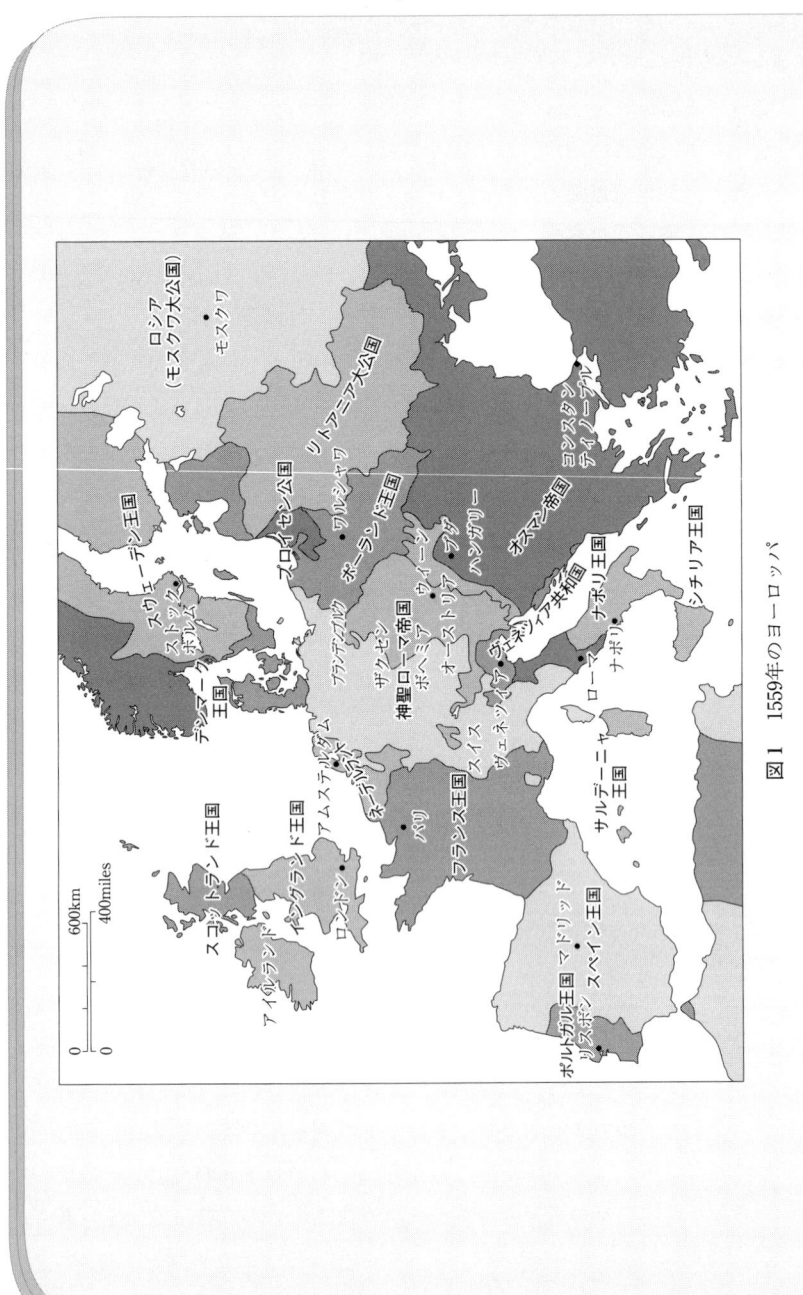

図1 1559年のヨーロッパ

なたが20歳になる頃には，あなたと同年齢の若者の数は半分ほどに減っているであろう。

　もしあなたが健やかに成長して，環境に恵まれれば，学校に通うことができる。ただし，教育を受けるチャンスは，ジェンダーによって大きな差があった。たとえば，1580年頃のザクセンでは，ルター派教会の教区の50％に初等教育を行う男子校があったが，女子のための学校のある教区は10％にすぎなかった。教区の付属学校では，子どもたちは読み書きの初歩を学び，女子の場合は裁縫や刺繡も習った。もしあなたが男性で，向学心があり，条件に恵まれていれば，より高度な教育を求めてコレギウムや大学に行くこともできる。これらの学校では，あなたは，ラテン語やギリシア語を徹底的にたたきこまれるだろう。たとえば，あなたがトゥルーズ大学で法律を学ぶ13歳の学生であれば，次のような毎日を送ることになる。毎朝4時起床，お祈りの後，5時から10時まで休憩なしの授業，昼食後，気晴らしでギリシアやローマの古典を読み，13時から17時まで再び授業，その後は居室に戻って授業の復習，18時夕食，就寝前に再び気晴らしにギリシア・ローマの古典を読む。

　もちろん，16世紀のヨーロッパでは，大学で学ぶ者はごく少数であり，読み書きもままならない人々のほうが多数を占めていた。たとえば，1580年代のイースト・アングリアでは，商人・職人層のうち，自分の名前を署名することができたのは，男性で49％，女性では6％にすぎない。

　もしあなたが農民や商人・職人の家に生まれて，実家にとどまることができずに生計をたてようとすれば，領主や富裕な農民・都市民の家に奉公人として雇われて住み込みで働くか，徒弟として放浪しながら修業を積むことになるであろう。男女を問わず，成人の5人に1人は，結婚することなく独身で生涯を送ることになる。もしあなたがカトリック教会の聖職者の道に進まず，条件に恵まれ，その意思があれば，20代の半ばから後半に結婚することになるであろう。あなたが初婚であれば，夫

は妻よりも2〜3歳年上のことが多い。家族の形態は，北西ヨーロッパでは単一世代の夫婦を中心とする核家族が多いのに対し，南欧や東欧の一部の地域では複数の夫婦の世帯がともに住む複合家族が多くみられる。また，核家族であっても，夫婦・子ども以外の者が奉公人として同居しているケースが少なくないことも，近世ヨーロッパの家の特徴である。

近世のヨーロッパでは，平均的な夫婦の場合，2年から3年に1人のペースで子どもが生まれたが，すでに触れたように乳幼児の死亡率が高いので，生まれた子どもがすべて成人になるわけではなかった。出産は，子どもを産む母親にとっても，リスクを伴う営みであった。17世紀のイギリスでは，出産1回当たりの女性の死亡率は1％程度だが，多くの女性は複数回出産するので，生涯をとおして計算すると1人の女性が出産が原因で死亡する確率は5〜7％にものぼった。こうした事情もあって，若くして配偶者を失う夫は多かったが，妻を亡くした男性は，しばしばそれほど時期をおかずに再婚した。

もしあなたが様々な障害を乗り越えて，つつがなく老年を迎えることができたならば，この世に別れを告げるための準備をしなければならない。よき死を迎えるための心得を説いた「往生術」の本は，16世紀のヨーロッパではベスト・セラーの1つであった。あなたがカトリックの信徒であれば，教会や修道院に寄進をし，煉獄で試練をうける自分の魂が天国に救われるように祈念するミサを毎年欠かさないよう遺族に遺言するであろう。プロテスタントの場合は，煉獄の存在を否定したので，死者のためのミサも行われなかったが，敬虔な信徒であれば，よき死を迎えるための祈りは欠かさなかったであろう。

以上に示した死亡率や結婚，出産に関するデータの多くは，「歴史人口学」の研究成果によっている。近世のヨーロッパ史に関する様々な研究領域の中でも，歴史人口学は，20世紀後半以降にとりわけ飛躍的に発展した分野である。この分野の研究者たちは，近世の教会が信徒の洗礼，

婚姻，埋葬を教区ごとに記録した帳簿をもとにして，出生・結婚・死亡に関するデータを集積し，教区民の家族構成を復元することに成功した。そのおかげで，私たちは，19世紀以降の社会とは異なる，近世のヨーロッパの人々の年齢別の人口構成や，男女のライフ・サイクル，家族の形態，夫婦や親子の関係の特徴について，多くの新しい事実を知ることができるようになったのである。

　歴史人口学の研究によると，18世紀後半になると，ヨーロッパでは，死亡率が低下し，平均寿命が長くなる傾向がみられる。たとえば，1750年から1850年の間に，平均寿命は，フランスでは28歳から34歳に，イギリスでは37歳から40歳に延びた。その原因としては，17世紀に比べて気候が温暖化したこと，大規模な伝染病の流行が少なくなったこと，ジャガイモやトマトなどアメリカ大陸原産の野菜が加わって食生活が豊かになったこと，戦争の性格が変化して兵士以外の一般人の死傷者が減少したことなど，様々な要因が指摘されている。いずれにせよ，死亡率が低下し，出生率が変わらなければ，人口は増大する。ヨーロッパの人口は，16・17世紀の200年間は1世紀当たり20％の割合で増加したが，1750年から1850年の100年間には，人口増加率は倍になった（1750年の1億4000万人に対して1850年には2億6500万人）。人口学的にみた「近世」から「近代」への転換は，18世紀後半に始まったのである。

（3）　身分・地域・社団

　近世ヨーロッパの社会が私たちの社会と異なるもう1つの点は，聖職者，貴族，都市民，農民など，社会が複数の身分に分かれていたことである。ある人がどの身分に属するかは，原則として生まれによって決まっていた（聖職者身分は，この点で例外である。カトリック教会の場合，聖職者は独身制だったので，しかるべき手続きをふめば，出自によらず，どの身分からでも聖職者になることができた）。身分間には上下の序列があり，各身分

はそれぞれ異なる法的な地位を与えられ，固有の権利を認められていた。

　近世のヨーロッパ諸国には，これらの身分の代表からなる合議機関として「身分制議会」が存在した。身分制議会の構成は，各国の事情に応じて様々である。イングランドでは貴族院（高位聖職者と貴族）と庶民院（ジェントリと都市民）の二院制，フランスでは聖職者・貴族・都市民からなる三部会，神聖ローマ帝国の帝国議会も選帝侯部会・諸侯部会・帝国都市会議の3つの部会から構成されていた。農民は通常，議会に代表を送ることはできなかったが，スウェーデン王国の議会は例外で，聖職者，貴族，都市民，農民の4つの部会から構成されていた。身分制議会は，王権が新たな課税や立法を行う際に諸身分と交渉して合意をとりつける場であったが，どの程度の政治的な影響力をもつかは，それぞれの国の状況によって異なっている。スペインの支配に抵抗して独立したオランダ共和国では，君主の権力を退けて，議会が国家の主権を担った。ポーランド・リトアニアでも，代表権をほぼ独占した貴族身分が，選挙で国王を選び，議会をとおして国政の主導権を握った。17世紀半ばのイングランドでは，議会が王権と激しく対立し，1649年には国王チャールズ1世を処刑するにいたった。これに対して，フランスの場合には，王権が強力で，1614年から1789年まで全国三部会を召集することなしに統治が行われた。また，ロシアでは，16世紀半ばから17世紀にかけて「ゼムスキー・ソボル」（全国会議）とよばれる一種の身分制議会が存在したが，ツァーリの権限が強く，法的な地位を確立するにはいたらなかった。

　近世ヨーロッパの国家は，地域的にも複合的であった。国家を構成する複数の地域は，しばしば独自の法制度や自治権を認められていた。このように，1人の君主のもとで，固有の法的地位をもつ複数の地域が統治されているような国家を，「複合君主国」とよぶ。近世ヨーロッパの複合君主国においては，空間的に離れた地域が1つの王朝によって支配

されていることも珍しくなかった（たとえば，ホーエンツォレルン家のブランデンブルク・プロイセンや，ハノーヴァ朝のイギリスとハノーヴァ選帝侯国など）。地域的な特権の主張には根強いものがあり，王権が強力で全国三部会が召集されなくなったフランスでも，ラングドックなど一部の地域では，地方三部会が合議機関として機能し続けた。

　以上に述べたような身分や地域は，それ自体が複合的な性格をもっている。各身分の内部には，高等法院やギルドや信心会など，官職や職能や信仰の絆で結ばれた無数の集団が存在したし，各地域の内部にも，それぞれ自治的な権利をもつ都市や村や教区が存在した。身分内，地域内のこれらの団体もまた，国家の中でそれぞれ独自の法的な地位を認められていた。これらの法人格をもつ大小様々な社会集団を総称して，「社団」とよぶ。近世ヨーロッパの社会は，地域的，身分的，職能的な絆によって結ばれた無数の社団によって構成された社会であった。1人ひとりの住民は，これらの社団に属することによって，法的な位置づけを与えられた。そして，近世ヨーロッパの国家は，複雑に重なり合ったこれらの社団を介して，住民を支配していたのである。

　近世的な身分制国家から近代的な国民国家への転換は，国家と住民の中間に存在する社団を解体し，国家と国民が直接結びつく体制を創りだすことによって成し遂げられることになる。

（4）　宗派化から啓蒙へ

　近世のヨーロッパは，このように19世紀以降のヨーロッパとはいろいろな点で異なっていたが，他方で，中世のヨーロッパにはなかった新しい動きも，様々な面で認められる。「宗派化」も，そのような新しい現象の1つである。

　第1章で詳しくみるように，16世紀に始まる宗教改革と，それに対抗するカトリック側の対抗宗教改革によって，ヨーロッパは「信仰の分

裂」の時代を迎えた。近世のプロテスタントが中世の異端運動と異なる点の1つは，世俗の権力と結びついて，特定の地域や国家の体制を支える宗教となったことである。プロテスタントの勢力拡大に対抗するカトリック陣営も，同様に特定の世俗の権力者との結びつきを強めた。このように，世俗の権力が，カトリック，ルター派，カルヴァン派など特定の宗派を公認の宗教とみなし，その宗派の教会と協力しながら住民の内面と日常生活を規律化し，同質化していく現象を，「宗派化」と呼ぶ。「宗派化」が進むにつれて，近世ヨーロッパの諸国は，いずれの宗派を公式の宗教とするかによって色分けされていくことになった。

　信仰の分裂は，ヨーロッパに様々な対立と混乱を引き起こした。ドイツ農民戦争（1524～25），シュマルカルデン戦争（1546～47），フランスのユグノー戦争（1562～98），ネーデルラント独立戦争（1568～1609），三十年戦争（1618～48）は，いずれも宗派間の対立が原因の1つとなって起こった戦争である。こうした宗教戦争は，しばしば多くの犠牲をもたらした。ユグノー戦争の最中に起こったサン・バルテルミの虐殺（1572）ではフランス全土で数万人のプロテスタントが殺害され，ドイツでは三十年戦争によって人口の4分の1から3分の1が失われた。

　このような宗教上の対立に伴う社会の緊張を背景として，近世のヨーロッパで猛威をふるったのが「魔女狩り」である。プロテスタントの地域でもカトリックの地域でも，異端の疑いをかけられたり，「悪魔と契約した」とみなされた者は審問を受け，しばしば拷問によって引き出された自白に基づいて処刑された。16・17世紀をつうじて10～20万人がこのような裁判にかけられ，そのうち4～6万人が処刑されたと考えられている。魔女狩りのピークは16世紀末から17世紀初頭で，犠牲者の約8割は女性であった。

　こうした犠牲を生みだす一方で，近世のヨーロッパでは，複数の宗派が存在することを前提として，迫害や戦争を避け，平和を維持する仕組

みを構築する取り組みも始まっている。神聖ローマ帝国の領邦君主にルター派かカトリックのいずれかの宗派を選択する権利を認めたアウクスブルク宗教和議（1555），ポーランド・リトアニア共和国内の複数の宗派の平和共存を定めたワルシャワ連盟協約（1573），カトリックを支配的な宗派とするフランス国内でカルヴァン派の信仰の自由を認めたナント王令（1598），アウクスブルク宗教和議の原則を再確認した上でカルヴァン派にも適用範囲を拡大したウェストファリア条約（1648）は，いずれも複数の宗派の存在を容認することによって平和を回復しようとする取り決めであった。このような経験を積み重ねることによって，ヨーロッパ諸国の間では，宗派的な立場を離れて自国の得失を計算し，国家それ自体の利益を追求する姿勢が徐々に強まっていった。明確な領土と国民を擁し，独立した国家主権をもつと自覚する諸国によって構成される国際関係を，「主権国家体制」とよぶ。近世（とりわけその後半）のヨーロッパでは，このような主権国家群の相互関係によって，国際秩序が形成されていった。宗派の違いによる迫害や紛争は，17世紀半ば以降のポーランドにおける一連の戦争や，フランスにおけるナント王令の廃止（1685）など，近世の後半に入っても一部の地域で続いたが，ヨーロッパを全体としてみると，近世の300年間をつうじて，異なる信仰をもつ人びとの存在を制度的に容認する傾向が徐々に強まっていったといえるであろう。

　三十年戦争を最後として，西ヨーロッパでは大規模な宗教戦争の時代は終わったが，主権国家体制のもとでも，戦争自体は，近世をつうじて絶えることがなかった。16世紀に銃砲と歩兵を組み合わせた新たな戦法が導入されたことによって，ヨーロッパ諸国の軍隊の規模は拡大した（軍事革命）。この傾向は，ウェストファリア条約以降の150年間に，ますます強まった。たとえば，18世紀のプロイセンでは，人口約350万人に対して，軍隊の規模は15万人に達した。成人男性の4人に1人が軍役に

従事していた計算になる。このように軍隊の規模が大きくなり，兵の訓練が長期化すると，軍隊を維持するコストは膨大なものになる。18世紀になると，ヨーロッパの主要な諸国は，軍隊を維持するために財政の改革を行い，広く国民から税を徴収し，国債を発行して軍事費を確保する仕組みを作りあげた（近年の研究では，このような体制をもつ国を「財政・軍事国家」とよぶ）。

　中世以来の権威を疑い，理性や経験に基づいて世界を理解しようとする傾向は，思想や学問の分野にもみられた。ルネサンス期の人文主義者たちは，ギリシア・ローマの古典や聖書を，ギリシア語やラテン語やヘブライ語で書かれた原典にたちかえって研究し直すことで，新しい知的な可能性を切り拓いた。人文主義者たちは，ラテン語を共通語として互いに文通し，活版印刷術によって出版された互いの本を読みあって，議論した。このような，政治や宗派の境界を越えて交流する近世の知識人たちのネットワークを，同時代人は「文芸共和国」とよんだ。近世の後半になると，文芸共和国の共通語として，ラテン語に代わって，フランス語が用いられるようになる。

　コペルニクスやガリレオの地動説，ハーヴェイによる血液循環の理論，ニュートンによる古典力学の確立など，自然科学の分野でも，近世のヨーロッパでは重要な発見が相次いだ。17世紀を中心とするこれらの一連の知的革新は，「科学革命」とよばれる。19世紀以降の自然科学の発達が，近世ヨーロッパの学者たちの発見に多くを負っていることは間違いない。しかし，「科学革命」の担い手たちを，今日の大学の実験室で研究する「科学者」のようにイメージすることは，あまり正確な理解とはいえないであろう。コペルニクスがプラトン哲学の解釈に基づいて太陽中心説を考案し，また，ニュートンが魔術の信奉者でもあったことが示すように，彼らは近世のヨーロッパに特有の世界観・宇宙観の中で知的な探求を行っていたのである。

理性に基づいて自然や社会の仕組みを理解しようとする傾向は、17世紀後半から18世紀にかけて、いっそう強まった。「啓蒙主義」とよばれるこの思潮は、文化の領域にとどまらず、政治や社会のあり方にも大きな影響を及ぼした。イギリスのロックやフランスのルソーが唱えた社会契約論や、モンテスキューの三権分立論は、後にアメリカ独立革命やフランス革命を理念的に根拠づけるための土台となった。中・東欧の専制的な君主たちも、ヴォルテールやディドロらの啓蒙思想家と文通し、その影響を受けながら改革に取り組んだ。しかし、「啓蒙の世紀」の注目すべき点は、こうした新しい思想の影響が、一握りの知識人や支配者にとどまらず、社会のかなり広い範囲に及んだことである。その際に重要な役割を果たしたのは、サロンやコーヒーハウスなど、人々が集まり、新聞や雑誌を読みあい、議論する場であった。このような場に集う「公衆」が、理性に基づいて自由に議論をかわすことをつうじて生みだされる意見が、「世論」である。公衆が公共の問題について自由に討議する「公共圏」の成立は、19世紀に近代的な市民社会が成立するための重要な前提となった。

（5）ヨーロッパの空間的拡大とその影響

　中世とは異なる、近世ヨーロッパのもう1つの特徴は、空間的な広がりである。15世紀末から18世紀まで続いた「大航海時代」の間に、ヨーロッパ人が認識する地理的な空間は、地球全体を見わたす範囲にまで拡大した。大西洋の西に位置するカリブ海諸島と新大陸の発見（1492）、アフリカ南端を回ってインド洋に入る航路の発見（1498）、マゼランの艦隊による世界周航（1519-22）、タスマンによるオーストラリア・ニュージーランドへの航海（1642-48）、ベーリングによるカムチャッカ探検とアラスカへの到達（1725-41）、クックによる太平洋の航海（1768-79）などは、いずれも近世のヨーロッパ人による航海と探検の成果である。

14 第Ⅰ部 ヨーロッパの「近世」

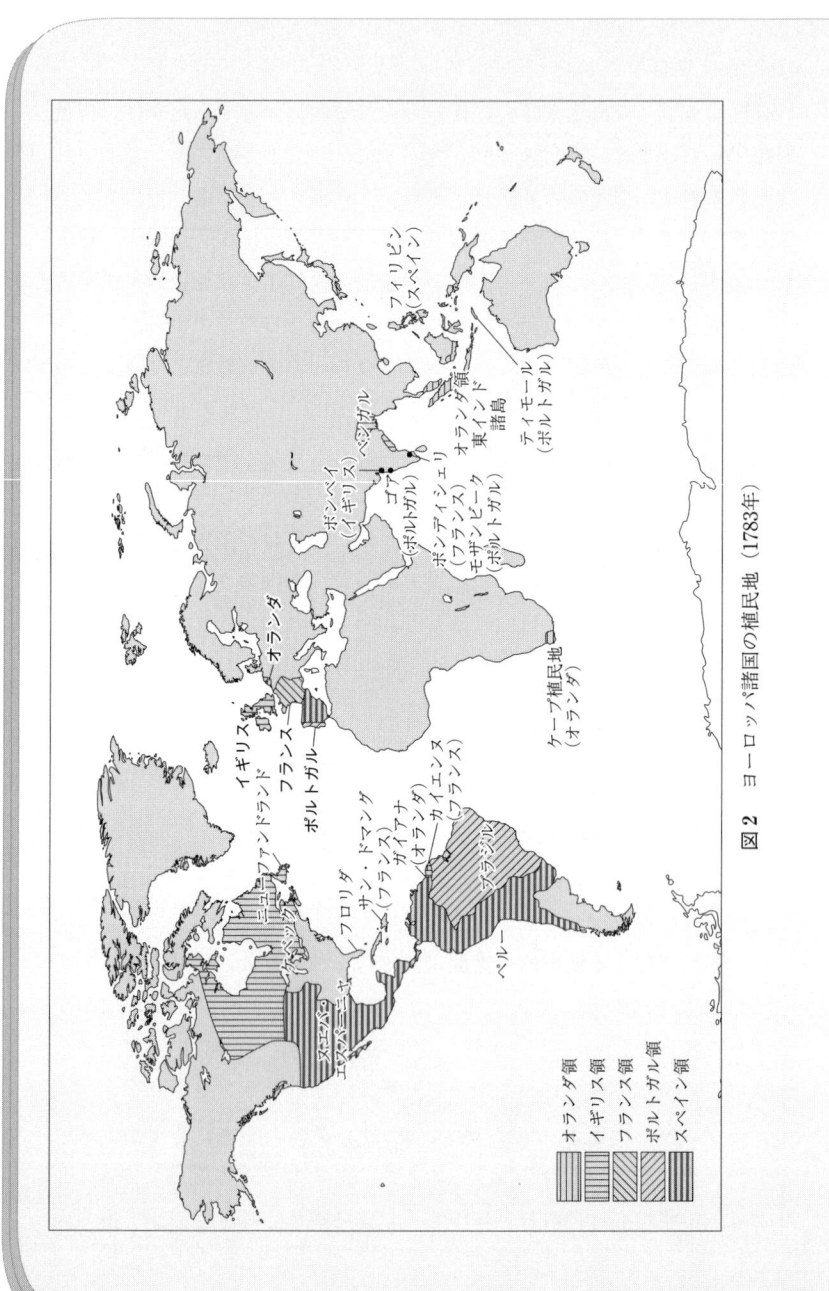

図2 ヨーロッパ諸国の植民地（1783年）

ただし，これらの「発見」は，ヨーロッパ側の視点にたったときにのみ，そのようによばれうるのだということを忘れてはならない。新大陸やシベリアや太平洋の島々には，ヨーロッパ人が到達する前から先住民が暮らしていたのであり，喜望峰から東インドに向かう航路も，ヴァスコ・ダ・ガマが「発見」する以前に，インド洋沿岸の船乗りたちには知られていたのである。

　ヨーロッパの空間的な拡大は，ヨーロッパ人の地理的な認識を変えただけでなく，新たな貿易のルートが開発され，進出した先に植民地が建設されることによって，世界各地の社会や自然環境に重大な変化を引き起こした。たとえば，新大陸に進出したスペイン人がもちこんだ伝染性の病原菌によって，ペルーやメキシコでは先住民の多くが命を失った。伝染病による死亡率は，地域によっては90％にも達した。病死や逃亡によって先住民の人口が減少した地域では，アフリカから連れてこられた黒人奴隷が，鉱山やプランテーションの労働力として利用された。カリブ海諸島やブラジルでは，砂糖きびが移植され，大規模なプランテーションによる栽培が行われたが，その労働力も，黒人奴隷に依存するところが大きかった。17世紀から18世紀にかけて，アフリカから大西洋を越えてアメリカに向かう人口移動の規模は，ヨーロッパからアメリカに移住した人口をはるかに上回っていた（アフリカからアメリカに渡った移住者は，1580～1700年に150万～200万人，18世紀には250万～500万人にのぼった。これに対して，ヨーロッパからアメリカに渡った移住者は，1580～1700年に約100万人，18世紀には100万人に達しなかったとみられる）。ヨーロッパ人の新大陸進出は，アフリカとアメリカ両大陸の間に，かつてない規模の人の移動を引き起こしたのである。

　海外植民地の形成に伴って，ヨーロッパ自体の経済構造にも変化が生じた。ヨーロッパ経済の中心は，地中海沿岸から，大西洋岸の地域に移動した（商業革命）。17世紀にはオランダが中継貿易の拠点として繁栄し

たが，18世紀になると，世界経済の中心はイギリスへと移行した。他方で，ラテン・アメリカや東ヨーロッパは，西ヨーロッパに食糧や原材料を供給する地域となり，プランテーションや領主直営農場で市場向けの作物を大規模に生産するモノカルチャー（単一作物栽培）が発達する一方，工業や商業の発展は抑えられた。アメリカの社会学者イマニュエル・ウォーラーステインは，近世のヨーロッパに始まるこのような国際的な分業体制を「近代世界システム」と名づけた。このシステムは，近世の段階では，商工業が発展し，世界の富が集まる「中核」（オランダ，イギリス），中核地域に輸出される食糧や原材料の生産に特化した「周辺」（ラテン・アメリカ，東ヨーロッパ），中核と周辺の間に位置し，状況に応じて中核への上昇を狙う「半周辺」（スペイン，ドイツなど）の3つの地域から構成されていた。近代世界システムは，16世紀に新大陸からポーランド・リトアニアにかけて広がる地域に成立した。17世紀に世界システムは収縮の局面を迎える（いわゆる「17世紀の危機」）が，18世紀には再び拡大の局面に入り，ロシア，オスマン帝国，インドを内部に取り込んで，さらにグローバルな広がりをもつようになった。その間，中核地域では，農業の分野でも，蕪の栽培と家畜の放牧を組み合わせた新たな穀物生産の方法が導入され，より集約的で効率的な生産が行われるようになった（農業革命）。商工業や農業生産で富を蓄えた中核地域の住民は，その富を浪費することなく新しい産業に資本として投下し，さらに大きな利潤を獲得した。オランダやイギリスの一部の農村地域では，問屋が農民に道具と原料を貸し付けて毛織物を生産するかたちで「プロト工業化」が始まり，工場制手工業（マニュファクチュア）も各地で発展した。こうした工業生産に機械をいちはやく導入し，動力として石炭を熱源とする蒸気機関を利用することによって，飛躍的に生産の規模を拡大することに成功したのが，イギリスであった。

　ヨーロッパ世界の拡大の影響は，ヨーロッパ諸国が戦った戦争の舞台

の広がりにも表れている。三十年戦争までの近世ヨーロッパの戦争は，ヨーロッパ大陸とその沿岸部を主たる戦場としていた。しかし，17世紀後半以降の戦争はしばしば，ヨーロッパ内部だけでなく，海外の植民地における諸国間の覇権争いと密接に連動していた。たとえば，七年戦争（1756-63）の舞台は，ヨーロッパ大陸，カリブ海，南北アメリカ，太平洋，フィリピン，インドに広がっていた。その戦域のグローバルな広がりを考えるならば，この戦争は，最初の「世界戦争」であったともいえるかもしれない。

ウォーラーステインの世界システム論は，近代以降の世界経済の変容の過程を説明する1つのモデルであり，その妥当性については様々な議論がある。ここではその論争の内容に立ち入ることはしないが，近世に始まったヨーロッパの拡大によって，それ以前の時代にはなかったモノと人の大規模な移動がグローバルな空間で起こり，その結果としてヨーロッパとヨーロッパ外の地域との関係が根本的に変化したことを確認しておこう。

*

以上の「総説」は，ヨーロッパにおける「近世」という時代の特徴を，いくつかの角度から鳥瞰したおおまかな見取り図である。しかし，ヨーロッパ世界は，西は大西洋岸から東はユーラシアの平原まで，北はスカンディナヴィア半島から南は地中海沿岸まで，きわめて多様な地域から構成されている。各地域に成立した国家や社会は，歴史的背景や風土におうじて，それぞれの個性を保ちながら独自の発展をとげた。以下の各論では，まず第1章で近世ヨーロッパに生じた「信仰の分裂」について詳しく解説した上で，第2章と第3章では，地域ごとに近世のヨーロッパ諸国の状況を見ていくことにしよう。第2章では西ヨーロッパの諸国が，第3章ではヨーロッパ東部と北部の諸国がとりあげられる。

神聖ローマ皇帝カール5世
出典：München Alte Pinakothek 蔵, *10.000 Meisterwerke der Malerei* DVD-ROM, 2002, Directmedia BmbH.

第1章　宗教改革と対抗宗教改革

第1節　ドイツの宗教改革────────────
第2節　宗教改革の波紋─────────────

第1節　ドイツの宗教改革

(1)　ルターの改革

　1517年，テッツェル率いる贖宥状販売の一行が，ドイツ中部のザクセン選帝侯領に近づいた。テッツェルは「コインが拠金箱で音を立てるいなや，魂は煉獄から解放される」と説いて贖宥状を売りさばいた。この誇張は，金を出せば罪の赦しが得られると信じさせた。マルティン・ルター（1483～1546）は，贖宥状を手にした人々に対して罪の赦免を拒否し，『95カ条の論題』を発表して贖宥状の正当性を世に問うた。ザクセン選帝侯フリードリヒ3世（賢公，1463～1525）は，領民が贖宥状に使った金が教皇やフッガー家などの手にわたるのを嫌い，テッツェルの領内立ち入りを禁じていた。したがって，贖宥状に対するルターの批判は，侯の意向にも沿うものだった。また15世紀後半以降，贖宥状が教会の大きな収入源となっていたドイツでは，反ローマ，反教会特権感情が強くなっていた。

　ルターの『提題』は大きな反響を呼び起こした。彼は，教皇側からの圧力にも屈せず，1519年のライプツィヒ討論で教皇や公会議の権威を否定し，翌年には3大宗教改革文書『キリスト者の自由について』，『キリスト教界の改善についてドイツ国民のキリスト教貴族に与う』，『教会のバビロン捕囚について』を発表し，その信仰理念を示した。すなわち，人の救済は神の「恩寵のみ」により，ただ「信仰のみ」によって義とされ（信仰義認説），信仰のよりどころは「聖書のみ」（聖書主義）とする確信である。この結果，「教会の外に恩寵なし」と説いてきた教会のあり方，つまり人々の救済機関としての教会は否定され，教会は信者の共同体とされた。また秘蹟による恩寵の伝達者としての聖職者身分も否定され，神の前にあってはキリスト者はすべて平等であり，神に仕えることでは同じとされる（万人祭司主義）。このようなルターの信仰理念は，宗教改革を唱える人々に共有された。

　1521年，ルターは皇帝カール5世（在位1519～56）によりヴォルムスでの帝国議会に召喚され，自説の撤回を命じられたが，彼は拒否した。ルターは帝国追放・処分を宣告され，彼の説は禁じられた。しかしルターは，ザクセン選帝侯によってヴァルトブルク城にかくまわれ，新約聖書のドイツ語訳を完成させた。彼の著述は，ヴォルムスの禁令にもかかわらず各地で印刷され，あるいは口承され

て急速に流布し，大きな変革運動を起こした。このため，宗教改革の研究において，メディアと情報伝達の問題は重要なテーマとなっている。

（2） 都市の宗教改革

ルターの改革思想は，各地で様々な社会階層に影響を及ぼした。1522〜23年，ルターの改革思想に共鳴した騎士ジッキンゲン（1481〜1523）らに率いられ，貧窮化したライン地方の騎士たちがトリア―大司教に対して反乱を起こしたが，諸侯の軍勢に鎮圧された。

図1-1 宗教改革者たちの像（向かって左・ルター，中央・ザクセン選帝侯，右端・メランヒトン）
出典：Toledo Museum of Art, Ohio 蔵，*Martin Luther und die Reformation in Deutschland* Hrsg. G, Bott, Frankfurt a.M., 1983, S. 324.

これより影響力が大きかったのは，自治権をもつ都市での宗教改革運動であった。都市は情報拠点であったばかりでなく，都市の仲間的な共同体としての理念・理想が，「万人祭司主義」や信者共同体としての教会という改革理念を受け入れやすかったからである。特にスイスのチューリヒ市の運動は，スイスや南ドイツに多かった自治権の強い都市にとって改革のモデルとなった。

チューリヒの司祭ツヴィングリ（1484〜1531）は1519年以降，宗教改革運動に着手し，23年，市政府に開催させた公開討論会によって改革の導入に成功した。討論会は聖書主義を採用し，俗人も参加したもので，万人祭司主義を具現化していた。このため，歴史的に都市民の平等な政治参加に対する意識が強かった南ドイツやスイスの自治都市に，大きな影響を及ぼすことになった。ただし「公開討論会」は，都市内秩序を維持し，体制反対派を封じ込める機能ももっていた。各都市政府は，民衆運動を封じ込め，聖職者の特権や財産を排除あるいは統制し，統治権の貫徹を実現していった。

北ドイツの諸都市では，エリートの寡頭体制がより鮮明であったため，たしかに宗教改革は都市民の民主化運動と結合したが，長期化する傾向をみせた。そし

て，多くは運動指導者がエリート化するとともに，民衆運動が鎮静化する結果をみている。教会との伝統的な利害関係や対外関係に左右される市政府・エリート層は，教会改革に取り組んでも，都市民の改革運動とは目的や手段を異にした。各都市の運動の展開を考える場合にはこうした分析が必要である。

　ツヴィングリは，ルターの信仰義認の考え方に同調していたが，人文主義の影響からルターとは聖書解釈を異にし，秘蹟である聖餐についても単なる象徴的な儀式以上のものではないとした。皇帝からの圧力に対抗するために一致協力を図った1529年のマールブルク会談で，聖餐問題から双方の対立は逆に決定的なものとなった。

（3） 宗教改革急進派と農民戦争

　ルターやツヴィングリによる宗教改革理念の提唱は，さらに急進的な考え方を登場させることになった。宗教改革急進派は，「信仰のみ」・「恩寵のみ」・「聖書のみ」の捉え方によって，きわめて多種多様に原理主義的な主張を展開したが，大別するとルターの周辺から登場したものと，ツヴィングリの周辺から登場したものとを大きな潮流とみることができる。1521年にルターの足下，ヴィッテンベルクで活動した「ツヴィッカウの預言者」やカールシュタット（1486〜1541），またミュンツァー（1489〜1525）などには，神秘主義的な特徴が認められる。また，ツヴィングリを取り巻くチューリヒの若い知識人たちは，徹底した聖書主義に立った急進的改革を求めて受け入れられず，スイス兄弟団として分離した。1525年，彼らは幼児の洗礼を無効とし，真の信仰に目覚めた証として成人洗礼を行い，農村部に活動を広げていった。

　これらの急進派は，登場の背景からいずれも世俗権力を否定ないし拒否する傾向が強かった。また財産の否定や共有などを主張するものが多く，これがとりわけ抑圧された人々に受け入れられる背景となった。したがって，宗教改革急進派は，領邦君主や市政府などから成人洗礼を口実に死刑に値する「再洗礼」を行うものとレッテルをはられ，迫害・弾圧された。特に1534年から翌年ミュンスターでヤン・ファン・ライデン（1509〜36）らがキリストの再臨による至福千年の王国を実現しようとした事件の後，これに関連したホフマン派などは厳しく追及・弾圧された。しかし，権力の目の届かぬ農村に支持を得たり，また東欧や新世界に亡命したグループはかなり多かった。

宗教改革は，都市から農村にも波及し，急進的な展開をみた。聖職者や俗人の説教師，行商人，遍歴職人などの辻説法により農村に改革理念が伝わり，農民たちはそこに自らの要求を重ねていった。特に，スイス兄弟団など急進派の活動も影響を与えた。こうして1524年南ドイツ・シュヴァーベン地方で始まった農民運動は，翌年には南西ドイツからドイツ中部，スイス，オーストリア，さらにその周辺にも及び，一時は約30万人が加わったとされる当時史上最大規模の運動となった。これがドイツ農民戦争である。

ルターは，当初農民の要求に理解を示したが，運動の本格化をみると信仰を誤用するものとして諸侯・領主に徹底的弾圧をよびかけた。各地の農民団に基本要求と位置づけられた『シュヴァーベン農民団の12カ条』(1525)には，教区牧師の選出権や十分の一税の自主運用など，都市の改革運動と共通した要求が盛り込まれ，農奴制廃止などそれ以外の要求も聖書に根拠を求めている。その点で宗教改革理念を実現する運動であり，農民は都市の下層民とも連携したので「平民の運動」とも捉えられる。

一方で運動の急速な展開を可能にしたのは，既存の共同体間の相互関係である。小領地に分かれた地域では「キリスト教同盟」という新しい連携がみられたが，大領邦では領邦の枠を超えるにいたっていない。農民団は軍備の差や連携の悪さなどから，5月頃には各地でシュヴァーベン同盟など諸侯や領主の軍勢に敗北し，大勢は決した。農民戦争は敗退したが，運動の理念は17世紀まで生き続け，一揆が繰り返されたほか，「再洗礼派」運動を支持した者たちもいた。

(4) 宗教改革と諸侯

増大する財政支出のために行財政の集権化を図っていた諸侯にとって，神の家として君主の課税や統治を逃れていた教会の特権は，最大の障害だった。そのため1524年頃から，諸侯の中にもルターを支持する動きが現れた。しかし，宗教改革に着手する諸侯が現れたのは，26年のシュパイアー帝国議会以後である。皇帝カール5世がイタリア政策に力をそそぐ間，議会は信仰問題について「全体公会議あるいは国民会議の開催まで」の間，諸侯は「神と皇帝に対し責任がとれるものと期待し，確信するように，自らの判断で身を処し，統治し，事態を処理すべき」と決議した。これに基づいて，ルター支持の諸侯は領内の改革政策に着手した。ザクセン選帝侯は，27年，ルター派聖職者を中心に教会巡察を実施し，領内

教会の実態を調べ，教会人事と財産管理を行った。ヘッセン，ブランデンブルクなどでも巡察が導入され，教会統制と同時に領内の治安確保を意図して行われた（後にカトリック諸侯も，対抗宗教改革において同様の巡察を実施した）。さらに，領邦教会の監督機関として宗務局が設置され，領邦教会体制が樹立された。

29年の第2回シュパイアー帝国議会では，多数を占めたカトリック諸侯によってヴォルムス勅令の完全実施が要求され，宗教改革派は勅令違反を非難された。改革派の諸侯と都市はこれに抗議（プロテスト）し，ここからプロテスタントの呼称が生まれた。この議会は従来の枠組みでの議決であったので，改革派は，ヘッセン方伯を軸に多数派工作を画策した。翌年，皇帝カール5世はアウクスブルク帝国議会に臨席し，信仰問題の解決をめざした。ルター派はメランヒトン（1497～1560）を中心に『アウクスブルク信仰告白』をまとめ，カトリックの反駁とともに信仰理念の対立が明確化した。皇帝はヴォルムス勅令の実施を再度命令し，これに対して31年ルター派はシュマルカルデン同盟を結成した。オスマン朝の攻勢を受けたカールは，ルター派諸侯との衝突を避け，32年「公会議まで」という条件付きでニュルンベルク休戦を結んだ。

この後，カールはドイツ問題を弟のフェルディナント1世（皇帝在位1558～64）に委ね，そのもとで両派神学者は和解交渉をかさねた。しかし信仰問題の解決を「公会議ないし国民会議」で解決することでは一致したが，ルター派は30年代以降，「公開討論会」にならった開催を主張したため，伝統的な「公会議ないし教会会議」開催を主張するカトリックと対立，1541年レーゲンスブルクの帝国議会で交渉を経て，44年には「国民公会議」による打開も図られた。

その44年，皇帝カール5世は，公会議に反対した旧敵フランス王フランソワ1世（在位1515～47）に戦勝した。翌45年トレントで公会議が伝統的なやり方で開催されたが，ルター派は参加を拒否し，カールに武力行使の口実を与えた。シュマルカルデン同盟側の強引な勢力拡大策がきっかけとなり，カールはルター派のアルベルト家ザクセン公モーリッツ（1521～53）を味方につけ，47年4月に同盟を破った。カールはその年の9月に，アウクスブルクに兵を配置して開いた「武装威嚇された帝国議会」で信仰問題の解決を宣言し，翌年，公会議の決定までの「仮信条協定」を公布した。これはルター派の主張をほとんど認めないものであった。しかし，カールは公会議問題で教皇以下カトリック諸侯と，また次の王位継承を巡って弟フェルディナントと対立し，この間の皇帝の政策に反発したモー

リッツは，52年に決起しカールを敗走させた。

　和平交渉にはフェルディナントがあたり，パッサウの和 (1552) を結んだ後，ブランデンブルク，ユーリヒなどの中立派諸侯や両派の神学者とともに妥協を模索した。

　55年，アウクスブルク帝国議会で宗教和議が行われた。この和議によって各諸侯は信教を選ぶことが許されたが，領民は領主の信仰に従うこととされた（「1人の支配者のいるところ，1つの信仰」）。ただし，選択肢はカトリックかルター派のいずれかで，カルヴァン派や再洗礼派などは認められなかった。またこの決定は自治権をもつ都市に対し信教の選択権を認めず，両派併存とした。これは多くの都市で少数派だったカトリックを擁護するものだった。この規定のため帝国都市における両派の抗争が多発し，それが周辺諸侯の介入を招き，帝国都市の政治的地位は弱体化した。しかし，皇帝となったフェルディナント1世，マクシミリアン2世の寛容策もあり，70年代には世俗諸侯の大半など，ドイツの7割がプロテスタントで占められた。

　32年以降の一連の和解交渉に「エラスムス主義」の意義を重視する見解があるが，その具体性に関して意見が分かれる。しかし，アウクスブルク宗教和議以降，信仰問題が法曹問題として扱われるようになり，担当した官僚・法曹家が人文主義の影響下にあったことは重要であろう。

第2節　宗教改革の波紋

(1)　カルヴァン派の動き

　ジャン・カルヴァン (1509〜64) はフランス出身で1532年頃「信仰のみ」，「聖書のみ」，「恩寵のみ」の福音主義に立ち，ジュネーヴに亡命した。そして36年に『キリスト教綱要』を著し，ルターの3つの「のみ」に加えて，神は人に無条件の帰依を要求し，救済されるか否かは神が予定しているとした（予定説）。翌年『ジュネーヴ教会規則』により改革を推進しようとしたが，カルヴァンの厳格な主張は市政府と対立し，38年追放された。彼はシュトラスブルクに亡命し，そこでブツァーらによる改革の知見を得た。41年に懇請されてジュネーヴに復帰すると，「長老」を含む4職制を採用して信徒の信仰生活を監督する自律的教会訓練の制度を確立し，神政政治ともよばれる教会指導者による政治指導により聖書主

義の実現をめざした。

　カルヴァン主義の信条は、影響力が再評価されているツヴィングリの後継者、ブリンガー（1504～75）の『第2信仰告白』（1556）によって完成され、59年のジュネーヴ・アカデミーの設立とともにカルヴァン主義を拡大させることになった。カルヴァン主義は、君主も神の秩序とするルター主義よりも国家・君主の政策と一致する点が少なく、西ヨーロッパでは概して都市の商工業者に支持者を見いだした。

（2）　宗教改革の拡張

　デンマークでは、クリスティアン2世（在位1513～23）、フレデリック1世（在位1523～33）時代にルター派が広まり、クリスティアン3世（在位1534～59）のもと1536年、全体公会議までの措置としてザクセンを範に定められた教会規定に基づき、ノルウェー、アイルランドを含めて宗教改革が実施された。スウェーデンでは、グスタヴ1世（ヴァーサ、在位1523～60）がデンマークから独立し、1527年ヴェステロース国会で宗教改革を開始、教会領の接収を進め、31年には聖餐式など一連の改革が行われた。その後カトリックの抵抗もあり、17世紀に入って宗教改革は確立した。

　イングランドの宗教改革は、国王ヘンリ8世（在位1509～47）の離婚・再婚問題が発端となった。教皇の離婚許可を得られなかったヘンリは、1531年ローマへの教会税納付拒否など反ローマ政策をとり、34年に国王至上令（首長令）で国王を国教会の最高の首長と宣言し、教会を支配下においた。しかし教義や儀式は「10カ条令」（1536）および「6カ条令」（1539）で伝統を守った。エドワード6世（在位1547～53）のもとでのミサ廃止などの改革導入は短命に終わり、メアリ1世（在位1553～58）期には親スペイン政策によりプロテスタントへの弾圧が行われた。イングランド国教会の確立はエリザベス1世（在位1558～1603）のもとで行われた。58年に国王至上令と一般祈禱書が再確認され、63年信仰規範として「39カ条」が制定された。しかし、カトリックもカルヴァン派のピューリタンも生き延び、いわゆるピューリタン革命期の動乱を迎えた。またスコットランドでは、カルヴァンの弟子ジョン・ノックス（1505～72）により改革運動が拡大し、大貴族の支持を得て、60年カルヴァン主義の「長老派教会」が設立、ジェイムズ6世（在位1567～1625）により国教とされた。イングランドから圧力も受けたが、スコット

ランドの長老派教会は独立を保った。

　皇帝カール5世の治下のネーデルラントでは，23年にブリュッセルで最初の宗教改革支持者の処刑がおきた。しかし，改革派は勢力を拡大し，アムステルダム，ロッテルダム，ライデンなどの都市民に支持を得て，66年にアントウェルペン教会会議でカルヴァン派教会を設立，1622年には国教としたが，これはカトリックを支持する南西地域との分裂を起こす要因となった。

　東のポーランドやリトアニアでは，リガなどバルト海沿岸の都市からルター派の改革理念が広まり，ラジヴィウ家など人文主義的な貴族（シュラフタ）にも支持を得，クラクフは宗教改革理念の中心地となった。国王ジグムント・アウグストの寛容姿勢もあり，上院ではカルヴァン派をはじめとするプロテスタントが世俗の議員の多数を占め，信教の自由が容認された。ハンガリーやトランシルヴァニアでも福音主義が貴族や都市に広まった。

　フランスでは人文主義者のルフェーブル・デタープル（1455～1536）の影響下，1521年にモー司教ブリソンネ（1473～1534）が福音主義による教会改革に着手した。23年には弾圧が始まり，改革派の処刑も行われた。しかし教皇至上主義派とハプスブルクの対立を抱えた国王は強硬策をとらず，特にカルヴァンの理念が，各地の都市や南西部沿岸地方に支持者を得た。信奉者たちはユグノーとよばれ，59年には全国会議を開くまでになり，カトリックの攻撃によるユグノー戦争（1562～98）の勃発からユグノーに条件つき信仰の自由を認めていたナント王令廃止（1685）までの間，教会の組織化を進めた。

（3） イエズス会と対抗宗教改革

　宗教改革運動の拡大に対し，教皇パウルス3世（在位1534～49）は，宗教改革に対抗する教会改革に着手，枢機卿会を再活性化させ，改革に関する調査のための教会改革協議会（1537）をつくった。またロヨラ（1491～1556）が1534年に創設したイエズス会を40年に教皇直属の修道会とし，対抗宗教改革の主力とした。イエズス会士は軍隊を範とする訓練を施され，離教者の再改宗，異教徒の改宗，教化，教育にあたった。さらにパウルス3世は42年異端審問所（後の検邪聖省）を設置し，45年にはトレント公会議を招集した。ここでカトリックの伝統教義が再確認された。教育制度，信者の祭礼，行列，巡礼などの規律が整備され，告解が定期的に義務づけられた。こうした改革とともに，教会巡察や説教などの教化活

動と公権力による統制によって対抗宗教改革，カトリック改革が進められた。

ドイツでは，1555年の宗教和議以降，イエズス会がケルン，マインツ，インゴルシュタットなどの拠点から再改宗活動を本格化した。1607年12月，バイエルン公は，カトリックの祭礼行列を巡る紛争を口実にドナウヴェルトを占拠，これに対しプロテスタント諸侯が新教同盟を作り，対抗するカトリック同盟との緊張が18年に始まる三十年戦争へと展開した。スイスでは，改革派がチューリヒやジュネーヴから周辺へと浸透したが，イタリアとの国境地帯はミラノの枢機卿ボロメーオ（1538〜84）による対抗宗教改革が成功した。またイングランド，アイルランド，スウェーデン，ポーランドやハンガリーなどでも対抗宗教改革が進められたが，その成否は各国の政治・社会情勢に大きく左右された。

宗教改革・対抗宗教改革期の各国の改革については，君主や市政府など公権が決定した（上からの改革）とする解釈が伝統的に有力であったが，民衆による改革運動（下からの改革）の意義が唱えられて，研究が進展してきた。そして聖画像破壊など民衆蜂起，一揆，教区記録などの分析から，単純な図式では捉えきれない多様な側面が明らかにされてきている。

それらを概観すると，教会制度の改革について，対抗宗教改革を含めて公権による教会改革の方向と，民衆による宗教改革の方向とを経過の中に認めることができ，この2つの方向の相互関係が分析の手がかりとなる。これと関連して，信仰の実態におけるエリート文化と民衆文化とのそれぞれのあり方が，改革理念の受容と運動への展開に大きく関与したことが浮き彫りになってきており，今後，宗教改革を含む「宗派化」の時代を捉えていく上で鍵になると考えられる。

歴史への扉1　　宗教改革とジェンダー

宗教改革は，家庭と教育にも大きな変革をもたらした。したがって，宗教改革期に関するジェンダー研究は，近年，急速に進められている。

中世カトリックの世界観においては，聖書の記述に基づき，女性は男性に従属すべきもの，精神的・道徳的に弱い存在（創世記）とされ，ルターやツヴィングリ，カルヴァンたちも基本的にこうした見方にとらわれていたことは否めない。

しかし，宗教改革指導者は，「神の前の平等」と万人祭司主義をとることによって，神の前では女性も男性と平等とし，婚姻を純潔と同等に位置づけた。カトリッ

クの秘蹟として聖職者中心の「ミサ」から会衆中心の「聖餐式」への変化にも，神の前の平等に基づく女性の地位の向上が認められる。特にブツァーらによる聖餐式では，ミサにおける男性聖歌隊に代わって会衆の合唱に重要な役割が与えられ，女性も一緒に歌った。これはルター派のコラールに先んじ，カルヴァン派にも採用された。また，宗教改革運動の中で，教育・教化活動を行う女性たちが活躍し，特に宗教改革急進派では女性の布教活動が顕著である。さらに宗教改革と離婚の問題は，イングランドのヘンリ8世の例が有名だが，むしろ「棄てられた妻」の離婚・再婚を可能にしたことが注目される。

　これに対し，カトリック教会でもトレント公会議以降，スペインやイタリアの改革女子修道院が教化活動を展開した。また対抗宗教改革の方策として，教理問答や説教活動だけでなく，「バロック的」儀式や婦人会活動などの様々な活動によって女性信者の啓発拡大に努めており，女性をつうじて次世代信者の教化・育成を図ったことも明らかにされてきている。両派とも，女性信者のほうが教会での信仰活動に後代まで忠実で積極的であったことは，こうした教化活動に基づくといえよう。

　ナタリー・デイヴィスによれば，新旧両派はともに女性の地位を改善したが，方法は違っていた。宗教改革諸派は男性が独占してきた地位・役割を女性にも開放し，対抗宗教改革は女性と男性に役割の別は残したが，女性の役割を増やすことで選択肢を広げた，と彼女は整理している。

　イタリアやイングランドの人文主義者は宗教改革以前から結婚と純潔の同等を論じていた。他方，宗教改革は離婚・再婚を許可したが，離婚による財産問題などから次第に家の利害を優先して離婚を抑制するようになった。宗教改革者たちは妻・母であることが，すべての女性に対する神の「召命」としたことも指摘できる。また，対抗宗教改革における女性の問題は，宗教改革諸派のそれよりも研究が遅れている。「魔女」問題の研究はあるが，中世以降の異端派をふくめ，女性の信仰活動の研究は未開拓の分野が多い。だが，「宗派化」・「社会的規律化」として検討されている近代社会の形成過程をさらに具体化するには，ジェンダー史研究の進展が今後ますます重要となるだろう。

アムステルダムの証券取引所――近代世界システムの「中核」における金融の拠点（C・J・ヴィシャーによる銅版画, 1612年）
出典：D. Calabi, *The Market and the City. Square, Street and Architecture in Early Modern Europe*, Aldershot 2004, Plate 109.

第2章　ヨーロッパ世界の拡大と社会の変化

第1節　ポルトガル・スペイン
第2節　イタリア
第3節　オランダ
第4節　フランス
第5節　イギリス

第1節　ポルトガル・スペイン

(1) 大航海時代の前夜

　14・15世紀のヨーロッパは，飢饉・疫病・戦乱に起因する深刻な社会的な危機を経験していた。黒死病の猛威で人口の3分の1が奪われ，穀物価格の下落と労賃の上昇で所領経営は打撃を被った。農民に対する領主層の力は相対的に衰えたが，国家の力はかえって増大したため，負担の重くなった農民は大規模な反乱を起こした。総じてこのような危機を克服するカギの1つが，対外拡張にあった。中でもポルトガルとスペインがその初期の担い手となり得た理由としては，ジブラルタル海峡で北アフリカに接するイベリア半島の地理的特性と，とりわけ11～13世紀に進展した再征服運動(レコンキスタ)と再植民運動(レポブラシオン)の経験があげられよう。辺境で平民騎士が活躍して社会的上昇を果たし，軍事色の強い自治都市が形成されたのである。また，再征服運動に「西方十字軍」の理念が注入され，聖ヤコブ(サンティアゴ)崇拝の浸透とあいまって，多くのイスラーム教徒とユダヤ教徒が支配下に組み込まれた。特に1212年ラス・ナバス・デ・トローサの戦い以降，カスティーリャ王国・アラゴン連合王国・ポルトガル王国は南下を加速させ，13世紀半ばまでにグラナダ王国を除いて半島内の再征服運動はほぼ完了した。ジブラルタル海峡をはさんで新たな辺境が見えたのである。北西アフリカにはサハラ砂漠の隊商路を経て，西スーダンの金が流入していた。

　だが，以後の対外進出の方向と危機への対応で，3国は歩みを異にする。アラゴン連合王国は1238年のバレンシア攻略で再征服運動に区切りをつけると，地中海へ針路を定めた。連合王国を構成するカタルーニャ・アラゴン・バレンシアの諸国は，三国併せても中世末で約85～100万人の人口を擁したにすぎないが，14世紀前半，サルデーニャ・ナポリ・シチリア・アテネなどを包摂した海洋帝国を展開した。特にカタルーニャ商人は，毛織物で北アフリカの金を得てそれをアレクサンドリアで香料に換え，香料をヨーロッパ諸国に転売する地中海交易で巨利を得た。だが，海洋帝国を維持するための軍事支出は膨大であった。オスマン帝国の圧力ばかりでなく，ジェノヴァの競合も手強かった。東方貿易の覇権をヴェネツィアと争って敗れたジェノヴァは，イベリア半島と北西アフリカにおける商業的拡大を図った。アラゴン連合王国は14世紀後半以降，金融危機や内乱，反ユ

ダヤ運動などで動揺し，海洋帝国は急速に衰退へ向かった。各国は王権を制約する統治契約の伝統を保持しており，複合王政は回復の求心力をもたなかった。

　カスティーリャの危機は，アラゴン連合王国ほど深刻ではなく，アラゴン連合王国の4倍以上の面積を生かして放牧地が拡大され，移動牧羊業が発展した。特にブルゴスからフランドル向けの羊毛輸出は急成長を遂げた。アンダルシア産のワイン・オリーブ油の輸出も好調で，カスティーリャ経済は15世紀初頭までに危機を脱し，人口は15世紀末には約450万人に達した。下級貴族出身の文官が国王顧問会議に登用されたり，国王代官として主要都市へ派遣されるなど，国王行政機構の整備が進んだ。エンリケ3世（在位1390〜1406）は，対外進出にも積極的で，東地中海に使節を送ってティムール帝国と接触し，ノルマンディーの貴族ベタンクールによるカナリア諸島遠征を支援した。セビーリャなどに定着したジェノヴァ人はカナリア諸島で砂糖貿易に関わった。しかし，強権王政をめざすトラスタマラ朝の方針は有力貴族の反抗を受け，1470年代まで政治的混乱が続き，海外進出を主導する余裕は当面失われたのである。

（2）　ポルトガルの交易拠点帝国

　疲弊するアラゴン連合王国と内憂を抱えるカスティーリャ王国を後目に，一足早く海外へ飛躍したのはポルトガル王国であった。ポルトガルは13世紀半ばに再征服運動を完成させ，イタリア＝フランドル間の定期航路の重要拠点であるリスボンにジェノヴァ人らを引き込み，13世紀末〜14世紀初頭に中世の盛期を迎えた。だが，やはりペスト流行以降の危機の中で14世紀後半内乱が続発し，ポルトガルはカスティーリャによる併合の危機にあった。1385年アヴィス騎士団長のジョアンは，中小貴族・都市ブルジョワジーの支持とランカスター公の軍事支援を得てアルジュバロータでカスティーリャ軍を大破し，ジョアン1世として（在位1385〜1433）アヴィス朝を開いた。ジョアン1世はランカスター公の末娘と結婚してイングランドと同盟を結び，1411年，カスティーリャ王国と和平条約を結んで後患の憂いを除くと，15年8月，200隻の大艦隊でジブラルタル対岸の拠点都市セウタを攻略した。大航海時代の端緒とされる遠征である。ローマ教皇はセウタ遠征を十字軍と見なす勅書を公布し，モーロ人（北アフリカのイスラム教徒）に対する戦争は正当化された。セウタにはサハラ縦断の隊商路で金が流入していたが，交易網の末端を維持するだけでは物産の流れを掌握できなかった。以来，アヴィ

ス朝の方針はセウタの後背地モロッコでの領域的拡大と，西アフリカ沿岸部における商業的拡大の間で揺れ動く。前者は15～16世紀に人口100～150万人程度であったポルトガルの国力を消耗させ，王朝断絶とスペインによる同君連合の遠因となった。一方，後者の西アフリカ沿岸部における踏査は，商人層の代弁者であったペドロ王子の摂政期（1439～48）に進展した。初の奴隷捕獲は1441年である。55年1月と56年3月，教皇は勅書を発し，ポルトガル国王に対して，ボジャドール岬以遠インドまでのすでに発見したかあるいは将来発見する土地と海域の所有，交易と漁業の独占，その地の聖職叙任権などを認めた。この文書は布教保護権の原型となる。また82年ギニア湾岸にサン・ジョルジ・ダ・ミナ要塞が建設され，金・奴隷・象牙などの貿易が発展し，年平均700 kg（16世紀初頭）の金がリスボンに流入した。さらにマデイラなどの大西洋諸島では，砂糖きび農園が成長した。

　利益を得た国王ジョアン2世（在位1481～95）は，目的地をインドに定めた。88年バルトロメウ・ディアスが喜望峰回航に成功，98年ついにヴァスコ・ダ・ガマはインド西岸のカリカットに到着した。ポルトガル人はアジアにおける領域的支配ではなく，かつてヴェネツィアやジェノヴァが東地中海・黒海で建設したような交易拠点帝国をインド洋沿岸部において樹立しようとした。その目的は，高価な南アジア産の香辛料の生産と流通を掌握し，かつ西インド洋からペルシア湾と紅海を経てアレクサンドリアやベイルートへいたる既存の交易路を遮断して自らの喜望峰航路で独占的にヨーロッパ市場へ香辛料を供給することにあった。まずその足がかりとして，胡椒生産の中心地であるマラバル海岸のゴアを1510年に征服し，22年には，ポルトガル領インドの首府とした。さらにポルトガルは東進し，11年には東南アジア最大の交易拠点のマラッカを攻略し，22年には，最も高価な香辛料である丁字（クローブ）の原産地マルク（モルッカ）諸島にも要塞をおいた。西では15年，ペルシア湾の入り口ホルムズを握った。既存の香辛料ルートは寸断され，その末端に位置したヴェネツィアの中継貿易は大打撃を受けた。そのため，フッガー家やヴェルザー家などの大商人は，こぞってリスボンに拠点を求めた。当時，海外交易を統括していたのはリスボン王宮内のインド商務院である。香辛料・金・砂糖などがフランドルのアントウェルペン商館でヨーロッパの市場向けに売却され，銀・銅・工業製品が輸入されて交易拠点へ供給された。中でも金・銀・香辛料の取引は王室独占とされ，19年までに海外交易による収益は国家収入の6割を超えていた。帝国を支えたポルトガル人は年平均で2400人，南部アルガルヴ

ェや北部エントレ・ドウロ・イ・ミーニョなどから供給された。人材の不足を補うため，総督アルブケルケは現地人との婚姻を奨励し，40年までにインド洋の重要拠点にとどまったヨーロッパ人とその子孫は，1万人に達した。14年，ポルトガル国王の布教保護権は教皇レオ10世の勅書によって東アジアにまで拡充され，ザビエルらイエズス会士はキリスト教の布教に邁進した。

　ただし，アジア交易の実態は王室独占の名目からほど遠いものであった。ヨーロッパのみならずアジアでも香辛料の需要が増大していたため，胡椒の生産地は東南アジア各地に拡大し，生産の掌握が困難となったからである。またポルトガル領インドは，支配下の諸港において現地商人から関税を徴収し，海軍力を盾に通行証を発布して強制保護を押しつけた。これらは要塞や艦隊維持の莫大な経費にあてられたが，西アジアの隊商路に香辛料を供給する結果となり，既存の交易路の遮断という当初の目的と齟齬をきたした。しかも，ポルトガル艦隊は紅海の要衝アデンを落とせなかったため，古来の紅海ルートは生き続けた。16世紀半ば，中近東経由の旧ルートは交易量で喜望峰航路と匹敵するまでに回復した。

　アジア貿易の決済のために大量の銀を必要としていたポルトガル本国は，アメリカ銀を提供できるスペインとの同君連合（1581〜1640）を歓迎したが，交易拠点はスペインの敵オランダ・イギリスの攻勢を受け，危機に瀕した。リスボン当局はインド洋から大西洋へ帝国の足場を移した。1500年カブラルによって発見されたブラジルの開発を本格化させたのである。16世紀末〜17世紀初頭ブラジルへの移民は年間3000〜5000人に達し，ギニア・アンゴラなどから輸入された奴隷の労働力で砂糖きび農園が急成長した。1640年，ポルトガル最大の領主ブラガンサ公ジョアンはスペインからの独立を宣言したが，内外に不安要因を抱えており，独立を確固たるものとするために数十年を要した。この間ブラガンサ朝ポルトガル王国を支えたのは植民地ブラジルの存在であった。

（3）　スペインの新大陸征服
　カスティーリャ女王イサベル1世（在位1474〜1504）と，アラゴン王フェルナンド2世（在位1479〜1516）は1469年に結婚し，同君連合国家「スペイン王国」を成立させた。従来以上に複合的な国家の統合だったため，スペインはカトリシズムを強化した。80年以降主要都市に異端審問所が開設され，イサベルとフェルナンドは「カトリック両王」とよばれた。海外進出で出遅れていたスペインは，79年

のアルカソヴァス条約によってポルトガルとの係争に終止符を打ち，カナリア諸島の領有権を確保すると，86年にグラナダとカナリア諸島に関して教皇から布教保護権を獲得した。カナリア諸島主要3島は96年までに征服され，アフリカ人奴隷とセビーリャやジェノヴァなどの資本による砂糖きび栽培が発展した。1482～92年にはグラナダ王国を滅亡させ，再征服運動は完了した。グラナダとカナリア諸島への入植はカスティーリャ人，中でもアンダルシア人が中心となった。アメリカの征服と植民は，このような15世紀後半の経験が前提となった。

　1476年以降，リスボンに定着していたジェノヴァ人コロンブスは，西回りでのアジア航海をポルトガル国王ジョアン2世に提案したが拒否され，85年にスペインに移住した。コロンブスは有力なジェノヴァ人や改宗ユダヤ教徒などの支援を得て，92年4月にカトリック両王と航海の協約を締結，10月にはバハマ諸島のサルバドール島に到達した。翌93年5月，カトリック両王は教皇アレクサンデル6世の勅書により，アソーレス諸島の西100レグアの子午線から西で発見される土地の独占権を得たが，これに反発するポルトガル国王ジョアン2世との間で94年6月トルデシリャス条約が締結された。ヴェルデ岬諸島の西370レグアの子午線で世界分割が談合され，東はポルトガルが，西はスペインが得た。1508年，スペインは教皇からアメリカに関して布教保護権を引き出した。

　西回りでのアジア航海というコロンブスの夢を実現させたのは，ポルトガル人マゼランの指揮下にあったスペイン艦隊である。1522年，ビクトリア号がマルク諸島の丁字をセビーリャに持ち帰ると，ポルトガルとの間でマルク諸島の領有問題が生じたが，ハプスブルク家出身のスペイン国王カルロス1世（在位1516～56）は29年サラゴサ条約により，35万ドゥカードとひきかえにマルク諸島の領有権主張を放棄した。

　この間，国王の許可を得たスペイン人は，自費で新大陸に渡った。アメリカ「発見」時の先住民(インディオ)人口は約5000万人と推測されているが，火器と鉄器をもつ少数の征服者(コンキスタドール)の侵攻に抵抗力をもたなかった。21年，エルナン・コルテスがメキシコのアステカ帝国を，33年にフランシスコ・ピサロがアンデスのインカ帝国を征服した。メキシコとペルーに副王領が設定され，各地に司法行政を統べる聴訴院がおかれた。16世紀の征服者と入植者は約25万人で，そのほとんどはアンダルシアやエストレマドゥーラなどのカスティーリャ出身者であった。彼らはキリスト教化を条件に国王から先住民の使役権（エンコミエンダ）を与えられ，農業など

を営んだ。45年以降，ポトシ銀山が開発され水銀アマルガム法が導入されると，植民地経営は軌道に乗ったが，征服者によって持ち込まれた天然痘などの病原菌や過酷な労働のために，多くの先住民が犠牲となった。旧アステカ帝国領だけでも約80年間で900万人以上が死亡した。激減する先住民人口を補うために，ポルトガル人の手を経てアフリカ人奴隷が大量に送り込まれ，鉱山や砂糖きび農園で使役された。輸送船団で貴金属・真珠・砂糖などが輸入され，ヨーロッパ諸国へ再輸出された。セビーリャのインディアス通商院の管理のもとで大西洋を往来した船舶の総トン数は，16世紀後半に3倍以上となった。だが，アメリカ貿易で得られた富は新たな事業ではなく，土地や貴族身分の取得に投下された。大量の貴金属は，すでに始まっていた物価高騰に拍車をかけて「価格革命」を招き，民衆の生活を圧迫したばかりでなく外国製品の輸入に頼る風潮を生み，国内工業の発展を阻害した。

　広大な領土を手に入れたカルロス1世は，神聖ローマ帝国皇帝としてカトリック普遍帝国の再興を夢見たが，オスマン帝国やフランス国王フランソワ1世，プロテスタント諸侯との戦いで忙殺され，フェリペ2世（在位1556～98）に莫大な負債を残した。アメリカ銀を担保にして戦費調達をしたフェリペ2世は，1559年フランスを屈服させてイタリアから手を引かせ，教皇・ヴェネツィアとともに71年レパント海戦でオスマン艦隊を破った。そしてマゼランが「発見」したフィリピン諸島の征服が65年から着手され，太平洋航路が拓かれ大量の新大陸銀が中国に流入した。結果，銀によって世界の経済がつながる端緒が開けた。さらに81年，フェリペ2世はポルトガル王位を兼ね，ついに「太陽の沈まぬ帝国」を現出させ，スペインは黄金世紀（シグロ・デ・オロ）の文化を享受した。しかし，カトリック防衛の反動的施策は禍根を残した。禁書目録が公布されたため学問への統制が強化され，エラスムス主義は力を失った。プロテスタントへの弾圧は，先進の毛織物工業と国際港アントウェルペンを有するネーデルラントの反発を強め，81年北部7州の独立宣言を招いた。さらに88年，ネーデルラントの反乱を支援するイギリスに対して派遣された「無敵艦隊」の敗北によって海上覇権が動揺し，私掠船の脅威にさらされた大西洋航路では，北欧へと銀が流れ出した。そして1640年のカタルーニャ反乱とポルトガル独立は，帝国の落日を予感させたのである。

第2節　イタリア

（1）　スペイン支配の確立と経済の「小春日和」

　フランス国王シャルル8世のナポリ遠征に始まったイタリア戦争は、1559年カトー・カンブレジの和約で終結し、戦場となったイタリアではスペインの覇権が確立した。ハプスブルク家の所領となったミラノ公国とナポリ王国、シチリア王国、サルデーニャ王国は、スペインとともに神聖ローマ皇帝カール5世から息子のフェリペ2世に与えられた。カール5世の後ろ盾を得てメディチ家が復帰したフィレンツェ共和国は、フィレンツェ公となったコジモ1世を戴く君主国となり、さらに69年にはコジモが教皇から大公に授封されてトスカーナ大公国となった。ほかにもスペインは、トスカーナ沿岸とエルバ島からなる警備国家を建設し、ジェノヴァ共和国とも密接な関係をもつなど、イタリア半島の大部分を影響下においた。一方、27年にカール5世の軍隊が起こした「ローマ劫略」は、ローマのルネサンスに終止符を打ち、教皇はイタリア政治での主導権を失った。独立を維持したヴェネツィア共和国は、オスマン帝国の圧迫を受けて東地中海での勢力を後退させた。71年のレパントの海戦ではキリスト教徒連合艦隊が勝利したが、ヴェネツィアはキプロスを割譲して和を結び、17世紀にはクレタも失って、海外領土を縮小させたのである。一方、このように多様な政体をもった中小国家による分断状況のもとで、イタリア諸国は相互に駐在大使を交換する新しい外交システムを創出した。

　戦争による荒廃は、フィレンツェの伝統的な毛織物工業をはじめ、諸産業に大きな損害をもたらし、大航海時代の到来やオスマン帝国の膨張は地中海商業に深刻な打撃を与えた。とはいえ、ここでイタリア経済の没落をいうことは早計である。ポルトガルのインド航路開拓によって途絶していたヴェネツィアの香辛料貿易は、16世紀後半には全盛期の水準にまで復活し、フィレンツェやヴェネツィアをはじめとする毛・絹織物工業が17世紀初頭にかけて飛躍的に発展した。さらに、ヴェネツィアやヴィチェンツァの印刷業、ファエンツァやペーザロの製陶業のような新たな産業も勃興した。スペイン王室と結びついたジェノヴァ商人は、サン・ジョルジョ銀行に結集して国際金融市場を握り、新大陸産の銀の供給を担って、スペイン経済を牛耳った。好景気に支えられたイタリア諸都市では、活発な

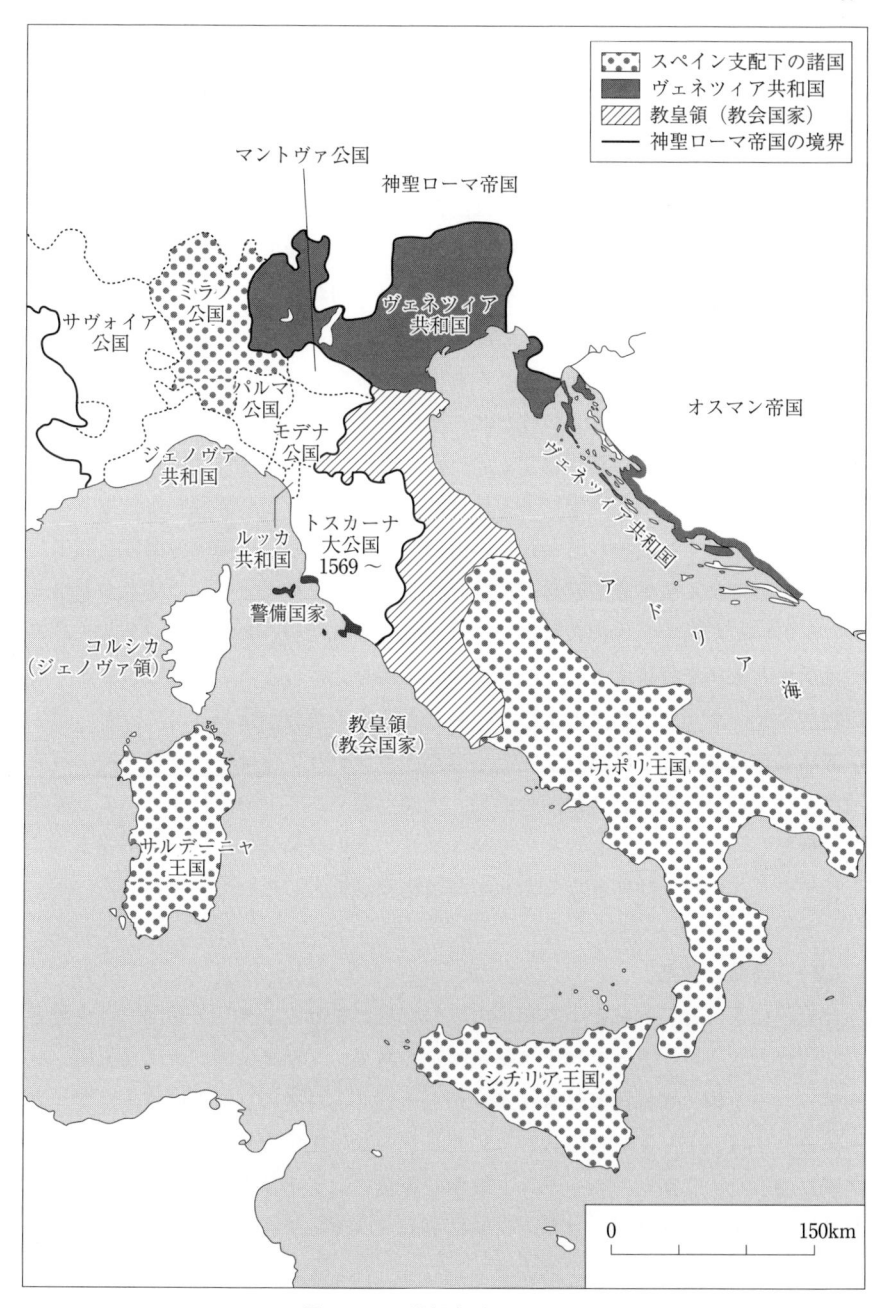

第 2 章　ヨーロッパ世界の拡大と社会の変化　39

図 2-1　17世紀半ばのイタリア

出典：北原敦編『イタリア史』山川出版社，2008年，271頁より作成。一部改変。

建築活動が展開され、度重なるペストの流行にもかかわらず人口は増大した。

しかし、このイタリア経済の「小春日和」（C・チポッラ）は長くは続かなかった。イギリスやオランダが地中海に進出すると、コストの高いイタリアの造船業や海運業は崩壊し、ヴェネツィアは自国商人に対して外国船による商品輸送を認めた。また廉価なイギリス産毛織物は、低品質の地域市場向け商品を除いて地中海市場から高価なイタリア製品を駆逐し、半島各地での毛織物生産は激減した。同様にミラノやヴェネツィアの絹織物業も衰退に向かうが、ヴィチェンツァやヴェローナ、フィレンツェでは逆に生産量が増大してヨーロッパ各地に輸出され、家具やガラス製品、レース編みなどの奢侈品工業も健在であった。

停滞する商工業に見切りをつけた北・中部イタリア諸都市の富裕層は、資本を土地や農業に移して土地貴族化していった。この現象は「再封建化」として理解されてきたが、むしろ企業家による積極的な農業経営として評価する見方もある。ロンバルディアでは穀物栽培と牧畜の混合農業が展開され、農業労働者を雇用した大借地農による資本家的経営が普及し、ピエモンテやヴェネトでは米やトウモロコシといった新たな作物の栽培や養蚕が導入された。トスカーナやエミーリアでは土地と家屋を提供する地主と農民が収穫物を分け合う折半小作制のもとで、穀物、オリーヴ、ブドウ、野菜などの栽培と家畜の飼育が行われた。一方、北・中部諸都市に農産物を供給していた半島南部やシチリアでは、不在地主による放漫な経営や過酷な収奪、盗賊団の活動、天候不順やペストの流行などによって農村が疲弊し、農業の発展した北・中部イタリアとの経済的な結びつきが弱まって、近代イタリアの重い課題となる南北の経済格差が拡大していくのである。

（2） 啓蒙と改革

18世紀に入ると、列強による和平の取引材料とされたイタリア諸国では支配者の交代がおこった。まずスペイン継承戦争の結果、ミラノ公国、ナポリ王国、サルデーニャ王国、警備国家がスペインからオーストリアの支配下に移ったが、オーストリアはシチリアを得る代わりにサルデーニャ王国をピエモンテのサヴォイア家に譲った。しかし、ポーランド継承戦争後にはナポリ王国、シチリア王国、警備国家が再びスペイン・ブルボン家に戻り、メディチ家が断絶したトスカーナ大公国は、マリア・テレジアの夫であるロートリンゲン公シュテファンに与えられた。さらにオーストリア継承戦争でパルマ・ピアチェンツァ公国がオーストリ

アからブルボン家に移り，こうした枠組みは18世紀後半にも維持された。

　外国勢力による直接支配により，再びヨーロッパ経済との結びつきを強めたイタリアでは，とりわけ北部での農業生産が拡大し，手工業の原材料や食料品をヨーロッパ各地に輸出した。ヨーロッパ経済におけるイタリアの役割は，地中海貿易をつうじて獲得した香辛料や絹といったエキゾチックな商品，高価で良質な毛・絹織物や奢侈品などの手工業製品の供給地から，周縁的な農業生産地へと大きく転換したのである。

　啓蒙思想の影響を受けた外国人君主は，積極的に改革を行った。ミラノ公国ではマリア・テレジアとヨーゼフ2世が土地台帳の作成や税制改革による財政強化，地方行政改革，教会特権の縮小などを実施して，オーストリア政府による直接統治とミラノ貴族の弱体化が進んだ。ヨーゼフ2世の弟ピエトロ・レオポルドが継承したトスカーナ大公国では，ネーリやジャンニなどトスカーナ啓蒙学派の知識人を起用して，行政制度の整備や刑法改革と死刑廃止などが実現した。また，大土地所有の制限と自作農の育成，穀物流通の自由化が進められたが，土地貴族層の抵抗もあって折半小作制が維持された。一方，ナポリ大学経済学教授であるジェノヴェージのもとに啓蒙思想家が集ったナポリでは，宰相タヌッチがナポリ貴族の権限縮小を図り，1780年代には思想家のグリマルディやパルミエーリらも参加して新たな改革運動が展開された。しかし，統治者と啓蒙思想家によるこうした「上からの」改革は，現地の特権層や住民の抵抗にあって必ずしも貫徹せず，またヴェネツィアのような伝統的な共和国では，こうした改革の動きはほとんどみられなかった。

　イタリア北西部の辺境にあったサヴォイア公国は，1563年にトリノへ遷都して東方進出への足がかりとし，エマヌエーレ・フィリベルトやカルロ・エマヌエーレ1世のもとで国制改革や経済振興が進んだ。17世紀末以降はフランスとスペイン，オーストリアの両陣営を巧みに移動して領域を拡大し，1720年にはサルデーニャ王位を得て，念願の王国となった。ヴィットーリオ・アメデーオ2世やカルロ・エマヌエーレ3世は土地台帳の作成と課税基準の整備，地方長官の権限強化などを行い，中央集権化と特権層の弱体化を進め，続くヴィットーリオ・アメデーオ3世は官僚を罷免して貴族による宮廷政治を復活させたが，統制が緩和されて印刷物の流通量が増大し，クラブやサークルでの議論が活発化した。フランス革命とナポレオンの進軍という衝撃を経て，19世紀にイタリアの国家統一を主導

する役割は、地理的にも歴史的にも「伝統的なイタリア」から外れたこの新興国家が担うこととなるのである。

歴史への扉 2　シャイロックの居場所
——ゲットーの成立とユダヤ人

　借金の担保に人肉1ポンドを要求する、『ヴェニスの商人』のユダヤ人高利貸しシャイロック——キリスト教徒を憎む、頑迷で強欲なイメージを象徴するシャイロックのようなユダヤ人は、物語の舞台となったヴェネツィアではどのように位置づけられていたのだろうか。

　実はヴェネツィアは、「ゲットー発祥の地」である。1516年、金融業や中古品の売買を営むユダヤ人を「ゲットー・ヌオーヴォ（新鋳造所）」とよばれる小島に居住させ、周囲を壁で囲むことが定められた。16世紀末に執筆された『ヴェニスの商人』にゲットーは登場しないが、シャイロックが実在するならば、彼はゲットーに住んでいたはずである。1541年には、レヴァント貿易に従事するユダヤ商人を「ゲットー・ヴェッキオ（旧鋳造所）」に居住させ、1633年にもゲットーの範囲が拡大された。この強制的なユダヤ人居住区としてのゲットーは、ローマやフィレンツェをはじめ、16世紀中葉以降イタリアの多くの都市に設置されていく。銅の鋳造所に由来する「ゲットー」という言葉は、こうしてユダヤ人居住区を指す用語として広まったのである。対抗宗教改革に始まる「不寛容の時代」に普及したゲットーは、「内なる他者」であるユダヤ人への差別を制度化したものであった。

　しかし、そもそもゲットー設置以前のヴェネツィアでは、ユダヤ人の居住は認められていなかった。それが、16世紀初頭のカンブレー同盟戦争による社会の混乱を背景に、貧困層への小口の金融の必要からユダヤ人金融業者の定着が図られ、同様にオスマン帝国との戦争によって途絶した地中海商業の活性化のために、ユダヤ商人が誘致されたのである。また、経済活動の活発な中心街に自然発生的に成立していたユダヤ人地区を、そのままゲットーに指定している都市も少なくない。いわばゲットーは、ユダヤ人への差別・抑圧と、誘致・保護という相反する主張の妥協の産物なのである。

　特定区域への居住強制は、ユダヤ人の日常生活に制約をもたらす反面、独自の信仰や伝統を保護する機能も果たした。ゲットーには、キリスト教徒の顧客や、ユダヤ学を学ぶ知識人たちが頻繁に訪れ、異教徒間の接触や交流の場ともなっていた。一方、出自や職業、慣習の異なるユダヤ人共同体の内部では、対立や緊張関係もみられ、キリスト教徒、ユダヤ人ともに、他者に対する態度はけっして一様ではなかったのである。

こうした点を考えると，キリスト教徒からの差別や抑圧，あるいはその下で生き抜くユダヤ人のしたたかさや狡猾さといった単純な視点では，両者の関係を捉えきれないことが分かるだろう。ゲットーの中では，支配と保護，抵抗と受容，キリスト教徒との交流やユダヤ人共同体内の反目といった様々な要素が複雑に絡み合い，せめぎあっているのである。ゲットーといえば，すぐにナチスによる徹底的なユダヤ人弾圧が思い浮かぶが，ユダヤ人やマイノリティへのまなざしは，政治や経済，宗教や文化などの諸条件によって大きく変容し，時代の特質を鮮やかに写し出す鏡ともなるのである。

第3節　オランダ

（1）　16世紀中頃の低地諸州

　オランダは，近世初期にハプスブルク家支配下にあった低地諸州（ネーデルランデン。現在のベネルクスにほぼ相当）のうち，16世紀末頃，事実上の独立を果たした北部諸州を指す通称で，政治・経済的に最も有力であったホラント州の名が同時に国名として用いられたものである。日本語のオランダは，おそらく，ホラントのポルトガル語発音に由来する。17・18世紀の正式な国名はネーデルランデン連邦共和国であり，今日のそれはネーデルランデン王国であるが，1830年のベルギー分離独立の後に使われるようになった単数形のネーデルラントが，現在のオランダではこの国を表す最も一般的な呼称になっている。

　このオランダの独立とその後の経済発展や文化の隆盛は，16世紀ヨーロッパ共通のいくつかの重要な問題に対して，この地域の政治指導者層が導き出した独自の解答の結果であった。第1の問題は，君主たちの中央集権・一元化の試みと，それに対する各地方の抵抗である。低地諸州では，この一帯に初めて領域的統合をもたらしたカール5世と，その跡を継いだフェリペ2世の時代に君主権の強化が図られ，これに貴族や議会（身分制議会）が異議申し立てをするという対立の構図になった。ただその際，低地諸州の君主は同時にスペイン王でもあるという，この地方だけの特殊な事情もあった。

　第2の問題は，物価の高騰や商工業の急激な発展が大きな社会的緊張をひきおこしていたことである。特に大商業都市アントウェルペンを擁し，古くから国際商業に深くかかわってきた低地諸州では，そうした緊張の度合いもいっそう著し

かった。経済発展と社会の繁栄を維持するには慎重な配慮が欠かせず、中でも製品輸出と穀物輸入の安定化は、この地方にとって常に喫緊の重要性を帯びていた。

第3の問題は、宗教改革によって生じた複数宗派の並存という、前例なき事態への対処法をめぐり、深刻な意見の対立がみられたことである。社会的犠牲を払ってでも宗教的統一を維持すべきか、それとも現実を受け入れて何らかの共存・共生の仕組みを模索すべきかが問われたのである。そして、この宗教問題が政治問題や経済社会問題と結びつくと、問題はいっそう複雑化し、解決困難になった。

（2） 低地諸州の反乱

低地諸州の反乱は1560年代に、国王フェリペ2世の中央集権政策と、厳しい異端取り締まりに対する同地方の貴族たちの抗議という形で始まる。まずオラニィエ公ウィレム（沈黙公）をはじめとする大貴族らが、そしてその次に下級貴族たち——いわゆる乞食党（ヘーゼン）——が反抗運動の主役になり、これに刺激されたカルヴァン派住民などが66年、以前から新教が根を張っていた南部諸州を中心に聖画像破壊の暴動をひきおこした。これに対してフェリペは、峻厳をもって知られるアルバ公を懲罰軍とともに低地諸州に派遣し、暴動関係者に対する徹底的な処罰を断行する。しかし、執政アルバの慣例を無視した厳罰主義と、この地方の商業活動への無用な干渉は、商人、市民層の反発を招いた。その結果、ドイツに亡命していたオラニィエを指導者として、68年以降、本格的な武力闘争——国王ではなくその'奸臣'が標的とされた——が開始され、72年には低地諸州出身の雑多な亡命者からなる海乞食党（ワーテルヘーゼン）の船団が、小港市デン・ブリルを占拠したのを契機に、北部のホラント、ゼーラント両州に反乱が拡大した。同年7月、国王の命令によらず初めて自発的に集会したホラント州議会は、独断でオラニィエこそが「合法的」州総督（王の代理）であると認めた。こうして低地諸州は、反乱2州とそのほかの国王に従順な諸州とに二分され内乱となった。この間、北部2州ではようやく本格的なプロテスタント化が始まり、73年にはオラニィエ自身も初めてカルヴァン派の聖餐式に参列した。

この内乱状態に終止符を打ったのが76年の「ヘント（ガン）の和平」で、スペイン政府の給料不払いがもとで暴徒化したスペイン軍を国外に追放するため、反乱2州とほかの従順諸州とが歩み寄ったのである。イニシアチヴをとったブラーバント州議会は、王の意向に逆らって全国議会の開催にこぎつけ、反乱2州との

和平を決議した。先のホラント州議会と同様，このときの全国議会もまた，非合法手段を用いて統治権を自ら行使するにいたったのである。

しかしこの和平体制は，宗教政策や執政ドン・フアンへの対応などをめぐって，ホラント，ゼーラントとほかの諸州との意見が結局かみ合わず，79年には主に南部のエノー，アルトワ両州からなる「アラス同盟」と，北部諸州を中心とする「ユトレヒト同盟」とが相次いで成立し，全州の結束は破れてしまう。ドン・フアンの後任の執政パルマ公は，このアラス同盟を懐柔して王権に帰順せしめ，明らかに優位に立つ軍事力を駆使して南部から再征服活動を進めた。さらにスペイン政府は80年に，オラニェを法律の保護外においてその首に賞金をかけたが，オラニェはこれに対抗して，自己の行動を正当化するための弁明書を複数の言語で発表し，フェリペの罪状を並べあげて逆襲した。「国王廃位布告」が全国議会によって議決されたのは，翌81年の7月26日のことであった。フランス王の弟が新しい君主になることが前もって決まっていたので，この布告は避けて通れない法的措置であった。つまり，フェリペの廃位とオランダ共和国の建国とは，けっしてイコールではなかったということだ。

さて，新君主アンジュー公は反乱指導部の期待を裏切って，浅慮からクーデタを試み，それに失敗した後フランスに逃げ帰る。84年，そのアンジューが病死し，反乱地域の防衛に誰よりも尽力してきたオラニェが暗殺され，翌年にはアントウェルペンも敵軍の手に落ちた。このときイギリス女王エリザベス1世は，反乱勢力の支援要請に応えて，レスター伯を救援軍とともに低地諸州へ派遣したが，彼はユトレヒト同盟の内紛に介入して事態を紛糾させただけで，何の軍事的成果もあげぬまま，87年末，帰国してしまった。

その結果，ついに88年に反乱側の各州議会は，自ら主権を担うことを決意する。幸いフェリペの主要な関心がイギリス，フランスに移ったおかげで，オランダ人たちは体勢を立て直すゆとりを得た。父ウィレムの遺志を継いだマウリッツは，従兄ウィレム・ローデウェイクとともに軍制改革を行い（軍事革命），スペイン軍への反撃を開始した。一方，ホラント州法律顧問ファン・オルデンバルネフェルトの外交努力の結果，96年には英仏両国と対等の同盟が結ばれ，1609年にはスペインとの間に「十二年休戦条約」が成立した。こうして低地諸州の反乱は，北部の連邦共和国の誕生という想定外の結末を生んで幕を閉じた。戦争再開後，マウリッツに次いで共和国軍の指揮をとったのは腹違いの弟フレデリック・ヘンドリ

ックであった。低地諸州の反乱に始まったいわゆる八十年戦争は、さらに1648年の「ミュンスターの講和」まで、南部国境地帯の争奪戦として展開されていく。

(3) オランダ共和国の政治・経済・宗教

　フェリペ2世廃位後、結局、別の君主をみつけられなかったため、この国はほかの選択肢を失って共和政体をとることになった。国制は君主政から共和政へと革命的に変わったものの、土台をなす経済社会構造にはほとんど変化がなかった。国の主権は連邦共和国を構成する各州の州議会におかれ、中でも連邦財政の過半を担うホラント州が圧倒的な発言力を有していた。このホラント州の州議会を牽制する役割を果たしたのが、もともと君主代理としておかれていた州総督であり、「国父」オラニィエ公ウィレムの代々の子孫が大半の州の州総督を兼任した。1650年から20年あまり、この州総督さえおかれていなかった時期があり、これが第一次無"州総督"期であり、「真の共和国」の時代ともよばれる。このように、君主権と身分制議会との間で繰り広げられてきた主導権争いにおいて、ここ低地諸州北部では身分制議会のほうが勝利を収め、ユニークな議会主権国家が誕生したのである。

　八十年戦争の原因の1つは、新しい繁栄を築きつつあったホラントの商人たちが、莫大な費用のかかるスペインの中央集権的権力政治に脅威を覚えたことにある。この戦争の目的は古来の諸特権を守るため、つまり都市支配者層の収入基盤を守るためでもあった。共和国の経済発展を支えたのは、様々な産業部門の成長である。農業では工業用原料作物の栽培や酪農がますます盛んになり、泥炭採掘が活発化する一方で干拓事業も進んだ。工業では南部からの移住者のおかげで急成長した毛織物業や亜麻織物業、海運に不可欠の造船業などのほか、排水用・製粉用に加えて製材用・製油用の風車なども開発されて、この国独特の産業景観が形作られた。漁業では主に輸出用だったニシンの漁を中心に、タラ漁や捕鯨も行われた。そして経済的繁栄に最も貢献したのが、海運業と外国貿易であった。外国貿易の柱となったのはバルト海地方との穀物貿易であったが、オランダ人の交易範囲は17世紀初頭には急速に拡大し、極東の日本にまで達した。また国内の不必要な競争を避け、スペインに打撃を与える目的で、1602年には連合東インド会社が設立された。ホラント州の人口は1514年の27万5000人から1622年の67万2000人へと増加し、都市人口が農村人口を上回った。首都アムステルダムはそれ自身

の富と周辺諸国の苦境や騒乱のおかげで、ヨーロッパ商業の中心的商品集散地へとのしあがり、1609年設立のアムステルダム振替（為替）銀行も、ヨーロッパの預金・為替業務の中心になった。

　低地諸州の反乱の最も重要な推進力は、カルヴァン派信徒たちの信仰の自由を求める闘いであった。たしかに新生共和国は、カルヴァン派を唯一の公式宗教とする国になったが、宗教上の理由による処刑や組織的な宗教迫害は、もはや行われなかった。これは強力な改宗政策を採りえない分権的国家体制や、自らの教義的厳格さゆえに、カルヴァン派教会が多数派を構成していなかったことなどに起因するが、それとともに、公式教会の成員でありながらも他宗派の取り締まりには賛成しない門閥市民層(レヘンテン)の主体的努力によるところも大きい。たとえば、何度もアムステルダム市長を務めたコルネーリス・P・ホーフトは、「一方の迫害から他方の迫害に陥る」だけならこれまでの戦いが無意味になると述べ、敵と同じ過ちに陥らぬよう同胞によびかけている。もっとも、共和国における宗教的自由の度合は都市ごとに異なるし、ルター派やユダヤ人がアムステルダムで大幅な自由を享受していたのに対して、敵とのつながりを疑われたカトリック教徒が、最も不自由な信仰生活を強いられていたように、すべての宗派の同権が実現していたわけではなかった。とはいえ、当時の周辺諸国と比べれば共和国が「アンシャン・レジーム下で最も寛容な国」だったことはたしかであり、こうした自由の幅の広さは、ヨーロッパ随一を誇った印刷・出版業についても当てはまる。レンブラントの《アムステルダム布地組合の見本鑑査人たち》（1662）に描かれている組合の幹部5人が、カルヴァン派、メンノー派、レモンストラント派、カトリックという4つの異なる宗派に属していたように、おそらく人々は、最大の利益をあげるためには宗派の別を超えて協力する必要があるということを、日常の実践をとおして体得していたのであろう。

歴史への扉3　　絵画と歴史

　レンブラント、ハルス、フェルメール、ステーンなどを輩出したオランダの「黄金の世紀」（17世紀）は、イタリア・ルネサンスやフランス印象派と並ぶ創造的絵画芸術の時代であり、その量と多様性の点で際立っている。一説によれば、1650年頃、ホラント州だけでも約250万点もの絵画があったとされ、その種別も伝統的な宗教

図2-2 シャルラタンのいる都市風景（右は線で囲んだ部分を拡大したもの）
出典：B. Haak, *Hollandse schilders in de Gouden Eeuw*, Zwolle, 2003, blz. 29.

画や神話画から風俗画，風景画，静物画，肖像画（特に集団肖像画）まで多岐にわたっていた。一方，近年の社会史の隆盛によって文献史料を欠いた領域にも研究対象が拡大してゆくにつれて，以前は書物の余白を埋める飾りにすぎなかった図像や絵が，史料の欠落を補う貴重な情報源として真剣に分析・研究されるようになった。この点で，過去の歴史の現実を多面的に映し出している17世紀オランダの絵画・版画・素描は，高い史料的価値を有するといえよう。

しかしながら，風俗画の多くがありのままの現実を描いておらず，抽象的観念を具象化した「外見上の写実主義」（schijnrealisme）とみるべきというエディ・デ・ヨングの説が今日では有力であるし，生活のすべての側面が画題として扱われたわけではなく，いくつかの類型に限られるというツヴェタン・トドロフの指摘ももっともである。かつてヨハン・ホイジンガは名著『中世の秋』で，ヤン・ファン・エイクの絵画を通して時代像に迫ろうとした後，『17世紀オランダ文化論』（邦題：『レンブラントの世紀』）では逆に，視覚芸術の印象が影響をもちすぎることに警鐘を鳴らしている。

たしかに絵画史料の利用は「罠の多い道」であり，一片の図像だけでは情報としてきわめて不完全なものだが，文献史料を補完する形で用いるなら，文献から得た知識を具体的・立体的に理解するのに役立つし，ときには絵ならではの発見もあるだろう。文字史料と同様の厳密な「史料批判」を行い，寓意性の比重を慎重に検討し，研究者の側から明確な問いかけがなされる時，ようやく絵は語り始めるのではないか。また主題からはずれた，画家の演出を比較的免れている部分に，利用価値のある細部が潜んでいることもある。たとえばシャルラタンを主役とする作者不詳の作品の背景には，当時の絵画商の営業の様子が（図2-2参照），またサーンレダムのアムステルダム旧市庁舎の記録画（1657）の一部には建物に付属する書店が描

かれており，いずれも文化史，書物史研究者にとっては興味をそそられる図像データであろう。したがって絵画史料を利用するには，まず画面を分節して何が描かれているかを丹念に確認してゆく作業が不可欠である。そこから先は，分析対象や研究目的にかなった方法論を，研究者各自で編み出していく工夫が求められよう。

参考文献
高橋達史「史料としての17世紀オランダ風俗画の再検討」日蘭学会編，栗原福也・永積昭監修『オランダとインドネシア——歴史と社会』山川出版社，1986年。

第4節　フランス

（1）　絶対王政への道

百年戦争（1339～1453）が終わり，イギリス勢力を大陸から追ったフランス王権は，大諸侯領を併合して集権化の努力を始めた。地方慣習法を成文化し，行政装置も形を整え始める。しかし，こうした努力がすぐさま均質な政治空間を生み出したわけではない。王国に併合されたブルゴーニュやブルターニュが，地方三部会の存続を王権に「特権」として約束させたことからも分かるように，大諸侯領や親王領はその後も一定の自律性をもち続けたからである。王国には異なる文化や言語，慣習が残り，複雑なモザイクを形作る。集権化の努力は，王国の抱えるこうした複合性とのせめぎあいの中で続けられ，アンシャン・レジームをとおして完成をみることはない。絶対王政のもとでいち早くコンパクトな国家を建設したといわれるフランスであるが，ヨーロッパ近世国家を特徴づける複合性，集魂性（コングロマリット）の刻印は，この王国にもたしかに刻まれていた。

15世紀から16世紀に替わる頃，スペインやポルトガルは新天地を求めて大西洋に船隊を送り出したが，フランス王家の野心はもっぱらイタリアに向けられていた。1494年にアルプスを越えたシャルル8世以後，四代のフランス王が情熱を燃やしたイタリア戦争（1494～1559）は，ハプスブルク家との抜き差しならない対立をもたらす一方，王権強化の1つの契機となった。たとえば戦費調達の必要は，王領地収入と租税収入を包括する一元的な国家財政を生んだし，教皇と結んだボローニャの政教協約（1516）も戦争の副産物という側面をもっていた。国内約800の高位聖職位の人事権を王に与えたこの協約は，フランス聖職者団への王権

の支配を強め、教皇の普遍的支配から自立したフランス教会自立主義（ガリカニスム）の展開に貢献した。以後教会は、王権の支配に正統性の根拠を与え、臣民統合の支柱としてその重要性を増したのである。

　イタリア戦争が終わる頃、改革者カルヴァンのもとで新しいエネルギーを得たプロテスタンティズムが急速に広まり、王国の新たな火種となった。プロテスタントを弾圧したアンリ2世の急死後（1559）、宗教対立は内乱へとなだれこむ。カトリックのスペイン、プロテスタントのイギリスをはじめとした周辺諸国の利害が、ここに複雑に絡み合った。混沌たるこの時期、人々は国家と宗教の関係や政治秩序を根底から問い直し、主権国家の論理が立ち上がってくる。教皇や皇帝に向かってフランスの独立を掲げる主張は、国内では王権の強化を正当化する論理となる。次の世紀に展開する絶対王政を支えたのは、こうした理念であった。

　36年に及ぶ内乱を収束したのが、ブルボン朝の祖となるアンリ4世である。プロテスタントを容認するナント王令（1598）を発した王は、国内の安定と財政再建に取り組んだ。官職保有者に毎年一定の税の支払いと引き替えに、官職の世襲と売官の自由を認めたポーレット法（1604）は、その努力の一環である。しかし、この法は、高等法院官僚をはじめ、官職保有者が次第に王権から自立することを許す契機となり、地方長官など親任官僚によってこれを牽制しようとする王権との間に新たな緊張をもたらすことにもなる。

　次のルイ13世の治世は当初、大貴族とプロテスタントの反抗によってその基盤を揺すぶられ、王権は1614年に全国三部会の開催を余儀なくされた。三部会に準じた名士会も1627年に召集されている。しかしこの時期を最後に、全国三部会も名士会も革命前夜まで開催されることはない。絶対王政成立の1つのメルクマールといえるであろう。王権にとって危機的な状況下において辣腕を振るったのが、宰相リシュリューである。彼の政策は、外交面ではハプスブルク家との対決を基本とし、内政面では戦争遂行のために課税可能な体制構築を志向するものであった。彼のもとでフランスは、神聖ローマ帝国を舞台とする三十年戦争に本格的に介入し、カトリック信仰をともにするハプスブルクとの全面戦争に踏み出した（1635）。カトリックのフランスがプロテスタント勢力と手を組み、ハプスブルク家のスペイン並びに神聖ローマ帝国皇帝軍と戦うことを選択したのである。国家理性の名において正当化されたこの選択は、外交的には成功し、ウェストファリア条約（1648）、ピレネー条約（1659）で、フランスはスペインから覇権を奪いヨ

ーロッパ列強首位の座を獲得した。

　しかし，この間に膨張した軍事費は，国内の財・行政システムに大きな変化を迫ることになった。王権は徴税請負人への依存を深め，彼らは臣民から苛烈に税を取り立てた。各地には王権の意向を代弁する地方長官が送られ，伝統的な地方特権は浸食されていった。そのため，民衆蜂起が激しさを増していった。42年にリシュリューが，翌年にはルイ13世が相次いで世を去るが，後を継いだルイ14世と宰相マザランはこれまでの政策を継承する。これに反発し王国改革を求めたフロンドの乱（1648～53）が終焉して以後，戦時の臨時措置として導入された諸制度が恒常化する。それらは，王権に広範な自由裁量権を与える制度にほかならなかった。

（2）　絶対王政の展開と矛盾

　1661年，宰相マザランが没した。22歳のルイ14世は，以後宰相をおかず，自ら権力を行使することを選択した。絶対王政の最盛期，親政のはじまりである。「すべての目，すべての誓い，すべての尊敬は，ただ王のみに注がれる」ことを願った王は，王族や大貴族を排除してつつましい出自の少数の寵臣を中心に統治を行った。中央で国務会議が専門分化する一方，地方行政の担い手となったのが「司法，行政，財務」の広大な権限を与えられた地方長官であった。一方，高等法院は国王への建白権を奪われ，民事王令，刑事王令に結実する司法改革もすすんだ。また王は，ヴェルサイユに広大な宮殿を建設し，1682年に宮廷と王権の中枢機能を移転させた。ヴェルサイユ宮殿は権力と権威の体現者である王権の理念を可視化する舞台となり，極度に儀礼化された宮廷社会が展開した。ここで紡がれた王権のシンボルは，国家儀礼や様々なメディアをとおして全国に広められる。ヴェルサイユ宮殿は，絶対王政の象徴上の実践を支える統合装置でもあった。

　こうした諸事業は，財務総監コルベールの卓越した手腕に負うところが大きい。とりわけ彼の本領は，財務行政とコルベルティスムとよばれるその経済政策に遺憾なく発揮された。17世紀のヨーロッパは長期的不況期にあたり，フランスは人口の停滞と貨幣の不足，経済危機に苦しんでいた。コルベールは，流通する貨幣の量は一定であり，国力は獲得した貨幣の多寡が決定するという考え方（貨幣重商主義）に基づき，国際競争に打ち勝つための政策を展開した。彼の重商主義的政策はすべて成功したわけではないが，次の世紀の経済発展を準備するものであ

った。一方，その攻撃的性格は経済的先進国オランダ，イギリスとの軋轢を高め，幾多の戦争の背景となったのである。

　実際にルイ14世が親政を行った54年の間，実に37年の年月が戦争に費やされた。親政初期に6万人であった軍隊は，アウクスブルク同盟戦争（1688〜97）の頃には60万人に達していた。膨大な戦費は，国家財政に過重な支出を求め，債務はとめどなく膨れあがっていった。王権は様々な便法によって増税を図ったが財政危機は解消されず，貧しい層に苛酷な負担を強いることになった。93年から94年，1709年から10年には，大規模な飢饉が疲弊した民衆を直撃し，多くの死者が出ている。

　しかし，反税蜂起が頻発したルイ13世期に比べると，親政期の叛乱はそれほど多くない。かつて反税蜂起に暗黙の了解を与えていた地方のエリート層は，今では徴税システムや官職から利益を得，公債の利子を受け取り，絶対王権との結びつきを強めていた。従順さを求める絶対王政の政治文化が，彼らエリートに少しずつ受容され，民衆との間に文化的断絶が生まれていたことも見逃せない。絶対王政とエリート層のこうした「共謀」が反税蜂起を沈静化させ，人と財を大量に動員した王の戦争遂行を可能としたのである。ルイ14世はまた，1685年にプロテスタント信仰を禁じて「1人の国王，1つの教会，1つの法」という標語の実現を苛烈に求めた。ただし彼の峻厳な宗教政策は，長期的にみれば絶対王政に対する批判の目を育むことになった。

　1715年，ルイ14世は没し，わずか5歳のルイ15世が王位につく。59年に及ぶ彼の長い治世は，絶対王政というシステムが新しいうねりの中で動揺をきたした時期といえる。当初，摂政オルレアン公フィリップのもとで，極端に悪化した国家財政の再建が図られた。この課題に金融面から取り組んだのが，スコットランドの財政家ジョン・ローである。不換紙幣の発行と植民地貿易を統合した「ローのシステム」は過剰な投機熱とインフレをもたらし，20年には最終的に破綻する。しかしこの間に国家の債務は減少し，植民地貿易をはじめ経済活動は活性化した。

　1723年，ルイ15世は成人に達して摂政期は終わる。ただしルイ15世の親政が開始されるのは，事実上の宰相ともいうべきフルリーが没するさらに20年の後である。親政当初，人々は王に大きな期待を抱いたが，それはすぐさま失望に変わった。オーストリア継承戦争（1740〜48），七年戦争（1756〜63）の不首尾によって，フランスの栄光は傷つき，戦う王の表象は敗北にまみれた。しかも2つの戦争に

よって，財政状況は悪化の一途をたどった。49年に，免税特権の有無にかかわらずあらゆる収入に課税する二十分の一税が創設されたが，高等法院，聖職者，地方三部会といった特権諸団体の反対にあい，新しい租税システムが確立することはなかった。この時期には，出版物によって幅広い人々が政治的事柄に関心をもつようになり，世論という新しいファクターが登場していた点も見逃せない。ルイ15世に対する批判的言説が渦巻いた。

　74年にルイ15世が不人気のうちに没し，その孫ルイ16世の治世が始まる。財務総監チュルゴは，先王の時代に始まった開明派官僚の様々な試みをひきつぎ，自由な競争を促進する大胆な経済・財政改革に取り組んだ。しかし彼の改革は食糧暴動にさらされ，ギルドや高等法院からの激しい反対を受けて失敗に終わる。ネッケルの地方行政改革も同様の結末となった。王権は特権に基づく社会構造を自らの手で改革することができないまま，短いサイクルで財務総監を替えつつ迷走を続ける。86年，国家の負債はついに限界に達した。時の財務総監カロンヌは，すべての身分を対象とする新税創設など，大胆な財政改革案をルイ16世に提出する。高等法院との軋轢を避けようとした彼は，1627年以来開かれなかった名士会の召集を決定した。160年の間，臣民の同意を求めずに統治を行ってきた絶対王政は，ここで決定的な破綻をみる。時代は革命へとなだれをうって動き出していた。

（3）　社会的結合関係と文化の変容

　18世紀初頭まで約3世紀のフランスの人口は，周期的な増減はあるものの，1800万から2100万までの間を推移していた。農業は増産を阻む悪循環の中にあり，人口の大部分を占める農民たちには領主，教会，国王への税が幾重にも課せられ，通常の年でも生存ぎりぎりの食糧しか残されていなかった。しかも，16世紀後半から17世紀全般には不順な気候が続いていたし，繰り返される戦乱や様々な伝染病，高い乳児死亡率も人口増加を阻む要因であった。この社会は厳しい生存条件の中にあり，多産多死という人口動態上の特徴を刻まれていたのである。

　厳しい社会に生きる人々にとって，最もたしかな支えは人と人の絆にあった。血縁的な絆に加えて，隣人たちの間で紡がれる地縁的絆や，職業や労働によってつながる職縁的絆，祈りや祝祭をともにする宗教的絆，さらに年齢集団など，人々は多様で濃密な社会的結合関係（ソシアビリテ）の中に生きていた。それらのいくつかは非制度的な絆にとどまったが，多くは教区や村，都市，ギルドとい

った団体を制度的な枠組みとしていた。こうした諸団体は，中世においては王権と無関係に存在することができたが，絶対王政は諸団体の伝統や慣行を王が授ける「特権」として保証し，その統治に組み入れていった。こうした団体を「社団」とよぶ。絶対王政は，臣民1人ひとりを直接掌握したわけではなく，社団を操作する権利を独占し，これを媒介とすることで統治を行ったのである。一方，中世以来の「祈る人」「戦う人」「働く人」という伝統的な職能区分も，王権によって法的な地位を与えられ，「聖職者身分」，「貴族身分」，「第三身分」として編制されていった。またこの社会は威信や名誉，品位が不均衡に配分され階梯化されていたが，社会的な上位者と下位者の間に自発的に恩顧と忠誠を交換する保護―被保護関係が築かれていた。王権は，ときに抵抗の絆ともなるこの関係を否定することなく，むしろ王を頂点とする保護―被保護の網の目に地方エリートを組み入れ，操作し，都市や地方の統治を円滑に進めようとした。

　絶対王政の確立はまた，新しい政治文化の形成を伴っていた。たとえば，リシュリューは，古代帝政ローマを参照し，至高の王権のもとに規律と服従を重んじる新しい政治文化の創出を追求した。アカデミー・フランセーズを設立し，言語においてあるべき規範を提示したのも彼であった。さらに，政治社会の根幹である「家」の秩序も，強化された家父長権のもとで再編される。一方，宮廷を中心に，自己抑制に長けた礼儀正しい人間を理想とする観念が生まれ，騎士的ふるまいに替わる新たな文化モデルが誕生した。自己の衝動を抑制し，規律を重んじるこうした文化モデルは，貴族だけでなく社会的上昇を願う都市のブルジョワ層にも受け入れられ，新しいエリート文化が生まれた。エリート文化の成立には，カトリック改革の進展も大いにあずかった。カトリック改革の中で生まれたイエズス会やカルメル会といった修道会は，コレージュや神学校を設立し，新しい宗教的感性を身につけたエリートたちを送り出した。彼らエリートは，民衆文化の中に忌まわしい慣習や不道徳を見いだし，その取り締まりに向かう。それは，民衆文化との激しい葛藤をひきおこしたのであった。

　王権と教会による規範の再編は，貧民への対応にも変化をせまった。中世には聖なる存在であった貧民は，「公共の安全」を脅かす存在とみなされるようになり，彼らを強制的に隔離する施設がルイ14世の統治期に作られた。実際，16世紀末，とりわけ17世紀以降に，社団的編成の外部に存在する放浪者が急増する。社団からはみでた存在は王権が直接に管理する対象となり，「ポリス」とよばれる

新しい統治技術が鍛えられていく。もっとも，王権によるこうした規範の再編や規律化が，すべて思惑どおりに実現したわけではなく，地方や民衆層の間には，伝統的秩序観が根強く生き続けた点も見逃してはならない。

「啓蒙の世紀」とよばれる18世紀に入ると，社会をダイナミックに揺り動かすいくつもの変化が生まれてきた。まず，長い間停滞してきた人口が増加に転じ，革命前には2700万から2800万に達していた。18世紀の戦争が主に遠隔地で戦われたため，国内は平和を享受することが可能であったこと，租税負担が相対的に軽減されたこと，医学の発展や防疫行政の進展により流行病の被害が減ったこと，新生児の生存率が高まったこと，気候が温暖化したことなど，いくつもの要因が複合的に作用し，死亡率を押し下げた結果と考えられている。人々は死へのおそれから徐々に解き放たれていった。1730年代を境にフランス経済は好況期にはいり，対外貿易も飛躍的な伸びをみせた。

道路網の拡大と整備がすすみ，人やモノ，情報がこれまで以上の速さで伝達されるようになり，広域的なネットワークが生まれた。様々な情報が，手紙や出版物の形で王権のコントロールの外で広がっていった。また経済の拡大は，多くの人々を都市に引き寄せ，その成長を刺激した。こうしたうねりの中で，新しい社会的結合関係と文化が育まれた。従来の地縁，職縁，あるいは血縁の枠を超えて，個々人の意志で集う様々な社交のつながりが生まれた。知の発信地となったカフェやサロンに始まり，フリーメーソンやイギリス風のクラブ，文芸協会など，世俗的で知的な活動を目的とする様々なアソシアシオンが都市に叢生する。こうした新しい社会的結合関係の中で，人々は政治的な討議を始めた。識字率の上昇もあずかり，安価な印刷物から情報を入手した人々は，宗教政策や外交政策について様々な意見を交わすようになる。王家のゴシップももはや例外ではなかった。むしろそのようなニュースは，生まれつつある広範な世論の格好のターゲットとなった。崇高なる王の表象に亀裂が生じる一方，都市部では教会離れも進行した。啓蒙主義者たちが活躍したのはこのような環境下であった。普遍的な理性への信頼に立つ啓蒙主義者は，1750年代，60年代をピークに，あらゆる権威を批判の俎上にのせたのであった。

こうした一連の社会的，経済的，文化的変動は，カトリック教会を統合装置に組み込み，特権と社団を前提とした絶対王政というシステムに，ゆっくりと，しかし確実なダメージを与えていった。

第5節　イギリス

（1）近世国家の成立

　ランカスター家とヨーク家が王位を争ったいわゆるバラ戦争は、リッチモンド伯ヘンリ・テューダーが、ヨーク家のリチャード3世を破って、1485年にヘンリ7世として即位したことで収束に向かった。ヘンリ自身は母方の血統がランカスター家に連なることを王位継承の根拠として主張したが、テューダー家はもともとウェールズの出自で、イングランド王位を主張するにはその正統性は弱かった。しかし、ヘンリはその実力でほかの王位候補を圧倒し、堅実な経済政策で財政基盤を固め、その権力を揺るぎないものにした。これ以降、今日にいたるまで、イギリスの王家はテューダーの血統を引く形で継承されるが、これは11世紀のノルマン朝からプランタジネット朝に引き継がれてきた王統の断絶を意味した。

　単に王朝の交替にとどまらずテューダー朝の成立は、中世と近世を分かつ分岐点に位置することでも重要である。もちろん、王朝の交替によって瞬時に中世が終わり、近世社会が出現したわけではないし、一国王、一政治家の手によって実現されたものでもない。かつてヘンリ7世の後を継いだヘンリ8世の時代に、王の右腕として活躍した政治家トマス・クロムウェルの働きにより、近代国家への道が開かれたという説もあった。ヘンリ8世の離婚問題を契機に始まった宗教改革により、超国家的な権威を象徴するローマ教皇の支配を脱し、国王自らが教会の頂点に立つことで、「主権国民国家」の基盤を築き、さらにその過程で、近代的な行政機構が整備された、というわけである。

　しかし、近年の研究では、こういった変化は——たとえば行政機構の改革などにおいて——たとえ結果的にはテューダー期の間に整備されたにせよ、短期間における革命的といえるものではなく、もっと漸進的なものであったと考えられている。さらに、かつては、国民に広く受け入れられたプロテスタンティズムの勝利として描かれた宗教改革も、庶民の間ではとまどいや反発のほうが強く、逆に伝統的な信仰が根強く残ったことが明らかにされてきたことで、大きく様変わりしている。

　もっとも宗教改革の過程で、莫大な修道院の所領が没収され、それらが国王の財政難のために売却されたことは、ノルマン征服以降最大となる土地所有権の移

動を引き起こした。経済的にも政治的にもその意味は大きく、これらの土地を獲得することで新たに台頭してきた人々が、その後、中央や地方の政治の舞台に登場することになった。

　伝統的なイメージとの落差という点では、エリザベス時代も同様である。スペイン無敵艦隊の撃退に象徴される繁栄と栄光の時代として、また、シェイクスピアをはじめとする文化の花開いた時代として、イギリス史の黄金時代とイメージされてきたが、その実態はかなり異なっていた。経済は必ずしも芳しくなく、インフレで生活水準は低下し、失業者・浮浪者が巷にあふれていた。さらに長引くスペインとの戦争、繰り返される疫病の流行が、こうした状況に追い打ちをかけた。19世紀まで基本的に維持されることになる救貧法（1601）も、こうした時代背景の中から生み出されたものであったが、温情的な福祉政策というよりは、むしろ秩序維持のために、懲罰的な性格を強くもつものであった。

　後継者のいなかったエリザベス女王の死後、イングランド王位は遠縁にあたるスコットランド王ジェイムズ6世に引き継がれ、03年、王はジェイムズ1世として即位した。ステュアート朝の始まりであるが、テューダー朝からステュアート朝にかけての時期を、「絶対王政」と捉える考え方が存在する。何をその規準とするかにより、その当否の判断は分かれるものの、字句どおりに国王が何らの制約も受けずに絶対的な権力を行使できたわけではない。この時期のイギリスは常備軍をもたず、国王を支える官僚制も十分なものとはいえなかったからである。さらに、戦費などを調達するための課税は、議会の承認が必要であった。

　それでも「王権神授説」を奉じていたジェイムズ1世は、議会からの掣肘を嫌い、その招集をできるだけ回避しようとした。ヨーロッパ大陸が三十年戦争の混乱に陥った際も、イギリスは参戦を見合わせたが、その背景には戦費調達のための議会を開くことを王が嫌ったことがあった。また、ジェイムズはイングランドとスコットランドの完全な国家統合を夢見たが、両国を隔てる壁は厚く、賛同を得ることはできなかった。

（2）　内戦・共和制・王政復古

　1625年にジェイムズの後を継いだチャールズ1世も、議会がこれまで認められてきた国民の権利の確認を求めた「権利の請願」を出すと、いったんはしぶしぶ承認したものの、その後は議会開催を回避する方針をとり、独占特許権の売却や

図2-3　チャールズ1世の処刑
出典：A. Palmer, *Kings and Queens of England*, London, 1976, p. 96 より。

関税の強化, 船舶税の対象拡大などで財源をまかなった。しかし, スコットランドに国教会制を導入しようとして反乱を招き, その対応のための戦費の必要から議会を開かざるを得なくなった。議会は国王批判の場となり, 寵臣の排除や改革的な立法を実現していく。その中でカトリック教徒の反乱がアイルランドで勃発し, 鎮圧のために軍隊を動かそうとする王に対して, 議会は不信を強め, ついに42年に両者の戦いへとエスカレートした。

戦いは議会軍を指揮したオリヴァ・クロムウェルの活躍もあり, 議会軍の勝利に終わったが, 国王の処遇を巡って議会派内部で対立が激化する。議会内の多数派であった穏健な国王支持派が放逐され, 残ったメンバーによって国王の処刑が決定された。以後およそ10年間, イギリスは国王のいない時代を迎えることになる。

1649年初の国王の処刑実施は国内外に大きな衝撃を与えた。スコットランドは猛反発し, チャールズの息子（チャールズ2世）を擁立して対抗するものの, 結局はクロムウェルの軍隊に敗れてしまった。また, 国王支持派の多かったアイルランドへも遠征軍が送られ, 徹底的な征服がなされ, 完全に植民地化された。スコットランドとアイルランドがイングランドに併呑されたことにより, かつてジェイムズ1世が夢見た統合が, 皮肉にも共和制の下で実現したのである。

しかし共和制は軍と議会との対立から, クロムウェルの軍事独裁となり, 不安定な状態が続くことになる。また, ピューリタニズムに基づく厳格な統治も, 人々には必ずしも歓迎されなかった。クロムウェルの権威でかろうじて維持された政権は, 1658年の彼の死によってあっけなく崩壊することになる。

共和制の破綻により, 1660年に亡命先からチャールズ2世が帰国し, 王政が復活した。ただし王政復古体制においても, 内戦以前に議会が行った改革はその多

くが継承された。この間に廃された様々な封建的な特権が復活されることはなく，それがその後のイギリス社会での経済の展開に，重要な意味をもつことになる。この17世紀半ばの劇的な展開を，歴史的にどのように位置づけるかは，いまだに見解の分かれる大きな問題のひとつである（歴史への扉4参照）。スコットランドとアイルランドも，制度的にはもとの独立した「王国」へと戻ったが，両地域の従属的な立場は解消されることはなかった。

チャールズ2世はカトリックに傾斜しながらも国教会体制を維持したが，王位継承権者であった王弟ジェイムズは，カトリック教徒であった。その即位を巡って議会は，即位反対派（ホイッグ）と支持派（トーリ）に分裂した。85年にジェイムズ（2世）が即位すると，そのあからさまなカトリック容認政策への不信が高まり，将来カトリックとして育てられるのが確実な王子の誕生を契機に，ホイッグとトーリはジェイムズ2世排除で合意し，王の娘婿であったオランダ総督ウィレムに援軍派遣を求めた。88年11月にイングランドに上陸したウィレム軍に多くの貴族が与し，孤立無援となった王は亡命せざるを得なかった。翌89年，ウィレムとその妻であるジェイムズ2世の娘メアリは，議会の提示した国民の権利と自由を確認した「権利の宣言」を受け入れて，共同統治の形で即位した（ウィリアム3世・メアリ2世）。大きな戦闘もなく成就したということで，「名誉革命」の名が与えられている。この政変は，議会が国王を選んだクーデタともいえるが，ここに議会を中心とした政治体制の基盤が固められた。ウィレムからすれば，フランスの圧力から母国オランダを守る戦いに，イギリスを引き入れることに成功したと言える。

王位はその後，メアリの妹アンに引き継がれた。アンの治世は，スペイン継承戦争の時期とほぼ重なる。この間，1707年に，経済的に窮乏していたスコットランドがイングランドと合同してひとつの王国となったが，対フランス戦争遂行のためにスコットランドの離反を食い止めるのがイングランドの狙いであった。14年にアンが死去すると，ジェイムズ1世の血筋を引くドイツのハノーヴァ公ジョージが，王位継承法の規定に基づいて即位した（ジョージ1世）。英語をよく理解できなかったこともあって，新王は政治をハノーヴァ朝に好意的なホイッグに任せた。このホイッグ政権のもと，18世紀前半には内閣制度が確立することになる。

ドイツ出身の王朝に反発し，先に国を追われたジェイムズ2世の血統を正統と見なす人々（ジャコバイトとよばれた）は，ジェイムズの子や孫を奉じて幾度か蜂

起を試みたが，いずれも鎮圧された。ジャコバイトの地盤であったスコットランドは徹底的に押さえ込まれ，キルトやバグパイプなどハイランドの民族文化も厳しく取り締まられた。

（3） 帝国への道

　ヘンリ7世がその権力をつかんだ頃，イタリア人コロンブスから王のもとに，西へ向けたアジア航路開拓計画への支援願いが届いた。結果的にこの計画はスペインの援助によって実現するが，その成功に刺激されたヘンリも，コロンブスとは別個に同じような西方航路開拓計画をもっていたイタリア出身のジョン・カボットに航海の特許を与えた。2度の航海でカボットはニューファンドランドおよび北米大陸に到達し，これが後のイギリスのカナダ領有主張の根拠となった。
　その後，ジョンの息子セバスチャン・カボットも北米探検を行うが，ヘンリ8世が即位すると風向きが変わってしまう。王は海軍力の増強には努めたが，その視野にあったのは新世界の開拓ではなかった。王の関心はむしろ，ヨーロッパでの覇権獲得に向かっていた。ヘンリの没後，再びイギリスの目が海に向けられると，セバスチャン・カボットが再招聘された。アメリカ大陸の北を通ってアジアへ向かう「北西航路」や，ヨーロッパの北を東に向かってアジアをめざす「北東航路」開拓が始まった。その後も困難な探検航海が行われたが，結局，新航路の開拓は実現しなかった。それでも，16世紀の半ばにはロシアとの交易が始まるなどの成果もあった。
　ヘンリ8世がこだわったヨーロッパ進出の夢は，1558年におけるフランスとの戦争によって，唯一大陸に残っていた領土カレーを失い，実現が難しくなった。それ以降，イギリスの領土的な関心はもっぱら北アメリカ大陸に向かうことになる。しかし，エリザベス時代に本格化した北米植民地建設の試みも，現地の自然環境の過酷さや先住民との衝突などにより，順調には進まなかった。
　一方，スペインとの関係が悪化すると，エリザベス女王の特許を得た私掠船がカリブ海でスペイン艦船を襲い，88年にはイギリス侵攻を企てた「無敵艦隊」を英仏海峡で撃退した。この勝利によって，イギリスがスペインから海上の支配権を奪ったと語られることも多いが，実際にはスペインの覇権が揺らぐことはなかった。それどころか，実現はしなかったもののスペインは再度の無敵艦隊派遣を計画したし，カリブ海では再びスペイン優勢に転じていた。また，イギリスは何

時とも知れぬスペイン艦隊来襲に備えなくてはならず，植民地へ向ける艦船には限界があった。無敵艦隊撃退の裏では，船不足のために補給を受けられず，北米の植民拠点が壊滅するという悲劇も生じていたのである。

イギリスが北米大陸に初めての定住地を得たのは，17世紀になってからである。1607年にヴァージニアにジェイムズタウンが築かれ，その後の植民地経営の足がかりとなった。しかしながら設立当初は，本国からの補給によって植民地を維持するのがやっとという状態であった。一方，砂糖など経済価値の高い産物を生み出していたカリブ海など中南米地域では，スペインが先住民や黒人奴隷を使った植民地経営を進めていた。エリザベスの時代には私掠船がスペイン艦船を襲ってその財貨を奪うことがあったが，この地域にイギリスが本格的に植民地をもつことになるのは，共和制下クロムウェルの時代になってからである。17世紀になってその勢力に陰りのみえたスペインに対して，クロムウェルはカリブ海に軍を派遣し，55年にジャマイカを占領した。ようやくカリブ海にイギリスの領土を得たのであった。

当時，勢力の衰えが著しいスペインに代わって海を支配していたのは，独立を達成したばかりのオランダである。イギリスも，17世紀初めには，オランダとの競争に敗れて東アジアから撤退を余儀なくされていた。クロムウェルはオランダに対抗するために，オランダ艦船を閉め出す「航海法」を制定し，さらにはオランダとの戦争にも踏み出した。オランダとの戦争は，王政復古後も繰り返され，徐々にその勢力を削ぐことに成功した。

名誉革命後，オランダ出身のウィリアム 3 世が抱いた外交上の最大の関心は，フランスの勢力を押さえ込むことであった。それは母国オランダをフランスから守ることを意味したが，王のもとでイギリスは積極的にヨーロッパの戦争に関与していくことになる。ウィリアムの死後も，対フランス戦争が18世紀のイギリス外交の基調となった。同時にそれは，フランスとの植民地獲得競争を意味し，ヨーロッパでの戦争と呼応する形で，北アメリカやインドを舞台に両国の戦争が繰り返された。この18世紀の両国の対立を中世になぞらえて，「第二次百年戦争」とよぶこともある。19世紀初めのナポレオン戦争終結までの対フランス戦争に勝利したイギリスは，途中，アメリカ合衆国の独立はあったものの，北アメリカとインドに確固たる地盤を築いた。

長期にわたる戦争の費用をまかなうためには，旧来の課税では限界があったた

め，1694年にイングランド銀行が設立され，国債を引き受けることで国の財政を支えた。兌換銀行券の発行など，イングランド銀行は民間の経済活動の活性化にも重要な役割を果たすことになる。こういった信用のある金融制度の整備が，当時の金融の中心地オランダからの資金流入を招き，フランスに差を付けることができた。そのため，植民地獲得競争でも工業化の実現でも，イギリスは優位に立つことができたのである。

歴史への扉 4　　反乱か革命か
——揺れるピューリタン革命の歴史像

　近年，世界史の教科書などで「ピューリタン革命」として記されてきた事件は，その歴史的評価が大きく揺らいでいる。革命の主体はピューリタンであったのかどうか，そもそもこの事件は「革命」といえるのかといったことも議論され，「ピューリタン革命」という名称を退けようとする考えもある。

　もっとも，この事件の呼称をめぐる問題は今日に始まったものではない。17世紀から今日まで，この出来事を何とよぶかは，その評価と密接に結びついてきた。王政復古期には，「大災厄」ともよばれていたが，チャールズ2世の側近，クラレンドン伯が著した『1641年以降の反乱および内乱史』（初版刊行は1702〜04）が，王党派の立場における標準的な歴史叙述として受け入れられると，「（大）反乱」という呼称が一般的となった。もちろん，そこに一貫しているのは，国王への反抗とその処刑に対する否定的な評価である。

　18世紀後半，社会改革を求める急進主義の影響によって，国王の側からみた「反乱」という評価に対し，より中立的に「内乱（内戦）」という呼称が用いられるようになった。さらに19世紀半ばになると，イギリス史を「自由の発展史」として捉え，議会の役割を強調する「ホイッグ史観」が大きな影響力をもち，革命をより肯定的に捉える傾向が強まった。また，宗教的な側面も強調され「ピューリタン革命」という理解も広まった。

　こうした革命性を強調する歴史的解釈に対する批判は，すでにD・ヒュームが『イングランド史』（1754〜62）で消極的な立場をとっているが，20世紀になり，ホイッグ史観への批判という形で，単純な進歩史観への疑問として提起された。

　マルクス主義の歴史観に沿った革命理解も，クリストファ・ヒルの『イギリス革命』（1940）によって示された。ヒルはこの事件を，近代社会への移行を画する「市民（ブルジョア）革命」と捉え，「イギリス（イングランド）革命」という名称を与えた。もともと「イングランド革命」という名称は，むしろ名誉革命を指すもの

として定着していたが，ヒルはより大きな歴史的重要性をピューリタン革命にみたのである。ヒルが提唱した歴史像には，H・トレヴァ＝ローパーなどから強い反論も出されたが，ヒルは自説を修正しながらも，その後もこの事件の「革命性」を唱え続けた。ヒルの解釈は，日本の歴史学界にも大きな影響を与えることになった。

さらにE・ホブズボームは，マルクス主義の立場から，革命にいたる17世紀の社会状況を「全般的危機」と捉え，封建制から資本主義への移行によってもたらされたものであるとする見解を示した（1954）。その解釈を巡って議論をよび，「17世紀危機論争」とよばれる論争に発展した。とりわけ，トレヴァ＝ローパーによって反論として提唱された「ルネサンス国家の危機」という解釈は，革命を「宮廷と結びついた中央」と「利権から疎外された地方」の対立とみなすもので，大きな影響力をもった。

その後，1960年代には，P・ラスレットが『われら失いし世界』において，そもそも17世紀には複数の階級などは存在せず，支配階層であったジェントルマンのみが階級の名に値する唯一の存在であるとして，「一階級社会論」を唱え，マルクス主義的な階級闘争としての「革命」を否定した。さらに1970年代以降は，伝統的な理解の見直しを迫る「修正主義」によって，「革命」の見直しが始まった。それらの研究により，地域ごとの詳細な実態解明が進められ，王党派と議会派は階層や階級ではなく，むしろ複雑な地縁的関係，利害の対立に従って分かれたものであり，単純にピューリタンと国教会の宗教的な対立から生じた革命とはいい難いことが明らかにされてきた。

また，ピューリタン革命を後の名誉革命と一連の動きと考え，両者をあわせて「イギリス革命」とする捉え方もある。議会によって国王の専制が抑制されたという流れが，議会が国王を選んだといえる名誉革命によって守られ，ピューリタン革命の成果が再確認されたという歴史理解である。

さらに，この事件が，スコットランドでの内乱によって始まり，アイルランドの反乱を契機に，イングランドでの内乱にいたったという流れを，ステュアート朝の支配下にあった3つの王国の動きの結果として生じた「三王国戦争」とする見方も提唱されている。これは，すべてをイングランドの観点から解釈する「イングランド中心史観」への批判でもあるが，この「戦争」が相互に結びついたひとまとまりのものであったと考えるか，3つの地域での戦争は各々性格が異なり，複数の戦争の集合であったと捉えるか，という理解の相違もある。

このように，「ピューリタン革命」をめぐる評価の変化には，その時々の時代状況が反映されてきた。近年の見直しの背景には，ソ連の崩壊や東欧の民主化などに伴うマルクス主義思想の退潮やサッチャリズムの影響，スコットランドなどへの分権化の加速などがあるのは明らかだろう。しかしながら，その名称も含めて新たな

「標準的な」理解にいたるまでには，まだまだ議論が続くだろう

参考文献

R・C・リチャードソン著，今井宏訳『イギリス革命論争史』刀水書房，1979年。
H・R・トレヴァ=ローパーほか著，今井宏編訳『17世紀危機論争』創文社，1975年。
岩井淳・指昭博編『イギリス史の新潮流——修正主義の近世史』彩流社，2000年。
岩井淳・大西晴樹編『イギリス革命論の軌跡——ヒルとトレヴァ=ローパー』蒼天社出版，2005年。
松浦高嶺『イギリス近代史論集』山川出版社，2005年。
那須敬『イギリス革命と変容する〈宗教〉——異端論争の政治文化史』岩波書店，2019年。

ポーランドの領主の館——近代世界システムの「周辺」における農業生産の拠点（ミコワイ・レイ『鏡』1567／68年刊の挿絵）
出典：J. Ziomek, *Renesans*, Warszawa 2002, p. 245.

第3章　自由と専制のはざまで

第1節　神聖ローマ帝国とオーストリア
第2節　近世北欧
第3節　東中欧・ロシア
第4節　オスマン朝

第1節　神聖ローマ帝国とオーストリア

（1）「ドイツの自由」と神聖ローマ帝国

　17世紀の帝国国法学者，ザムエル・プーフェンドルフによって「変則的で怪物に似た」政体とされた神聖ローマ帝国は，近年その評価を改められつつある。ドイツの歴史家ヴォルフガング・ラインハルトによれば，帝国は君主制国家ではなく，「新種の2階建ての統治体制」であり，帝国に対する理論的な分析は，後の連邦制国家の案出に少なからず寄与することになった。ここでいう「2階建て」とは，臣民の統治に携わる領邦諸国家を1階とし，これら諸領邦を束ねる連邦制的な上位の政体（2階部分）が帝国であるという理解に基づく。かつては形ばかりの存在とされ，その意義を認められてこなかった帝国が，これほどまでに肯定的な評価を受けるようになった背景には，近年の研究における思考様式の転換（構造史的な考察方法の普及）がある。選帝侯，諸侯，帝国都市からなる諸身分（領邦君主，都市などの統治権力をもつ身分）の統治権の「自由」と絶対主義的な「専制」との間のせめぎ合いの局面（「自由と専制のはざま」）に対して，分析のメスが入れられつつある。

　この局面において，諸身分の自由を守るための，いわば砦ともいうべき位置を占めたのが神聖ローマ帝国であった。帝国の諸身分，とりわけ領邦君主に対して認められてきた個々の自由と特権の総体は，一般に「ドイツの自由」とよばれる。後述するように，この「ドイツの自由」は，最も重要な帝国の基本法であるウェストファリア条約の第8条において確認され，すべての帝国諸身分に認められた。それゆえに，「ドイツの自由」と平和を保障するドイツ帝国は，法・平和共同体としてドイツ諸邦をゆるやかに統合する連邦制国家の役割を果たしたのである。さらに後のドイツ連邦の構成にもみられるように，帝国の歴史的伝統は19世紀ドイツの国民統一にも一定の影響を及ぼし，近現代ドイツ特有の複雑な状況を生み出す一因となった。

（2）　神聖ローマ帝国の構造

　「ドイツの自由」を保障する法・平和共同体となり得たところに，神聖ローマ帝国が1806年まで生きながらえた理由がある。以下，このようなありようを可能

にした．帝国の構造の概要を理解するために，帝国のまとまりを支えた4つの機関（皇帝，帝国議会，帝国裁判所，帝国クライス）を取り上げよう．

帝国の首長である皇帝は，金印勅書（1356）の規定に基づき，選帝侯によって「選出」された．1438年以降，唯一の例外期間（1742〜45）を除いて，事実上オーストリアのハプスブルク家によって世襲されたとはいえ，「選挙王

図3-1　1663年レーゲンスブルク帝国議会の開会
出典：Klaus Herbers, Helmut Neuhaus, *Das Heilige Römische Reich. Schauplätze einer tausendjährigen Geschichte (843-1806)*, Köln-Weimar-Wien 2005, S. 246.

制」の原理が貫徹されたことは，帝国の特色であるといえよう．選帝侯並びに帝国諸侯（領邦君主）は君主制原理の強化に抗しつつ，帝国共通の利益を前進させる皇帝を選ぶことに力を注いだ．その結果，皇帝の権限は，金印勅書をはじめとする帝国基本法および選挙協約（帝国の慣習と法を遵守することを新皇帝に義務づけた協約）により著しく制限され，一定の留保権（封建法上の宗主権と最高裁判権，並びに特権付与と身分昇格にかかわる権利）が残されたにすぎない．

帝国諸身分を制度的に表現した機関が帝国議会である．帝国議会の3つの部会体制，およびその審議過程から議決の法令化までの手続きは，15世紀末以降の帝国改革のプロセスの中でおおよそ確定されていた．ただし帝国議会それ自体には，帝国法を実現する強制権力が欠けていた．ウェストファリア条約の規定に基づき，帝国の体制を立て直すために召集された帝国議会（1653〜54）でも，この点については成果をみなかった．さらに，1663年に開催されたレーゲンスブルクの帝国議会は決議を挙げることもなく，帝国の崩壊まで永続的に開かれたままであったことから，「永久帝国議会」と呼ばれるようになった．このように，帝国議会の実効性の欠如がこれまでは否定的に捉えられてきたが，近年の研究においてその評価は変化しつつある．たとえば，上記の「永久帝国議会」が帝国の防衛と経済政策の調整にあたり，帝国内の平和維持に貢献した点を評価して，この時期の帝国議会の積極的な側面が強調されるようになってきている．

帝国には独自の裁判機関が存在した．帝国最高法院と帝国宮内法院がそれであ

る。前者は皇帝の直接的な影響力を排除するべく，帝国諸身分（選帝侯，諸侯，帝国都市）の主導により，1495年の永久ラント平和令に基づいて設置された。その所在地も，ウィーンから離れたシュパイアーやヴェッツラーに位置していた。これに対抗すべく，皇帝によって設けられ，ウィーンの宮廷におかれたのが後者である。従来の研究では，臣民が領邦君主を帝国の法廷に上訴することを禁じた，不上訴特権の存在を根拠として，帝国裁判所の存在価値は否定的にみられがちであった。しかしながらこの不上訴特権は，該当する領邦に対して，帝国裁判所への上訴を閉ざしていたわけではなかった。それよりも根本的に問題であったのは，帝国裁判所には判決を執行させる武力装置が欠けていたために，判決の執行が困難だったことである。後述するように2つの帝国裁判所は，判決の執行を帝国の地方管区である帝国クライスに依存していた。

　公共の平和維持のために，皇帝と帝国諸身分との間に中間的な組織をつくる試みとして，帝国改革の過程で設置された機関が，帝国の領域を10の地域に区分した帝国クライスである。クライスに安定した体制を与えたのが，1555年の帝国執行令である。1名から3名の有力諸侯が，公示事項担当諸侯の呼称をもって，各クライスの代表として認められた。彼らは，帝国議会や皇帝といった上位機関とクライスとの間の公的な通信を担うと同時に，クライス会議の召集権を保持していた。クライス会議には，クライスに所属するすべての帝国諸身分が出席した。帝国議会と異なり，弱小の伯や高位聖職者，帝国都市に聖俗諸侯と同等の投票権が認められていたこの会議においては，とりわけこれらの帝国諸身分の利害を擁護する可能性が与えられた。

　このような諸機関によってドイツ帝国のまとまりが支えられ，「ドイツの自由」が保障されたのである。これに加えて，帝国の多民族性についても付言しておきたい。これまで述べてきたように，「ドイツ」帝国は諸領邦のゆるやかな連合体であり，主として領邦君主によって担われていたのであるが，この領邦君主がすべて「ドイツ人」であるとは限らない。北方のホルシュタイン公はデンマーク国王であり，ブレーメン，フェルデン，フォアポンメルンの君主はスウェーデン国王であったので，両国王はそれぞれの領邦君主の資格で帝国に所属していたのである。こうした事態を生み出した要因として，さしあたり2つの点を挙げなくてはならない。その2点とは，固定された「国境」をいまだ見いだすことができないという「近世」固有の事情と，多民族が交錯する中央ヨーロッパに帝国が位置

していたことを指す。それゆえに，帝国の存在はヨーロッパの国際関係に大きく組み込まれ，それに左右されていたわけである。

（3） 三十年戦争と絶対主義的領邦国家の形成

　三十年戦争を終結させたウェストファリア条約の主題は，国際問題とドイツ問題から成立していた。国際問題とはすなわち領土問題である。フランスは部分的にはライン川西岸に諸領域（アルザス，ロレーヌ）を獲得した。他方で，スウェーデンはバルト海，北海の沿岸に諸領域（ブレーメン，フェルデン，フォアポメルン）を確保することにより，帝国議会の議席を得た。この両国が最大の勝者であり，条約の成立を保障する，いわゆる保障国となった。

　ドイツ問題では，宗教と帝国国制の2つが重要であった。宗教問題については，アウクスブルクの宗教和議が再確認された。ただし宗派対立の原因となった「聖職者留保条項」は破棄され，1624年を標準年とし，この時点における宗派分布を基準とすることとされた。またカルヴァン派が公認され，宗教問題が紛争の原因になることは原則的にはなくなった。

　帝国国制においては，皇帝の権限が大幅に後退し，領邦君主をはじめとする帝国諸身分の権利が伸張した。帝国諸身分が保有してきた様々な権利が改めて承認された。さらに外国との交戦権，同盟締結権などの国際法上の「主権」までもが，皇帝と帝国への忠誠に反しない限りという留保を付して，認められた。ここに，「ドイツの自由」は帝国の国是となったのである。このことから，一般にこの講和条約は，領邦国家にとって有利な帝国の解体を招来し，それを加速したとされてきた。たしかに権力国家（歴史への扉5参照）の観点からすれば，ウェストファリア条約はドイツの国民国家としての統一を遅らせたといえよう。

　しかしながら近年の研究では，ウェストファリア条約のプラス面も評価されるようになってきた。なぜなら，この講和会議によってヨーロッパの平和が初めて保障されたことにより，勢力均衡の思想が生まれた点が強調されるようになったからである。また，「ドイツの自由」と平和を保障するウェストファリア条約が帝国の基本法とされたことにより，ドイツ帝国は諸身分の自立性を強化しながらも，けっして個別の諸領邦に分解したのではなく，権力国家の原理とは異なる法・平和共同体，いわばある種の連邦制的な体制として解釈されている。このような評価基準の変化には，ヨーロッパ統合に代表される，今日のヨーロッパ政治

の動向が関連している。

　ウェストファリア条約はおよそ300にのぼる多様な領邦諸国家の存在を認めたが、その後のフランスの覇権をめぐる国際政治の展開は、これら諸邦の平和的な存続を難しくした。こうした中から、とりわけ19世紀以後のドイツ史において重要な位置を占めることになるプロイセンとオーストリアが、権力国家としての体制を固めつつ、ヨーロッパの列強へと成長していくことになる。そこでこの両国の発展について、論点をしぼって概観してみよう。

　ブランデンブルクは、中世の東部植民運動により建設された新興国家である。地理的にはエルベ川とオーデル川の間に位置し、1415年にホーエンツォレルン家がこの地の君主に任命されて以来、その君侯家の支配のもとで領邦国家体制を築いてきた。ウェストファリア条約により、その支配領域を東西に拡大したにもかかわらず、プロイセン（同君連合によるブランデンブルク‐プロイセン）は、17世紀中頃まではドイツの中でも中流の領邦にすぎなかった。ところが100年後の七年戦争を契機として、ヨーロッパの強国の位置に躍り出ることとなった。

　この間に形成されたプロイセンの国家構造は、「軍事・官僚国家」とよばれている。これは16世紀までの領邦国家や17・18世紀のドイツ帝国とは、きわめて異なる新しい国家体制であり、その重点を軍事においていた。この国が極端な軍事国家への道を選んだ理由は、17世紀以降におけるその領土拡大により、フランスをはじめとする大国との戦争が避け難いものになったところにある。

　新しい国家形成に際してその核となったのは、新しいタイプの軍隊、すなわち常備軍の形成とその強化であった。恒常的に軍隊を維持するためには、恒常的な軍事税を基盤とした財政の整備が不可欠となる。そのための新たな租税が17世紀の後半に、ドイツ史において初めて導入されることになった。この新税は、2つの税から構成されていた。農民から徴収される直接税、並びに都市から徴収される消費税である。これらの恒常的租税の導入、および宮廷費も含めた支出の節約により、国家総収入の70％以上を軍事費に投入することができたのである。

　さらに租税の組織的徴収を進めるために、既存の身分制的な官僚制に代わって、君主に直属する2種類の集権的な官僚機構が形成された。第1に、軍隊の給養とそのための租税徴収、さらに後には警察＝行政的機能をも担うことになるプロイセン固有の軍事監察庁、第2に、御料地収入を管轄する御料地財務庁である。この2つの系統が1723年に統合される。すなわち、中央に総監理庁が設置され、各

州の軍事・御料地財務庁を集権的に統括する，統一的な官僚機構が完成したのである。

プロイセンの急成長とは対照的に，ハプスブルク家による皇帝位の世襲によって，古くからヨーロッパの一等国としての地位を保持してきたオーストリアは，そのことゆえに矛盾に悩まされることになった。その1つとして，列強の一角として大規模な国際紛争の大半に巻き込まれたことが挙げられる。西方ではフランスと対立し，七年戦争直前の外交革命による和睦にいたるまで，両国の対立はヨーロッパ国際政治における最大の問題であった。一方，1526年にボヘミアとハンガリーの国王を兼任することになって以来，ハプスブルク家は東方への勢力の拡大をめざしたが，このことは必然的にオスマン帝国との対立をもたらすことになった。また東方への進出は，別の意味での困難，すなわち民族問題を引き起こした。オーストリアの支配領域には，ドイツ人以外にマジャール人（ハンガリー），チェコ人（ボヘミア），セルビア人などの異民族が含まれることになり，ドイツ人はむしろマイノリティになってしまったのである。

このように多様な矛盾と困難を抱えながらも，領域の面でも資源の面でも，オーストリアはドイツ最大の強国であった。にもかかわらず，1740年に始まったオーストリア継承戦争において，オーストリアはプロイセンに敗北し，資源に恵まれたシュレージエンを奪われてしまった。

（4） オーストリア・プロイセンによる二元主義的体制へ

18世紀後半から19世紀前半までの約100年間は，政治，社会，経済，文化のあらゆる分野において，ドイツに大きな転換をもたらした。国家体制の面でいえば，大国オーストリアと新興の軍事・官僚国家プロイセンとの激突が，この転換の契機となった。すなわち両国の対決は，両国，とりわけプロイセンが帝国よりも自国の「国家理性」を尊重したことを意味する。ここから帝国の国制は，「ドイツの自由」から2つの大国による「二元主義的体制」へとその重心を移した。19世紀の大ドイツ主義と小ドイツ主義の対立も，ここから派生する。

両大国の軍事的対決は，オーストリア継承戦争（1740～48）と七年戦争（1756～63）という18世紀中葉の2つの国際戦争で展開され，プロイセンの勝利に終わった。2つの戦争の結果とその影響は，ドイツ内および国際関係の両面において，その後の展開を大きく変えることとなった。オーストリアにおける国内改革，ド

イツにおける二元主義，ヨーロッパにおける五強体制（イギリス，フランス，ロシア，オーストリア，プロイセン）の成立がその主な展開であるが，以下では，二元主義を軸にして，概況を確認することにしよう。

　プロイセンに対する軍事的敗北をつうじて，国家体制の後進性が暴露されたオーストリアでは，行政改革が急務となった。この改革の指揮をとったのが，マリア・テレジアとその長子ヨーゼフ2世であった。

　まずマリア・テレジアは，既存の身分制的な慣行と妥協しつつ，行政改革を進めた。オーストリアとボヘミアの官庁機構は従来別個の組織であったが，1749年に両者は統合され，中央に管理庁，両領邦に地方政庁，さらにその下に郡長がおかれた。これにより，集権的な行政組織が成立し，王領地管理と行財政が一本化された。ただしプロイセンとは異なり，この集権的官僚制は軍事行政とは結びついていない。このほか司法改革，軍制改革などの領域でも集権化がめざされたが，強力な反対が生じた場合に，けっして改革を強要しなかったところに，マリア・テレジアの改革の特徴がある。

　これに対して，その後を継いだヨーゼフ2世の改革はきわめて急進的であった。マリア・テレジアが介入を避けていたハンガリーにおいて，身分制議会の召集を拒否し，旧来の身分制的な行政区である県を廃止して，フランス的な管区の制度を導入した。また，啓蒙専制君主として知られるヨーゼフは，農民解放において農奴制を廃止し，1781年の寛容令を通じて宗教の自由を認めるなど，啓蒙主義的改革を断行した。しかしながら，ヨーゼフによる急激な改革には不満も多く，彼の死後，旧態に復したものも多い。それにもかかわらず，オーストリアの国家体制の近代化は，ヨーゼフ2世の改革期に大きく進展したのである。

　ここにいたって，ドイツ諸邦の動向は二元主義を軸にして展開されることになった。しかし，別の事態が生じたことも見逃してはならない。すなわち，西南ドイツの中小諸邦が，旧来の「ドイツの自由」を維持するために結束するようになったことである。ここに，いわゆる「三元主義」が成立し，以後のドイツ内外の国際関係が展開することになった。

歴史への扉5　　社会的規律化と絶対主義

　17・18世紀のヨーロッパは一般に絶対主義時代とよばれるが、この時代は長い間、19世紀以降に出現する近代的な国家・社会の形成の準備期間とみなされてきた。すなわちこの時代において、主権的な権力国家＝絶対主義国家が形成されたことにより、ヨーロッパの諸国家は近代国家の第一段階に到達したとされる。ところが、近年の研究においては、こうしたイメージの背後に存在する発展史的な考察方法が厳しく批判されている。中でも社会構造との関連性から国家と社会の全体像（国制）の把握をめざす、構造史的な方法が普及するにつれて、近代的な有り様とは異なった近世独自の姿が、明らかにされるようになった。

　このような研究手法の転換とあいまって、絶対主義という呼称も用いられることが少なくなってきた。これに代わって近世を説明する時代概念として登場したのが、「社会的規律化」である。この概念は、ドイツの歴史家ゲルハルト・エストライヒによって1960年代に提起された。社会的規律化とは、宮廷・官僚組織・軍隊の規律化、並びに都市・農村の日常生活の規律化、この両者を総体として表す。エストライヒは従来の「絶対主義」概念では、君主とその周辺の動向しか捉えることができないと考えていた。民衆の日常生活をも含めて、近世社会の変動の「根本的過程」を把握し得る概念としてエストライヒが案出したのが、「社会的規律化」の概念であった。

　この「根本的過程」の最初の推進者は、宗派対立に起因する混乱から脱出する道を模索していた後期人文主義の流れをくむ、新ストア主義の思想家たちであった。その代表者ユストゥス・リプシウスは、「命令と服従による確固たる秩序」を求め、「恒心」「規律」「権威」などの古代ローマの徳目を再生することをつうじて、人々の盲目的な衝動や情念、宗派的熱狂を抑えようとした。新ストア主義は諸国の宮廷に取り入れられ、宮廷から放射状に「万人の規律化」が生じ、政治の「非神学化」「脱宗派化」が始まったとされる。他方でエストライヒは、地方の現象にも目配りすることにより、中世後期以降ドイツの自治都市が市民生活の秩序維持を目的として制定してきた都市条例を、「下からの規律化」の端緒と考えた。

　社会的規律化のテーゼは、80年代に入るとさかんに取り上げられるようになる。中でも重要なのは、エストライヒの説を宗派教会の諸問題に対していわば応用を試みた、「宗派化」の概念である。「宗派化」テーゼによって、人々の内面と日常生活が特定宗派の教えに即して国家的規模で同質化される過程が、明らかにされつつある。他方では国家の側面が強調されすぎており、共同体や個人の動向が軽視されている点について批判が提起されている。

> **参考文献**
> 踊共二『改宗と亡命の社会史——近世スイスにおける国家・共同体・個人』創文社, 2003年.

第2節　近世北欧

(1) バルト海の覇権をめぐって

　北欧を1つにまとめていたカルマル連合 (1392〜1523) が解体すると, ノルウェー・アイスランド・スレースヴィ (シュレスヴィヒ)・ホルシュタインなどを支配するデンマークと, フィンランドを支配するスウェーデンが, 互いに「宿敵」とよび合いながらバルト海世界の支配をめぐって争った。この2国を中心に, 近世北欧史は動いてゆく。

　16世紀前半, 両国とも王が主導してルター派を導入し, 財政基盤を固めるために教会領を没収した。その後, 内乱や農民反乱をおさえ, 16世紀後半には積極外交に転じる。スウェーデンは1561年にエストニアを領有し, それ以後は隣接するロシアやポーランドと戦争を繰り返した。デンマークでは, クリスチャン4世が北欧での覇権確立のため精力的に活動した。数多くの都市や宮殿を造り, 火災にあったクロンボー城とオスロ (クリスチャニアと改名) を再建した彼は「建築王」の異名をとり, 商業と産業の促進にも取り組んだ。だが三十年戦争に介入して失敗, さらにスウェーデンとの戦いにも敗れ, 領土を縮小させた。

　17世紀半ばのデンマークの弱体化は, スウェーデンの台頭を招いた。グスタヴ2世アードルフはロシア・ポーランドと戦い, バルト海東南岸に領土を拡大した。ハプスブルク家の拡大を望まないフランスから援助金を受けて三十年戦争にも介入し, 戦場で資金を調達しながら戦いを優位に進め, ウェストファリア条約で北ドイツに領土を得た。カール10世は北方戦争 (1655〜60) でポーランドに大きな被害を与え, 次いでコペンハーゲンを攻撃した。その結果, デンマークからスコーネなどの地方を獲得し, 領土は最大となった。

　北欧での覇権を失ったデンマークでは, 首都防衛に積極的でなかった貴族に対する市民の反感が追い風となって, 選挙王制から世襲王制への移行が議会で承認された。続いて諸身分は王に絶対的権力を与えた (1660〜61)。絶対主義体制は

1665年の「国王法」によって規定され，1848年まで続いている。またスウェーデンの制度を参考にして中央集権的な行政・財政・軍事改革を進めた結果，スコーネ戦争（1675～79）でスウェーデンに軍事上は勝利した。だがスウェーデンの同盟国フランスを調停役として結ばれた条約では，領土変更が一切なく，スコーネ地方奪還というデンマークの願望は叶わなかった。

　一方スウェーデンも，スコーネ戦争による軍事上の敗北と財政破綻という事態を受けて行財政改革を断行した。デンマークと同じく議会が王権の絶対性を認め，また貴族領を削減して王領地を増やし，兵士・将校・官僚に農地を貸与する「割当義務制度」を導入した。こうして財政は健全化し，軍事力も確保された。しかし，長期に及んだ北方戦争（大北方戦争，1700～21）には耐えられず，ピョートル大帝率いるロシアに敗北して，バルト海東南部の領土を失った。

（2）　絶対王政と新たな政治への模索

　大北方戦争を敢行したカール12世亡き後のスウェーデンでは，王権が著しく制限された。議会の権限が拡大し，2つの「政党」が交互に政治を担う，いわゆる「自由の時代」（1718～72）を迎える。メッサ党政権は平和外交を旨とし，緊縮財政をとって歳出を抑えた。ハット党政権は大国の地位を取り戻そうして積極的な外交政策をとったが，成果はなかった。経済面では重商主義的な貿易・産業保護策をとった。だが次第に賄賂が横行して政治腐敗が広まり，人々が政党政治に倦むようになると，即位翌年の1772年にグスタヴ3世は軍隊を動かして議会を掌握，王権を強化した。啓蒙専制君主とされる彼は，ギルド規制の緩和，穀物取引の自由化，拷問の禁止といった改革を実施したほか，オペラを奨励し，芸術や科学のアカデミーを創設・拡充して文化の隆盛を促した。その一方で貴族への抑圧を強めた王は，92年に一部の貴族の陰謀によって暗殺された。

　デンマークは大北方戦争の後，中立外交によって平和を享受した。政治体制そのものは安定していたが，宮廷内では政治闘争が繰り広げられ，王の側近や官僚が実権を握った。1771年に宰相となったドイツ出身のストルーエンセは，その典型である。啓蒙思想に影響されていた彼は，出版の自由，嫡出子と非嫡出子の同権など，社会のあらゆる側面に及ぶ多数の法令を出した。だが，現実を無視した性急な改革は人々の強い反発を招き，翌年反対派によって逮捕，処刑され，彼の改革は次に実権を握ったグルベアによって廃止された。しかし，グルベアは反動

的な政治を行ったため後に追放され，王太子フレゼリクと側近のベアンストーフ，レーヴェントロウら進歩的で有能な人材が新政権を担った。

　フランス革命とナポレオン戦争が起こると，北欧の勢力地図は大きく変化した。デンマークは中立の立場を守ろうとしたが，各国からの圧力を受け続け，1807年にイギリス艦隊から首都を攻撃されるにいたり，フランスと同盟した。スウェーデンは反フランスの立場をとったが，ティルジットの和約でフランスと同盟したロシアにフィンランドを占領され，1809年，この地をロシアに割譲した。フィンランド喪失は国王グスタヴ4世への反発を招き，将校や官僚がクーデタによって王を退位させ，王・議会・内閣が権力を三分する憲法（1809年政体法）を制定した。次の王には子がなく，ナポレオンの部下でフランス軍人ベールナドットがスウェーデン王位継承者に選ばれた。ロシアとの対決を望まなかった彼は，12年にロシアとフランスが開戦すると第4回対仏大同盟に加わり，デンマークに侵入してノルウェーを併合，同君連合を形成した（1814～1905）。しかし北ドイツのスウェーデン領は，ウィーン会議の結果ドイツに接収された。

（3）　経済と社会の繁栄

　鉄や木材，タールなどを産する北欧では，中世以来オランダやハンザの商人が活動していた。近世に入ると，スウェーデンはオランダの技術や資本を導入して鉄の生産と輸出に力を入れ，デンマークは特権会社を設立してアジア・アフリカ貿易に乗り出した。こうして北欧は，発展する西ヨーロッパ経済にいっそう深く統合されていった。

　中立外交をとった18世紀のデンマークでは，とりわけ世紀後半になると貿易や海運業が成長し，商業の「繁栄期」を迎える。1732年設立のアジア会社による茶の輸入や，コペンハーゲンを軸とする植民地物産の中継貿易は，たとえばアメリカ独立革命期にイギリスの貿易が停滞すると大きく伸びた。スウェーデン東インド会社（1731～1813）による茶貿易にも同じ傾向がみられるが，イギリスへの密貿易も行われた。つまり北欧諸国の商業活動は，中立という立場を生かし，大国による商業ネットワークを補完する機能を果たしていたのである。またデンマークはカリブ海に聖トマス島をはじめとする植民地をもち，奴隷貿易も行った。

　農業の分野でも，生産性を高めるため改革が進んだ。スウェーデンでは18世紀半ばから，「大分割」とよばれる農地の整理と統合が進んで農作業が合理化され，

19世紀には穀物を輸出するようになった。デンマークでも18世紀末に同様の改革が実施されたほか，1788年には「土地緊縛制度」の廃止が決まった。農業が不況だった33年に制定されたこの制度は，農奴制のように農村男子が出生領地から移動することを禁じたもので，農業労働力と民兵の確保がその狙いだった。だが，次第に人口が増加して労働力が過剰になったため廃止された。実際には出生県の外に移動できないといった制限はあったが，現代デンマークの基本的人権である「個人の自由」に法的基礎を与えた措置として，高く評価されている。

　また経済発展によって首都を中心に市民層が成長し，西ヨーロッパの影響を受けつつ文化活動も盛んになった。スウェーデンでは39年に科学アカデミーが設立され，リネー（リンネ）のような自然科学者らの仕事を支援した。啓蒙思想も広まり，各地に生まれたカフェやクラブで市民たちは政治や社会を論じ始めた。出版も盛んになり，たとえばスウェーデン「最初のジャーナリスト」ダリーンは，スウィフトやヴォルテールの影響のもと社会批判を含む雑誌を発行した。「デンマークのモリエール」とよばれる啓蒙主義的な作家ホルベアは，風刺のきいた喜劇を発表した。文学の発展とともに民族意識も芽生え，74年にコペンハーゲンで設立された「ノルウェー協会」には，ノルウェーの愛国詩人たちが集まった。19世紀初頭になると，ドイツ・ロマン主義の影響を受けたデンマークのエーレンスレーヤが古代北欧を題材とする作品を生み出し，後の民族主義の母体となった。

　このように近世の北欧諸国は，ヨーロッパにおける覇権争いから滑り落ちると，異なる政治方針をもつ勢力が対立を繰り返した。それは社会を根本的に変革するにはいたらなかったが，中立政策から利益を引き出す外交方針や，市民層の成長と社会批判といった新たな動きも生まれ，19世紀以後の社会改革と産業発展へとつながっていくのである。

第3節　東中欧・ロシア

（1）　近世のヨーロッパ東部を支配する4つの国家

　歴史地図帳の近世ヨーロッパのページを開いて，ドイツよりも東の地域を眺めてみよう。そこには，4つの国家の領土が広がっていることが分かる。神聖ローマ帝国の西隣，バルト海の南岸から黒海の北方にかけての地域を支配するのは，ポーランド・リトアニア共和国である。その南，アナトリアからバルカン半島に

かけての地域には，オスマン帝国の勢力圏が広がっている。このオスマン帝国領の西北に隣接して，ドナウ川の流域沿いに神聖ローマ帝国の領域にまたがって位置するのが，ハプスブルク家領である。そして，ポーランド・リトアニア共和国の東には，モスクワ大公国（ロシア）の広大な版図が広がっている。ヨーロッパ東部では，この4つの国家が支配する状態が，ほぼ近世をつうじて続いた。これらの国はいずれも，様々な宗教や言語をもった人々が共存する複合的な国家であったが，その国家体制はそれぞれ異なる特徴をもっている。

近世の後半になると，この地域の国際関係は大きく変化し始める。バルト海沿岸では，17世紀後半からプロイセンが新たな強国として台頭し，18世紀には中欧における覇権をハプスブルク家と争うことになった。東中欧におけるオスマン帝国の影響力は，17世紀後半から，ハプスブルクとロシアに圧されて徐々に後退する。また，ポーランド・リトアニア共和国は，18世紀後半になると，啓蒙絶対主義によって国力を強化したプロイセン，ハプスブルク，ロシアの3国によって領土を分割され，地図の上から姿を消してしまう。

本節では，ヨーロッパ東部を支配するこれらの4つの国家のうち，主としてポーランド・リトアニア，ハプスブルク家領のボヘミアとハンガリー，およびロシアの状況について概観してみよう（オスマン帝国については次節を参照）。

（2） ポーランド・リトアニア共和国

ポーランド・リトアニア共和国は，ポーランド王国とリトアニア大公国を中心に，複数の領域が結合した複合国家である。ポーランドとリトアニアの結びつきの起源は，中世にさかのぼる。ポーランドは10世紀後半に，西方のキリスト教（ローマ・カトリック）を受け入れた。12世紀から約200年間，封建的な分裂状態が続いたが，14世紀に王国の再統一が行われ，東南方に領土を拡大した。一方，リトアニアは，14世紀前半にバルト海南岸から黒海北方にかけて広がる大国となったが，その支配者は長らくキリスト教を受け入れず，土着の宗教を維持していた。バルト海沿岸には，13世紀にドイツ騎士団が進出し，強大な国家を築いていた。武力によるキリスト教の拡大を唱える騎士団の存在は，異教徒のリトアニアにとっては，とりわけ大きな脅威となった。1385年，ポーランド・リトアニア両国の君主の婚姻の取り決めが成立し（クレヴォ協定），翌年，リトアニア大公ヨガイラ（ヤギェウォ）はカトリックの洗礼を受け，ポーランドの女王ヤドヴィガと結婚し

た。ヤギェウォ王朝のもとで結びついたポーランド・リトアニアは騎士団を徐々に圧倒し，15世紀から16世紀にかけて，バルト海南岸の地域はほぼポーランド・リトアニアの支配下に組み込まれた。このうち，プロイセン東部の騎士団領は，ルター派を受け入れてプロイセン公国となり，プロイセン公はポーランド国王に封建的に臣従した（1525）。この関係は，1657年にポーランド王権がプロイセン公国に対する宗主権を放棄するまで続いた。ポーランド王国とリトアニア大公国の合同は，ヤギェウォ王朝の断絶（1572）後も継続し，18世紀後半のポーランド分割まで維持されることになる。

　近世のポーランド・リトアニアは，しばしば「貴族の共和国」とよばれる。これは，シュラフタとよばれる貴族身分が，国王を選挙で選び，身分制議会の代表権を独占して国政の主導権を握っていたためである。ポーランド王国では，15世紀末から全国議会が元老院（カトリック教会の司教と国家の高位官職保有者）と代議院（貴族たちが地方議会で選出する代表により構成）の二院で構成されるようになった。さらに，1569年の「ルブリン合同」によって，ポーランドとリトアニアの貴族が合同で全国議会を開催し，国王選挙を行うことが取り決められた。選挙で選ばれた国王は，定期的に議会を開催することを義務づけられ，新規の課税や立法には議会の同意が必要とされた。貴族たちは王権が世襲化することを警戒し，国王が生前に次の王位継承者を指定することを禁止した。フランスのヴァロワ家やスウェーデンのヴァーサ家の出身者，ザクセン選帝侯など，国外からの候補者がしばしば選ばれて即位したことも，ポーランド・リトアニアの国王選挙の特徴である。

　シュラフタは，自らの身分的な特権を「自由」とよんで重視した。貴族身分の「自由」は，国政参加権，不逮捕特権，税の免除など広い範囲に及んでいた。シュラフタは農場を経営する領主でもあり，16世紀にバルト海貿易をつうじて大量の穀物が西欧向けに輸出されるようになると，領主直営地を拡大し，農民の賦役を強化して，穀物の増産を図った。貴族の特権の拡大はこうした農業の好況によって支えられていたが，17世紀に西欧向けの穀物輸出が縮小に転じると，中小の領主は没落し，少数の大貴族が割拠する状況が生まれた。国政面では，17世紀後半から「自由拒否権」（1人でも反対する議員がいると，議会の決議が無効となる制度）が乱用されるようになり，議会は機能麻痺に陥った。

　近世のポーランド・リトアニアは，カトリックの信徒以外に，正教徒，プロテ

スタント諸宗派，ユダヤ教徒，イスラーム教徒など，様々な信仰をもつ人々が共存する多宗教国家でもあった。キリスト教徒の諸宗派の平和共存は，1573年のワルシャワ連盟協約によって法的に保障されていた。しかし，対抗宗教改革が進み，17世紀中葉から正教徒のウクライナ・コサック（カザーク）やロシア，プロテスタントのスウェーデン，イスラームのオスマン帝国などカトリック以外の諸国との戦争が続くと，「ポーランド人」意識とカトリック信仰が次第に結びつく傾向が強まった。

18世紀後半，ポーランド・リトアニアでは，啓蒙思想の影響のもとに，一連の改革が行われた。第一次分割（1772）の翌年，国民教育委員会が創設され，ポーランド語による国民教育が始まった。1788年に開会した四年議会では国制の改革が議論され，91年には集大成として統治法（5月3日憲法）が制定された。しかし，プロイセンとロシアは改革によるポーランドの復興を警戒し，第二次分割（93）を強行した。コシチューシコ率いる蜂起（94）による抵抗も空しく，ポーランド・リトアニア共和国は第三次分割（95）によって滅亡した。

分割によって国家は消滅したが，近世に形成された政治文化や宗教意識は，その後のポーランドの歴史に影響を及ぼした。シュラフタの「自由」の伝統とカトリック信仰は，ポーランド分割後，国家不在のもとで近代的なポーランド民族意識が形成される際に，ナショナル・アイデンティティの構成要素として重要な役割を果たすことになったのである（歴史への扉6参照）。

（3） ハンガリーとボヘミア

ポーランドとリトアニアを結びつけたヤギェウォ家は，15世紀後半から16世紀初めにかけて，ハンガリーとボヘミアもその支配下におさめていた。しかし，1526年，ヤギェウォ家出身のハンガリー王ラヨシュ2世（ボヘミア王としてはルドヴィク2世）がモハーチの戦いでオスマン帝国軍に敗れて戦死すると，ハンガリーとボヘミアの王位の継承権はハプスブルク家の手に移り，東中欧全域に広がるヤギェウォ家の支配は終わりを告げた。

モハーチの戦いは，ハンガリーにとっては，王朝の交代だけにとどまらない重大な意味をもっている。この戦いの後に，ハンガリーの領土は，北西部から北部にかけてのハプスブルク家の支配領，中部から南部にかけてのオスマン帝国領，東部の東ハンガリー王国（後のトランシルヴァニア公国）に3分割されることにな

ったからである。この状態は，1691年にトランシルヴァニアがオーストリアの統治下に入り，1699年のカルロヴィッツ条約によってオスマン帝国がハンガリー内の領土をハプスブルク家に割譲するまで続いた。

　3つの分割領のうちトランシルヴァニア公国は，スルターンの宗主権のもとにあったが，「3民族」（ザクセン人，セーケイ人，ハンガリー人）によって構成される独自の議会をもち，自立的な国家としての性格を保っていた。また，宗教的には，カトリック以外にプロテスタント諸宗派が公認され，正教徒に対する寛容も認められた。こうした複雑な社会構成と政治状況を背景として，ハンガリーの貴族身分は，身分的な諸特権を守るために，ハプスブルク家の圧力に頑強に抵抗した。ボチカイ・イシュトヴァーンの反乱（1604～06），テケイ・イムレの反乱（1678～86），ラーコーツィ・フェレンツ2世の対ハプスブルク戦争（1703～11）など近世のハンガリーで相次いだ内乱は，いずれも貴族層の特権維持のための戦いという側面をもっている。18世紀後半，ヨーゼフ2世はハンガリーの独立性を弱めるために行政機構を改編し，ドイツ語を公用語として強制したが，ハンガリー諸身分の抵抗は強く，いずれも後に撤回されることになった。

　これに対してボヘミアでは，ハプスブルク家は，議会を利用してむしろ王権の強化を図り，宗教的にもプロテスタント勢力を抑えてカトリック化を推し進めた。フス以来の宗教改革運動の伝統をもつボヘミアのプロテスタント貴族の不満は高まり，1618年に国王代理をプラハ城の窓から突き落とす事件をきっかけに，中欧全域を巻き込む三十年戦争が勃発した。しかし，20年のビーラー・ホラの戦いでボヘミア貴族軍は敗退し，反乱の指導者は処刑され，プロテスタント貴族の所領は没収された。以後，ボヘミアの支配層はカトリック化し，ドイツ語が公用語として導入されることによって社会のドイツ化もいっそう強化された。1749年にマリア・テレジアは，ボヘミアの行政機構をオーストリアと統合した。東中欧のハプスブルク家領は，こうしてオーストリアと一体化したライタ川以西の地域（ツィスライタニエン）と，独自の体制を維持するハンガリーの2つの部分から構成されることになった。19世紀後半に，アウスグライヒ（1867）によってオーストリア・ハンガリー二重君主国が成立する土台となる枠組みが，こうして形成されたのである。

（4）近世のロシア

　13世紀にモンゴルの侵入をうけたロシアは，モンゴルの後継国家であるキプチャク・ハン国（ジョチ・ウルス）の支配のもとにおかれたが，14世紀からモスクワ大公国が徐々に力を伸ばし，15世紀後半には「タタールのくびき」から脱けだすことに成功した。モスクワ大公イヴァン3世は，最後のビザンツ皇帝の姪と結婚して「ツァーリ」を名乗り，大公の地位をローマ皇帝位の継承者として神聖化した。16世紀に入ると，「ツァーリ」はイヴァン4世（雷帝）によって公式の称号に採用された。イヴァン4世は行政の改革を推し進める一方，カザン・ハン国，アストラハン・ハン国を併合してヴォルガ川流域に勢力を拡大し，さらにカザークの隊長イェルマークを派遣してシベリア進出にも乗りだした。こうしてイヴァン4世の時代に，ロシアはユーラシア大陸の東に向かって大きく領土を拡大したが，内政面では皇帝直轄領（オプリーチニナ）を設けて強圧的な専制支配を行い，かえって社会の荒廃を招いた。

　イヴァン4世の死後，ロシアは「動乱」の時代を迎える。1598年，雷帝の子フョードルが没してリューリク朝が断絶すると，義兄のボリス・ゴドゥノフが即位したが，帝位僭称者が続出し，ポーランドやスウェーデンなど国外からの介入を招いた。1609年にはポーランド国王が軍を率いて侵入し，翌年にはモスクワを占領する事態となった。ようやく12年になってモスクワは解放され，翌年，ミハイル・ロマノフがツァーリに選出された。これが，その後300年余にわたって続くロマノフ朝のはじまりである。17世紀後半には，ステンカ・ラージンの率いる大規模なドン・カザークの反乱（1670〜71）も起こったが，ロシア国家の領土の拡大は続き，67年にはポーランド王国の支配下にあったウクライナの東部がロシアに併合された。

　ヨーロッパの強国としてのロシアの地位を確立したのは，89年に実権を握ったピョートル1世（大帝）である。ピョートルは，西欧諸国に大規模な使節団を派遣し，自らも同行してオランダやイギリスの先進的な制度や技術を学んだ。帰国後，ピョートルは徴兵制を導入し，近代的な陸海軍を作りあげた。また，軍事費をまかなうために人口調査を実施し，行政機構を刷新し，工業化政策を推し進めた。1700年に始まる大北方戦争は，ピョートル1世統治下のロシアの実力を試す舞台となった。09年，ポルタヴァの戦いでロシア軍はスウェーデン軍に圧勝し，ロシアは北東ヨーロッパの覇権を握った。バルト海の拠点としてピョートルが築

いた新都市サンクト・ペテルブルクは，1712年にはロシア帝国の首都となった。東方では，ピョートル1世の晩年の勅令によりベーリングがカムチャッカを探検し，ロシアのシベリア進出はユーラシア大陸の東端に到達した。

　ピョートル大帝の死後，18世紀のロシアでは，4人の男性の皇帝と4人の女帝がツァーリの地位についた。そのうち最後の女帝となったのが，エカチェリーナ2世である。ヴォルテールやディドロとも文通したエカチェリーナは啓蒙専制君主として知られるが，プガチョフの率いるヤイク・カザークの反乱（1773～75）は，女帝にとって大きな衝撃であった。反乱の鎮圧後，エカチェリーナは地方自治を導入し，貴族と都市の特権を認める改革を行ったが，農民の境遇はむしろ悪化した。エカチェリーナの時代にロシアは3回にわたるポーランド分割に関与し，領土を西方に拡大した。さらに，オスマン帝国との戦争によって黒海への出口を確保し，ワラキア，モルダヴィアを保護領とした。

　イヴァン3世の時代から400年をへて，18世紀末のロシアは，バルト海と黒海に海軍の拠点を築き，西はポーランドから東はカムチャッカ半島まで広がる一大帝国となったのである。

歴史への扉6　　ポーランド分割をめぐる議論

　18世紀後半に行われたポーランド分割は，ヨーロッパ東部の政治地図を大きく塗りかえる出来事であった。分割によって滅亡したポーランド・リトアニアは，貴族たちが議会をつうじて国政を主導する共和主義的な政治文化をもつ国家であった。これに対して，分割によって領土を獲得したプロイセン，オーストリア，ロシアは，いずれも啓蒙専制君主が統治する君主国であった。分割後，19世紀をつうじてヨーロッパ東部は，専制的な君主をいただく帝国によって支配されることになったのである。

　19世紀後半，ポーランドの歴史家の間で，分割の原因をめぐる論争がおこった。クラクフ大学を拠点とする歴史家たちは，王権の強化を妨げるポーランドの特異な国制（貴族共和制）こそが国家の滅亡を引き起こしたと主張した（悲観論）。これに対して，ワルシャワの歴史家たちは，18世紀後半に一連の改革によってポーランド・リトアニアが復興しつつあったことを強調した（楽観論）。分割をめぐる論争は，様々に形を変えながら，今日にいたるまでポーランドの歴史研究者の間で続いている。最近では，ソ連の崩壊をうけて，分割にかかわった帝国は20世紀にすべて滅ん

だのであり，最後まで生き残ったのは近世にさかのぼるポーランドの共和主義的な政治文化である，という見解を唱える研究者もいる。

　現時点でポーランド分割の歴史的意味を問う際に重要な論点の1つは，この出来事がポーランド・ネーションの歴史だけにかかわる問題ではない，という点であろう。近世のポーランド・リトアニア共和国が支配した領域には，現在，ポーランドだけでなく，バルト3国，ベラルーシ，ウクライナの国土の一部が含まれている。これらの地域の住民や，ユダヤ人，タタールなどのマイノリティもまた，分割によって「祖国」を失ったのである。しかし，分割の帰結とその歴史的経験の意味は，それぞれの集団ごとに異なっている。ポーランド・リトアニア共和国の，多民族・多宗教国家としての性格をふまえた「ポーランド分割」論が必要とされているといえよう。

第4節　オスマン朝

(1)　オスマン朝，イスラーム，ヨーロッパ

　オスマン朝はムスリム，すなわちイスラーム教徒が支配層を形成する国家である。もちろんキリスト教徒やユダヤ教徒などが領域内に多数居住してムスリムと共存し，ときには社会の上層において政治や経済，文化など様々な分野で活躍したが，オスマン朝がムスリムを主体として構成されている国家であることは動かしがたい。ムスリムが自らの信仰として実践するのは，いうまでもなくイスラームである。

　イスラームは7世紀にアラビア半島の一角で生まれた信仰である。キリスト教，ユダヤ教と相通ずるものを多く有するとはいえ，それが浸透し定着した地域はアジアとアフリカが主であり，イスラームはヨーロッパの信仰ではなかった。15世紀以前に注目すれば，イスラームはアナトリア半島やイベリア半島に入り込んだものの，それらの事実をもってイスラームがヨーロッパの信仰になったとはいい難いであろう。すなわち，小アジアともよばれるアナトリア半島は，古代ギリシアやローマの主要な領域を形成したとはいえ，元来アジアの地である。イベリア半島は，後ウマイヤ朝（756〜1031）やナスル朝（1232〜1492）が支配し，ムラービト朝（1056〜1147）やムワッヒド朝（1130〜1269）が北アフリカからジブラルタル海峡を越えて支配を及ぼしたように，イスラームとはかかわりが深い。しかし一部の「痕跡」を別にして，レコンキスタの完了とともにイスラームはイベリア半

島から払拭された。それゆえ，歴史的に見た場合，イスラームはヨーロッパに浸透・定着することは無かったのである。オスマン朝は，ヨーロッパにとっての異文化であるイスラームを奉ずる国家であった。オスマン朝が拡大しキリスト教徒の多い地域を支配下に入れ始めたとしても，そのことをもってして，オスマン朝がキリスト教国家であるとはもちろん言えまい。その意味で，オスマン朝はヨーロッパから遠いのである。

また，オスマン朝はトルコ語の一方言を話す人々の国家である。トルコ語は，言語の分類上アルタイ語族に属するとされ，インド・ヨーロッパ語族の言語とは明らかに異なった体系を有しており，やはりオスマン朝はヨーロッパから遠いように思われる。

ともあれ，信仰の面でも言語の面でも本来的にヨーロッパ内の存在とは思われないオスマン朝が，ヨーロッパ史の中で語られるのはなぜであろうか。それは，オスマン朝が東ヨーロッパを包摂し西ヨーロッパに対峙することによってヨーロッパ史の展開に大きな影響を及ぼしたからである。

（2）　オスマン朝の興隆と拡大

オスマン朝は13世紀末にアナトリア半島（小アジア）西北部に成立したトルコ系ムスリムの一地方政権に始まる。この国家はアナトリア半島においてだけでなく，ボスフォラス海峡，ダーダネルス海峡を越えたヨーロッパ側においても支配領域を着実に拡大し，1453年には東ローマ帝国の首都コンスタンティノープルを征服して新たに首都とする。すでに15世紀半ばまでに，今日のギリシア，ブルガリア，ルーマニアの地域がオスマン朝の支配下に入っており，長く東地中海世界に君臨した東ローマ帝国は，わずかにコンスタンティノープルとその周辺地域を擁するのみであった。オスマン朝の当時の軍事的な勢いに鑑みれば，コンスタンティノープルの陥落は時間の問題であったともいえよう。とはいえ，コンスタンティノープル陥落という事実は，東部地中海世界における勢力交代を決定的に象徴するものであり，ヨーロッパ世界に大きな衝撃をもたらした。

オスマン朝は16世紀にはシリアからエジプト，北アフリカ，さらにはアラビア半島，イラク方面にも支配権を及ぼす。西方ではセルビアからさらに現在のハンガリーの中・南部にまで直接的な支配権を及ぼした。そして，ハンガリーでの勢力扶植を背景に1529年，ヨーロッパの中心的都市の1つでありハプスブルク家に

よる支配の重要拠点であったウィーンを包囲するにいたったのである。いくつかの幸運が重なってウィーンは陥落を免れたが、西ヨーロッパはオスマン朝の脅威を差し迫ったものとして体験することになった。

またオスマン朝は、ギリシア系住民の海上民としての伝統を活用しつつ海軍力の充実に力を注ぎ、ヴェネツィアを牽制しつつ15世紀をつうじて東地中海で勢力を伸張した。1538年、ギリシア西部の町プレヴェザの沖で行われた海戦で、ヴェネツィアや神聖ローマ帝国皇帝、ローマ教皇などの連合艦隊に勝利して東地中海を制圧し、さらに西地中海のアフリカ沿岸部でハプスブルク家の侵攻を退けた。これにより16世紀半ば、オスマン朝は地中海のほぼ全域を制圧することに成功した。

このようにオスマン朝は、創建以来ほとんど休むことなく対外征服活動を行ったのであり、また内政でも、遊牧的伝統を一部に保ちながらも定住的国家として支配の実体化を図った。スレイマン1世時代（1520〜66）はこのオスマン朝支配の拡大と充実が最高潮に至った時期であり、オスマン朝はアジアとヨーロッパ、そして北アフリカに広大な領域を有する巨大な国家となった。

（3） オスマン朝の脅威

東方でオスマン朝の支配が拡大した結果、西ヨーロッパはオスマン朝の「脅威」に直面することになった。当時の西ヨーロッパの人々には理解しにくい、イスラームの「不可解さ」が心理的圧迫を生んでいたであろうことは十分に考えられるが、この「脅威」の本質は本来軍事的なものと考えるべきであろう。そしてこの「脅威」は東から西に、すなわちバルカン半島及び東部地中海地域から西へと着実に迫っていた。オスマン朝海軍提督ハイレッディンらの活動に見られるごとく、西部地中海から北へあるいは東へ向かう軍事的脅威も存在し、両者は関連しているのであるが、オスマン朝の東から西に向う「脅威」こそが西ヨーロッパ諸国の主たる関心事であったに違いない。

15〜16世紀、「近代」への歩みを進めつつあった西ヨーロッパにとって、東方からのオスマン朝の攻勢は、自らを飲み込みかねない差し迫った「脅威」であった。このオスマン朝の「脅威」は、西ヨーロッパの政治と社会に直接的に影響を与え、今日ある西ヨーロッパの原型が形成される過程に深く関与した。周知のとおり、ルネサンスやイタリア戦争、あるいは宗教改革などはヨーロッパの「近

代」を生み出す原動力となった重要な出来事である。これらはヨーロッパで内発的に生起したかのように考えられがちであるが，オスマン朝の存在を考慮することなくして語ることはできない事柄である。

　西ヨーロッパがオスマン朝の場合のような差し迫った「脅威」を東方に位置する異なる文化圏からこうむったことは，歴史的に例の少ないことである。少なくともヨーロッパのいわゆる中世以降その重要な社会変革を促すほどの意味をもった「脅威」は，オスマン朝のそれを措いてほかにないといってよい。オスマン朝の「脅威」は16世紀に最大となり17世紀以降次第に小さくなっていくのは事実としても，今日にいたる「近代ヨーロッパ」形成の重要な要因となったことを忘れてはならない。

歴史への扉 7　　オスマン朝の人材養成

　16世紀にいたるオスマン朝の拡大と「繁栄」を支えたのは，その特殊な人材養成方法であった。トルコ系ムスリムが行政や司法あるいは信仰にかかわる用務で社会を支えたことは事実であるが，政治や軍事などを担う人材として異教徒の子弟を国家が組織的に養成して活用したことはオスマン朝の大きな特徴といえよう。この制度はデウシルメ（収集，徴収の意のトルコ語）といわれ，異教徒，特にキリスト教徒の子弟を徴用し，イスラームに改宗させて奴隷身分とし，教育・訓練を施して有為の人材に養成するものであった。

　イスラーム世界においては奴隷身分のものを軍人として用いることは古くから見られ，ガズナ朝やマムルーク朝などのように，マムルークあるいはグラームなどとよばれた奴隷出身の軍人たちが政治権力を握って国家を建設した例もある。オスマン朝のデウシルメがこの奴隷軍人の流れを汲んでいることはたしかであるが，より組織だった制度，またより多様な分野に人材を送り込む制度として運用された点に特徴がある。

　デウシルメによる徴用は14世紀末までには開始されていたとされ，15〜16世紀をつうじて定着したと考えられる。1478年頃に一通り完成したトプ・カプ宮殿では，宮廷はスルターンの私生活にかかわる部分である内廷とハレム（後宮），スルターンと外部世界の関係を統制する部分である外廷に機能上も構造上も分けられており，内廷がデウシルメによる人材養成の場であった。主としてバルカンのキリスト教徒子弟（概ね10歳前後から20歳まで）が， 1回に1000人から3000人程度組織的に徴発さ

れる。彼らはイスラームに改宗させられて奴隷の身分におかれ，トルコ語の教育を受けた後，知力，容貌の優れた者たちが選抜されて内廷に入る。一定期間の教育と訓練の後さらに選抜された者がスルターンに近侍する。内廷内のスルターンの私室であるハス・オダを頂点として序列化された職種別の部屋に配属され，順次昇進する。最終的にハス・オダ仕えを終えた者がさらに選抜されてイェニチェリ（常設歩兵軍団）の指揮官やベイレルベイ（州統治官）など外廷や中央・地方統治の要職につき，大宰相に登りつめる者もあった。各段階で選抜からもれた者たちは常設軍（イェニチェリ，近衛騎兵隊ほか）の兵員などになる。こうして養成された人材がカプ・クル（「御門の奴隷」）である。

　カプ・クルはスルターンに対してのみ服従と忠誠を誓う者たちであり，その生殺与奪の権を握っているスルターンにとってはこの上ない臣下であった。彼らは故郷の家族から遠く離れて異なる信仰と言語に生きており，いわば完全に故郷から切り離された人々である。地縁や血縁を背景に有力化してスルターンを脅かす恐れはほとんど無かった。デヴシルメという制度は，幼い本人はもちろんのこと，いたいけな子どもを送り出さねばならない親や親族にとって文字どおり過酷であったに違いない。しかしこの制度は一面で人材の社会的流動を可能にしており，農民の子に大宰相にまでいたり得る社会的上昇の機会を提供していた。デヴシルメの功罪を論ずるとすれば，多面的に，そして冷静に検討を行うべきであろう。

　なお，宮廷内のハレムでスルターンに仕える女たちもまた奴隷身分出身であることが多かった。購入あるいは献上されて宮廷に入った彼女たちは，カプ・クルと同様，教育を受け，選抜されて昇進し，やがてスルターンに近侍してその子を産む機会を得る。幸いに男子が生まれてスルターンとなれば，母后として権力と栄誉を手にすることになる。彼女たちもまた故郷から切り離された人々であり，母后となってもスルターン位を脅かす外戚の弊害は生じない。まことに巧みな仕組みであったといえよう。

参考文献
間野英二編『西アジア史』（アジアの歴史と文化9）同朋舎，2000年。

第Ⅱ部
「国民国家」をめざして

共和政フランスの象徴，マリアンヌ像（サン＝ジェルマン＝シュル＝アヴル／ユール県）
第二次世界大戦下の爆撃で川に転落し所在不明となっていたが，戦後，ひそかに回収していた村びとの手で「共和国橋」に据えなおされたもの。
出典：Maurice Agulhon, Pierre Bonte, *Marianne dans la Cité*, Imprimerie Nationale, 2001, p. 76.

- 第4章　フランス革命と産業革命
- 第5章　ブルジョワ社会の成立と国民統合の進展
- 第6章　中・東ヨーロッパの再編と民族問題
- 第7章　帝国と植民地

総　説　ヨーロッパの世紀

（1）「国民国家」と現代

　21世紀初頭に生きる私たちの目には，イギリス産業革命とフランス革命によって幕が開き，1914年に勃発する第一次世界大戦で終わる時代のヨーロッパは，どのように映るだろうか。今や世界をおおい尽くしている資本主義経済やヨーロッパの外の地域にも広がっている議会制民主主義など，現在の私たちの政治や社会，経済の基本的な枠組みが西洋で作り上げられたのはこの時代のヨーロッパである。鉄道や電信など交通情報手段の発達，上下水道，シャワー室などが完備された便利で快適な生活，核家族を中心とする近代的な家族や私生活，識字率の向上など教育文化水準の飛躍的上昇，医療や衛生の向上など，この時代のヨーロッパで実現されたものは少なくない。

　だが他方では，工業化によって貧富の差が拡大し，貧困がむき出しの形で表れ，文化の画一化と地方文化の抑圧が進んだ時代でもある。特に19世紀前半のロンドンやパリなどの大都市のスラム街の貧困は，21世紀の世界を悩ませている貧困の原型といってよい。資本主義のもたらす弊害を克服するために，現在につながる様々な社会主義思想や協同組合運動，労働運動などの社会運動が生まれている。またこの時代は，西欧列強があらそってアジア・アフリカ諸国を植民地化していった時期でもある。現在では植民地もほとんどなくなったが，その爪痕はまだいたるところに生々しく残っている。

　このように現在の世界は，19世紀に直接に淵源をもつものが少なくない。その中で，第Ⅱ部では特に「国民国家」に着目してこの時代を読み解いていくことにしたい。国民国家はヨーロッパで19世紀のうちに成長・発展し，一応の完成をみることになる。

　国民国家はグローバリゼーションが進み，EUなど地域間での経済統合が発展している現在，大きく揺らいでいる。だが，日本を含めた近代

化をめざすアジア・アフリカなどの諸民族を，西欧の国民国家のモデルが，なぜあれほど惹きつけたのであろうか。他方では，移民排斥の風潮をみると，人種主義や排外主義など，ナショナリズムの負の側面が克服されたわけでもない。近代世界史を読みなおそうとする時に，ヨーロッパの国民国家建設の経験は，もう一度冷静に振り返ってみる価値がありそうだ。忘れられがちであるが，19世紀の西欧国民国家は，一定の民主主義と教育の普及を行い，さらには部分的ではあるが社会政策を採用し，社会的平等にも配慮しようとしていた。また，ナショナリズムの暴走を食い止めるための国際的枠組みや，異民族との融和を図った多民族国家の仕組みも存在していたのである。

（2） パクス・ブリタニカのもとでの国民国家形成

歴史的にみれば，第Ⅰ部が対象としている時代に成長してきた主権国家が，国民国家へと転換していく時代であるが，世界経済の観点から見れば工業化の道にいち早く進んだイギリスがヘゲモニーを確立し（パクス・ブリタニカ），繁栄を謳歌する時代である。

1789年に始まる革命によってフランスは封建制を一掃し，構成員の法的平等を原則とする新しい国家へ再編された。だが，封建制と身分制を基本原理とする大陸ヨーロッパの国際社会は，フランスで起こった変革を武力で押しつぶそうとしたのであり（4章1節），国民に依拠した強力な軍隊がなければ1つのエピソードとして歴史の中に埋もれてしまったことであろう。逆に革命期とナポレオン時代には，フランスの軍事的プレゼンスのもと，ヨーロッパ大陸に新たな原理が導入されることになった。身分制社会の枠組みを維持したままであったロシアも，社会制度の改革では不徹底であったプロイセンも，敗北から立ち直るためにはナショナリズムを鼓舞して，民衆のエネルギーを利用するほかに道はなかった（4章2節）。

ナショナリズムは制御を誤ると民族間の軋轢や衝突，さらには戦乱を招きかねない。保守的な立場からではあったが，この危険性をヨーロッパの指導者たちは良く認識し，ウエストファリア体制が崩壊した後の紛争解決の国際的な枠組みを構築した。それがウィーン体制である。大陸の国際政治ではフランスの比重が下がり，強大化したプロイセンとロシアが，オーストリアとともに協調体制を作っていく。逆に，19世紀初頭にラテンアメリカ植民地が相次いで独立したイベリア半島の2つの国は，1820年代に起こった自由主義的な改革運動も列強の介入でつぶされ，国際政治の表舞台から消えていった（4章3節）。

　1848年2月のパリに始まり，ヨーロッパを覆う一連の革命（「1848年革命」）は，自由主義とナショナリズムを抑圧するウィーン体制への異議申し立てであると同時に，工業化（資本主義化）による世界の構造化と，それに伴う貧困の拡大や深刻化に対する抗議であった。初期社会主義の思想が開花し，48年革命運動の発端となったフランスから中東欧地域まで，経済発展の差は大きかったが，こうした革命の連鎖は，最先進国イギリスを中心とする世界の構造化が進んでいたことを示していた（4章3，4節）。

　ウィーン体制崩壊後の19世紀後半のヨーロッパは，ドイツ，イタリアの統一国家建設の事業が完了する（5章2，3節）と同時に，1848年革命の試練を経て，資本主義が新たな発展を遂げ，ヴィクトリア朝のイギリスのようにブルジョワを中心とするミドルクラスの文化が花開いた時代である（5章1節）。だが，それは19世紀前半の野蛮な資本主義ではなく，社会主義や労働運動が掲げていた要求を部分的に取り入れ，一定の修正を受け入れた資本主義であった。こうして，イギリス，フランス，ドイツでは議会改革が進み，参政権も労働者層に拡大され，現在からみればまだ端緒的ではあったが，社会的不平等への是正措置がとられた（5章3，4節）。他方，多民族国家オーストリア，ロシア，オスマンの

経験も近年になって見直されている。帝国の柔軟な構造がもつ強みを生かしつつ，自立化を志向する従属民族との軋轢(あつれき)を抱えながら，近代化と国民国家建設をめざしていった（6章各節）。

19世紀末には，ドイツ，アメリカ合衆国の急速な工業化によって，パクス・ブリタニカはようやく終焉に向かおうとしていた。西欧列強の国民国家への発展は，アジア・アフリカへの植民地主義的膨張と並行して進んだ。人，モノ，資本の移動によって世界はますます一体化していったが，同時に利害対立と紛争の火種はヨーロッパの内部からはみ出して，世界各地に拡大し，国家間の競争と生き残りの論理が前面に出て，利害の調停はいっそう困難になっていった。19世紀前半のような国際協調体制を生み出せないままに，20世紀初頭にはイギリスを中心とするブロックと，ドイツを中心とするブロックの二大ブロックの対立構造ができあがった（7章1，2節）。なかでも，帝国の構造が崩れ，小国のナショナリズムが大国によって煽られたバルカン半島は「ヨーロッパの火薬庫」になっていった（6章）。

1914年に始まる第一次世界大戦は，国民国家建設の歴史の1つの帰結であった。この戦争では，それぞれの国家がどれだけ国民のエネルギーを動員できるかが問われた。この点で，自由主義的な国民国家建設の道から取り残されたスペインとポルトガルが，第一次世界大戦に（続いて第二次世界大戦にも）かかわらなかったのは意味深長である。

（3）　宗教・文化・教育の変容

第Ⅱ部でとりあげる時代の文化や教育については5章1節などで論じられているが，すこし補足しておくことにしよう。19世紀に入ると，新古典主義に代わってロマン主義が流行する。ロマン主義は，自国の歴史や文化を称賛し，ナショナリズムの風潮と合致していた。ロマン主義の運動を先導したのは，ナポレオン戦争でフランスを敗北させたイギリス，

ドイツであり，フランスは文化の面でも影響力を低下させた。また，工業化の進展と近代科学の発展によって，既成の宗教権力の社会的影響力が後退し，国家と宗教の分離が進んでいった。教会がもっていた霊的・精神的権威を国家が奪っていく過程であるといってもよい。たとえば，それまで主要な部分を教会が担っていた教育は，初等教育の普及とともに国家が責任を負うようになった。もっとも，伝統的な文化や習俗は根強く，近代化，工業化の足かせとなった。カトリックが多数を占めるフランスやイタリア，そしてカトリックが少数派ながら強い力をもっていたドイツ帝国では，教会との闘争は政治の一大焦点になった（5章2, 3, 4節）。だが他方で，キリスト教諸派やユダヤ教の中にはキリスト教民主主義のように，自由化や近代化を受け入れる動きも現れているし，慈善事業や海外での布教活動は列強の植民地拡大とも連動して活発に展開されており，活力を失っていたわけではない。

　また19世紀は，科学の世紀といわれ，工業活動と密接な関連をもつ自然科学が大学の中で認められるようになった。科学的と称された実証的方法は社会学や心理学などの社会科学の成立に寄与し，同時に人文諸学にも取り入れられ，厳密な史料批判の上に近代的歴史学がドイツで確立した。歴史学は国民の歴史を創造し，文学とともに国民意識を形成するのにも大きな役割を発揮した。このように，科学とナショナリズムは手を携えて発展した。さらには白人の人種的優越性と植民地化の正当化のために，解剖学や人類学などの新しい学問が動員されたのである（7章2節）。

　19世紀から20世紀にかけては，ベルリン大学をモデルにした大学改革が，日本も含めて世界に広がっていく時代であるが，工業化の進展に伴い，技術者や教員など新しい専門職が必要になり，これに応えるために中等教育，高等教育が拡充されてゆき，それとともにドイツのような「資格社会」化が進んでいった（5章3節）。初等教育の普及や実学的教

育とともに，それぞれの国の言葉，すなわち国語の威信が高まったが，だからといってラテン語，ギリシア語がすたれたわけではなかった。学問の世界ではまだ重要な地位を占めていた。古典人文学はエリートになるための必須科目であり，ドイツ教養市民層やフランス・ブルジョワジーにとって，身につけるべき教養そのものだった。身分制は解体され，法の下での平等は実現したが，社会の階層的構造は厳然として存在し，それが教養と能力の差異によって正当化されたのである。大学を含めた学校教育は成層化された社会構造を維持し，再生産する役割を担うことになる。

　工業化による文化の画一化や伝統文化・地方文化の衰退など，この時代に生じた文化的変容はそれまでのどの時代よりも急速に進み，その究明は歴史研究の大きなテーマである。だが，伝統的文化や地域の文化，言語を破壊と消失から守り，擁護する運動が起こったのもこの時代である。フランスの文化財保存行政，イギリスのナショナル・トラストのように，文化遺産や環境の保全という今日的な課題もすでに提起されていた。ときには反近代主義的傾向をもっていたが，ドイツにおける田園都市構想などにも目をとめておくべきだろう（5章3節）。過去の遺産を単に古いものとして投げ捨てるのではなく，それを時代に適合させながら遺し，場合によっては博物館の中に保存し，過去との多様なつながりを保とうとするのが，近代ヨーロッパのもう1つの顔なのである。

ルーアンにあるナポレオン騎馬像

第4章　フランス革命と産業革命

第1節　フランス革命　————————————————
第2節　ナポレオンとヨーロッパ　————————————
第3節　ウィーン体制　——————————————————
第4節　産業革命の進展と社会問題　————————————

第1節　フランス革命

（1）　革命の原因──政治文化の転換

　フランス革命以前の「旧体制」とよばれる社会には，地域や職能などの絆によって結ばれた多様な組織・団体があった。王権は，これらの団体が伝統的にもっていた固有の規則・慣習を「特権」として認めて活動を許可する一方，これらを「社団」として支配秩序に組み込んでいた。そして，王権が階層秩序化された社団の連鎖を掌握することによって，理論上，国王ただ1人があらゆる問題に最終決定を下す体裁をとっていた。すなわち絶対王政は，社団の活動を把握することで，臣民を間接的に支配し，国家統合を実現していたのである。そしてこれを支える文化装置として，カトリシズムと結びついた宮廷儀礼が整えられていた。

　しかし18世紀，こうした社団国家のほころびが露呈し始める。まず中央集権体制への移行を狙った王権が，全土に「直轄官僚」を送りこんだことで，官職保有者たちの「特権」に基づく旧来の権力機構との間に軋轢が生じた。しかしその一方で財政難に悩む王権は，売官や社団向けの公債による収入に依存し続けたため，結局この改革は，行政システムを混乱させただけに終わってしまったのである。また，官職購入によって爵位を得る「法服貴族」が増加し続けたことは，血統に基づくアイデンティティをいまだ保持していた貴族や，身分上昇の恩恵にあずかれない一般市民の不満を増大させていた。

　次いで18世紀前半までの経済発展による，ブルジョワジーの増加と興隆がある。彼らは土地や官職を購入したほか，教育施設や劇場などのインフラ整備に私財を投入し，書籍市場を利用して学識を深め，また様々な新しいサークル（文芸協会やフリーメーソンなど）をつくり始めた。これらは基本的に身分や職能を問わず個人単位で構成される社会的結合関係（ソシアビリテ）であり，その意味で社団国家の論理にとらわれない場であった。そこに集う啓蒙エリートは，あらゆる問題について議論を行い，独自の判断を下す「公衆」，すなわち「世論」形成の主体となってゆく。そして世紀中葉になると，「世論」こそ権力の正統性を保証するとの考えが一般的になっていった。特に1770年代以降，財政改革──財政難を打開するための特権身分への課税案など──をめぐって，王権と貴族身分（実質的にはその牙城の高等法院）の抗争が続いた時には，王権もその主張を公衆にアピー

ルして「世論」の支持を得ようとしたのだが，このことは，最終的な裁定を行うのは国王1人という権力行使のあり方が崩壊しつつあることを，王権自ら追認したことを意味していた。

　結局，財政問題の決着は，89年に開かれる全国三部会にもち越された。ここにいたって，第三身分は政治的に覚醒し，既得権に固執する貴族身分と袂を分かち始めた。彼らは解禁されたばかりの政治結社，パンフレット（シェイエス『第三身分とは何か』など）を足場にして，選挙戦で大々的なキャンペーンを展開する。さらに選挙集会における陳情書の起草は，諸身分の人々にその意見を公に，また具体的に表明する機会を与えたため，改革の機運は着実に高まった。折しも86年の英仏通商航海条約後の不況と，88年以降の飢饉が重なり，民衆の不満も臨界に達しつつあった。

（2）　革命の開始——憲法制定議会・立法議会

　1789年5月5日，ヴェルサイユで開会した三部会は，代議員資格審査と審議形式をめぐって冒頭から紛糾した。そこで第三身分代表は独自に集まって，6月17日，「国民議会」設立を宣言し，20日には憲法制定まで解散しないことを誓った（球戯場の誓い）。国王・保守派議員はこれを妨害したものの，ラファイエット，タレーランら特権身分の中から同調者が現れたこともあって，結局，ほかの身分も合流し，7月9日，「憲法制定国民議会」が発足した。この議会の成立に，体制の否定をみた王権は武力解散を画策したが，それを阻止したのが14日のパリ民衆によるバスティーユ襲撃である。この蜂起は市民の自衛的行動であって，議会救出を目的とするものではなかったものの，結果として危機を打破し，改革を革命へと導くものとなった。しかもこの報せを受けて全国で農村騒擾が発生し，議会は事態を沈静化するために革命の方向性を示す必要に迫られた。こうして決議されたのが，封建制の原則廃棄宣言（8月4日）並びに「人間および市民の権利の宣言（人権宣言）」（同26日）である。

　封建制の原則廃棄は不完全（領主のもつ人格的特権のみ無償廃止，地代徴収権は有償廃止）ではあったが，それでもこの宣言が，同時に表明された教会十分の一税，特権身分の免税特権，地方共同体の諸特権の即時廃止などとともに，近代市民社会の産声であったことは間違いない。人権宣言は，自由，所有，安全，圧制への抵抗という4つの自然権をうたい，国民主権，参政権，税負担の平等など近代社

会一般の基本原理を明示している。これ以後，革命政治は，権力の審判者としての「国民」ないし「世論」にうったえ働きかけるという形をとるようになってゆく。

　10月，宮廷と議会とがパリに移転すると，新理念にそった改革が軌道に乗り始めた。まず議会は年末から翌年にかけて財政の健全化（教会財産の国有化，売却），行政区画の再編，直接税中心の租税体系，ギルドの廃止，聖職者の公務員化（聖職者民事基本法），中間団体の廃止などを次々と法制化した。改革の総仕上げは，91年9月に可決されたフランス最初の憲法である（91年憲法）。この憲法によってフランスは，国民主権を旨とする立憲君主政を採用することになった。

　9月末，憲法制定議会は「革命は終わった」と宣言して解散したが，それを信じるには現実との乖離は大きすぎた。国王と旧貴族は革命の転覆をあきらめておらず，また都市民衆と農民はその成果に不満を募らせていた。先の憲法で選挙権を行使できるのは，3日分の労賃に相当する直接税を支払う男性市民（能動市民，全成年男子の6割強）にとどまっていたからである。また，6月におきた国王一家のヴァレンヌ逃亡事件は，民衆の間にかろうじて残っていた善良なる父という国王イメージを決定的に粉砕し，しかも善後策をめぐって，革命をリードしてきた愛国派議員を分裂させていた。以後国民は，「国民統合」の諸実践の過程で生じる排除の論理，党派抗争に巻きこまれてゆくのである。

　91年秋以降，食糧暴動，農民一揆が激化する一方，聖職者民事基本法への宣誓を拒否する宣誓忌避僧侶による民衆扇動や亡命貴族の武力干渉など，反革命の危険が高まりつつあった。10月1日に開会した新議会，立法議会において左翼に位置したブリソ（ジロンド）派はこうした事態を一挙に打開する策として，革命戦争に訴えた。彼らの求めに国王，軍部が賛同し，また世論も圧倒的に支持したため，92年4月20日，議会はオーストリアに対して，宣戦を布告した。しかしフランス軍の準備不足は否めず，緒戦から敗北を重ねた。7月，議会は「祖国は危機にあり」と宣言して前線・銃後の奮起を促したが戦局は好転せず，物価も高騰し続けたため，生活苦にあえぐ市民の怒りは再び沸点に達した。8月10日，パリ民衆と首都周辺の連盟兵が市庁舎を占拠した後，テュイルリー宮を制圧したのである。成長してきたナショナリズムが外敵でなく国内の敵に向かい，革命の歯車を1つ回したといえよう。この結果，議会は王権停止，新議会の招集を宣言したのであった。

（3） ジャコバン独裁——国民公会初期

　1792年9月20日（この日，ヴァルミーでフランス軍は初勝利を挙げた）に開会した国民公会は，翌日，共和政樹立を宣言した。この議会では右翼にジロンド派が，左翼にジャコバン（モンターニュ）派が陣取った。両派はともに中流ブルジョワの利害を代表していたが，議会外の民衆運動との連携の可否という戦略面で路線を異にしていた。この議会も当初から党派抗争の場となったが，概ねそれは，ジロンド派の失政とモンターニュ派の権力掌握の過程であった。

　まず国王裁判では，モンターニュ派の主張する即時処刑が決議，執行され（1793年1月），ジロンド派は出鼻をくじかれた。また列強の第1回対仏大同盟結成，流通紙幣アッシニアの価値下落と過激派の食糧暴動（2月，於パリ），そして30万人義勇兵召集の法令を原因とするヴァンデ地方の農民反乱への対処は，いずれも政府にとって焦眉の急であったが，ジロンド派は有効な手立てを打てなかった。この危機を前に，ロベスピエール率いるモンターニュ派は各地に派遣議員を送って革命防衛を訴え，自派の勢力基盤を固めた。そして，5月31日と6月2日の2度にわたって蜂起したパリ民衆と連携して，ジロンド派29名の逮捕，議会からの追放に成功したのである。

　モンターニュ派は政権安定のために，早くも6月24日に新憲法を成立させる。この「93年憲法」は人民主権，社会による労働・公的扶助・教育の保障を明記しており，また男性普通選挙，法案作成における人民投票制などが盛りこまれた。しかし，内外の反革命運動に直面したモンターニュ派は憲法実施を棚上げし，議会内に設置された公安委員会，保安委員会，革命裁判所を基礎にして，独裁体制の強化に向かう。また9月，パリ民衆の圧力を受けた国民公会は食糧徴発，反革命容疑者逮捕などを任務とする革命軍を創設し，さらに一般最高価格法を決議して物価統制を実施した。そしてジロンド派や旧貴族，元王妃の処刑に代表される恐怖政治が開始された。このような体制は，12月4日（フリメール14日）の法令によってほぼ完成する。

　こうした政策が効果を挙げ，内外の危機が克服されると，恐怖政治のあり方に批判が出始めた。そこでロベスピエールは，恐怖政治の徹底を求める左派（エベール派）を94年3月末に，その緩和を求める右派（ダントン派）を4月初めに相次いで処刑した上で，独裁体制をさらに強化した。まず革命軍を解散，セクション協会など民衆運動組織を統制下におき，次いで6月以降，革命裁判をパリに集中

させて反革命容疑者の大量処刑を行った。こうした国家による暴力の独占が進められるかたわら，人間の「再生」をめざす国民祭典の嚆矢として「最高存在の祭典」が全国で開催され，愛国心発揚と道徳の引き締めも図られた。ところが6月26日（メシドール8日）のフルーリュスの戦勝によって革命転覆の危機がいよいよ遠ざかると，不満は一気に表面化した。反ロベスピエール派は議会で過半数を占める平原派と結び，7月27日（テルミドール9日），ロベスピエール，サン＝ジュストらを逮捕して，翌日，断頭台に送ったのである。

　国民公会招集からテルミドール反動にいたるこの時期には，中央集権化が急速に進行するとともに，ナショナリズムの高揚，政治文化の革新がみられた。革命家たちは新時代の理念，共和主義にふさわしい国民共同体を作りあげようとして旧体制やカトリシズムにかかわる言葉やシンボルなどを排斥する一方，新しい権力秩序の理想を示す「自由」「平等」「国民」といった標語が神聖化された。そしてこれを具体化する教育改革，国民祭典，自由の木植樹，共和暦といった試みが実行されたのだった。こうした文化革命の指揮をとったのが，全国に設立された政治結社である。その数はのべ6000以上ともいわれるが，その仲介によって，市民は「習俗の革命」を実体験したのだった。

（4）　革命の軟着陸──国民公会後期・総裁政府

　ロベスピエールらが倒れると，革命は後退局面に入った。議会を主導したテルミドール派は公安委員会の縮小，ジャコバン＝クラブの閉鎖など革命政府の解体を進め，1794年12月には最高価格法を廃止した。これは当然，食糧品価格の高騰を招き，パリの民衆は95年4月，次いで5月に「パンと93年憲法」を求めて蜂起した。しかし独裁期以後，強力な抑圧装置を備えた政府は，この動きを徹底的に弾圧することになる。そして8月，新憲法が制定された（共和暦3年の憲法）。立法府は元老会と500人会の二院制，行政担当は5人の総裁というように分権的性格が顕著であり，また財産資格による2段階選挙制度も復活した。さらに現職議員が新議会議席の3分の2を占めることも定められたため，早期の王政復古を目論でいた王党派は猛反発し，10月5日（ヴァンデミエール13日），蜂起に打って出たが，これもやはり鎮圧された。

　11月に正式に発足した総裁政府は，当初，王党派の脅威ゆえに，政治結社の活動を容認するなど左よりの姿勢をみせていた。しかし96年春のバブーフらによる

政府転覆計画と，私有財産の否定というその理念が露見すると，政府は右派に近づいた。ここから総裁政府の迷走が始まる。翌97年3月の国政選挙（議員の3分の1改選）では王党派が，さらに98年4月の選挙では，左派のネオ・ジャコバンが圧倒的な勝利を収めたのだが，政府は軍に依存していずれの選挙結果も認めなかったのである（フリュクチドールのクーデタ，フロレアルのクーデタ）。このように，総裁政府は穏健共和主義を定着させるために，自ら憲法を蹂躙するという愚を犯し，代議制の権威を地に落としたのである。

99年春以降，ネオ・ジャコバンの再進出とその急進的な政策，また王党派の反乱勃発（8月）を前に，国内には動揺が走った。この時，総裁の1人として中央政界に返り咲いていたシェイエスは，ヴァンデミエール反乱の鎮圧者にして，数年来のイタリア戦役の「英雄」ナポレオンと組んで，クーデタを起こした。11月9日（ブリュメール18日），議会は軍の圧力の前に解散を迫られ，ここに大革命はあえなく終焉を迎えたのである。

(5) 革命の意義

以上をふまえると，フランス革命の歴史的意義は，およそ次のように整理できよう。

まず革命は，それまでの身分的，社団的な社会編成を基礎とする絶対主義国家を解体し，市民的平等と代表制に基づいた中央集権国家を樹立した。その過程では「世論」が権力の正統性の中核に位置づけられ，その支持を取りつけることが為政者の最優先課題となった。そして共和政に合致した，人間の「再生」という理想を実現するために政治文化の革新が進められ，多くの人々が未曾有の政治参加を果たす中で，彼らは「国民」として創造されていったのである。そうした観点からすれば，1794年夏から99年にいたる時期も単なる反動期とはみなせない。国民祭典の整備，「ラ・マルセイエーズ」の事実上の国歌化，敬神博愛教といった新たな革命礼拝の創造など，改革は続いていたのである。

ただし革命の成果を短期的，また一国史的に捉えることには注意が必要である。中央集権体制の確立と全国的な統一法典の完成には，ナポレオンを待たねばならない。またフランス資本主義も，たしかに革命が封建制を打破し，私的所有権の絶対性および経済活動の自由の原則を樹立した点は重要であるが，順調に発展したわけではない。短期的には海外貿易などは衰退しており，むしろ，それゆえに

植民地に依存しない工業化への道が拓かれたともいえよう。そして新しい政治文化や共和主義イデオロギーも，それが国民的「記憶」として定着するまでには，さらなる騒乱と流血の日々を経なければならない。その意味では，革命の理念と政策の重要性が真に認められたのは，19世紀フランス，さらにはヨーロッパ全土の革命・民衆運動の現場においてであったのである。

歴史への扉 8　　革命・音楽・演劇

　フランス革命期にはあらゆるものが愛国教育の手段として採用されたが，芸術の分野にはどのような変化が生じたのだろうか。ここでは互いに関連する 2 つのジャンル，音楽と演劇について取り上げよう。

　音楽とは人々の情感の発露の 1 つだが，未曾有の政治事件を前に，影響を受けないわけがなかった。ある調査によれば1789年のパリにおいて，革命を取り上げたシャンソンは116曲も作られた。この数は90年に261，91年に308，92年に352，93年には590と年を追うごとに増加し，94年には実に701もの作品が生まれたという。その質はさておき，革命期はたしかに「霊感」に溢れた年月であったのである。革命家たちは経験的に，音楽の影響力を理解していたのであろう。彼らはゴセックのような大家から無名の楽師まで，多くの才能を動員して革命祭典に様々な歌曲を織り込み，市民精神を涵養していった。また国民公会期になると，公教育委員会は，国民衛兵無償音楽学校の企画による愛国歌楽譜集の出版を助成し，国民が備えるべき音楽的素養を広めることに尽力したのだった。こうして公式・非公式に無数の革命歌が生まれ流布していったのだが，そのうち最も歌い継がれてきたのが，現在のフランス国歌「ラ・マルセイエーズ」であろう。

　革命歌の発展と劇場の興隆は，およそ軌を一にしている。革命以前のパリではオペラ座が諸特権を有していたが，91年 1 月13日，議会が検閲の廃止を定め劇場の自由が達成されると，市内各所に次々と小劇場が開設され，時事的なテーマを盛りこんだ劇が上演されることになった。観客も変わりつつあった。彼らは，上演前後だけなく，上演中でさえも役者に愛国歌斉唱を求め，また役者のほうもこれに応じて即興で歌い，劇場全体が熱狂に包まれることも珍しいことではなかった。

　しかしこの熱狂は93年 8 月 2 日，公安委員会が下した検閲復活の決定によって水を差された。反革命的な劇場の監視・閉鎖と支配人の逮捕が始まったのである。 9 月以降，各劇場は無料愛国劇の上演に奔走して一座の市民精神をアピールする一方，嫌疑をさけるためオペラ座のように，過去の文書一切を焼却するところも現れた。

> そして12月，教育改革の基本方針としてブキエ法が採択され，祭典・劇場は教育手段の1つとされたのだが，それは芸術が政治に奉仕することを強制された瞬間でもあったのである。
>
> 　革命期における人心統制は，文字どおり草の根の次元から展開され，音楽・演劇といった分野もその例外ではない。実際には，政治事件をモチーフにした扇動的な戯曲が熱心に上演されたのは共和暦2年に限られたのだが，それでも芸術のこうした影響力は，革命期に再認識されたのだろう。だからこそ政治権力による検閲，国家による利用は，近代史において無限に繰り返されてきたのである。

第2節　ナポレオンとヨーロッパ

（1）　ナポレオン・ボナパルトとフランス革命

　内外の危機に直面し，窮地に陥ったフランスの「救世主」として現れたのがナポレオンであった。ブリュメールのクーデタ（1799年11月9日）で，総裁政府は打倒され，将軍ナポレオン・ボナパルトが権力を掌握した。12月には新しい憲法が発布され，ナポレオンが第一統領となった。

　簡単に，ナポレオンが歴史の舞台に踊り出てきた歴史的背景をふりかえってみよう。ナポレオンは地中海の小島コルシカ島の出身であり，コルシカ島がジェノヴァからフランスに割譲された翌年に生まれている。やがて大陸を制覇することになるナポレオン自身が，絶対王政期以来フランスが進めてきた領土拡大の歴史の産物であったのである。その妻，ジョゼフィーヌはカリブ海に浮かぶマルチニック島出身であり，夫婦ともフランスの周辺部で生まれていることは興味深い。またナポレオンは，当時のエリート青年と同様に，啓蒙思想の影響を受けていた。特にルソーに感化されたナポレオンは，フランス革命が起こると有能な共和派の将軍として注目を浴び，テルミドールのクーデタ直後に一時期謹慎処分となったものの，その軍事的才能を買われ，総裁政府によって再び登用されることになる。

　総裁政府は対外膨張政策を取り続け，イタリアやスイスに共和国を建設し（「姉妹共和国」），これらの衛星国家に革命フランスのモデルにした政治・社会システムを導入した。さらに98年，フランスはナポレオンをエジプトに遠征させ，イギリス地中海からインドに通じるルートをたたこうとした。これに対して，イ

ギリスとロシアが音頭をとって国際包囲網が敷かれた(第2回対仏大同盟)。第1回対仏大同盟と違うのは、それまで互いに対立していたオスマン帝国とロシアが加わったことである。フランスはイタリアやスイスで敗北と後退を繰り返し、さらに国内の政治状況も深刻で、総裁政府は政治的安定を生みだすことができなかった。総裁政府の一部は事態を打開するため、軍隊の支援を得たクーデタ計画を練り、その協力者として政治的に信用のおけるナポレオンが担ぎ出されたのである。

ナポレオンは権力を掌握すると、ただちに「フランス革命は終わった」と宣言した。通常、フランス革命はブリュメールのクーデタで終結したとされるが、実際には革命期とナポレオン時代を明確に区分するのは難しい。「革命は終わった」という声明自体も、国内の反革命派や対仏大同盟に対して和平を促すメッセージであったことを忘れてはならない。たしかに検閲は厳しく、反対派に対する弾圧は苛酷であった。だが、クーデタ直後に独裁が成立したとみなすのは困難で、1804年の帝政成立までに徐々に反対派を除去して、権力基盤をかためていったと考えるべきであろう。その時に効果的に利用されたのが男性普通選挙による人民投票制度であり、帝政樹立も元老院によって決定された上で、人民投票によって承認されたのである。また帝政樹立後も共和政的な要素を払拭するのは容易でなかった。共和暦が廃止されたのは1806年1月1日であり、共和国という表現は07年まで公文書で使われていた。形骸化したとはいえ、議会も制度として存続した。対外的な面では革命期との連続性はもっと明白であった。ヨーロッパのほかの国々にとってナポレオンは、「馬に乗ったロベスピエール」にほかならず、ナポレオン期の戦争は革命期のそれの延長上にあった。

(2) ナポレオン時代のフランス内政

ナポレオンがフランス国内でめざしたのは、社会秩序の建て直しを図りながら、フランス革命の社会的経済的な成果を守り、制度として定着させることであった。この点でのナポレオンの功績はめざましいものがある。フランス銀行の設立、中央集権的行政機構、バカロレア(大学入学資格)をはじめとした公教育制度など、ナポレオンが創出した諸制度は近代フランスの骨組みを作りあげた。代表的な例は、1804年3月21日公布の民法典(「ナポレオン法典」)であろう。民法典によって封建制の廃止と国有財産売却の撤回不可能性が確認されると同時に、私的所有権の絶対性、労働の自由、人身の自由、法の前での平等、信仰の自由などが宣言さ

れた。
　ナポレオンはフランス革命によって生じた宗教的分裂を克服するため，カトリック教会との和解にのりだした。01年7月15日，ローマ・カトリック教皇庁との間でコンコルダ（政教協約）が調印された。この協約によって，在俗聖職者は国家から俸給を受け取ることになり，代わりに教皇は革命期に没収された教会財産の返還を求めないことに同意した。なお，帝政期を含めて政府はあらゆる宗教権力から独立しており，この意味で非宗派的であり，革命期の宗教政策を必ずしも否定するものではなかった。
　ナポレオンの政策は，基本的にはフランス革命の最大の受益者ブルジョワジーに応えるものであった。しかし，恐怖政治や総裁政府期の無秩序が示すように，ブルジョワジーは統治階級としては未熟であり，未確立であったといえる。ナポレオンは旧身分や地方的な対立などを超えた，新しい支配階層の育成にとりかかった。この支配階層は「名望家」とよばれ，地主であることが共通点であり，ブルジョワジーを中心に旧貴族や富裕化した農民も含まれていた。02年のレジオン・ドヌール勲章と08年の帝政貴族の創設は，全国的なレベルの名望家層を創出するための政策であったともいえる。

（3）　ナポレオンの大陸支配

　権力を獲得したナポレオンが，国内の無秩序状態の克服とともに最初に取り組まなければならなかったのは，国際的孤立からの脱却であった。1801年2月9日のオーストリアとのリュネヴィルの和約を手始めに，翌年にはイギリスとのアミアンの和約など各国と和平を結び，これによってフランスに10年ぶりに待望の平和がもたらされた。フランスはイタリアの大部分を支配し，ドイツ諸邦の運命を手中に握り，大陸ヨーロッパを支配することになった。リュネヴィルとアミアンの2つの条約には，それまでの国際関係の参照の枠組みであったウェストファリア条約に対する言及がまったくみられず，いわば近世ヨーロッパの死亡証書であった。
　しかし平和は長くは続かなかった。03年，アミアンの講和が破れてイギリスとの戦争が再び始まった。戦争が再燃した最大の要因は，英仏の経済的利害の衝突とヨーロッパの将来構想の不一致であろう。フランス革命期とナポレオン時代をつうじて，フランスの主要な敵国はイギリスであり，ナポレオン時代の戦争は18

世紀に始まる両国の覇権争いの最終局面でもあった。ナポレオンはイギリスに対する経済的な立ち遅れを国家主導で取り戻そうとし，イギリスからの工業技術の導入など，積極的にフランス工業の保護育成政策をとった。また，かつての植民地帝国の復活も企て，1802年に奴隷制廃止を撤回し，黒人が支配するサン・ドマングに大軍を派遣した。しかし遠征は失敗し，逆に04年，史上初の黒人共和国，ハイチ共和国の独立を招いてしまう。さらに，そのほかの海外植民地も，制海権を握っていたイギリス軍に次々に占領されることになる。

イギリスはヨーロッパ大陸については，自由貿易と勢力均衡の原則の維持を求めていた。これに対して保護貿易を望むフランスは，ヨーロッパ市場をフランスの貿易商人と生産者のために独占しようとした。また，ナポレオンは総裁政府と同様に革命理念の輸出を続けた。大陸ヨーロッパにおけるナポレオンの野望の最大の障壁はロシアであったが，ロシアもまた黒海と地中海方面への進出の野心を隠さなかった。イギリスとロシアというヨーロッパの周縁に位置する2つの国は，フランスのヘゲモニーに従おうとはしなかったのである。これに加えて，伝統的な王侯君主同士の交渉による平和解決がすでに時代遅れの手法となり，国際法の空白状態となっていたことも紛争解決を困難にしていた。

05年夏，ロシアのイニシアチヴで第3回対仏大同盟が結成された。トラファルガー沖の海戦（10月21日）でイギリス軍に敗北したフランス軍であったが，大陸では優位に戦いをすすめ，同年12月2日，アウステルリッツの戦いでロシア・オーストリア連合軍に勝利し，06年10月14日イエナ・アウエルシュタットの会戦でプロイセン軍に壊滅的な打撃を与えた。この間，ナポレオンはドイツ領邦の統廃合を行い，06年にはライン連邦が結成され，神聖ローマ帝国が解体された。同年末にはポーランドに侵攻し，07年7月にロシア，プロイセンとティルジットの和約を結び，フランスの影響下にワルシャワ公国が誕生した。07年にはスペイン軍とともにポルトガルに侵攻し，ポルトガル王家はイギリス艦隊に保護されて植民地のブラジルに逃げ出さざるを得なくなった。さらに翌年には，スペインの内紛に乗じて兄のジョゼフを王位につけた。こうして10年には大陸の列強のほとんどがナポレオンの支配を受け入れるようになった。

06年11月21日，ナポレオンはベルリンでイギリス諸島の封鎖令を出した（「ベルリン勅令」）。いわゆる大陸封鎖である。大陸封鎖によってフランスは，同盟国にイギリス商品やイギリス経由の商品の輸入禁止を強制した。ナポレオンは競争

力に乏しいフランス工業を保護し，大陸の市場を確保しようとしたのである。しかし，イギリスと大陸の密貿易を完全には取り締まることはできなかった上に，フランス工業は必ずしも大陸において競争力の点で優位に立っていなかったため，市場として確保することができなかった。

イギリスは農業技術の革命と産業革命を経験し，世界貿易を支配する商業と信用のネットワークをもち，植民地貿易を支配し，大陸封鎖まではイギリス船団がリスボンからハンブルクまで，すべての港に存在していた。大陸封鎖の経済的影響は少なくなかったが，議会制がうまく機能し，同時に新聞による徹底した反ナポレオン宣伝が功を奏して，世論は反フランスで固まっていた。

他方，大陸を支配し，絶頂期にあったナポレオンは，世継ぎを得るためにジョゼフィーヌと離婚し，ロシア皇帝の妹との結婚を望んだが，ロシア側の躊躇にあってうまくいかず，結局，10年にオーストリア皇女マリー゠ルイーズを妃として迎えることになった。これはロシア重視からオーストリアとの同盟への外交戦略の変更を意味していたが，05年から始められた兄弟をウェストファリア，スペイン，ナポリなどの王国の君主として送り込む政策とともに，王朝的原理への回帰を示していた。実際，すでにヴェルサイユの宮廷が発展し，宮廷貴族の中でアンシャン・レジームの大貴族の数が増加していた。

（4）　国民意識の覚醒と帝国の瓦解

フランスが支配する大陸諸国では，程度の差はあれ，様々な改革が行われた。フランス領に編入されたライン左岸地域は完全にフランス化され，フランス民法典が施行された。ライン連邦諸国では，ドイツで初めての自前の憲法を採択したバイエルン王国の改革が注目される。ティルジット条約で領土を半分失ったプロイセンでは，シュタインとハルデンベルクに率いられ，農民解放令，内閣制の確立など，一連の近代化改革が開始された。フンボルトによる教育改革が始まったのも，この時期である。こうした中で，哲学者フィヒテが『ドイツ国民に告ぐ』と題する連続講演を行って，ドイツ人の国民意識の覚醒を訴えた。ただしこの段階では，「ドイツ国民」はまだフィクションの域を出ておらず，近代化が進んでいたプロイセンでさえ，諸国家の集合的性格を色濃く残していたことを忘れてはならない。

しかしながら，ナポレオンの大陸支配はつかの間のものであった。早くも1808

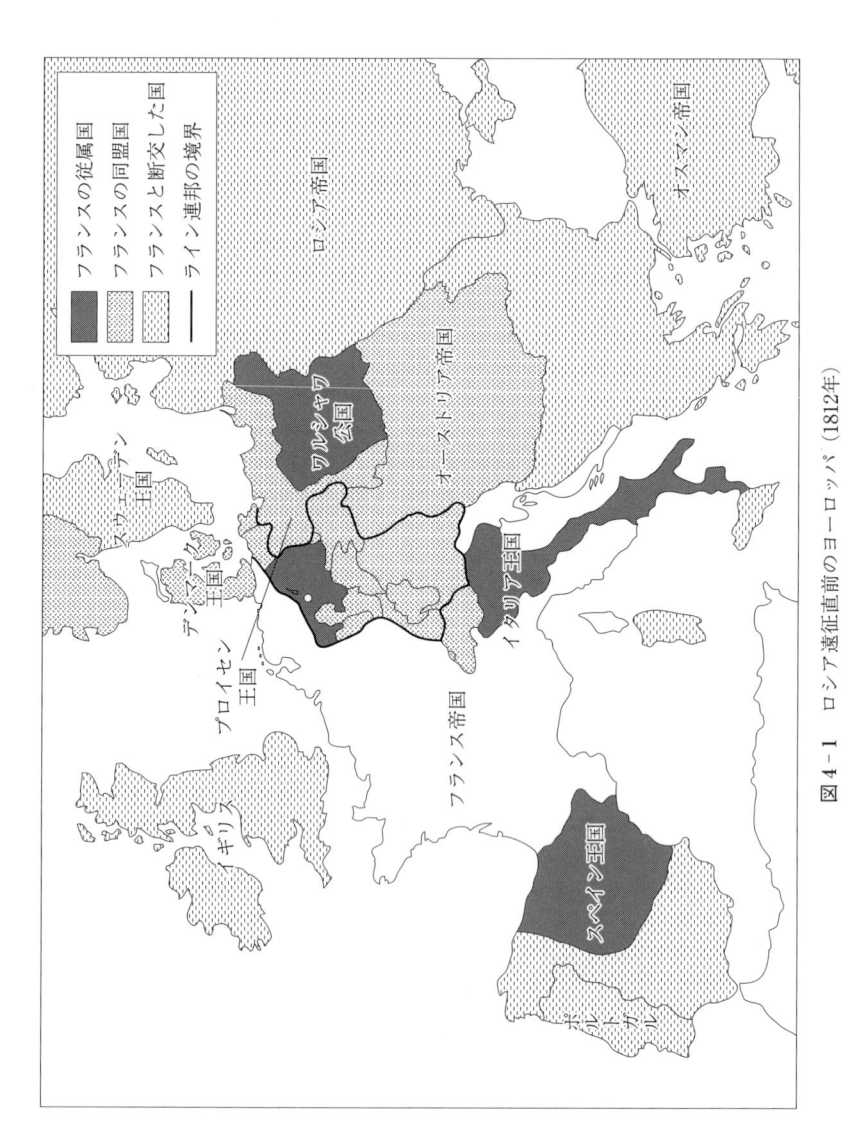

図4-1 ロシア遠征直前のヨーロッパ（1812年）

出典：J. Lovie et A. Palluel-Guillard, *L'Épisode napoléonien : aspects extérieurs 1799-1815*, Paris, 1972, pp. 132-133.

年にはスペインで反仏蜂起が起こり，イギリスに支援されたゲリラ活動の鎮圧は進まず，地中海沿岸ではイギリス海軍の攻撃を受けた。ローマ・カトリック教皇ピウス7世との関係も悪化し，1809年にはナポレオンが教皇を幽閉したため，カトリック教徒の間には反ナポレオン意識が広がっていった。

　ティルジット条約が締結されるまで，ロシアはイギリスに穀物を輸出し，イギリスから工業製品を輸入していた。しかし工業生産力で劣り，穀物も不足していないフランスはイギリスの代わりには所詮なり得なかった。10年12月，ロシア皇帝はフランスからの輸入品に課税し，イギリス船舶に港を開くことを決定した。きたるべきフランスとの戦争に備えて，ロシアはオスマン帝国と講和を結び，ノルウェー領有を認めることと引き換えにスウェーデンを味方に引き入れた。これに対して12年，ナポレオンは総数60万の兵を率いてロシア遠征に向かった。遠征軍はフランス兵のほか，ドイツ，ポーランド，イタリア兵が加わり，まさしく多国籍軍であった。しかしこの遠征は無残な失敗に終わった。ナポレオンの致命的な誤りは，この戦争がロシア民衆にとって祖国防衛戦争となっている点を考慮しなかったことにある。ほかの諸国でもナショナリズムの高揚がみられた。プロイセン，オーストリアが反ナポレオンにまわり，ライン連邦諸国にも動揺がひろがった。13年にはイギリスの財政支援を受けてプロイセン，オーストリア，ロシア，スウェーデンなどからなる第4回対仏大同盟が結成された。その年の10月のライプツィヒの戦い（「諸国民戦争」）でナポレオンは決定的な敗北を喫した。翌年3月31日パリが占領され，4月6日，ナポレオンはパリ近郊のフォンテーヌブローで退位し，エルバ島に統治権を与えられ，フランスを去って行った。

　15年3月，エルバ島を脱出したナポレオンが権力を再び奪取するが，6月，ワーテルローの戦いで連合軍に敗北し，ナポレオンの支配は「百日天下」に終わる。だが，「百日天下」の際に採用された自由主義的ポーズは，ナポレオンにフランス革命原理の守護者としてのイメージを与え，ナポレオン神話の形成に一役買うことになる。

（5）　ナポレオン没落後のヨーロッパと世界

　ナポレオンの大陸支配は，18世紀から続く一連のヨーロッパ再編の動きの中で捉えると，ウェストファリア体制に終止符をうち，フランス革命とともに国民国家原理に基づく再編の出発点であるといえる。たとえば，フランス民法典は近代

民法のモデルとしてベルギー，ライン左岸，ポーランド，イタリアなどに大きな影響を与えた。たしかにナポレオンは連邦制を構想していたわけではないし，建設された諸国はいずれも中小規模で，国民国家の原理にたって諸邦を統合したわけではないが，ナポレオンは意図せずしてドイツやイタリアなどの統一を準備したといえよう。

また，大国間の力関係が塗り替えられ，イギリスのヘゲモニーが確立し，西欧化を進めていたロシアがヨーロッパの列強として認知されたことも指摘できる。ナポレオン戦争期に，ロシアはフィンランドをスウェーデンから獲得したほかに，黒海沿岸のベッサラビアをオスマン帝国から奪取した。この2大国と，近代化改革によってドイツ統一運動の先頭にたつことになるプロイセン，そして由緒あるハプスブルク家のオーストリアの4国からなる協調体制（「四国同盟」）がナポレオン後のヨーロッパの安全保障の要となってゆく。

グローバルな視点からみれば，ナポレオンの没落によって，イギリスのヘゲモニー（「イギリスの平和（パクス・ブリタニカ）」）が最終的に確立したといえよう。ナポレオンの軍隊がヨーロッパ大陸を席巻している間に，イギリスはフランスを含め大陸諸国の海外領土を征服したり，ポルトガルなどの海外領土の権益を獲得していった。インドのほぼ全土を支配したのもこの時期である。また，フランスによってイベリア半島が一時期支配されたため，ポルトガル，スペイン両国のラテンアメリカ植民地では独立運動の機運が高まることになった。これに対してフランスは，海外領土の大部分を失い，対英協調外交を選択せざるを得なくなる。だが，その後も1830年の七月革命，48年の二月革命はヨーロッパに革命の連鎖をよび，フランスは近代市民社会理念に基づく革命の震源地であり続けた。

第3節　ウィーン体制

（1）　ウィーン体制の成立

前節で検討したような，フランス革命とナポレオン戦争による激動の四半世紀の後，ヨーロッパは相対的に安定した時期を迎える。この時期の国際秩序を保証したのがウィーン体制である。あくまで外交史の用語ではあるが，ヨーロッパの19世紀前半という時代を表現するものとして，この用語を使用したい。

1812年のロシア遠征の失敗，13年のライプツィヒの戦いでの敗北によって，14

年4月ナポレオンは退位してエルバ島に流され，5月にパリ講和条約が成立した。この条約に基づいて，14年9月から翌年6月までウィーン会議が開催され，この会議が事実上，フランス革命およびナポレオン戦争の戦後処理を包括的に取り決めることとなった。会議を主導したのは，ロシア，オーストリア，プロイセン，イギリスの戦勝4大国であるが，敗戦国フランスも，タレーランの巧妙な駆け引きによって会議に大きな影響を与えた。しかし，何といっても会議の進行の中心的役割を担ったのは，オーストリアのメッテルニヒ（09年から外相，21年からは宰相）であった。それゆえ，このウィーン会議によって成立したヨーロッパの新国際秩序，すなわちウィーン体制は，メッテルニヒ体制とも称される。

ウィーン会議では，領土をめぐる大国間の利害が複雑に絡み合い，「会議は踊る」と称されるように議事は難航した。しかし，ナポレオンが15年3月エルバ島を脱出し再び権力を握るという非常事態に直面して，ようやく妥協案が成立し，6月9日最終議定書が調印された。この最終議定書は，121ヵ条にわたる広範な内容を有しているが，主な点を示すと次のようになる。

① フランスのルイ18世をはじめ，スペイン，ポルトガル，ナポリでフランス革命以前の旧君主が復位した。
② ロシアはポーランドの大部分を獲得し，ロシア皇帝がポーランド国王を兼ねた。
③ オーストリアは，ネーデルラントや西南ドイツ等の所領を放棄する代わりに，北イタリア，ガリツィア，ダルマチアを獲得し，国土の一円化を図った。
④ プロイセンは，ザクセンを分割したその北半分とラインラント，ウェストファリアを獲得した。
⑤ ドイツ全体としては，35邦国と4自由都市からなる緩やかな連合体としてのドイツ連邦が創設され，フランクフルトに連邦議会をおき，オーストリアが議長国となった。
⑥ イギリスは，マルタ島，ケープ植民地，セイロン島など海外の植民地を獲得するとともに，ドイツ連邦内のハノーヴァ王国と同君連合を結んだ。
⑦ スイスは永世中立国として認められた。

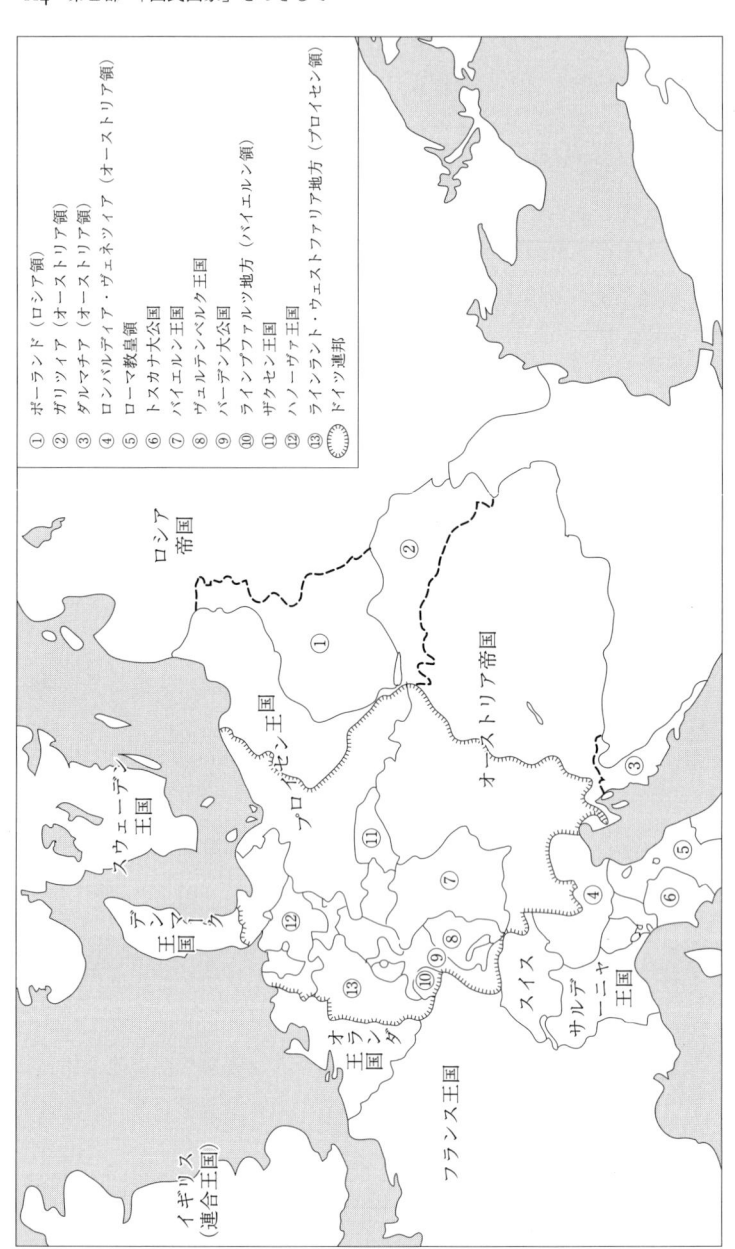

114　第Ⅱ部 「国民国家」をめざして

① ポーランド（ロシア領）
② ガリツィア（オーストリア領）
③ ダルマチア（オーストリア領）
④ ロンバルディア・ヴェネツィア（オーストリア領）
⑤ ローマ教皇領
⑥ トスカナ大公国
⑦ バイエルン王国
⑧ ヴュルテンベルク王国
⑨ バーデン大公国
⑩ ラインプファルツ地方（バイエルン領）
⑪ ザクセン王国
⑫ ハノーヴァー王国
⑬ ラインラント・ウェストファリア地方（プロイセン領）
〰 ドイツ連邦

図4-2　ウィーン体制下の中・東欧地域
出典：*Westermann Grosser Atlas zur Weltgeschichte*, Braunschweig, 1985, pp. 126-127の地図から筆者が作成。

こうして，ウィーン会議の基本原則である正統主義と大国間の勢力均衡の原則に基づき，ヨーロッパの旧秩序が回復されることとなった。ただし前者，すなわちフランス革命前の王朝を正統と認め，それを復旧しようという正統主義の原則についていえば，革命前の世界がそのまま回復されたわけではないことを指摘しておく必要がある。神聖ローマ帝国が復活することはなかったし，帝国内にかつて存在した群小の騎士領や帝国都市，そして大司教や司教など聖界諸侯領は，ナポレオン時代に大部分がより規模の大きな領邦へと併合されたが，そうした領土変更は基本的にドイツ連邦へと引き継がれていった。

　むしろ，もう1つの基本原則，すなわち勢力均衡という考えのほうが実際には優越していたといえる。フランスも含めたヨーロッパの5大国は，それぞれの立場と利害から，大国どうしの力の均衡による安定的な国際秩序の再建を志向したのであった。このウィーン会議によってもたらされた新しい国際秩序は，15年9月にロシア皇帝アレクサンドル1世の提唱で結ばれた神聖同盟や，同年11月にイギリス・ロシア・オーストリア・プロイセンの間で結ばれた四国同盟によって強化された。そして四国同盟は，18年アーヘンで最初の定例会議を開き，王政が復活したフランスの参加が承認され，五国同盟へと発展し，こうしてメッテルニヒを中心にウィーン体制が確立することとなった。

（2）ウィーン体制の動揺

　ウィーン体制は，フランス革命とナポレオン戦争の時期をつうじて拡大していった自由主義（リベラリズム）と民族主義（ナショナリズム）の理念や運動に対し，それを真っ向から否定し，抑圧するものであった。メッテルニヒを中心とした五国同盟は，1820年トロッパウ，21年ライバッハ，22年ヴェローナと五国同盟の国際会議を開き，ウィーン体制の維持強化につとめたが，各国ではすでに早くから自由と民族主義を掲げた運動が始まっていた。ドイツでは，学生組合ブルシェンシャフトが15年に結成され，17年に宗教改革300周年と対ナポレオン戦争を記念して，政治的示威のための祭典をヴァルトブルクで行った。スペインでは，20年立憲主義をめざす革命が勃発し，イタリアでも20年から21年，ナポリやピエモンテで秘密結社カルボナリ党による革命が起こった。

　こうした動きに対し，メッテルニヒらウィーン体制を支える諸国政府は徹底的な弾圧に乗り出す。ドイツでは19年，保守派の文学者コッツェブー暗殺事件を契

機に，ドイツ連邦の諸君主が集結してカールスバードの決議が採択され，大学への監視の強化と，言論・出版の抑圧につとめた。イタリアやスペインでの革命運動に対しては，それぞれオーストリアとフランスが軍事力による干渉を強行し，革命を押しつぶした。こうして，ヨーロッパ内部での自由主義，民族主義運動はとりあえず沈静化したが，20年代になると，ラテンアメリカ諸国の独立に際して，メッテルニヒらの政策にイギリスが公然と反対して独立支持にまわり，ヨーロッパ大国間の分裂が明らかになってきた。さらに，21年から始まったギリシア独立戦争に際しても，当初ウィーン体制下のヨーロッパ列強は独立に冷淡な態度をとっていたが，各国で独立支持の運動が高揚したため，結局イギリス，フランス，ロシアがメッテルニヒの意向に反して独立支持にまわった。こうしてウィーン体制内部での不一致はますます拡大していったのである。

　しかし，ウィーン体制に対する決定的な打撃はやはりフランスから生じてきた。1830年の七月革命がそれである。フランスでは，ブルボン家による復古王政が始まったが，14年6月に公布された憲章によって，所有権の不可侵や法の下の平等，出版の自由，二院制議会（世襲議員からなる貴族院と，制限選挙制による代議院から構成された議会）など一定の自由主義的な制度が保証されていた。アンシャン・レジームがそのまま復活することはなかったのである。しかし国王の絶対権力や，カトリック教会による民衆支配の復活をめざす過激王党派の勢力も強く，特に24年シャルル10世が即位すると，革命期に没収された教会や亡命貴族の財産への賠償，教会の学校支配強化など，反動的な政策が国民の不満を招いた。30年7月，シャルル10世が議会解散や出版の自由停止などを命じた勅令を発布するにいたって，革命が勃発したのである。

　その結果，ルイ＝フィリップを王位に戴き，上層ブルジョワジーを基盤とする七月王政が成立した。七月革命は結局，穏健な立憲王政の枠内にとどまったわけで，君主制の原理を否定したわけではなかったが，ウィーン体制には深刻な打撃となった。革命の影響は，ドイツ，イタリア，ベルギー，ポーランドなどの各国へと波及し，自由主義的・民族主義的運動が勢いづいたのである。ドイツ連邦では，ザクセンやハノーヴァなどで憲法が制定され，32年には西南ドイツで自由主義者たちがハンバッハ祭を開き，政治的なデモンストレーションを行った。イタリアでは，パルマ，モデナなどで革命運動が起こり，31年にはマッツィーニがイタリアの独立と統一をめざす青年イタリア党を結成した。さらにベルギーでは，

30年8月にブリュッセルで市民が蜂起し，オランダからの独立を宣言，メッテルニヒはこれに干渉することができず，翌31年ベルギー王国として各国に承認された。東のポーランドでも，30年，ロシアの支配に不満を抱いた人々がワルシャワで蜂起し，国民政府を樹立した。

図4-3 「民衆を率いる自由の女神」(ドラクロワ)
出典：M. Sérullaz, *Delacroix*, 美術出版社，1973年。

こうした七月革命に触発された各国の自由主義運動や革命運動は，ベルギーを除いては保守的な各国政府に弾圧され，成功しなかった。しかし，少なくともフランスとベルギーでは，ウィーン会議で樹立された国家や国境が変更されたわけである。西ヨーロッパにおいて，ウィーン体制の枠組みは部分的に崩れさってしまったといえるだろう。

他方，中・東欧においては，ウィーン体制の枠組みは堅持された。33年には，ロシア・オーストリア・プロイセンの3国が，革命に対する相互防衛のための秘密条約を結んだ。こうして，まだしばらくの間，ウィーン体制は生き延びることとなった。しかし，30年代から，イギリスで始まった産業革命の影響が徐々にヨーロッパ大陸へも及んでくるようになり，フランスやドイツではそれに伴って様々な社会問題が生じ，労働者層が新しい政治勢力として出現するようになる。こうした社会的背景のもとで，ヨーロッパ各地で自由主義と民族主義の運動が40年代いっそう強まっていった。オーストリア支配下のハンガリーでは急進改革派のコシュートが台頭し，マジャール民族主義が勢力を拡大したし，46年にはクラクフでポーランド民族解放をめざす蜂起が起こり，一時的に権力を掌握した。こうして，48年前夜には，ヨーロッパ全体で革命への可燃物が発火寸前となっていたのである。

(3) 1848年革命とウィーン体制の崩壊

1848年革命は、イギリスとロシアを除くヨーロッパのほぼ全域に波及した。基本的には、自由主義と民族主義を志向する革命であり、ウィーン体制を否定する勢力が革命勢力の中心となったが、新しい社会情勢のもとで、初期工業化の中で困窮した手工業者層や労働者層を基盤とした、社会主義を志向する勢力も力を増大させ、各地で革命運動に参加しており、また、民族主義もそれぞれの国や地域によって複雑な様相を呈していた。

フランスでは、七月王政下での制限選挙制に基づく上層ブルジョワ層の支配体制に反対して、野党が選挙改革を要求する改革宴会を展開していたが、48年2月政府による禁止命令をきっかけに、パリの民衆が蜂起し、市街戦の末、国王ルイ゠フィリップは退位し共和派を中心とする臨時政府が樹立された。この臨時政府には、社会主義者や労働者の代表も参加し、男子普通選挙が導入され、社会政策にも取り組んだ。だが、4月に行われた国民議会選挙では保守派が躍進し、社会問題に理解を示す社会的共和派が敗退した。さらに、失業政策として設立された国立作業所も閉鎖され、これに抗議してパリの労働者が蜂起したが、政府軍によって鎮圧され、社会革命の夢は遠のいた。

しかし、このフランス二月革命はヨーロッパ全土に激動をもたらした。3月13日にはウィーンで革命が勃発し、ウィーン体制を支えてきたメッテルニヒはイギリスに亡命、ここに名実ともにウィーン体制は崩壊した。3月18日にはベルリンでも革命が起こり、ドイツ各地へ革命運動が波及し、プロイセンをはじめとするドイツ連邦各国で、自由主義的な政府が成立していった。フランクフルト・アム・マインでは、ドイツの統一と憲法制定をめざすフランクフルト国民議会が招集された。ドイツでも、手工業者層や労働者層を基盤とした政治勢力が革命を期に勢力を伸ばしたが、結局、同年10月ウィーン、11月ベルリンで反革命が勝利し、フランクフルト国民議会も実行力をもたぬまま翌年春に解散するなど、ドイツ三月革命も挫折してしまう。

そのほかの諸国の革命運動を瞥見しておくと、イタリアでは、ナポリやオーストリア統治下のヴェネツィア、ミラノなどで革命運動が起こり、サルデーニャ国王カルロ・アルベルトはイタリア統一をめざしてオーストリアに開戦した。また、同じくオーストリアに支配されていたハンガリーでも、急進改革派のコシュートに主導されて革命政府が成立し、49年にオーストリアから独立を宣言するまでに

なった。ボヘミアでも，48年6月スラヴ民族会議が開催され，オーストリア支配に対する民族主義の要求を掲げた。

　しかし結局，こうした中欧各地の革命運動は反革命勢力の前に敗北し，1848年革命は未完の革命となったわけだが，反革命が勝利したとはいえウィーン体制は決して復活することなく，19世紀後半になると，ヨーロッパは自由主義的政治体制の確立と国民国家の強化へと新しい展開を迎えることとなる。

(4)　ウィーン体制の評価

　最後に，ウィーン体制の歴史的位置づけについて，2世紀近く経過した現在から振り返って考えてみよう。一般的にウィーン体制は，フランス革命とナポレオンが生み出した自由主義や民族主義の流れを，抑圧した反動的な体制であると評価され，それを創出し支え続けたメッテルニヒも時代錯誤的な反動の権化のように描かれる。たしかに，正統主義と大国間の勢力均衡というウィーン会議の原則は，自由主義とも民族主義とも相容れるものではなく，19世紀ヨーロッパの歴史は，政治的自由の拡大と国民国家の形成という方向へと向かったわけであるから，ウィーン体制が時代の流れに逆行するものであったという側面は否定しがたい。しかし，こうした見方は，19世紀の国民国家の成立を歴史的進歩とみなす特定の歴史観が生み出したものでもある。ヨーロッパ統合が進みつつある21世紀から考えた場合，ウィーン体制が内包していた，国民国家レベルではないヨーロッパ協調という志向性を再評価することも必要であろう。

　同様にメッテルニヒの評価にしても，単に反動政治家として断罪することは一面的な考え方にすぎない。たしかに，彼は保守主義者であったが，神秘的な君主制理念にはとらわれず，啓蒙主義に基づいた合理主義的な思考様式を保持し，大国間の決定的な対立を回避して，大局的にはヨーロッパの平和を維持し続けた現実的政治家でもあった。彼の築いたウィーン体制のもとでは，革命運動も抑圧されたが，大国間の戦争も起こらなかったということは注目すべき事実であろう。グローバルな視点からみると，世界経済におけるイギリスのヘゲモニーが確立した時代において，中核たるヨーロッパ地域での政治的安定を保証したのがウィーン体制であったと解釈することもできよう。その一方で，メッテルニヒが依拠した多民族国家オーストリア帝国は，ナショナリズムの高まりとともに，19世紀をつうじて徐々に衰退し，第一次世界大戦での敗北によって地上から姿を消してし

まった。こうしてメッテルニヒの遺産は完全に食いつぶされたが，そうした歴史の変遷の中で，中・東欧地域はながらくナショナリズムの凶暴な荒波にさらされ続けるのである。

歴史への扉 9　　ハンバッハ祭

　ウィーン体制下の反体制運動の一例として，ハンバッハ祭を紹介する。この祭典は，1832年5月27日，西南ドイツのラインプファルツ地方にある古城で開催され，ドイツにおいて1848年革命前に行われた自由主義的政治運動の中で最大級の示威行動である。知識人や学生中心のドイツ自由主義運動においては，民衆層からも多数の参加者を結集したという点で，異色のものであった。

　ラインプファルツ地方というのは，現在のラインラント・プファルツ州の南部に位置する。01年フランスに併合され，フランス統治下で集会・結社の自由，陪審裁判制度など一連の自由主義的改革が実施されたが，ウィーン会議によってバイエルン王国の領土となった後も，こうした改革は基本的に維持された。そうした政治的な環境のゆえに，この地方は30年以降ドイツ自由主義運動の中心地となった。32年になると「出版協会」が運動の中心として組織され，最盛期には5000人もの会員を有するようになる。

　ハンバッハ祭は，こうした自由主義運動の高揚の中，当局の妨害措置をはねのけて実施された。祭典当日，5月27日には2～3万人もの人々が集まり，運動の指導者たち25人が朝から夕方まで演説し，その間に詩の朗読，昼食会なども行われた。運動の方針をめぐっては結局意見の一致をみず，何か具体的な成果がもたらされたということはなかった。むしろ，注目すべきことは，この祭典に多数の民衆レベルの参加者が集まってきたということである。「出版協会」の会員は，ほぼ教養・財産市民層プラス手工業者層から成り立っていたが，ハンバッハ祭はそれより下層の人々を数多く引きつけたのである。

　実際の祭典の様子を参加者の証言から再構成してみると，祭典は整然とした政治集会というイメージではなく，数万人の人々が雑踏にまみれ，あちこちで小グループごとに集会・演説が行われたり，行商人や楽士，手品師が出現したり，伝統的な民衆の祝祭に似たような雰囲気であったようだ。したがってハンバッハ祭は，一方では自由主義者の大規模な政治的デモンストレーションであったが，他方，民衆レベルの参加者の多くにとっては，当時一般的に行われていた社会的抗議運動の一形態であり，民衆的娯楽と社交の一部でもあったわけである。

参考文献
南直人「ドイツ『初期』自由主義とその社会的基盤——ハンバッハ祭を中心に——」,『西洋史学』第141号, 1986年。
南直人「19世紀ドイツにおける民衆と自由」仲手川良雄編『ヨーロッパ的自由の歴史』南窓社, 1992年。
A・ヘルツィヒ著, 矢野久・矢野裕美訳『パンなき民と「血の法廷」——ドイツの社会的抗議1790〜1870年』同文舘, 1992年。

第4節　産業革命の進展と社会問題

(1) 産業革命のイメージ

　本節では、先駆的に産業革命を遂行したイギリスに焦点を合わせ、産業革命とその時代の社会問題について概説する。なお、政治的単位としてのイギリスとは連合王国を意味するが、産業革命さなかの1801年、それまでのイングランド、スコットランド、ウェールズに加え、アイルランドを組み込んだ新しい連合王国体制が成立していることには注意が必要である。以下、「イギリス」と「連合王国」とを適宜使い分ける。

　「産業革命」の呼称を用いることに対して、近年の歴史研究は積極的ではない。産業革命とは、社会の基軸が農業から工業に移行したとされる、1770・80年代から19世紀半ばにかけての時期に生じた一連の変化の総称である。しかし今日では、「革命」という短期的・集中的な激変を想起させる単語は遠ざけられ、代わって、この時期に実現された変化の漸進性や限定性が強調されることが多い。イギリスが達成した工業化が長期的かつ緩慢な性格のものだったこと、エネルギー源の革新（木材資源から鉱物資源、とりわけ石炭への転換）と並んで工業化の基盤を成した生産技術の革新（機械の導入）も、ごく一部の業種で進んだにすぎず、しかも大きな偏差を伴っていたことなどに力点をおくのが、近年の主流といってよい。

　実際、産業革命期の経済成長率は概して高くないし、19世紀半ばの時点でも工場制の普及が確認できるのは綿工業など主として繊維部門に限られ、機械よりも職人技に依拠した小規模な作業場における生産が多数を占めていた。比較的規模の大きな経営の場合であっても、被雇用者の多くは家内労働者だった。産業革命によって工場制があまねく広まったわけではなく、旧来型の生産方法が蒸気機関を駆使するそれと並存し続けたのである。そして、イギリス経済にかかわる様々

な「古くささ」（たとえば，互換可能な規格化された部品さえ存在しない，といった）は，後の時代の「衰退」を招来する重要な要因となる。また，19世紀半ばの企業形態をみると，主流は株式会社ではなく，家族経営を主体としたパートナーシップだった。つまり，産業革命は小規模な企業に支えられながら進展したのであり，産業革命によってイギリスが一気に大工場が支配する工業社会へと転換したという，かつて流布したようなイメージはもはや通用しない。

しかしその一方で，産業革命期をつうじてイギリスが世界をリードする経済力を獲得していったことも否定できない。「古くささ」を内包しつつも，19世紀半ばのイギリスは抜きん出た工業生産力を誇り，圧倒的な競争力をもって世界の市場を席巻する存在であった。様々な限定を施した上でなお，産業革命を経験したイギリスが経済的な最先進国の地位をわがものとしたという意味で，産業革命の画期性はきちんと確認しておく必要がある。

（2） 産業革命と世界の構造化

グローバルな視野からみたとき，産業革命の画期性はいっそう明らかになる。産業革命はイギリスの内部のみで展開したわけではない。産業革命期の工業化・経済成長を先導した綿工業だけをとっても，それはイギリス国内で自足し得る性質のものではなかった。綿製品は産業革命以前から西アフリカやカリブ海諸島へ向けられる輸出志向的な商品だったが，工業化が軌道にのった後も，まさに世界商品としてグローバルな市場へ向けて生産された。綿糸の場合は20～30％，綿織物の場合は50～60％が輸出にあてられ，1803年にはイギリスの全輸出品目中のトップに立つ。また，原料である綿花はすべて海外（アメリカ南部，カリブ海諸島）から輸入しなければならなかった。そもそも，綿製品生産への革新的な技術の適用は，大人気を博したインド産綿織物（キャラコ）を国産化しようという試みに端を発していた。海外からの刺激をきっかけとする綿生産の工業化は，原料供給地，商品輸出先としての海外に依存しながら進んだわけである。綿工業に続いて産業革命のいわば第2段階をリードし，石炭とともに重工業発展の基礎を築く役割を演じた製鉄業の場合も，対フランス戦争期の大陸封鎖による鉄輸入の急減に対応し，ロシアやスウェーデンの鉄生産を模倣したことが発展の出発点であった。「イギリス産業革命」とはいうものの，そこには国際的契機の介在が欠かせなかったのである。

イギリス綿工業に原料を供給するアメリカ南部やカリブ海諸島の経済は，自らの地域の住民の需要よりもイギリスからの圧倒的な需要に応えることを求められた結果，事実上のモノカルチャー化を余儀なくされる。綿花の生産を専らとし，イギリス経済の動向に決定的に左右され，自立的な発展の可能性を奪われた従属経済として，これらの地域はイギリスを中枢とするグローバルな分業の体系に包摂された。工業化・経済成長とはまったく異なるこうしたコースが，イギリスにおける工業化・経済成長と表裏一体を成していたのである。ランカシャーで最新の紡績機械を操る労働者も，アメリカ南部のプランテーションで綿花を栽培する奴隷も，労働のあり方にこそ大きな違いはあるものの，いずれも資本主義的な世界体制の構成員であるという点では同時代性を共有していたといえる。イギリスや後発の欧米資本主義諸国においては，様々な紆余曲折はあったにせよ，おおむね順調に工業化・経済成長が実現されたが，他方には従属理論のいう「低開発の開発（development of underdevelopment）」を強いられる地域が存在し，多数派は明らかに後者であった。つまり，イギリスが先導した産業革命は，経済活動を介して各地域を緊密に結びつけ，差異と格差とともに世界を構造化したのである。そして，こうした構造化は植民地主義の進展と不可分の関係にあった。産業革命のインパクトは，イギリスにおいて以上に，「低開発の開発」を余儀なくされた地域において，より「革命」的だったといえるかもしれない。基本的なあり方が今日まで引き継がれているという意味でも，産業革命に伴う世界の構造化は，間違いなく世界史上の画期を成す。

（3） 産業革命と連合王国体制

　1801年に新しくアイルランドを組み込んだ連合王国が成立したことはすでに述べたが，イングランド，ウェールズ，スコットランド，アイルランドという4つの構成部分を抱える連合王国の新体制にとって，産業革命の経験はどのような意味をもったのだろうか。

　まず明らかなのは，産業革命に伴う経済活動の活発化，金融ネットワークの発展，道路や運河の整備，鉄道の登場などが，連合王国内に網の目のような経済・交易の関係を作りだし，連合王国全体の統合を強める作用を及ぼしたことである。各構成部分の間の経済的な相互依存関係が深まった結果，連合王国体制の結束力はたしかに強化された。

しかし，産業革命は連合王国全域で均質的に進展したわけではない。産業革命が地域によって多様な展開をみせたことで，連合王国にも前項でみたグローバルなそれと似た構造化がもたらされた。工業化・経済成長が最も順調に実現したのはイングランドにおいてだったが，逆にアイルランドでは，イングランドやスコットランドの資本や技術と結びついたベルファストを例外とすれば，総じて工業化も経済成長も阻害された。アイルランドやスコットランドのハイランド（北西部の山がちな高地地方）が担った役割は，イングランドやスコットランドのロウランド（南東部の平坦な低地地方）への食糧品と安価で流動的な労働力の供給であった。イングランドとの間に最も緊密な経済的関係を形成したウェールズにとっては，鉄をはじめとする金属と石炭の生産を通じて，金属素材とエネルギーを供給することがなにより重要な役割であり，鉱物関連産業に労働力が集中する一方で，農業は著しく衰退した。スコットランドの場合，ハイランドから流出した労働力の受け皿となる工業の発展がロウランドでみられたが（この点で，農村に「余剰」労働力が滞留したアイルランドとは異なる），イングランドに比べると，織物業，特に伝統的な毛織物への依存が大きく，製鉄業や造船業は発達したものの，重工業が織物業を凌駕するような事態は19世紀末まで訪れなかった。こうして，経済的な統合が強まるにつれ，連合王国内には地域間ギャップを伴う分業関係が形成されていった。

同時に見逃されてはならないのが，連合王国の各構成部分には植民地をはじめとする海外市場が開かれていたことである。たとえばウェールズで産出された鉄や鉛は，イングランドを最大の市場としつつも，ブリストルやリヴァプールを経由して世界の各地へと輸出されたし，アイルランドやハイランドの「余剰」労働力にとって，労働市場としてのアメリカや植民地が提供する雇用機会はきわめて重要であった。また，植民地市場に依拠することで，後発の資本主義諸国との正面からの競争を回避できた結果，先に触れた生産・経営の方法や技術などの「古くささ」が，温存されることともなった。

（4） 産業革命と貧困

産業革命に起因する社会問題が広く注目を集めるようになるのは，1830〜40年代以降のことである。具体的には，劣悪な生活・労働環境，伝染病の流行，治安の悪化など，主として都市にみられる現象であり，「交通革命」（交通網の整備や

鉄道の出現）を媒介とする急速な都市化の産物といえる。しかし，産業革命期をつうじて最も重大な社会問題であり続けたのは貧困である。もちろん，貧困は産業革命以前にも広範に存在したが，産業革命期に生じた人口の急増（人口の急増は，豊かな国内市場と労働力をもたらすという意味で，産業革命にとって不可欠の条件であった）によって，貧困の問題は改めてクローズ・アップされた。

　そして，貧困に対処する救済政策に関しても，「革命」的な転換が図られた。16世紀以来のイングランドの救貧システムの基本は，地域社会（教区）ごとに富裕者から徴収した救貧税によって貧民を労役院に収容することであった（院内救助）。しかし，対フランス戦争期の困窮の蔓延に対応して，1795年から食糧価格の上昇に合わせて生活扶助費を支給するスピーナムランド制度が導入される（院外救助）。肥大化する救貧コストの負担を強いられることとなった富裕者の反発は激しく，戦後の不況がそれに拍車をかけた。慈善的な救貧は怠惰と堕落を助長して貧民に害を為すだけだ，施しではなく貧民自身の労働によって貧困を克服すべきだ，との声が広がるのである。貧民の大量発生を自然法則に帰したロバート・マルサス『人口論』（初版1798年刊）の影響力も甚大であった。こうした議論を受けて，①院外救助の打ち切り，②労役院での劣等処遇（労役院外の最低生活水準より劣る条件で収容者を遇する），③中央機関＝救貧法委員会の設置を中核的内容とする新救貧法が，1834年に制定される。

　劣等処遇，中でも貧民の増加を防止するために夫婦であっても男女が別々に収容されたことには，激しい抵抗が広がった。劣等処遇が意味したのは，労役院で悲惨な思いをするのが嫌ならどんな労働でもせよ，ということであり，「貧民を遠ざけることを意図した救貧施設」は明らかに矛盾を内包した存在であった。「バスティーユ」などともよばれた労役院への収容は最大級の屈辱とみなされ，限界まで追い込まれた病人や老人を除けば，院内救助を求めようとする者は少なかった。救貧コストの軽減という政策目標は達成されたともいえるが，実際のところ院外救助の全面的廃止は不可能であって，新救貧法のような懲罰的な手法で貧困に対処することの限界は，19世紀半ばには広く認識されるにいたった。

　また，従来は地域社会ごとに取り組むべき課題だった救貧が中央機関の監督下におかれたのは，連合王国規模で統一的な救貧制度を樹立しようという意図ゆえであった。しかし，イングランドと同様の新救貧法が適用されたウェールズでは，その原則が忠実に実践されることはほとんどなかったし，アイルランドの深刻な

図4-4　新救貧法反対運動で用いられたイラスト
出典：John Knott, *Popular Opposition to the 1834 Poor Law*, London & Sydney: Croom Helm, 1986.

貧困（1845年に始まる大飢饉の時期には，150万にも上る貧民が救済を必要としていた）に対して，1838年に導入された懲罰的性格がいっそう濃厚な救貧システムは無力であった。独自の救貧行政の伝統をもつスコットランドには，新救貧法モデルは適用されなかった。さらに，同じ救貧政策のもとにおかれている場合でも，その実施のあり方にはケースによって小さからぬ落差があった。救貧を地域社会の責任とみなす発想は根強く，不人気な新救貧法の機能不全はローカルなレヴェルで活動する数多くの博愛主義的なチャリティ団体によって補われたところが大きい。統一的な救貧制度を連合王国全体に適用しようという試みは，失敗に終わったといえる。

今日でも多くの読者をもつE・J・ホブズボーム『市民革命と産業革命』は，18世紀終わりから19世紀前半にかけての時代を「二重革命の時代」とよんだ。「二重革命」とは，イギリスに始まる産業革命と，1789年からのフランス革命が代表的事例となるいわゆる市民革命であり，ほぼ同時に進展した2つの革命が近代ヨーロッパの基本的性格を規定してゆくプロセスが描かれている。市民革命については本章の他節に委ねるが，産業革命だけをみても，ホブズボームも意識しているように，イギリスをはじめとするヨーロッパにおいてのみ重要な現象だったわけではない。産業革命のインパクトは世界の隅々にまで及び，各々の人間や社会がおかれた条件に応じてきわめて多様な影響を与えた。そして，たとえどんなに望もうとも，産業革命以前へと回帰することはもはや不可能となったのである。

歴史への扉10　アングロ・サクソンとケルト

19世紀のイングランド（ここでは連合王国というよりもイングランドを問題にする）で

は，人種への言及が飛躍的に増える。そして，かつてはすべての人種が同一の起源に発すると考えられていたのに対し，むしろ先天的な資質の違いには抗いがたいことが強調され，人間の生来の不平等性の根拠として人種が持ち出される傾向が強まる。

背景にはいくつかの学問潮流の新たな展開があった。その１つであるエスノロジーは，関心の対象を制度から人種へとシフトさせ，優秀なコーカサス人種の中でも最上位の集団であるアングロ・サクソンの他の人種に対する優位を論じるようになってゆく。人種を単位とする分類・比較から，最も優秀な人種としてのアングロ・サクソンという自己認識が導かれたのである。また骨相学は，人間の能力や潜在的可能性をなによりも明瞭に示すのは頭蓋骨の形状である，との命題を人種間の優劣認識に結びつけ，アングロ・サクソンの優秀性を語る言説に，いわば「科学的」な裏づけを与えた。

この時代の人種論は驚くほどに汎用性が高い。たとえば，著名な社会調査の先駆者ヘンリ・メイヒューが行ったロンドンの貧民調査には，富裕な人々に比べて貧民はあごや頬の骨が大きいといった叙述がみられるが，ここで援用されているのは，文明水準の高い人種は頭部の骨が発達し，逆に「狩猟民や野蛮な森の住人」はあごの骨が発達するという，骨相学の権威ジェイムズ・カウルズ・プリッチャードの議論である。貧民を人種的に別の人々として表象する発想は珍しいものではなかった。

また，遠い昔のアングロ・サクソン時代を「自由の黄金時代」だったと礼賛する16世紀以来の議論は，「自由に生まれついたイングランド人」の権利を主張する意味を帯びながら，19世紀にも流れ込んでいたが，人種論が前面に出ることで，アングロ・サクソン礼賛には新しい意味が付与された。同時代のイングランドが実現しつつあった国際的覇権を説明し正当化するために，人種的資質を根拠としたアングロ・サクソンの優秀性が論じられることになるのである。自らの力を誇りたくなるような時代状況の中で，少なからぬイングランド人が，人種的資質によって人間社会のあり方が決定されるという論法に惹きつけられ，人種的に優秀な自分たちが世界に君臨するのは当然だと語ることに心をくすぐられた。理性，自制の能力，自由への愛，無秩序への憎悪，法の尊重，熱狂への不信など，これらの資質はどれもアングロ・サクソンに特有のものとされた。このような自画自賛の人種論を，アングロ・サクソニズムとよぶ。

具体例をいくつかみてみよう。二度にわたって首相を務めた保守党の政治家ベンジャミン・ディズレーリは次のようにいう。「イングランドを繁栄させたのは文明とよばれるものだろうか？……明らかにそうではない。このことを為したのはイングランドの住民である。それは人種の問題なのだ。……労働と秩序に対する優れた理念をもつ優れた人種が前進するなら，その国家も進歩する……すべては人種なの

だ」。トマス・カーライルもまた，アングロ・サクソンこそ「偉大さと達成が運命づけられた人種」であると断言する。そして，アングロ・サクソンの優秀性を喧伝しようとする際，最も便利な比較対象として持ち出されたのがケルトとしてのアイルランド人であった。カーライルにいわせれば，白い肌をもちながら「黒人並み」に野蛮なアイルランド人は，文明の進歩への障害でしかなかった。「文明とは無縁」，「汚らしく理性を欠き，嘘偽りと泥酔の果ての暴力に明け暮れる」といった調子で，アイルランド人に冠される形容には容赦がない。

　アングロ・サクソニズムを展開した書物の中でもとりわけ悪名高いのが，1850年刊のロバート・ノックス『人種論』だろう。論旨は明快そのものである。「人種，あるいは遺伝的血統こそがすべてである。それが人間を決定するのだ」。いうまでもなく，最も高度な人種はアングロ・サクソンであり，対照的な存在だったのがケルトである。「ケルトのキャラクターに関する私の評価が正しいかどうか，あらゆる国のサクソンの人々に尋ねてみたい。すなわち，激しい熱狂，戦争と無秩序を愛する傾向，秩序と忍耐強い勤労を憎悪する傾向，蓄財習慣の欠如，落ち着きがなく不誠実かつ不安定であること。アイルランドをみてみよ」。ノックスによれば，イングランドの将来にとってなによりも危惧されるのは，イングランド人がケルト（特にアイルランド人）との結婚によって人種的に混交し，堕落することであった。だからこそ，ノックスはケルトの追放さえも提唱する。「イングランドの安全にとって，それが必要なのだ。私は正義の話をしているのではない」。各々の人種の能力は「脳自体の質」によって決定されるから，アングロ・サクソンが享受している文明をケルトに教え込むことは不可能なのだった。「彼らがどんなふうに絶滅させられようが，大した問題ではない」。アングロ・サクソン礼賛論が，ケルトの「追放」や「絶滅」を提唱するにまでいたったわけである。

　ノックスの議論の杜撰さを指摘するのは簡単だが，それが19世紀のアングロ・サクソニズムの「極めつけ」であることは否定できない。血統から文化へと力点は移行するものの，影響力が頂点に達したといわれる19世紀後半をつうじて，アングロ・サクソニズムの基本的なロジックは維持される。19世紀のイングランドで浸透した思考法のある一面をたしかに伝えるものとして，ノックスの『人種論』のグロテスクさは，正面から受け止められねばならない。

デビッド・ロバーツ「万博開会式（1851年5月1日）」
出典：John M. Mackenzie ed., *The Victorian Vision*, V&A Publications, London, 2001, pp. 42-43.

第5章　ブルジョワ社会の成立と国民統合の進展

第1節　ブルジョワ社会の原風景
第2節　イタリアの統一
第3節　ドイツの統一と第二帝国
第4節　フランスの共和政と国民統合

第 1 節　ブルジョワ社会の原風景

（1）　1851年，ロンドン万博

　1851年3月上旬，鉄骨の枠組みに30万枚ものガラスをはめ込んだその建物が，ロンドン，ハイドパークの一角に姿を現したとき，当時の人々はさぞかし度肝を抜かれたことだろう。その外見から「クリスタル・パレス（水晶宮）」とよばれた温室構造のこの建物が，ヴィクトリア女王の夫君，アルバート公を中心に企画，運営された世界初の万国博覧会の会場となった。51年5月1日から10月15日まで，141日間に及んだ会期中，この会場を訪れた人数は延べ600万人を上回る。そこには，当時国内の路線を拡大しつつあった鉄道に乗り，トマス・クック社の団体格安パックツアーを利用して，初めてロンドンにやってきた地方の人々の姿もたくさん確認された。

　万博開催計画が持ち上がった当時，イギリスの経済状態はけっして良好とはいえなかった。労働者の権利や政治参加を求めるチャーチスト運動が高揚した，万博直前の10年間を振り返った20世紀初頭のある著作は，当時を「飢餓の40年代（Hungry Forties）」とよんだ。1912年までに11万部のベストセラーとなったその著作（1904）のタイトルに掲げられたこの言葉は，その後，1840年代を象徴する言説として定着していく。「飢餓の40年代」――この状況のもとで万博を企画するにあたり，アルバート公は，税金の投入ではなく寄付によって資金を調達すべく，海外を頻繁に訪れて万博への支援を求めたと伝えられる。欧米を中心に30を超える参加国を得たのは，彼の努力の賜物でもあった。

　「産業・科学・美術の融合」をテーマとした世界初の万博は，ヒトやモノ，情報や文化がこれまでにない流動性と機動性を得て交流し，世界がグローバルに結びついていく新しい時代の幕開けでもあった。18世紀後半に始まった経済，産業上の革新と成長は，19世紀半ば以降，「産業革命（industrial revolution）」の名で知られるようになるが，万博はこの変化を可視化したと解釈することもできよう。ここに，その後20年あまり続く「繁栄の時代」が始まった。

　この新時代を牽引したものは何か――その予兆とも思われる動きを，万博と同じ年，1851年の国勢調査が記録している。1801年から10年ごとに行われてきたこの調査で，施行以来初めて，都市人口が農村人口を上回ったのである。「都市の

時代」の到来である。そこには，伝統的な地域コミュニティの崩壊が伴っていた。互いに互いの正体をよく知るそれまでの農村社会とは，生活の仕方も人間関係もまったく異なる，都市という匿名空間に多くの人々が暮らす時代——それが，ライフ・スタイルや人と人との関係性に変化をもたらすのは当然だろう。職場と家庭が分離し，「通勤」という新しい生活経験が生まれ，「専業主婦」なる存在が誕生するなど，今に続く諸習慣が登場したのも，「都市の時代」の現象といえよう。加えて，富や快楽を追求する「資本主義の欲望」が肯定され，それがグローバルに展開される時代ともなった。

　こうした社会変化にうまく適応して力をもつようになった人々——それが，ブルジョワを頂点とするミドルクラス（中産階級）という社会階級であった。ヨーロッパにおける都市化と工業化を先導したイギリスでは，「社会の真ん中に位置する」ことと絡む形で明確な社会階級とその概念が再編され，地主や貴族を中心とするそれまでの価値観を大きく変えていくことになった。

（2）　ミドルクラスの再編

　社会の中間に位置する社会階層であるミドルクラスは，その再編過程に在った19世紀初頭，旧体制を瓦解させたフランス革命の余波の中で，保守主義に対抗してモダニティ（都市化・産業化）を擁護者する「急進派（radical）」として，半ば危険視されていた。そんな彼らが，それ以外の階層——自分たちの上に位置する地主・貴族階級，並びに下に在る労働者階級——と明確に区別される道徳観，および使命感を有する階層として姿を現すのは，ナポレオン戦争後，ヨーロッパが落ち着きをとり戻す1820・30年代だと思われる。

　とはいえ，ミドルクラスに属する人々の具体的な中身は多様であり，社会状況に応じてさらに細分化されていった。上層部には大商人や大銀行家，大企業家といった，いわゆるブルジョワたちがおり，貴族や大地主ら上流階級とも頻繁に交流があった。彼らが上流階級との親しい交際を望んでいた様子は，このミドルクラス再編期に書かれたジェイン・オースティンの小説，『高慢と偏見』（1813）や『エマ』（1816）などに認めることができる。彼らは重商主義から自由主義経済への転換を背景に，商工業活動における規制撤廃や緩和の恩恵に浴しながら社会的上昇を実現させた人々であり，下に述べる第1次選挙法改正（1832）で選挙権を手にした人々でもあった。彼らは，政治を支配する上流階級と，ときに協力しな

がら，ときに彼らを批判しつつ，自由主義（リベラリズム）に基づく様々な社会改革を推進していった。言論や出版の自由，議会制民主主義の確立，警察機構の整備，工場法，新救貧法，公衆衛生法，義務教育法の成立と施行——これらを推進する過程で，彼らが求めた自由放任主義（レッセフェール）と表裏を成す自己責任や自助，自立などの意識も，しだいにこの階級全体を貫く価値観として浸透していったといえよう。

さらには，18世紀末から19世紀初頭にかけて高揚した奴隷貿易廃止運動，1820年代に再燃した奴隷制度廃止運動が，ミドルクラス再編の大きな機動力となるとともに，この階層を特徴づける博愛主義の原点ともいえる経験となったことも看過できない。2007年，奴隷貿易廃止法案通過200周年を記念してイギリス各地で（そしてアメリカや西アフリカでも）開催された諸イベントでは，それが「市民（シティズン）による世界初の人権運動」だったことが強調された。と同時に，この運動がブルジョワのみならず，再編されつつあった「ミドルクラス」という考え方，そしてシティズンのあり方にも大きな影響を与えていたことが確認された。

彼らブルジョワの下には，中小の事業経営者や金融業者，工場経営者，小売商，並びに各種専門技能を有する職人らがミドルクラスの中間層を形成していたが，19世紀半ば以降，地方行政機構の整備とサービス部門の拡大を受けて，ミドルクラス内部はさらに多様化していく。1870年代には，それまでの推薦制に代わって試験制度を導入した中・下級公務員がその数を急増させるとともに，サービス業の拡大に伴って各種事務職も増加したことで，ミドルクラスという階級全体が底上げされた。19世紀末にもなると，店員や事務員らを中心とする下層中産階級が姿をみせるが，彼らは労働者階級の上層部とほとんど変わらない生活を送りつつも，勤勉や自助，禁欲，慈善といった価値観によって，労働者階級との差別化を図ろうと腐心した。

ただし，ミドルクラスの再編とそこで確認され，浸透しつつあった彼らの価値観が，それまでの政治や社会のあり方を一新したかというと，そうではなかった。たとえば，イングランド的伝統の1つ——16世紀テューダー朝に起源をもつ「ジェントルマン」の理想は，商業革命期の海外貿易商人がそうであったように，工業化と都市化の中で経済力をつけた企業家や銀行家らブルジョワたちに否定されたわけではない。それを示すのが，19世紀半ばのミドルクラスに人気を博した「教養小説（Bildungsroman）」であろう。

人間の幼年期から青年期にかけての成長を描くこのジャンルの小説は，18世紀

末以降，ドイツを中心にヨーロッパ各地に広まったが，イギリスの場合，人間としての「成長」が「ジェントルマン理念」とかかわって展開されたことが大きな特徴であった。「成り上がり」が「ジェントルマン」として認められるためにはそれなりのプロセスが必要であり，そこで重視されたのが教育であった。チャールズ・ディケンズの小説『大いなる遺産』（1861）の主人公ピップの変貌は，それを鮮やかに語ってくれる。

　実際，19世紀半ば以降，エリート教育機関であるパブリックスクールがブルジョワの子弟にも門戸を解放したことで，この名門私立中等教育機関からオクスフォード，ケンブリッジ両大学への道も彼らに開かれることになった。見方を変えれば，かつて上流階級が独占していたジェントルマンの理想は，彼らブルジョワたちを取り込むことによって，「イングランドの伝統」として持ちこたえたといえよう。それは，貴族や大地主ら上流階級が，ブルジョワたちとの交流の中で，自由主義や博愛主義など「彼らの価値観」を積極的に取り入れることで，ミドルクラスを主役に押し上げようとする19世紀という時代を生き延びた，ということでもあった。

（3）　ミドルクラスという生き方

　とはいえ，ブルジョワ階級は，根本的なところで，それまで社会や政治の主役であった貴族や大地主ら，土地所有に経済基盤を置く有閑階級とは違っていた。すでに述べたように，ブルジョワたちが勤勉，倹約，忍耐，努力に基づく「自助の精神」を高く評価したことである。「労働と勤勉の福音書」ともいわれた当時のベストセラー，『自助（セルフ・ヘルプ）』（1859年。68年には中村正直訳『西国立志編』として日本にも紹介された）を著したサミュエル・スマイルズは，彼らのアイコンとして引き合いに出されることが多い。スマイルズの三部作といわれるほかの2作品のタイトル――『品格』と『節約』も，ブルジョワの理想を端的に物語る。とりわけ，『品格』に謳われたリスペクタビリティ（上品な体裁）は，家庭重視とともに，ヴィクトリア朝時代のミドルクラスを特徴づける価値観であった。

　こうした価値観や物の考え方がゆっくりと浸透していき，社会に対する人々のまなざしが変化し始めたことは，第2次選挙法改正（1867）が示してくれる。第1次改正（1832）では，大土地所有者を優遇してきた従来の制限選挙のあり方が大きく変わり，戸主が有する財産の規模と形態に基づいて選挙権の有無とその範

囲が決められた。都市では年10ポンド以上の家屋や店舗を占有する者にも選挙権が拡大され，都市を主な活動拠点とするブルジョワらの政治参加が可能となった。第2次改正では，第1回万博以降の都市化の進展を受けて選挙区の見直しが進められるとともに，財産の規模と形態に基づく制限がさらに緩和される一方，選挙権付与の有無が個人のモラルの問題にまで踏み込んで議論された。この傾向は労働者にさらなる選挙権を拡大した第3次改正（1884）でいっそう強まり，ミドルクラスを中心に，労働者たちを政治参加するにふさわしい「シティズン」にするための成人教育運動へとつながった。政治家を選ぶ有権者にモラルが問われる時代——それは，従来の男性の理想像であった「ジェントルマンであること」に代わり，「シティズンであること」が求められる新しい時代の到来を意味していた。

　成人教育だけではない。動物や子どもへの虐待防止と保護とともに，自由放任主義を基本とする当時の社会から落ちこぼれた弱者を救済すべく，多種多様の民間団体を組織化したのも，ブルジョワを中心とするミドルクラスの人々であった。ミドルクラスの人々が自らをほかの階級と区別する特徴として掲げた「道徳観と使命感」とは，こうしたことを指す。その一翼を担ったのは，3度の選挙法改正で参政権を認められなかった女性たちであった。とりわけ，「家庭の天使」という理想像のもとで育ったブルジョワの妻や娘たちは，積極的に弱者救済のための慈善活動をリードした。たとえば，王室ご用達の紅茶商人として有名なトワイニング家の娘ルイーザは，訪問制度をとおして救貧院改革に乗り出したし，銀行家の父をもつオクタヴィア・ヒルは，史的建造物や自然環境の保護を掲げるナショナル・トラストの設立（1895）とともに，都市の貧困労働者の住宅改善に尽力したことで知られる。

　慈善活動は，ミドルクラスの娘たちに家庭外で活動する正当な口実を与え，彼女たちの精神的な自立を促すことにもなった。娘たちの中には，クィーンズ・カレッジやベドフォード・カレッジ，ガートン・カレッジといった女子高等教育機関，あるいは師範学校での教育をつうじて，教師となるものも少なくなかった。70年に議会を通過した初等教育の義務化とあいまって，19世紀末までに進行した「小学校教師の女性化」は，その顛末でもあろう。男女人口比のアンバランス（女性人口の過剰状態）によって，ミドルクラスに属する未婚女性，いわゆる「余分の女性たち」はじめ，国内で雇用できない彼女たちの職場を確保した（少なくとも新たな就職先とみなされた）という意味からいえば，19世紀後半，領土を拡大

したイギリス帝国，とりわけカナダやオーストラリア，ニュージーランドといったイギリス人入植地（自治領）の発展も，「ミドルクラスという生き方」を考える上で看過できない出来事であった。

（4）ミドルクラスと君主制

19世紀後半，家庭重視やリスペクタビリティの尊重といったミドルクラスの価値観が社会全体に浸透していく背景には，ときの君主，ヴィクトリア女王と王室一家(ロイヤル・ファミリー)の存在，とりわけ君主のジェンダーが深くかかわっていたことが指摘されている。

ゲルマン法の1つ，サリカ法の適用により女性君主が禁じられていたフランスやドイツとは異なり，イングランドでは伝統的に女王の存在が容認されてきた。16世紀のテューダー朝ではメアリ1世（在位1547～58）とエリザベス1世（在位1558～1603）という異母姉妹が，17世紀末から18世紀初頭にかけてはメアリ2世（在位1689～98）とアン（在位1702～14）という実の姉妹が，それぞれ女王として君臨した（メアリ2世の場合は夫ウィリアム3世との共同統治）。しかしながら，「身持ちが悪く，意地悪な叔父たち」を押しのけて即位したヴィクトリア女王（在位1837～1901）にとって，未婚，あるいは次期後継者となり得る成人した子どものいないこの4人の女王は，モデルたり得なかっただろう。加えて，「身持ちの悪い叔父」の1人，ジョージ4世と「虐げられた」その妻キャロライン王妃をめぐるスキャンダル（1820）は，君主にも家庭人としてのモラルが問われる時代が到来したことを示唆していた。

即位まもなくアルバート殿下と結婚（1840）し，9人の子どもの母となったヴィクトリア女王は，たえず「女王一家」として表象されることで，妻・母の側面が強調された。それは，家庭重視を掲げるミドルクラスが君主のジェンダー（女性性）を巧みに利用した，というだけではない。女王自身が御用画家や写真家に「ロイヤル・ファミリーの構図」を細かに指示してミドルクラスの価値観の可視化を図り，模範的な家庭像を提供していたこと——すなわち，女王自身によるメディア戦略が介在したことも見逃せない。さらには，アルバート殿下によってイギリスに紹介されたとされるクリスマス・ツリーを飾る習慣も，クリスマス・カードの普及とともに，19世紀後半，幸せな家庭のシンボルとしてイギリス社会に定着していった。

女王没後100年にあたる2001年前後には、「子ども好き」「真面目で潔癖」といったヴィクトリア女王にまつわる言説が再検証され、従来の女王像に修正を迫る書物が何冊も出された。と同時に、君主が女性であったことは必ずしもマイナスではなく、立憲君主制への移行を円滑に進めた側面が高く評価されるようになった。また夫アルバートの急死（1861年12月）以後、喪に服す形で「雲隠れ」していた女王が、1877年、時の首相ディズレーリによってインド女帝の称号が付与されたことを契機に、87年の即位50周年（ゴールデン・ジュビリー）、97年の60周年（ダイヤモンド・ジュビリー）という2つの大きな王室儀礼を実現させる中で、「帝国の母」という新しい言説と表象を得たことは重要である。即位60周年記念式典のために帝都ロンドンに集結した植民地軍隊の街頭行進は、ヴィクトリア女王が「ウィンザーの未亡人」から「帝国の母」へと変身したことをみごとに表象していたといえるだろう。

（5）　ミドルクラスとイギリス帝国

　ヴィクトリア女王の治世の間に大きく変貌したのは、イギリス国内だけではなかった。女王が亡くなる1901年までに、イギリス帝国の領土を示す世界地図上の赤色は女王即位時の2倍になり、そこに世界人口の2割を超える3億5000万人ほどの人口を抱えるようになった。文字どおり「太陽の没することなき帝国」が出現したことになる。

　アジアやアフリカ、太平洋上への本格的な拡大を後押ししたのは、当時最強を誇ったイギリスの軍事力や工業生産力だけではなかった。18世紀末以降、「国教会伝道協会（Church Missionary Society）」（1799年設立）はじめ、イギリス国内で続々と結成された伝道団体をつうじて世界各地に送り出された宣教師たちの精力的な活動が、帝国拡大の大きな推進力となったことも見逃せない。彼らの伝道活動を熱心に支持した人々こそ、ブルジョワを中心とするミドルクラスの人々であった。貧困者や子どもといった国内の弱者救済のための慈善活動の立役者であり、禁酒に代表される労働者の生活改善を担ってきた彼らが、18世紀末以降の奴隷貿易、並びに奴隷制度に対する反対運動を牽引してきたことはすでに述べたとおりである。イギリス帝国領土内で奴隷制度が廃止された後、彼らは運動の矛先を解放後の元奴隷たちの教育に向けるとともに、「野蛮の文明化」のためにアジア、アフリカへの宣教師の派遣を強く求めた。19世紀半ば、アフリカで医療伝道活動

をする「ロンドン伝道協会」のデイヴィッド・リヴィングストン（1813〜73）に対して，わずか半年間で1800ポンドもの募金が集まったという事実は，当時の伝道熱を物語って余りある。その多くがミドルクラスの人々からの寄付だった。いや逆に，そうした伝道活動――「野蛮の文明化」――への寄付を惜しまないことこそ，「ミドルクラス的」だと解釈されたのである。

このように，奴隷制度廃止や解放された元奴隷の教育や生活の再建，ひいては各地の紛争で露呈した現地諸民族との複雑な関係といった帝国の出来事は，イギリス国内におけるミドルクラスの再編と深くかかわっていたと思われる。より積極的に，ヴィクトリア女王の時代に面積も人口も倍増した帝国の存在が，国内におけるブルジョワの台頭とその後の躍進を支えていたといえるかもしれない。「帝国だった過去」をもつ欧米諸国において，ブルジョワが社会の主役となっていくプロセスは，こうした双方向性の中で捉え直す必要があるだろう。

歴史への扉11　　大量消費空間，デパートの誕生

　1851年の第１回万博以後，イギリスの人々，とりわけミドルクラスに訪れた大きな変化の１つに，「日用品によって生活の豊かさを測ることができる」という考え方があげられよう。その意味で，ヴィクトリア朝時代は大量消費の時代ともいえるのだが，それを象徴するのが，新しい消費空間，デパートの誕生である。

　今なおイギリス各地の町では，曜日を決めて朝市やストリート・マーケットが開かれ，多くの客を集めているが，それが19世紀前半のイギリス社会でも最もありふれた買物空間であった。商人たちは，こうした屋外の市場で店を出すほか，屋台や手押し車に商品を載せ，街頭を大声で叫びながら行商して回っていた。たとえば，19世紀半ばのロンドンの街頭を調査したジャーナリスト，ヘンリ・メイヒューの『ロンドンの労働とロンドンの人びと』(1851)によれば，路上を商いの場とする商人は１万3000人を超えていたという。彼らの押す屋台や手押し車で交通渋滞が起こり，警官とのトラブルも絶えなかったらしい。そうした環境の中から，ロンドンの通りを行く呼び売り商人の間に，コックニー（ロンドン訛）を駆使した隠語が生まれ，独特のファッションとともに彼らの文化となっていった。

　もちろん，こうした屋外市場以外にも，都市化する社会の中で常設店舗も増えつつあったが，店内はみな一様に狭くて暗く，商品の展示もないままに，箱ごと店内に積み上げられていることが多かった。ヴィクトリア朝に入ってまもない1840年代，

> 価格を明示した正札が服地や家庭衣料を扱う店に登場したものの，店員と客との間で値段をめぐる駆け引きが続く状態にさほど大きな変化はみられなかった。
>
> こうした状況に変化をもたらしたのが1851年の万博である。10万点を超す展示品を集めた万博会場は，いうなれば巨大なショー・ウィンドウであった。それを自由に見て回ることにヒントを得たアリスティド・ブシコーは，翌52年，パリに世界初のデパート，「ボン・マルシェ」をオープンしたといわれるが，ブシコーと同じことを考えた人間はイギリスにもいた。その1人，イングランド北部，ヨークシャーで小間物商の徒弟をしていたウィリアム・ホワイトリーは，万博の翌年，ロンドン，シティのさる問屋に就職し，修行を積みながら資金を貯め，63年11月，ロンドン郊外のウェストボーン・グローヴに，こじんまりした小間物屋を開店した。その後，界隈の商店を次々と買収しながら，部門（デパートメント）の拡大と商品の充実を図っていき，80年代にもなると，クリーニングや美容院，銀行預金といった小売以外の業務も手がけるようになった。
>
> 彼のデパート，「ホワイトリーズ」には，万博で得た知恵がいくつも発揮されていたが，その最たるものは，クリスタル・パレスを思わせるウィンドウ・ディスプレイだろう。展示商品をひきたてる大きな窓と明るい照明——44年，板ガラスに課せられてきた物品税の廃止に伴って可能になったこの仕掛けは，ハロッズやセルフリッジといった，ほかのデパートとの競合が強まる80年代以降，ますます重要性を帯びていった。さらには，小売適正価格の明示，バーゲンの開催，郵送による注文受付，宅配制度といった利便性を多様に準備することによって，「ホワイトリーズ」は（そしてほかのデパートも），ブルジョワ階級の心を巧みに捉えたのであった。
>
> 必要なものを買うだけではなく，必要性を感じない商品をも買いたい気持ちにさせる仕掛け——万博にヒントを得て誕生したデパートには，文字どおり，新たな買物文化とヨーロッパ物質文明とが混じりあっていた。

第2節　イタリアの統一

（1）　フランスの衝撃

　フランス革命がもたらした衝撃は，それまでのイタリア諸国の体制を根底から揺るがす結果をもたらした。まず「ジャコビーニ」とよばれる，フランス革命に共感をもち，共和制を求めるグループがイタリア各地に生まれ，彼らの運動がイタリアの政治文化を変えていった。そして，1796年4月に始まるナポレオン指揮下のフランス共和国軍によるイタリア侵入とオーストリアに対する戦勝が，イタ

リアの政治状況を変化させた。

　フランス軍の実質的な占領下で，イタリア各地に姉妹共和国とよばれる共和制国家が成立し，少数のイタリア人活動家たちがフランスがもたらした共和主義の理想のために，献身的に活動した。ナポレオンは95年のフランス憲法をモデルにした憲法を諸共和国にあてがい，その憲法に基づいて出版・結社・信仰の自由や，法の下での市民的平等，選挙を基礎とする立法議会などが導入された。

　99年11月のクーデタで，ナポレオンはフランス本国における政治的なイニシアチヴを握り，局面打開のために再びイタリアに軍を進める。そして圧倒的な軍事力を背景に，イタリアでの支配権を確立した。その後の帝政下でイタリアは，ほぼ全面的にナポレオンの意のままに再編成される。しかしナポレオン体制下では，多くのイタリア人が軍隊や行政の諸分野に起用され，それまで小国家の中でしか活動の機会をもてなかった人々が，ナポレオン帝国というヨーロッパ全体に広がる規模の国家で政治や軍事の経験を積むことになった。また，近代的な司法や行政の経験を積んだことが，その後の展開に大きな影響をもたらすことになる。

　そしてフランスの支配下で進められた諸改革は，様々な伝統的特権を廃し，法の下での平等が原理として強く打ち出された。具体的には貴族の司法に関する封建的特権の廃止，聖職者やギルドなどの社会団体の特権の廃止，あるいは長子相続制の廃止や縮小といった，財産制度に関する改革などがあった。中でも最も重要なものは，土地所有にかかわる改革であった。封建所領や教会資産，共同体の所有地などが私有地として再編成されるという事態が，程度の差こそあれ，半島部のイタリア全域で進行した。それに加えてイタリア人の思想あるいはメンタリティにも変化が現れ，教育を受けた都市の中間層は新しい時代の空気を積極的に受け入れるようになっていった。

（2）　復古体制期

　ナポレオン戦争後のイタリアの政治的枠組みは，1814年9月から翌年6月まで開かれたウィーン会議で決定された。そもそもウィーン会議では，ヨーロッパの政治的再編に向けての勢力均衡が基本原理となり，イタリア諸国はバランスをとるための材料として利用された。その結果，イタリア半島内でのオーストリアの力はそれ以前と比べて，きわめて強いものとなった。

　フランス統治期に導入された諸制度の多くが復古期にも存続し，選挙に基づく

議会あるいは普通選挙といった政治的権利が、認められることもなかった。ヨーロッパの状況につうじている教養ある人々の間では、こうしたことに対する不満は強く、1830年代までの反乱などの際には、憲法制定の要求が登場するのが常で、イタリア統一の要求が登場することはまれであった。

　フランス支配下で生じた、最も重要な社会的経済的変動の1つとして、土地所有のあり方の変化が挙げられる。封建所領や教会資産あるいは共有地などが売却され、大規模な土地の再配分が進行したことは様々な影響をもたらした。では、再配分された土地は誰の手に落ちたのか。ナポレオンの土地改革は古い土地所有貴族層から所有地を奪い、その土地はより商業志向の強い、都市出身の「ブルジョワ」の地主に委ねられた、というのが通説である。

　フランス支配期に始まる秘密結社運動は、15年以降も活発に続けられた。秘密結社には様々なセクトが存在したが、最も重要なものはカルボネリーア（カルボナリ）である。復古諸政府はカルボネリーアをはじめとする秘密結社を非常に恐れ、あらゆる秩序の混乱の背後に、その活動をみていた。だが、革命組織としてカルボネリーアが収めた成果は、一時的なものでしかなかった。20年、30～31年には秘密結社運動を核とした反乱がイタリア全土で起こるが、いずれもオーストリアの軍隊によって簡単に鎮圧されてしまう。

　30～31年の反乱の失敗を秘密結社運動の限界と捉えて、新しい革命運動を構想し、組織した人物がジュゼッペ・マッツィーニである。ジェノヴァの弁護士であったマッツィーニは、カルボネリーアに参加して30年に逮捕され、亡命の道を選んだ。そして31年10月亡命先のマルセイユで、単一の民主国家としてのイタリアを目標として掲げる新しい党派、「青年イタリア」を結成した。マッツィーニの主張は、共通の文化的基盤をもつ「イタリア民族」が存在することと、ほかのヨーロッパの諸民族と同様に、この「イタリア民族」が自治独立の権利をもつのは当然であるということを出発点としていた。

　そうした理想を達成する方法としてマッツィーニが提起したのは、民衆の蜂起によって外国支配と国内の専制君主をともに追放することであった。民衆は復古諸政府を憎悪しており、何かきっかけさえ与えればそれが爆発して全支配体制が崩壊すると、彼も——他の秘密結社の構成員たちと同じように——信じていた。長い年月にわたって蜂起のための宣伝と組織化にマッツィーニは多くのエネルギーを注ぎ込んだが、1つとして成功した例はなかった。マッツィーニがある程度

の力をもち得たのは、彼ほど急進的ではないにしても似たような考え方がイタリアの知識人の間にすでに定着していたからである。1790年代以降、次第に外国支配に対する憤りの感情や、進歩的平等主義的理念に基づいた社会の再編成を是とする考え方が広がっていった。その結果、復古期を通じて「ナショナル」な思想および国民的感情が発展し、穏健な愛国主義が確実に根をおろしていった。

　そうした穏健な愛国主義者たちの拠りどころとなったのが、イタリアの栄光に満ちた過去であった。それは古代ローマの繁栄や中世カトリック教会、あるいは諸コムーネのドイツ皇帝に対する抵抗、イタリアの思想と文化が結実したルネサンスなどの歴史であった。イタリアは過去において外国の侵略者たちと戦い、勝利を収めたというメッセージの込められた著作や芸術作品が現れ、広い支持を受けるようになる。マンゾーニの長編小説『いいなずけ』(1827) はその一例である。

　そしてイタリア語もまた、国民的感情を育成する重要な道具となった。多数の方言が存在する当時のイタリアで、どの方言が公的な共通語となるべきかという問題はダンテが14世紀にすでに決着をつけており、トスカーナの言葉が標準的なものとされるようになっていた。しかしながら、実際に標準的イタリア語を話していたのはごくわずかな人々で、1861年の時点でも全人口のわずか2.5%にすぎなかった。したがって多くのイタリア人にとって、イタリア語は教育をつうじて獲得される言葉であり、イタリア人としての文化的アイデンティティを意味したのである。イタリア語で著作をなすこと、イタリア語の本や新聞を読むこと、イタリア語で話すことは政治的な意味を含むものとなった。

（3）　革命の嵐

　1848～49年には、イタリア全土で激しい革命運動が巻き起こった。革命の危機を深刻化させる要因となったものとして、46年に即位した教皇ピウス9世の存在があった。「新教皇主義」とよばれる、教皇を中心としたイタリアの緩やかな統合をめざす運動が、確実に広がりをみせていたのである。また、オーストリアの弱体化も要因の1つであった。オーストリアが支配する範囲は広がり過ぎていたため、ウィーン体制発足時と比べて明らかに弱体化していた。帝国の歳入の3分の1を北イタリアから得ていたため、オーストリアは税収面でこの地域を必要としていたが、その関心は圧倒的に中欧や東欧に向けられていた。そのため、この

地域に積極的な公共投資を行うこともなければ、十分な兵力を常時駐屯させることもなかったのである。

　48年1月シチリアの主要都市で発生した蜂起は、憲法制定要求を国王に認めさせ、パリでの二月革命、そしてウィーンでの三月革命がメッテルニヒを失脚させると、革命状況は半島全域に広がった。オーストリアを敵とする義勇軍の組織が進むと同時に、社会情勢も不安定化していった。そして、それ以前からイタリアでの支配の拡大を狙っていたサルデーニャ王国（ピエモンテ）は、秩序の混乱を不安に感じる上流層を取り込みつつ軍隊を派遣し、北部でのイニシアチヴを握ろうとした。だが、この時点でピウス9世はイタリア国家の元首の立場よりもカトリック信仰指導者の立場を優先し、対オーストリア戦争から離脱する。「新教皇主義」は事実上、この時点で破綻することになる。これ以後、イタリアの統一をめざす運動は反教権主義的運動へその性格を変えていった。

　本国からの援軍を得たオーストリア軍が7月にピエモンテ軍を破ると、イタリアでの革命的情勢は終焉に向かう。ローマとヴェネツィアでマッツィーニらを中心とした民主派の共和国が成立したが、全体の状況が革命の沈静化に推移する中では持続的運動にはなり得ず、オーストリアおよびフランスの軍事介入によってどちらも崩壊にいたった。

（4）統一への助走

　革命の嵐が過ぎ去った後、復古反動の傾向が強くなったイタリア諸国の中で、サルデーニャ王国のみが立憲君主国体制を維持した。サルデーニャ王国にはイタリア全土から亡命者が集まり、憲法で保証された自由な言論活動が展開され、新しい政治文化を創り出した。亡命者の中には議会の代議士になる者も、政府の閣僚をつとめる者も現れた。こうしてトリノの宮廷を中心とした保守的な政治風土の中に、自由主義的な改革の動きが見られるようになったのである。

　そうした新しい政治文化を代表する政治家として、カヴールが登場する。カヴールは巧みに議会での多数派を確保するとともに、鉄道や海運事業、銀行などへの国家からの補助を積極的に行い、アルプスを貫くトンネル建設や大規模な灌漑事業に巨額の公的資金を投入した。その結果、1859年までにピエモンテとリグリアには総延長にして850キロメートルの鉄道路線が開通していたが、これはイタリア半島全体の鉄道路線のほぼ半分にあたるものであった。上からの近代化とも

いえるこうした積極的な政策は，外国からの投資の激増と膨大な財政赤字をもたらしたが，サルデーニャ王国とカヴールが達成した進歩のイメージはイタリアの内外に強い印象を与えることになった。また，カヴールはクリミア戦争へ参戦することによって発言権を確保し，イタリア諸国の中で抜きん出た国際的地位を獲得した。そしてカヴールはナポレオン3世とオーストリアに対抗する密約を結び，粘り強くオーストリアを挑発した結果，59年には開戦にこぎつけた。

（5） 統一の達成

戦争の経過はフランス・サルデーニャ王国連合軍にとって有利な形で展開したが，両陣営ともきわめて多くの損害を出した。国際社会からの停戦圧力も高まったため，ナポレオン3世はオーストリア皇帝フランツ・ヨーゼフとの直接交渉で休戦を選択した。サルデーニャ王国は単独で戦う能力がない以上，休戦を受け入れるしかなかった。

しかし，対オーストリア戦の勝利はイタリア各地の情勢を流動化させ，サルデーニャ王国への合併を支持する動きが急速に高まっていった。こうしてフランスとの密約に含まれていたロンバルディアに加えて，トスカーナ，エミリア＝ロマーニャおよびパルマ，モデナの両公国が1860年春までに住民投票をつうじてサルデーニャ王国に併合されることになる。

民主派の活動家だったガリバルディは，義勇軍を募って南イタリアへの遠征を企てた。その規模から，その後「千人隊」とよばれることになるこの義勇軍は，大半が北部出身の学生や若い専門職，あるいは共和派の職人などであり，南部人は100名程度で農民は1人もいなかった。5月6日にジェノヴァから2隻の船で遠征隊は出航し，トスカーナでいったん装備を補給したのち，5月11日にシチリア西端のマルサーラに上陸した。ガリバルディは現地の人々からも義勇兵を募り，上陸の4日後にはカラタフィーミで両シチリア王国軍との最初の戦闘に勝利した。この最初の勝利によって遠征隊はその力を示すとともに，情勢は一気にガリバルディにとって有利に進展していく。義勇軍に加わる者が増加すると同時に，正規軍は各地で叛徒に取り囲まれて急速に士気が低下していった。ガリバルディは5月26日にパレルモを占領し，7月20日にはミラッツォで両シチリア王国軍を撃破して全島の支配権を握った。

シチリア全島を支配下においたガリバルディは，制海権を握るイギリスの黙認

の中で8月19日，メッシーナ海峡を渡って半島本土に上陸した。その後，志願兵がイタリア全土から流れ込んで2万人を越す大軍となったガリバルディの部隊は，破竹の勢いで進撃を続け，9月7日にはナポリに入った。こうしてわずか1000人の遠征隊を率いて出発したガリバルディは，4カ月の間にイタリアの南半分を征服したのである。

　ガリバルディの遠征がたどったこうした劇的な展開もまた，カヴールにとっては予測できないものであったが，彼は変化する状況にすばやく対応した。カヴールはサルデーニャ国王ヴィットリオ・エマヌエーレ2世を南部に送り込んだ。10月26日に教会国家との国境のテアーノで，ガリバルディとヴィットリオ・エマヌエーレ2世は会見し，ガリバルディは国王に征服したイタリア南部を引き渡した。10月から11月にかけて，シチリアを含む南イタリアとウンブリア・マルケのサルデーニャ王国への併合を問う住民投票が行われ，いずれも圧倒的多数で併合が承認された。

　61年1月に併合地域全体を含めての最初の選挙が行われ，それを受けて2月に開かれたサルデーニャ王国第八議会でヴィットリオ・エマヌエーレ2世がイタリア国王の称号をとることが可決され，ここに統一イタリア王国が成立した。

　しかし，フランス国内のカトリック派の離反を怖れたナポレオン3世は，軍隊を派遣して教皇を守る姿勢をとったため，イタリア王国はローマを含むラツィオ地方を領土に加えることができなかった。また，北部でもヴェネツィアをはじめとするヴェネト地方がオーストリアの支配下にとどまったため，こうした地域をイタリアに取り戻そうとする「未回収地回復運動」が，次の世紀まで続くことになった。ヴェネト地方は1866年の普墺戦争でプロイセンと同盟することで獲得し，ローマは70年の普仏戦争においてフランスが敗北したことで，イタリアに併合することができた。こうして71年にようやくローマがイタリアの首都となった。

　統一イタリア国家が北部のサルデーニャ王国による他国の併合の形をとったことは，地域的差異の大きかった当時のイタリアにおける国民的統合を難しくする要因となった。「イタリアはできたが，イタリア人をこれから作らねばならない」と述べた新国家の要人がいたように，この問題はその後もイタリアにつきまとうことになる。またヨーロッパの遅れてきた新国家としてのイタリアは，政治や経済，社会のあらゆる面で近代化への苦闘を続けることになり，特に南北の歴史的なプロセスの違いから生じた地域格差は「南部問題」として次の世紀にまで深い

影を落とすことになる。

第3節　ドイツの統一と第二帝国

(1)「ドイツ帝国」とは？

　1871年に成立した統一ドイツ国家は,「ドイツ帝国」とよばれる。この言葉からはドイツ人の強力な中央集権国家が誕生したという印象を抱かれるかもしれない。ところが, この国家の実態はそうした印象からは程遠い。

　第1に, ドイツ帝国と現在のドイツ連邦共和国の地図を比較してみよう。現在のドイツに比べると, ドイツ帝国の範囲はかなり広い。北部のユトランド半島の北シュレースヴィヒや西南部のエルザス・ロートリンゲン（アルザス・ロレーヌ）は, 第一次世界大戦後にそれぞれデンマークとフランスに帰属したが, 大きく後退したのは東部国境である。帝国の一番東のプロイセン地方は, 中世以来のドイツ人の東方植民から発展した地域である。それより西方, ドイツの中央に近い地域は伝統的にポーランドに帰属しており, ポーランド人が大きな比重を占めていた。このうちシュレージエンはオーストリア継承戦争（1740〜48）の結果, オーストリアから割譲され, 残りも18世紀末のポーランド分割によってプロイセン王国の領土となった。これら東方の領土は, 2つの世界大戦を経てポーランドやソ連（現在はロシア）の領土となる。ハプスブルク帝国ほどではないにしても, ドイツ帝国も「ドイツ」人ならざる民族を抱え込んでいたことは強調してよい。

　第2に, この国家は連邦的性格が強い。ドイツでは19世紀初頭以来, 近代化はプロイセンやバイエルンといった邦単位で進められた。ドイツ帝国の基礎となった22の邦と3つの自由市は, 統一の時点で程度の差こそあれそれぞれ独自の近代国家としての内実を備えていた。たとえば, プロイセンでは世紀初頭に農民解放, 営業の自由, 都市条例, 大学改革などの改革が行われ, さらに1848年の革命で欽定憲法が公布された。

　統一後もプロイセンの影響力は大きかったものの, 帝国の国制は邦を基本単位とする連邦制であった。まず, ドイツ皇帝職はプロイセン国王が兼任し, 帝国宰相もプロイセン首相が兼任することが通例であったが, 各邦は統一後も立法権や行政権を保ち, 独立国家としての性格を完全に失っていない。次に, 帝国の立法府は, 25歳以上の男性の普通選挙によって選出される帝国議会と, 各邦の代表か

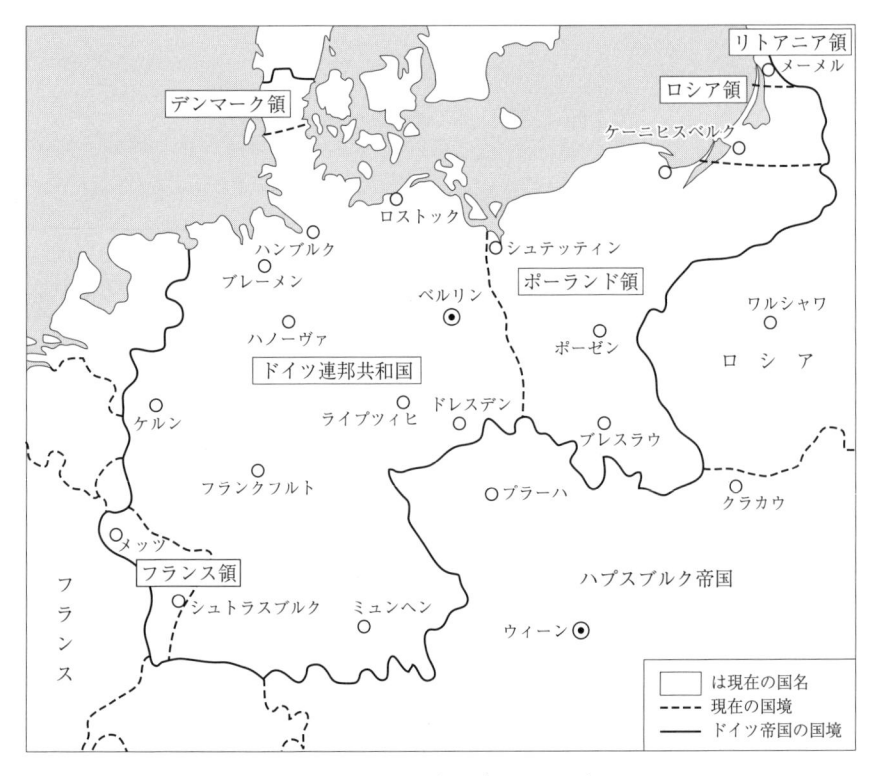

図 5-1　ドイツ帝国（1871〜1919）
出典：加藤雅彦『中欧の崩壊——ウィーンとベルリン』中公新書，1983年，9頁を修正。

らなる連邦参議院の二院制である。連邦参議院でプロイセンが保有する票数は全58票のうち，3分の1にも満たない17である。帝国宰相は，立法府に責任を負っているわけではないが，議会の動向を無視して政治を行えない。帝国独自の財源も間接税に限定され，財源の多くを各邦からの分担金に依存していた。

　また，「ドイツ帝国」への統一の過程を検討しても，それは諸勢力の広範な同意に基づいたものとはいいがたい。統一をめぐる議論は，オーストリアに住むドイツ民族も含めた統一をめざす大ドイツ主義と，それを排除しようとする小ドイツ主義の2つの軸を揺れ動いた。1848年革命の際，フランクフルト国民議会でもいったん大ドイツ主義的統一が決議されたが，これをオーストリア政府が拒否すると，同議会は49年4月にプロイセン国王フリードリヒ・ヴィルヘルム4世をドイツ皇帝に推挙した。すでに革命全体が勢いを失っていたことを背景に，議会か

らの帝位の申し出を嫌った彼は，帝位の受諾を拒否した。議会を土台にしたドイツ統一は挫折し，フランクフルト国民議会は6月に解散する。

その後，統一の立役者となったのが，18世紀以来国力を増大させたプロイセンである。1862年，ビスマルクがプロイセン首相に就任した。彼は三月革命で保守強硬派として名をあげ，革命後もドイツ連邦内のプロイセンの立場の

図5-2　ビスマルク像
出典：筆者撮影。

強化に努めた。小ドイツ主義的なドイツ統一は彼の外交的手腕のもと，64年のデンマーク戦争，66年の普墺戦争，そして70〜71年の普仏戦争の3つの戦争によって達成された。

バイエルンなど南ドイツ諸邦は，普墺戦争ではオーストリア側にたち，最後にドイツ帝国に参入した。それらの邦ではプロイセンへの反感が根強かった。外部からの反感にとどまらず，プロイセン内部のビスマルクの立場も盤石ではない。プロイセン首相に就任するとすぐに，問題の解決は「鉄と血」によると演説したビスマルクのもとでの軍事力の増強は，議会による予算なしに断行され，このため議会と政府の間に激しい紛争を招いた。これをプロイセン憲法紛争とよぶが，普墺戦争の勝利を背景に提出された事後承認法（予算なしの統治を議会が事後承認する代わりに，今後国家の財政を予算に基づくことを約束したもの）によってこの争いは終息した。この法案に対する意見の相違から，左派自由主義者の政党である進歩党（61年結成）とは別に，67年にビスマルクの政策を支持する自由主義者が国民自由党を結成した。自由主義勢力は帝政末期まで，短い間隔で集合離散を繰り返すことになる。保守主義者の中にも普墺戦争後に行われた，伝統的邦国ハノーヴァのプロイセンへの併合には批判的な者が多く，その後しばらくビスマルクと正統保守派の関係は疎遠になった。

統一後にビスマルクのおかれた状況も，一貫して安定したものではない。彼の与党的政党は，帝政初期は国民自由党であった。その時期の政策は自由主義的なものが多く，普墺戦争を契機に北ドイツ連邦が結成されて以来，70年代末までを「自由主義時代」とよぶ。70年代後半になると鉄鋼業界や農業界から保護関税が

求められ，ビスマルクは保守党と中央党の支持により保護関税の導入に成功する。これで「鉄と穀物の同盟」へと政策の基調が転換した。80年代半ばに再び国民自由党がビスマルク支持に回るものの，転換後も彼の議会における基盤は安定しなかった。

こうした状況の中，統一後のビスマルクの政策は，内政外交ともに彼の政治的手腕と権威を背景に，諸勢力の微妙なバランスの維持を意図したものとなる。

（2） ビスマルクの政策

内政では「帝国の敵」の創出による残りの部分の一体性の強化がめざされた。まず槍玉にあがったのがカトリックである。統一の際のドイツ人口約4100万人のうち，62％がプロテスタント，36％がカトリックであり，プロイセンはプロテスタント中心の国家であった。教会に対する国家の干渉を強めたいビスマルクと，教皇ピウス9世を後ろ盾として政府の政策に抵抗する中央党（カトリック勢力の政党）の争いは，1871～78年まで続いた（「文化闘争」）。ピウス9世の死とともに両者の対立は解消に向かう。

かわって標的になったのが，社会主義運動である。63年設立の全ドイツ労働者協会と69年設立の社会民主労働党が，75年に合同して社会主義者労働者党となり，その後活動を発展させてゆく。77年の帝国議会選挙では，49万票（得票率9％）で12議席を獲得する。2度にわたる皇帝狙撃事件をきっかけに78年に社会主義者鎮圧法が制定され，社会主義，共産主義的な活動は禁止された。しかしながら，社会主義者の活動が途絶えることはなく，ビスマルク退陣に伴い同法が廃止されると，同党は党名をドイツ社会民主党と改める。その後党勢を拡大し，1912年の帝国議会選挙では110議席（得票率34.8％）で第1党の座を獲得した。

外交面では，ドイツ帝国は人口でフランスやオーストリアを上回り，19世紀初頭以来の英露仏墺普によるヨーロッパの勢力均衡を崩壊させる恐れがあった。ビスマルクはドイツの領土獲得の野心がこれ以上ないことを明らかにしつつ，対独復讐の傾向が強いフランスを孤立させようとした。具体的には1878年に東方問題の処理のため，「公正な仲買人」と称してベルリン会議を主宰し，他方独露墺の三帝協約（1873），独墺同盟（1879），三帝同盟（1881），独墺伊の三国同盟（1882），露独再保障条約（1887）と次々に条約を結んだ。

一方，「下から」もドイツを1つのまとまりとする動きが生じたことも見落と

せない。60年頃からシラー生誕100周年行事（1859）やトイトブルクの森のヘルマン像建立など，全ドイツ共通の歴史や文化を強調する動きが教養市民層を中心にみられた。こうした文化的な動きに具体的な形を与えたのが結社（協会）であろう。ドイツの歴史家ニッパーダイは，19世紀を「結社の時代」と評価する。それ以前の団体は，手工業の同職組合に代表されるように，身分や職業などに強く拘束される一方，多様な機能を与えられていた。それに対して，特定の目的に応じて自発的に組織される結社は，市民社会の兆候と位置づけることができる。

　三月革命以前は政治的な結社は禁止されていたが，革命を経て公認されるようになり，多くの政治的結社が活躍した。プロイセンでは，50年代のマントイフェル内閣における反動的時代に，結社の活動は停滞したが，58年に王弟ヴィルヘルム（のちの皇帝ヴィルヘルム1世）が摂政の地位に就任すると，自由主義的機運が盛り上がった（「新時代」）。このような政治的流れは全ドイツ的なものであり，この後結社の活動が目立つようになる。

　統一の動きの中で，小ドイツ的統一をめざすドイツ経済人会議（58年設立）やドイツ国民協会（59年設立）が，そしてオーストリア中心の国家統一を念頭におくドイツ改革協会（62年設立）がそれぞれ組織された。これにとどまらず，必要に応じて結成された結社の織り成す網の目が，社会の中に張り巡らされた。地域の射撃協会，合唱協会，体操協会などは市民の交流の場として機能した。また様々な目的のために全ドイツ的な結社も結成され，ドイツの一体性を醸成する土台の1つとなった。

　都市化に伴い顕著になった社会問題の解決手段としても，様々な結社が結成されている。たとえばベルリンでは，19世紀半ばに約50万人だった人口が20世紀初頭には200万人を超え，1840年代から社会問題解決のための結社が誕生した。そうした結社の中で代表的なものが，社会政策学会（73年設立）であろう。大学教授を中心とするこの団体は，60年代までの自由放任や労働者の自助による解決を求める風潮に一線を画し，様々な社会問題の調査を行い，それをふまえ国家の干渉を強く求めた。

　ほかのヨーロッパ諸国に先駆けて制定された疾病保険法（1883），災害保険法（1884），そして廃疾・養老保険法（1889）の3つの法律からなるビスマルクの社会立法も，社会政策学会に代表されるこうした動きを背景に出てきたものである。これらの法律には労働者を社会主義運動から切り離す意図もあったが，自治体や

慈善団体の役割であった貧者扶助の重要な部分を国家が引き受けることも意図しており，国民の生活の次元に国家が直接関与していく端緒となるものである。

経済史をみると，繊維工業が牽引したイギリスの工業化と違い，ドイツの工業化は鉄道網の拡充に伴う重工業の発展がその中核であった。特に71年からは，フランスからの賠償金が流入したことにより，857に及ぶ株式会社の設立がみられた（「会社設立ブーム時代」）。だが73年頃から，低成長の時期を迎える。この時期の経済状況はそれほど悪くなかったという評価もあるが，同時代の人々は「大不況」と認識した。この閉塞感が，反ユダヤ主義などの過激な思想や運動の背景の1つとなっていく。

（3） ヴィルヘルム時代

1890年前後，ドイツ帝国は1つの転機を迎える。きっかけは88年，皇帝ヴィルヘルム1世の死去と，その子フリードリヒ3世のわずか99日の統治を経て，フリードリヒ3世の子がヴィルヘルム2世として29歳で即位したことである。若い皇帝は老ビスマルクに反感を抱いていた。これに加え，ビスマルクの提出した社会主義者鎮圧法が帝国議会で否決され，さらに当時のビスマルク政権の与党的立場にあった保守党，自由保守党，国民自由党が90年の帝国議会選挙で議席を減らした。その結果，ビスマルクは同年に辞職することになる。その後，1918年の革命でヴィルヘルム2世が退位するまでの約四半世紀を，「ヴィルヘルム時代」という。

政治史からみると，ヴィルヘルム時代には4人の宰相が相次いで政権を担った。外交的には1890年に宰相に就任したカプリーヴィの時代から，ドイツ帝国は「新航路」に乗り出した。90年，独露再保障条約の更新を行わず，その結果ロシアはフランスに接近する。フランスの孤立を図ったビスマルク外交の原則は崩れた。20世紀に入ると英仏露の三国協商が締結されるなど，ドイツの国際的孤立が深まる。この頃から「世界政策」と称して，ドイツは積極的に植民地獲得に乗り出す。それを支援するためイギリスを仮想敵とした大海軍建設がめざされ，建艦の必要性の宣伝のためドイツ艦隊協会が設立された。さらにドイツは，バグダード鉄道建設を中核とする3B政策を進める。内政でもホーエンローエが宰相の時代（1894～1900），社会主義者を弾圧するための法案が帝国議会やプロイセン議会に再三提出されたが，否決されている。「帝国の敵」をつくる政策は，もはや同意

を得るのが困難になったのである。

　宰相の政治的手腕や権威に依存したビスマルクの政策に比べると，ヴィルヘルム時代の宰相の政策は，よりいっそう議会の政党の微妙なバランスのもとで進められた。宰相ビューロー（1900～09）は，07年の選挙による帝国議会において保守党，自由保守党，国民自由党の3党に自由主義左派3党も加えた大連合（ビューロー・ブロック）を背景に植民地獲得と建艦政策を進めた。続くベートマン・ホルヴェーク（1909～17）は，保守系2党と中央党を支持基盤として外交でイギリスとの関係改善を図る政策を進めようとした（黒青ブロック）。

　議会制導入から半世紀以上たち，政治における議会の役割が無視し得ないものになったことが，ビスマルクとヴィルヘルム時代の宰相の政策の違いの背景にある。そうした状況に，政党の背後にある利害団体の動きが絡み，話は複雑になった。重工業の利害を反映するドイツ工業家中央連盟（1876年設立）は，自由保守党と国民自由党に影響力をもち，軽工業の利害を代表するドイツ工業家同盟（95年設立）は国民自由党左派や左派自由主義とつながっていた。また農業家同盟は，保守党と関係し，社会民主党の背後には自由労働組合があった。この時代の宰相たちは議会のみならず，利害団体を介して議会に圧力を加える複雑な社会を相手にしなければならなかった。どの宰相も利害を調停できず，結局辞職を余儀なくされたり，選挙において与党的政党の議席の大幅減を招いたりしている。

　経済史的には，1890年代半ばから第一次世界大戦までの時期は，「大不況」を乗り越えた工業のめざましい発展の時期であった。この時期の特徴は，化学工業と電機工業の大発展であろう。また，企業間の連合と提携（カルテル）の動きが急速に進んだのもこの時期である。

　社会史的にみても，ヴィルヘルム時代は大きな転換点である。まず，以前からの結社の発展は様々な分野で続いているが，この時期の大きな変化の舞台は都市である。都市化に伴う人口集中に対応すべく，19世紀中葉から大都市では上下水道，ガス，電気などの設置が進み，鉄道，馬車鉄道，路面電車，地下鉄など公共交通機関の整備が進んだ。様相の一変した都市社会でデパートや映画館が誕生し，新たな都市文化の出現がみられた。

　また，男性が外で働き女性が家事を行うという性別役割分業に基づく家族のあり方は18世紀末以降のものであったが，この「近代家族」は，19世紀前半には市民層にとってのステータスシンボルであり，妻や子どもの収入もあてにしなけれ

ばならない労働者には縁がなかった。そうした「近代家族」が，労働者にも浸透し始めるのがこの頃である。裕福な労働者の妻が，専業主婦となる例もみられるようになった。女性運動も帝政期から始まり，1894年には上部団体としてドイツ婦人団体連合が設立された。この頃の運動は「近代家族」を枠組みにし，母性の保護を求めるものである。

さらに，反近代主義運動というべき動きもヴィルヘルム時代の特色である。批判の対象となったのは大都市や巨大な工場であり，「田園」「農村」「郷土」が理想として意識される。1902年，住宅問題の解決のために田園都市協会が設立され，実際に田園都市建設の試みがみられた。01年にベルリンで設立されたワンダーフォーゲルも青少年運動の側面のみならず，都市批判の系譜の中に位置づけられるものであろう。近代医学への反感から，ホメオパティー（同種療法），自然療法などが注目を浴び，治療法の信奉者による民間人組織が作られるようになったのもこの時代である。

歴史への扉12　「市民社会」としての帝政ドイツ社会

　帝政期の社会については軍国主義的というイメージが強い。ドイツ統一で中心的役割を果たしたプロイセンは軍事力を土台に国力の増大を進めた国家であり，その統一は3度の戦争によって達成されたので，帝政期の社会に軍国主義的要素がみられるのは当然のことかもしれない。具体例として1年志願兵制度を指摘できよう。これは，中等教育であるギムナジウムの教育を一定程度受けた者が享受できた特権であり，志願により1年間兵役につき，その後予備役将校になれるという制度である。

　一方，帝政期は「市民社会」の象徴といえる結社が，大きな役割を果たしたことが示すように，市民的な価値観や制度が社会に浸透した時期でもある。市民とは，18世紀後半から身分制社会の弛緩に伴い形を成し始めた階層であり，企業家や大商人の経済市民，大学で教育を受けた教養市民，そして伝統的な手工業者の都市市民が想定されるが，19世紀後半になると職員層など新たな階層が市民層と考えられるようになる。多様な要素を内包した階層だが，貴族や労働者とは異なる市民文化が，共通の特徴としてみられる。そうした市民文化としては規則的労働，秩序ある生活，業績主義，清潔感，「近代家族」などを指摘できよう。

　本論で述べた都市社会の改造や反近代主義運動にも，市民文化が反映しているが，ここでは職業という側面をとりあげたい。職業という観点から，19世紀以降のドイ

ツ社会は「資格社会」と評価できる。「資格社会」とは，ある職業に就くために一定の教育と国家試験を必要とする社会のあり方をいう。帝政期では医者，弁護士などの専門職に就くには，ギムナジウムを修了しアビトゥーア（大学入学資格）を取得し，一定年限の大学教育を受けた上で国家試験に合格する必要があった。古典語教育を重視するギムナジウムこそが教養市民層の育成の場であり，業績原理に基づく国家試験は市民の価値観を反映している。

ギムナジウムで教育を受けられるのは同学年の3％，修了できるのは1.5％程度にすぎなかったが，1901年には古典語教育を重視しない実科ギムナジウムと高等実科学校が大学入学資格に関してギムナジウムと同格化し，教養市民層に参入する窓口が拡大した。さらに教養市民的な職業をモデルとし，それ以外の職業も，帝政期から一定の教育と試験が求められるという意味で，「資格社会」化し始めた。職業に関して市民的な制度は社会全体に広がっていた。

最後に，軍国主義の例としてあげた1年志願兵制度にも，市民的な価値観が反映していることを指摘しておきたい。この制度は，教養市民養成の場であるギムナジウムがあって初めて成り立っているのであり，軍事力によって台頭した社会の中で，市民的な文化がとった特殊な形態と理解できるのである。

第4節　フランスの共和政と国民統合

（1）　19世紀フランスと共和政

フランス革命が始まったとされる1789年から第三共和政の成立が宣言された1870年までの80年あまりの間に，フランスは3つの王政，2つの帝政，2つの共和政を経験した。同種の政体が連続したのは復古王政から七月王政の時だけであり，その時も含め，いずれの体制交替も革命やクーデタなど暴力的な政変の形をとって起こった。一方，70年以降は，第二次世界大戦中のヴィシー政権期を除けば，フランスは共和政であり続けている。

このことは，19世紀のフランス史が体制のあり方を争点にして展開し，共和派がその争いを制したことを意味しているのだろうか。そうした見方は，政治史に限ればある程度はなりたつ。だが，史実はより複雑でニュアンスに富んでいる。

本節が扱うのは，1848年の第二共和政成立から1914年の第一次世界大戦勃発までの約三分の二世紀であり，第二共和政，第二帝政，および第三共和政の前期がそこに含まれている。このうち，第三共和政は全体で70年続き，フランスに共和

政を根づかせたとみることもできる。しかし，体制は常に安泰だったわけではなく，初期には王政復古の可能性に脅かされ，以後も何度か深刻な政治危機に瀕している。他方，第二帝政と第三共和政は，異なる統治原理に基づいているが，教育改革や国民統合に関しては連続する面をもっている。また，第二・第三いずれの共和政も，社会の平等化に積極的だったとはいえず，それが体制の不安定要因の1つになっていた。

（2） ルイ＝ナポレオンの時代

1848年12月，前月に制定された第二共和政憲法に基づき，大統領選挙が実施された。国家元首を国民（ただし成人男性に限定）が直接普通選挙で選出するという，世界史的にも未曾有の試みであったが，当選したのは大方の予想に反してルイ＝ナポレオン・ボナパルトだった。ナポレオンの甥とはいえ，まともな政治経歴をもたないこの人物は，74％もの得票率で圧勝を収めた。出自の威光に加えて，左派に対しては社会政策重視をうたい，右派に対しては秩序や所有の擁護を約束することで，広く支持を集めた結果であった。ルイ＝ナポレオンは，選挙での協力の見返りとして王党派に内閣を委ねた。議会では穏健共和派が過半数を占めていたため，第二共和政の憲政はねじれを抱えたまま船出することになる。

翌49年5月の総選挙（立法議会選挙）では，穏健共和派の勢力が大きく後退し，王党派・保守派を中心とする「秩序党」が議会を掌握した。ねじれを解消した政府は，言論や集会を規制し，教育における教会の影響力を増大させたほか，選挙資格認定において居住要件を厳格化して，多くの出稼ぎ労働者から事実上，選挙権を奪った。共和政は1年あまりで形骸化してしまう。

ルイ＝ナポレオンは，こうした反動的政策からは距離をとっていた。憲法は大統領の連続再選を禁じていたが，自らの地位の固定化を図ろうとしていた彼は，精力的に全国を遊説してまわり，世論を味方に付けようとした。そして1851年12月，民主主義の擁護を建前にクーデタを起こして議会を解散するのである。実体を失っていた共和政の防衛に立ち上がろうとした人々は多くなく，直後に実施された人民投票では，90％以上がクーデタへの賛成票を投じた。1年後の52年11月，帝政の復活が人民投票で承認され，ルイ＝ナポレオンはナポレオン3世として帝位に即いた。

こうして成立した第二帝政は，立法院（下院）と地方議会で男性普通選挙制を

維持するなど，人民を権力の源泉とする国家形態をとっていた。だが，実態はあくまで皇帝による個人統治であり，選挙でも体制寄りの候補者を行政が露骨に支援していた。しかしながら，常に帝政が抑圧的だったわけではない。たしかに体制の初期には，共和派をはじめとする反体制派が弾圧され，言論が厳しく統制されていた。このような傾向が強かった50年代は，「権威帝政」ともよばれる。しかし，60年の英仏通商条約を機に政策は徐々に転回し，立法院の権限が強められ，言論や集会の自由が拡大され，労働者の団結権も容認された。また，体制初期の支持基盤だったカトリック教会から距離がとられるようになり，世俗化の方向での教育改革が行われた。こうした政策がとられた60年代は，「自由帝政」ともよばれている。

政治的にはこのように複数の顔をもつ第二帝政であったが，経済的には繁栄期だったといえる。帝政の20年間で工業化は決定的に進み，フランス経済は大幅な成長をとげた。また対外的には，クリミア戦争でロシアを，イタリア統一運動にかかわってオーストリアを破ったほか，北アフリカで勢力を拡大し，インドシナにも地歩を築いた。ただ，62年に始まるメキシコ出兵が，皇帝自身の強い思い入れにもかかわらず失敗に終わったことは，帝政凋落の兆候となった。そして，失地回復をも狙って70年7月に始めた普仏戦争が，帝政に幕を下ろすことになる。

（3） 共和政に向けて

1870年9月2日，ナポレオン3世は8万余名の兵とともに敵軍に捕囚された。この報を受けて4日，パリでは共和主義者らが共和政を宣言し，臨時政府を組織した。第二帝政はここに消滅したのである。だが戦局は好転せず，4カ月に及ぶパリ攻囲戦を経て71年1月末に休戦が成立，フランスは賠償金50億フランとアルザス・ロレーヌ地方の割譲を認めざるを得なかった。休戦の直前，ビスマルクはヴェルサイユ宮殿でプロイセン王ヴィルヘルム1世をドイツ皇帝に即位させ，念願のドイツ統一をなしとげている。

フランス国内では敗北や講和条件に対する不満がくすぶっていた。71年3月18日，国民衛兵の武装解除問題をきっかけにパリで蜂起が生じ，政府と軍は首都からの撤退を余儀なくされた。続く26日，パリ独自の市議会選挙が実施され，28日にパリ・コミューン（自治都市パリ）が宣言された。このコミューンは史上初の労働者政府，社会主義政権と評価されることもあったが，実際には，直接民主主

義に基づく社会的共和政を自治体の枠内で実現しようとするものだった。政府は，平和的解決策に見切りをつけ，5月下旬にパリを武力制圧する。自治都市の試みは3万人以上の犠牲者を出す内戦に終わった。

対外的，対内的な戦争に終止符が打たれても，共和政がただちに確立したわけではない。普仏戦争休戦の直後に実施された国民議会選挙で共和派は主導権をとれず，王党派が議席の3分の2を獲得していた。王党派は73年から76年までの間，議会と内閣，大統領府をおさえ，「道徳秩序」をスローガンに伝統的社会への回帰をめざす政策をとっていた。第二共和政と同じように，共和政の実権を王党派が握っていたのである。だが，王党派内で正統王朝派とオルレアン派の反目があったため王政復古にはいたらず，逆に，帝政派が勢力を回復しつつあったことに脅威を感じたオルレアン派が共和派に歩みよって，75年，大統領制や二院制などを骨子とする第三共和政憲法（正確には「憲法的法律」）が制定された。共和派はこれと前後して国政選挙でも地方選挙でも優位に立つようになり，79年には上下両院を掌握して王党派の大統領を辞任に追い込んだ。ここにフランスは，名実ともに共和国になったのである。ただし，王党派大統領が反動的政策を進めたことへの反省から，以後の第三共和政は大統領を有名無実化し，議会が実権をもつ体制となる。

政権の座に就いた共和派は，大規模な公共事業計画であるフレシネ・プランに基づいて国土整備を進めたほか，80年代を通じて，集会と出版の事前許可制の廃止，労働組合の結成の承認，離婚の合法化，市町村の権限の拡大など，一連の自由主義的改革を行った。また，81～82年のいわゆるフェリー法により，初等教育の無償・義務・世俗化を定めた。ただし，政権は体制の安定を最優先に考え，改革を漸進的にしか進めようとせず，社会政策の推進には及び腰であった。そのため共和派は，急進派から「日和見主義者（オポルチュニスト）」との批判を浴びることになる。

（4） 国民国家

19世紀ヨーロッパの重要な政治課題の1つに，国民国家の形成があった。フランス革命の継承者を自認する第三共和政は，この点に特に力を注いでいた。

フランスはもともと多様性が強い国である。言語を例にみると，1870年代，フランス語をまったく解さないか外国語のようにしか使えない人々は，南フランス

や国土の周縁部を中心に，人口の半数近くに及んだとみられる。経済の次元でも，少なくとも19世紀半ばまでは国土は地域経済圏のパッチワークのようであった。そのほか，時間も全国同一ではなかったし，革命期に作られたメートル法が守られないなど，度量衡の地域差も残った。

　国民意識の浸透の度合もまちまちであった。19世紀半ば，南仏の山岳部の小学校を訪れた視学官が，自分は何国人なのか答えられない児童がいることに驚いたという記録も残っている。

　このように多様な社会から単一の国民国家を生み出すには，その国民観念が文化的あるいは民族的要素に縛られるものであってはならない。第三共和政公式の国民観念を表すといわれるエルネスト・ルナンの講演，「国民とは何か」(82) によれば，国民は言語や宗教によって先天的に規定されるのではなく，国家理念への同意によって人々が自発的に形成するものであった。もっとも，現実に目を向ければ，後述するように差異を平準化しようとする動きがみられたし，植民地出身者に対する差別的意識も根強く存在した。

　国民統合にあたり基盤としての役割を果たしたのは，交通網の整備だった。鉄道網は，すでに第二帝政期に製鉄など重工業部門の発展と軌を一にして延伸し，骨格にあたる部分が形成されていたが，第三共和政期にはそれが都市部から離れた地域にも及び，1911年には総延長5万キロを数えた。1891年には標準時も制定されている。また，道路網の整備も進み，20世紀初頭には5万3000キロの国道や県道，54万キロの地方道が全土をほぼ覆った。人とモノの移動にとって，国という枠組みが現実的な意味をもつようになったのである。

　思考の次元で人々の地平を広げたのは，初等教育であった。第二帝政は，教員の増員と待遇の改善，女子初等教育の拡充，世俗化の推進など，教育改革の地ならしを行ったが，それを承けた第三共和政は，すべての子どもたちに「理性の言語」フランス語を身につけさせ，歴史・地理教育をつうじてフランスの偉大な歴史や誇るべき地位を知らしめようとした。また，第三共和政期に数次の改革を経て皆兵制が実現した結果，軍隊は社会的・地理的出自を越えて若者を社会化させ，国民意識を醸成する機能をもつようになった。

　ただし，国民の形成が中央から地方への一方向的な押しつけだったと考えるのは不適切であろう。かつては，第三共和政期のフランス語教育はたいへん厳格で，地域語を撲滅したかのように語られることもあった。だが，実際に地域語使用が

禁止されていたのはおおよそ学校内に限られていたし、地域語を母語とする人々が自ら熱心にフランス語を習得し、社会的上昇をめざそうとする傾向もみられた。もっとも、中央と地方の経済的・文化的格差は厳然としてあり、そうした構造の中で人々の選択がなされたのも事実である。

　国民意識が浸透しても、それ以外の点で差異や格差が残存していたことも忘れてはならない。1890年頃から第一次世界大戦開始までの時代は、後に「ベル・エポック（美しき時代）」とよばれる繁栄期であり、好況に助けられて生活水準が全般的に向上し、技術革新により映画など新たな文化が花開いた。だが、華やかな進歩の陰で貧富の差は依然として大きく、人口のわずか2％が全個人資産の半分以上をもっていたとみられる。平均的な労働者家族は支出の6割を食費にあてざるを得ない状態にあった。フェリー法をはじめとする教育改革も、民衆層の子どもと富裕層の子どもに別コースを用意するという二重構造（複線型教育制度）を前提としており、社会の階層構造を根本から崩すようなものではなかった。

（5）　政治統合のほころび

　第三共和政は70年の長きにわたり存続したが、けっして盤石の体制だったわけではなく、何度も深刻な脅威にさらされた。

　1880年代後半、陸軍大臣として国民的人気を誇ったブーランジェ将軍をシンボルにして行われた大衆政治運動「ブーランジスム」も、そのような脅威の1つだった。この運動は、特定の政治思想や社会階層に依拠せず、「議会解散、新たな制憲議会、憲法改正」という、具体性はないが明快なスローガンを掲げて広範な支持を得ようとする点に、その特徴があった。実際、この運動に対する支持は、右翼ナショナリストのほか、王党派、急進派、さらには社会主義者の一部にも広がっていた。運動自体は、89年1月にパリの下院補欠選挙で圧勝したブーランジェが、熱狂した群衆のクーデタ要求にもかかわらず行動を起こさなかったことで、急速に衰える。ただこの運動が行われた際、シャンソン、切手、置物、石けんなど「ブーランジェ・グッズ」を大量に用いたイメージキャンペーンが熱心に行われており、大衆政治の幕開けを告げるものだった。

　体制への脅威は以後も去らず、90年代にはアナーキストによるテロ事件が続発し、94年には現職の大統領カルノーが暗殺されている。同年に始まるドレフュス事件も体制を大きく揺るがすことになる。

この年の秋，参謀本部のドレフュス大尉が軍事機密をドイツ側に流した疑いで逮捕された。完全な冤罪だったが，大尉がアルザス出身のユダヤ系だったことで人々は予断を抱き，軍事法廷も終身流刑の判決を下した。2年後，軍内部に真犯人がいることが判明したが，政府も軍部も体面を重んじ，誤審を認めようとしなかった。これに憤った作家エミール・ゾラが，98年に「私は弾劾する」と題した大統領宛公開書簡を新聞に掲載すると，世論はにわかに沸騰し，人権擁護は共和政の根幹にかかわると考える「ドレフュス派」と，国家や軍部の名誉を重視する「反ドレフュス派」とが激しく対立した。後者の中には，「血」や「郷土」に基づく国民観念を掲げる諸集団があり，その一部は各地で反ユダヤ暴動を起こすにいたった。事態が鎮静化するには，99年に再審が行われ，大統領がドレフュスに恩赦を与えるまで待たねばならない。

　ドレフュス事件の余波は，政界の勢力地図を描きかえた。99年，穏健共和派（かつてのオポルチュニスト）の一部が急進派や社会主義者と連携して「共和国防衛」政府を立て，共和政の主導権はそれまでの穏健共和派から急進派へと移ってゆく。急進派は，社会政策については期待されたほどの成果をあげられず，年来の主張である所得税も第一次世界大戦前には導入できなかった。その反面，反教権的政策にはきわめて熱心であり，修道会教育禁止法を制定させたほか，バチカンとの外交関係を断ち，1905年には政教分離法を成立させている。

　このように，内政面で多くの課題や対立を抱えていたフランス第三共和政は，国際社会ではビスマルクの巧みな外交により，1880年代までは孤立を余儀なくされていた。だが，90年にビスマルクが宰相職を辞したことで，ヨーロッパ国際秩序は流動化に向かう。フランスは94年に露仏同盟を結んだ後，イタリアと秘密政治協定を結び，1904年には英仏協商も成立させた。こうしてフランスは，逆にドイツを包囲したのである。

　ドイツとの関係は，普仏戦争以来，国内の一部に根強くあった対独復讐意識と重なって，悪化してゆく。特に，北アフリカのモロッコをめぐる両国の権益の対立が，国際問題に発展した（モロッコ事件）ことで，フランスでは反独感情が高まり，政界では戦争やむなしとの意見が幅をきかせるようになった。1914年6月のサライェヴォ事件と，その後の欧州列強による外交的駆け引きは，この流れを不可逆的にしてしまう。そして8月1日，フランスは総動員令を発して第一次世界大戦になだれ込むのである。

歴史への扉13　　ライシテとは何か

　2004年2月，フランスの国会はイスラム教徒のスカーフ，ユダヤ教徒の丸帽，キリスト教徒の大きな十字架など，宗教的な標章の着用を公立学校で禁止する法案を可決した。法案をめぐってはイスラム教徒を中心に反対デモが繰り返され，諸外国からも抗議の声があがったが，世論調査によれば国民の7割，教師の8割が法案に賛成していた。

　極端にも思えるこの法律は，革命以来フランス共和政の根本原理をなす「ライシテ（世俗性）」に基づいている。それは，宗教を公的空間から不可視化もしくは排除し，私的空間に限定するという原理である。ただし具体的な解釈は一様ではなく，教会と国家の形式的な分離でよしとするものから，聖堂を文化財とみなしてその修繕に公金を支出するのはよろしくないとする意見，さらには宗教は社会には不要であるという声まで，様々な主張がライシテの名のもとになされている。こうした多様な解釈がなされるほどに，ライシテは政治的・社会的な争点であるともいえよう。

　ライシテの最大の起源は，フランス革命にある。アンシャン・レジームの精神的支柱であり，特権階級を構成していたカトリック教会は，一部の例外を除けばほぼ反革命の立場を貫き，それに応じて革命を支持する人々も，王権以上に教会を敵視した。19世紀の共和主義者は，革命の継承者を自認して世俗的共和政を志向した。ライシテの理念は，第三共和政下，1881～82年のフェリー法に始まり，1905年の政教分離法にいたる一連の立法を経て，現実のものとなった。その過程では，共和派＝世俗主義者と王党派＝カトリックが，政界の内外でときにきびしく対立した。フランスの政教分離が，アメリカ合衆国のように友好的分離ではなく敵対的分離なのは，こうした経緯による。

　ところで，以上はおおむねフランス本土でのことである。植民地には，それとは異なる歴史があった。第三共和政下，フランスが広大な植民地帝国を形成する中で，布教の歴史をとおして異文化支配のノウハウを身につけていたカトリック教会の力を，国家はしばしば利用しようとした。「反教権主義は輸出品ではない」（共和派政治家ポール・ベール）といわれたように，政教関係・国家教会関係は本土と植民地とで大きく異なっていたのである。

　今日，旧植民地からの移民やその子どもたちが，ライシテと相容れない文化的素地をもっていると批判的に語られることが少なくない。冒頭に挙げた法の制定に際しても，そのような指摘が暗に明になされた。だが，仮にそうだとしても，それは文化的な差異だけでなく，歴史の因果でもあるのだということは，忘れられるべきではない。

ブダペストの郵便貯金局
ハンガリーを代表する建築家レヒネル・エーデンの設計による。アウスグライヒ体制のもとでオーストリア＝ハンガリーでは多様な文化の交流が見られ，人口が増加した都市では世紀末文化が花開いた。
出典：G. János, K. Attila, M. Imve, *A Századfordoló Magyar Építészete*, Szepirodalmi Könyvkiadó, 1990.

第6章　中・東ヨーロッパの再編と民族問題

第1節　オーストリアと中・東ヨーロッパの再編 ─────
第2節　ロシアの近代化 ─────
第3節　トルコの近代化と民族問題 ─────

第1節　オーストリアと中・東ヨーロッパの再編

（1）　オーストリアにおけるアウスグライヒの成立

　イタリアの統一とドイツの統一は，民族の権利が主権国家の確立に帰結することを，目の当たりに示していた。しかしまた同時に，プロイセンの主導によるドイツ統一の実現は，そこから排除されたハプスブルク帝国からみれば，ドイツ民族主義の担い手であることから解放されたことを意味していた。その時にあたり，ハプスブルク帝国が選択した再編の道筋が，対プロイセン戦争に敗北した翌年の1867年に成立したアウスグライヒ（協調）だった。アウスグライヒはハンガリー王国に一定の自治を認めたため，オーストリア＝ハンガリーの二重国家体制を作りだすことになった。

　ハンガリーのアウスグライヒ法は，ハンガリー王国の自立性の根拠を，プラグマーティシェ・ザンクツィオーン（国事勅書）に求めていた。18世紀初め，カール6世は男子の後継者を持っていなかったため，プラグマーティシェ・ザンクツィオーンにより，男女を問わず長子によるハプスブルク家領の一括不可分の継承を規定した。カール6世はそれに対する承認を各領邦議会から取り付ける代わりに，諸領邦の立法と行政に関する自治権を再確認していった。ハンガリー側はアウスグライヒを，そのプラグマーティシェ・ザンクツィオーンの延長線上に捉え，そこで再確認された立法と内政の自治を前提とした上で，帝国全体の安全を守る外交と軍事およびそれに係わる限りでの財政を，「一括不可分」の帝国に共通する業務として認識することになった。

　アウスグライヒ体制のもとでは，オーストリアとハンガリーはそれぞれ自立した政府をもち，オーストリア政府は皇帝に，ハンガリー政府はハンガリー王国国王に対して直接責任をもっていた。そして皇帝とハンガリー王国国王をハプスブルク家の当主が兼ねることで，一つの国家（オーストリア＝ハンガリー君主国）の体をなしていた（図6-1参照）。しかし，それは単に，皇帝にして国王である一人の人格によってのみ結びつけられた，ゆるい国家連合だったというわけではない。

　共通業務に関する基本法は，オーストリア＝ハンガリーが一つの国家として機能する分野を共通業務として定めていた。それは外交と軍事，それに掛かる費用

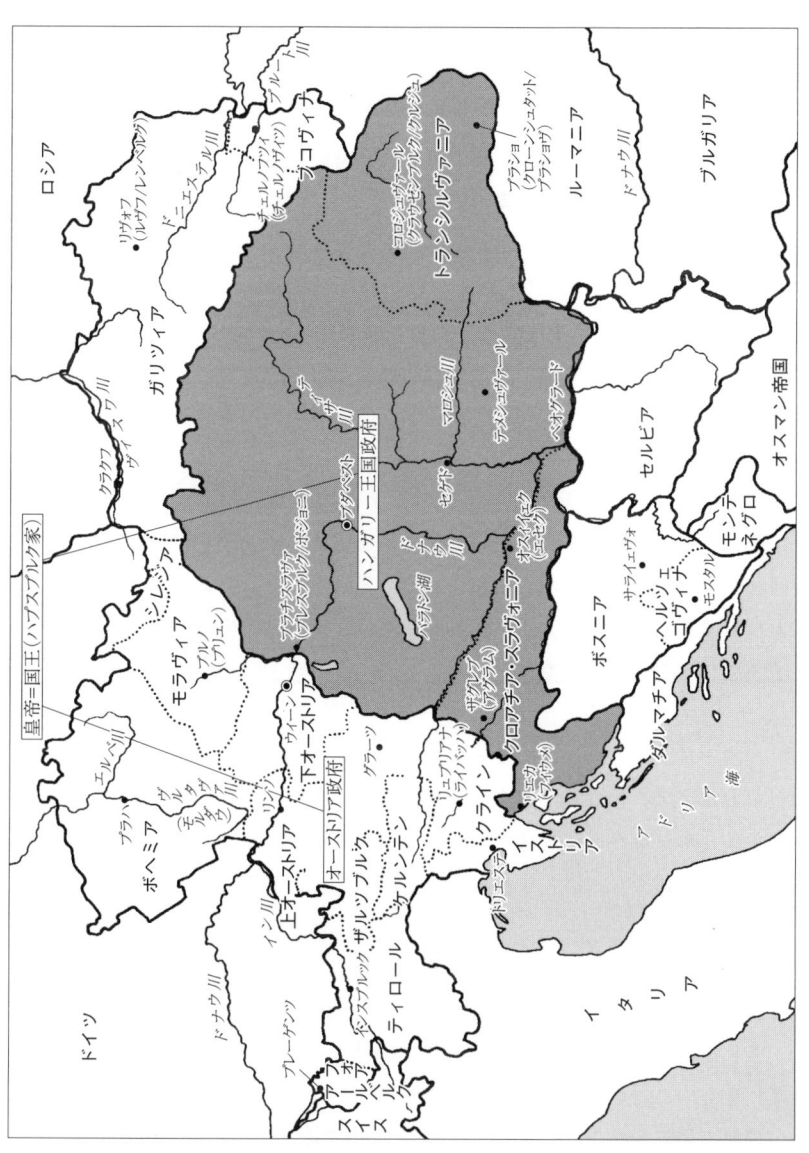

第6章　中・東ヨーロッパの再編と民族問題　163

図6-1　オーストリア＝ハンガリーの行政区分

をまかなう財政の3分野だった。そして，それぞれ外交を司る共通外務大臣，軍政を司る共通陸軍大臣，財政を預かる共通大蔵大臣がおかれた。共通業務に関する調整機関として，共通閣議がおかれたがその位置づけは曖昧なままだった。結局，そのメンバーや開催場所，守備範囲もその後の運用の中で固められていくほかなかった。開催場所は，皇帝にして国王たるフランツ・ヨーゼフが主宰した場合には宮廷とされ，共通外相が主宰する時には宮殿に隣接する外務省であり，たまに共通陸相が主宰する時には陸軍省であり，ブダペストで共通議会が開催されている時には，ブダの王城だった。そのメンバーは共通外相，共通蔵相，共通陸相，各首相，関係高官（オーストリア，ハンガリーの関係閣僚，共通外務省，共通財務省，共通陸軍省の高官，専門家）そしてときには皇帝にして国王自身だった。共通閣議で話し合われたテーマは，共通業務に属する外交，軍事，共通予算のほかに，共通議会に関すること，国法に関すること，鉄道敷設に関すること，経済同盟に関すること，対外経済に関することであった。

　アウスグライヒは，ハンガリー王国の国法（歴史的自治権）を再確認する形を取りながら，ハンガリー王国で相対的に多数を占めるハンガリー系の人たちの民族的権利を認めたことにほかならなかった。だからこそ，ハンガリー王国でもオーストリアでも，アウスグライヒ体制を前提に，それぞれの国内の民族問題への対応が問われることになった。

（2）　オーストリア＝ハンガリーにおける民族の問題

　オーストリア＝ハンガリーのうちオーストリアでは，民族に関する特別の法令は制定されなかったが，アウスグライヒ関連法と同時に制定された『人権に関する基本法』の第19条が，次のように国内の民族関係を規定していた。

① 　国内のすべての民族は平等である。それぞれの民族はそれぞれの民族性と言語を守り，育てる全面的権利を有する。
② 　それぞれの州でよく使われている言語は，教育，行政，公共の場で対等の権利をもつことが国家により承認される。
③ 　複数の民族が住む諸州では，公的な教育機関が以下のような配慮のもとに設置されることになる。すなわち，その内の一つの民族が別の民族の言語の習得の学習を強制されずに，自分の言語で教育を行うに必要な手段が与えら

れなければならない。

　このようにオーストリアでは、民族の権利が国家の人権に関する基本法の中で規定された。そのことは、次のような意味をもっていた。一つには、領邦議会の伝統を引き継ぐ州議会の立法権に対して、オーストリア国会が上位の立法権をもつことで、オーストリア国内における国法的自治権を強く制約したことである。もう一つは、民族の権利を個人の権利として捉え、集団的な民族の自治権は認めていないことである。そのことを前提とした上でなお、国家の基本法に民族の平等が明記されたことは注目される。

　ハンガリーの場合も、オーストリアとともに歩んできた歴史をふまえて、民族政策の原則が作られたことは、忘れてはならないことだろう。アウスグライヒ自体、ハンガリー王国国法の実現と見ることができたので、たとえば国法的な自治を根拠に、民族的な自治を主張するクロアチア系の人たちには、自分たちの主張が容れられる可能性があった。しかしまた、アウスグライヒの成立は、ハンガリー系の人たちのスラヴ系住民に対する警戒心の産物という側面をもち、同時にハンガリー民族意識を高揚させるものでもあった。

　ハンガリー王国ではオーストリアとは異なり、1868年に「民族法」の形で、民族政策の原則が作られた。その序文でまず、ハンガリー王国住民はハンガリー国民であることが明記された。したがってここでも、ハンガリー王国内に特別の国法的自治空間や民族的自治空間は、認められなかったのである。その上でハンガリー国民には、民族的帰属にかかわらず法の前の平等が認められた。この序文の精神に基づいてまず第1項で、国政の場およびハンガリー議会ではハンガリー語が使われるべきことが要求された。しかしそれぞれの地方の行政機関や立法機関では、その地で生活する人たちの母語が使われることが認められた。また教育や司法の分野でも、それぞれの地方の人々の母語の使用が認められた。

　この民族法とは別に、クロアチア王国にはクロアチア語でアウスグライヒにあたるナゴドヴァ協定が結ばれ、一定の自治が認められた。それはクロアチア王国国法の実現とみることもできるが、その自治のレベルはアウスグライヒにおけるハンガリー王国の場合よりもかなり低い。むしろ民族法の延長として、クロアチア王国で86.9%を占める南スラヴ系住民に一定の民族的自治権を与えたと考えるほうが妥当だろう。

(3) 19世紀末の中・東ヨーロッパ

　19世紀末の中・東ヨーロッパを少し角度を変えてみると，その特徴がよくみえてくる。つまり中・東ヨーロッパはこの時期，アメリカ合衆国へ最も多くの移民送り出した地域となるのである。ここではアメリカ側の事情はおくとして，中・東ヨーロッパの側ではどのような事情があったかを考えてみよう。まずこの時期の中・東ヨーロッパでは，人口が増加したことが挙げられる。1870年から1910年の間に，ドイツの人口は約2300万人から3400万人へ46％増加し，ロシアの人口は約2200万人から3900万人へ76％増加した。さらにオーストリア＝ハンガリーの人口は，約3600万人から4900万人へ35％増加した。しかし他方で，この地域の最大の輸出品である農産物価格は，アメリカ大陸やオーストラリア大陸からの穀物，食肉の流入で長期低落傾向にあった。そのため中・東ヨーロッパでは農村で増えた人口が都市へ，あるいは海外へ移動する傾向が顕著になった。

　同じ1870年から1910年でみると，ベルリンでは人口が151％増加し，約83万人から207万人となり，ウィーンは83万人から203万人に増加し，ブダペストは175％増の32万人から88万人となった。そのことがこれらの都市の近代化を促したことは事実であり，たとえばブダペストでは，1896年にヨーロッパ大陸で最初の地下鉄が建設された。しかし，さらに多くの人が海外に新天地を求めたことも事実だった。アメリカ合衆国の出入国統計に拠れば，1902〜03年におけるアメリカ合衆国への移民は114万人だったが，そのうちオーストリア＝ハンガリーからの移民は28万5000人で合衆国への移民の4分の1を占め，ロシア・ポーランドからの移民19万2000人と，ドイツからの移民5万人を合わせると，中・東ヨーロッパが占める割合は半数近くにのぼった。中・東ヨーロッパからの移民たちは職を求めてアメリカ合衆国全土に住み着いたが，特に折から合衆国の工業出荷額で，1位を占めた食肉産業に従事する者が多かった。食肉産業は流れ作業をいち早く取り入れて合理的な生産方法を確立していたが，手作業の工程が多く，安価な労働力を大量に必要としていた。そこには中・東ヨーロッパからの移民労働者が支えるアメリカの食肉産業が，ヨーロッパの食肉価格を押し下げ，中・東ヨーロッパからの移民を増やすという皮肉な循環があった。

　こうした農村から都市へ，あるいは海外へという人の流れを容易にしたのが鉄道の発達だった。パリとイスタンブルを結ぶオリエント急行は1870年代に営業を開始するが，その頃はパリからウィーン，ブダペスト，ブカレストを通り，いっ

たん黒海に出て，そこから海路イスタンブルに向かわなければならなかった。しかしハンガリー国鉄がブダペストからベオグラードを結ぶ線を開設し，それを受けてセルビア国鉄がベオグラードからニシュへ，そこからソフィアあるいはスコピエへ達する鉄道を敷設すると，既設の鉄道と接続することにより，パリからイスタンブルまで鉄路で結ばれることになった。19世紀末の中・東ヨーロッパでは，ロシア，ドイツ，オーストリア＝ハンガリー，オスマンの支配下で，鉄道の発達と人口の増加に伴う流動化が人々の生活を変えようとしていた。しかしオリエント急行の足元では，オスマンの力の減退と地域大国としてのセルビアの台頭が確実に進行していた。

　1878年のベルリン条約で，オスマン帝国に主権を残したままボスニア・ヘルツェゴヴィナの占有・統治権を得たオーストリア＝ハンガリーは，着実に統治の実績を積み重ねていた。しかしボスニア・ヘルツェゴヴィナの法的な位置づけが曖昧である限り，隣接するセルビアの大セルビア実現への欲求は，当地のセルビア系住民にも魅力になり得るものだった。1908年にオスマンで青年トルコ党が革命を起こして立憲制への転換を主張し，それを主権の存するボスニア・ヘルツェゴヴィナにまで及ぼそうとすると，オーストリア＝ハンガリーは危機感を強め，この年10月にこの地を併合した。これに対して，主権を侵害されたオスマン，大セルビア主義を否定されたセルビア，セルビアを支持してバルカンへの勢力拡大を図るロシアは激しく反発し，ヨーロッパは戦争の危機に直面した。

　しかしロシアはこの時，まだ対日戦争による打撃から立ち直っておらず，オーストリア＝ハンガリーを支持するドイツの外交的圧力に屈し，オスマンは主権の喪失に対する一定の補償を得て軟化し，セルビアも矛を納めざるを得なかった。戦争の危機は回避されたが，セルビアの青年層に不満を残し，バルカン情勢は不安定要因を増すことになった。1912年にはロシアを後ろ盾に，セルビア，ブルガリア，モンテネグロ，ギリシアが同盟を結び，対イタリア戦に敗北して窮地にあったオスマンに宣戦した（第一次バルカン戦争）。この戦争の結果，オスマンはバルカンの領土を大幅に減らしたが，イタリアとオーストリア＝ハンガリーが干渉してアルバニアを独立させたため，セルビアは海への出口を得ることができなかった。オスマンが失った領土の分割をめぐって，ブルガリアとほかの同盟諸国の間で起こった戦争が第二次バルカン戦争であった。この戦後処理の一環で新生アルバニアの国境が確定されたが，セルビアはアルバニア国境内の自国軍の撤退に

容易に応じず、オーストリア゠ハンガリーの軍事的圧力のもとでようやく撤退することになった。14年6月28日、軍事視察を終えて、ボスニア・ヘルツェゴヴィナの州都サライェヴォを訪れたオーストリア゠ハンガリーの帝位継承者、フランツ・フェルディナント夫妻が、「青年ボスニア」に加わっていたセルビア系の青年に暗殺された。その背景には緊迫するバルカン情勢があった。

歴史への扉14　ミューシャの町の複合的な社会
——ハプスブルク的秩序とその崩壊

　19世紀末の装飾的絵画の代表的な画家である、アルフォンス・ミューシャが生まれたイヴァンチッツェ（ドイツ語：アイベンシッツ）の町は、現在のチェコ共和国の工業都市ブルノから車で30分ほどの位置にある。ミューシャの生家は町の中心にある広場に面し、現在はその跡がミューシャの記念館となっている。農業を生業とする周辺の農村にとって、イヴァンチッツェは商工業の中心地として栄えてきた。ミューシャが生まれた19世紀の後半には工業都市ブルノとの間に鉄道も敷かれて、衛星都市としての機能も加わり、人口の増加がみられた。そのことはイヴァンチッツェの町の性格を微妙に変えることになった。

　イヴァンチッツェを含むモラヴィア地方は、当時ハプスブルク帝国に属していたが、ハプスブルク帝国はもともとハプスブルク家を君主とする領邦の集合体だった。それが19世紀という時代にあって、次第に国民国家としての体裁を整えていくことになる。その過程の中で1つの転機になったのが、1866年の対プロイセン戦争での敗北だった。これ以降、ハプスブルク帝国はオーストリアとハンガリーという、自立した2つの対等な「国家」が帝国としての軍事と外交政策を追求する、一種の連邦国家の体裁をとることになった。モラヴィア地方が属したのはそのうちオーストリアだったが、ここでは人権に関する基本法が「民族の平等」を掲げていた。特に教育に関しては、複数の民族が居住する州で、どの民族もほかの民族の言語を強制されないような形で公立学校が設置されるよう求められていた。モラヴィアはドイツ系とチェコ系という複数の民族が居住する州だったが、特にイヴァンチッツェは人口が急増する中で、多数派のチェコ人に加えて、ドイツ系住民が増加していった。

　ドイツ系住民は初めのうち、ドイツ系学校協会が運営する私立の小学校で満足していたが、やがてドイツ語で授業をする公立小学校の設置を求めることになった。チェコ系の意向を反映した市当局は、チェコ語で授業をする学校（チェコ系小学校）に加え、ドイツ語で授業をする学校（ドイツ系小学校）を設置することに消極的だった。しかし、子どもに自分たちの言語で教育を受けさせたいという親の数が一定数

を越えた時には、基本法の精神に照らして、自治体はその言語で授業をする公立の小学校の設立が求められた。イヴァンチッツェのドイツ系小学校の設置問題は19世紀末、10年以上にわたって争われ、最終的には1895年に公立のドイツ系小学校が授業を始めるが、それは思わぬ副産物を生むことになった。ミューシャの生家から5分ほど歩くと、チェコではプラハ、コリーンと並ぶ規模のユダヤ人墓地をみることができる。それはイヴァンチッツェにユダヤ人が居住していたことを物語るものであるが、19世紀の末、そのユダヤ人自治区にはドイツ語で授業を行う小学校があった。このユダヤ人自治区の小学校は、公立のドイツ系小学校が設立されると、生徒が減少して存亡の危機に立たされることになった。ともあれチェコ系、ドイツ系、ユダヤ系という3つの社会が複合して成立していたイヴァンチッツェは、3種の小学校をもったまま第一次世界大戦を迎えることになった。

　第一次世界大戦が終わると事態は一変した。イヴァンチッツェは独立したチェコスロヴァキアに属し、イヴァンチッツェ市当局の圧力でドイツ系小学校への通学児童の数は激減し、1920年にはドイツ系小学校は閉鎖に追い込まれた。ユダヤ人学校はむしろ生気を取り戻すが、今度は39年のナチス・ドイツによる占領でユダヤ人学校は閉鎖され、多くのユダヤ人が強制収容所に送られることになった。ハプスブルク帝国期のイヴァンチッツェは、町の複合的な性格を反映して小学校教育でチェコ系、ドイツ系、ユダヤ系の3種の学校が並立していた。その関係はチェコスロヴァキア国家の成立とともに変容し、旧に復することはなかった。

第2節　ロシアの近代化

（1）　改革の時代

　ヨーロッパを揺るがした1848年革命の後、ニコライ1世治下のロシア帝国では、厳しい検閲が知識人の間に深刻な閉塞感をもたらしていた。その頃、オスマン帝国内にある聖地エルサレムの管轄権問題をめぐってフランスとの間に紛争が生じ、複雑な交渉の末、ロシアはイギリスやプロイセン、オーストリアとも関係を悪化させ、外交的に孤立するにいたった。53年9月（本節ではロシア暦を用いる。19世紀では12日、20世紀では13日を足すと西暦になる）、まずオスマン帝国との間に戦端が開かれ、続いて54年3月、英仏がロシアに対して宣戦し、クリミア戦争が始まる。英仏の優勢な火力の前にロシアは苦戦を強いられた。そのさなかにニコライ1世は世を去り、皇太子が即位する。後に解放皇帝とよばれるアレクサンドル2世で

ある。半年後，黒海沿岸の軍事拠点セヴァストポリが陥落して，ロシアの敗北は決定的になった。56年3月に調印されたパリ講和条約によって，ロシアはオスマン帝国とともに黒海および黒海沿岸に軍事力を保持する権利を失った。

　クリミア戦争の敗北が引き金となって，ロシア国内では様々な改革の動きが加速された。60年代に入って次々に実施されたこれらの改革は，大改革と総称される。その中でも最大の出来事は61年2月19日の詔書による農奴制の廃止であり，これによって領主地農民は領主への従属を脱することになった。しかし，それまで耕作してきた土地に対して，農民は利用権を認められたにすぎず，所有権を取得するには共同体単位でそれを買い取らなければならなかった。農民の共同体は末端の行政単位としても位置づけられ，一定の自治を認められると同時に，徴税や警察などの行政的機能を割りあてられた。また64年1月，内地の県と郡にゼムストヴォ機関とよばれる地方自治機関が新設された際，ゼムストヴォ郡会の議員を選出する権利は，地主や都市住民などとともに，共同体農民の代表にも与えられた。

　64年11月に行われた司法改革により，ロシアは刑事陪審をはじめとする近代的な裁判制度を採用し，臣民に裁判を受ける権利を保障した。66年のカラコーゾフによる皇帝暗殺未遂事件の後，開放的な気分は急速に凋んでいったが，改革への取り組みはその後も続けられ，70年6月には都市制度改革が実現した。さらに74年1月に行われた軍制改革により，すべての男子は身分にかかわらず等しく兵役義務を負うことになった。

（2）　改革後の対外関係と社会変容

　1863年1月，自治を認められていたポーランドで起こった蜂起は，民族感情を煽るジャーナリズムの影響力を強めるとともに，この地域のロシア帝国への統合を強化する結果となった。ヨーロッパの世論は概して，ポーランドに同情的であった。また，この時期ロシアが進めていた西トルキスタン進出は，インドを支配するイギリスとの間の緊張を高めていた。70年，ロシアはパリ条約における黒海中立化条項の無効を宣言したが，これもロシアの国際的立場を悪化させた。71年1月のドイツ帝国成立は，ロシアにとって新しい脅威の出現を予感させるものであったにもかかわらず，外交的孤立を避けるために，ロシアはドイツと組む道を選ばざるを得なかった。ドイツもまた露仏接近を避けるために対露関係の安定を

求め，73年10月，オーストリア＝ハンガリー帝国を加えて三帝同盟（三帝協約）が結ばれた。

しかし，独墺とロシアの間の良好な関係は長くは続かなかった。軋みを生じさせたのはバルカン問題である。もともとロシアには，バルカン半島に住むスラヴ人をオスマン帝国の支配から解放し，そこにロシアを盟主とした国際秩序を作ろうと唱える汎スラヴ主義的な人々がいた。75年から翌年にかけ，オスマン帝国治下のヘルツェゴヴィナとブルガリアでスラヴ人の蜂起が起きると，彼らが世論を煽り，消極的であった政府上層部を開戦へと導いていった。

77年4月に始まった露土戦争はロシアの勝利に終わり，78年2月，セルビアやルーマニア，モンテネグロの独立に加えてブルガリアを自治公国とするなど，ロシアの利益に適った内容のサン・ステファノ条約が締結された。ところがこれに対して，イギリスとオーストリア＝ハンガリーが異を唱え，同年6月，ドイツ宰相ビスマルクの仲介でベルリン会議が開かれた。その結果，ブルガリアはオスマン帝国の支配下にとどまることとなり，イギリスはキプロス島の，オーストリア＝ハンガリーはボスニア・ヘルツェゴヴィナの施政権を得た。そのためロシア国内では，バルカンに勢力を拡大したオーストリア＝ハンガリーや，会議を仲介したドイツに対する反感が強まった。

60年代以降，ナショナリズムの高まりと密接にかかわりながら，ロシア社会の変容が進んだ。都市では新しい文化が徐々に下層の人々にも浸透し，民衆と知識人との間に新たな交流の萌芽がみられるようになる。これに先立ち，ロンドンで亡命生活を送っていたゲルツェンらによって，農村共同体を拠り所とした，西欧とは異なる発展の道をロシアが歩み得るとする思想が生み出されていた。この思想はナロードニキ主義として定式化され，その影響のもと，70年代前半には，農民に対して積極的に働きかけようとする広汎な運動が生まれた。

70年代末の露土戦争は社会の動揺をもたらし，反政府運動が活発化した。混乱を収拾するため，警察権力を掌握したアルメニア人の内相ロリス＝メリコフは，専制の堅持を標榜しながらも，立憲制に道を拓く可能性を秘めた政治改革のプランを作成し，アレクサンドル2世の支持を得た。しかし，81年3月1日，アレクサンドルがサンクト・ペテルブルクでテロリストによって暗殺されると，生じかけた政治的変化は停止し，ロリス＝メリコフのプランも水泡に帰した。

(3) 反改革と経済発展

続くアレクサンドル3世の時代には、専制の護持が掲げられ、政治改革の可能性が否定されると同時に、大改革のいくつかの原則に対して変更が加えられた。特に農民の自治が見直され、1889年7月12日法により、貴族の中から選任され、行政と司法の両方にわたる権限をもつ農民監督官（ゼムスキー・ナチャーリニク）の職が設けられた。また、90年6月12日に裁可された新しいゼムストヴォ法では、貴族身分が独立の選挙会を構成するよう選挙方法が改められるとともに、ゼムストヴォ機関に対する県知事の統制が強化された。トルストイ内相のもとで準備されたこれらの制度変更は、反改革とよばれている。

図6-2 セルゲイ・ヴィッテ
出典：Ministerstvo Finansov, *Ministerstvo finansov, 1802-1902*, St. Petersburg, 1902.

しかし反改革の後、ゼムストヴォ活動はむしろ活発化し、医師、統計家、教師、農業専門家、獣医など、多様な職種の人々がゼムストヴォ機関に雇用され、地域において重要な役割を演じるようになった。ゼムストヴォの活性化に伴い、この機関を基盤として政治的変革を求める運動も現れてきた。また、批判を受けながらも、司法制度は徐々にロシア社会に定着していった。

90年代はロシアの経済発展が加速した時期でもある。90年3月、ドイツでビスマルクが帝国宰相の地位を去り、再保障条約の期間満了によって独露両国をつないでいた絆が失われると、ロシアはフランスとの同盟関係構築に進むとともに、高率保護関税の採用に踏み切った。この政策は92年に蔵相になったヴィッテに継承される（図6-2）。高関税政策に加え、積極的な鉄道建設と金本位制導入により工業化を推進しようとするヴィッテ体制のもとで、ロシア経済は急速に発展した。これを背景としてマルクス主義を標榜するグループが生まれ、ナロードニキ主義の理論家たちと論争を展開しつつ、国内外で宣伝活動を行うようになった。

またこの時期には、91年のシベリア横断鉄道着工とともに極東政策が新たな展開をみせ、94年10月に即位した皇帝ニコライ2世はこれに強い関心を寄せた。軍事的対立を避け経済開発を優先しようというヴィッテに対して、ニコライはより積極的な姿勢をとろうとする人々を重用し、軍事優先の強硬路線に傾いていった。

1902年4月に内相に就任したプレーヴェも，政治的な思惑からこれに与し，翌年8月，ヴィッテは蔵相を解任されることになった。04年1月の日露開戦によりロシア社会は一時結束したかにみえたが，戦争に対する反対も根強く，国内秩序は急速に不安定化した。

（4） 1905年革命から第一次世界大戦へ

1905年1月9日，ニコライ2世に対する請願デモに対して，冬宮を守っていた軍隊が発砲し，多くの犠牲者を出した。血の日曜日事件である。この事件は，民衆の中にあった素朴なツァーリ信仰を動揺させ，秩序の混乱が一気に進み，革命の様相を呈するようになった。極東の戦況も悪化していた。同年5月，対馬沖の海戦で，ロシアのバルト海艦隊が日本の連合艦隊によって壊滅させられると，戦争の継続が難しくなり，同年8月，アメリカ合衆国の軍港ポーツマスで結ばれた講和条約で，ロシアは日本にサハリンの南半分を割譲し，南満州にもっていた権益を譲渡した。

その頃，国内では政治的要求を掲げたゼネストが盛り上がりをみせていた。ペテルブルクに誕生した労働者代表ソヴィエトは，モスクワやオデッサなど他の都市にも広がった。ポーツマス講和条約締結の立役者ヴィッテは，ニコライに強く妥協を求め，10月17日に十月詔書が出されて，市民的自由の保障，国会の開設などが約束された。これを受けて政党の形成が進む。主なものは自由主義左派の立憲民主党（カデット）と，自由主義右派の10月17日同盟（オクチャブリスト）であった。さらに大臣評議会が改組されて内閣としての性格を与えられ，ヴィッテが最初の首相になった。

06年4月23日，国家基本法が裁可され，ロシアは立憲君主制の国家となった。開かれた2度の国会は，いずれも農民の支持を集めたカデットが多数を占め，土地問題をめぐって政府と激しく衝突した。同年7月，ヴィッテ，ゴレムイキンの後を継いで首相になったストルイピンは国会を解散し，さらに07年6月3日，国家基本法の規定を無視し，詔書の形で，地主の代表が多く選出されるように選挙法を改定した。新しい選挙法によって選出された第三国会では，穏健なオクチャブリストが全議席の3分の1以上を占めて第一党となった。それによって安定した国会との関係を背景に，ストルイピンは農民の共同体からの離脱と自作農創設を促す農業改革を進め，ゼムストヴォの拡大など一連の改革を行おうとする。し

かしいずれも支配層内部で強い抵抗に遭い、十分な成果をみるにはいたらなかった。11年9月1日、ストルイピンはキエフの劇場で暗殺され、積年の課題を解決しようとする帝政ロシア最後の改革の試みは頓挫した。

　国際情勢は徐々に緊張の度を高めていた。一方で、ヨーロッパ列強の二極化が進んでいく。ドイツの積極的な海軍力増強が英独関係を悪化させていったのに対して、07年8月、長く敵対していた英露は、ペルシア・中央アジアでの利害調整を実現して協商を結び、英仏露三国協商が成立した。他方、オスマン帝国の力が弱まるにつれ、バルカン諸国相互の利害対立が深刻化しつつあった。オーストリア＝ハンガリーの介入が、事態をいっそう複雑にした。大国間の対立とバルカン情勢が連動し、ヨーロッパ世界は大戦争への道を進んでいった。

歴史への扉15　帝国統治と「ロシア化」

　ロシア帝国については、それが正教を信じるロシア人以外の民族にとって等しく抑圧的な「諸民族の牢獄」であったという見方が、広く流布してきた。しかし、19世紀半ば以降のロシア帝国の民族政策は、こうした言葉で割り切れるほど単純なものではない。その帝国統治の基本政策は「ロシア化」であったといわれるが、この言葉もまた、多様な意味をもっている。

　ロシア帝国は、ロシア人（ほかの東スラヴ人を含む）が住民の大部分を占める内地と、それ以外の民族が多数を占める辺境とで異なった行政制度をもっていた。内地の行政は、大改革によって導入された、ゼムストヴォ法と都市法に基づく自治制度を基本としていたが、辺境には軍事と民政をともに統括する総督府がおかれ、軍人出身の総督がそれぞれの地域の統治に責任を負っていた。そのうち西部辺境およびバルト海沿岸地域では、分離主義的な動きを抑えるため、従来ポーランド人やバルト・ドイツ人のエリート層がもっていた伝統的な自治権や行政上の特権を廃止し、内地と同様の標準的な行政制度を導入することがめざされ、特にアレクサンドル3世の時代にはこの政策が積極的に推進された。これはしばしば「ロシア化」政策とよばれる。

　他方、ムスリムの占める割合が高い中央アジアなどで試みられた「ロシア化」は、これとは異なる。こうした地域では西部辺境のような、指導層と一般民衆の分断によって分離主義を防ぐという政策目標は存在せず、むしろ現地エリートを取り込みつつ、住民を全体として徐々に帝国秩序の中に組み入れていくことが必要だった。

そのために現地の文化をある程度尊重しつつ、住民に対して初等教育などをつうじ、正教やロシア語を浸透させていくという政策がとられた。

さらに、新しく獲得した土地にロシア人を入植させることにより、地域の人口比率を変えようとする試みもまた、「ロシア化」とよばれる。19世紀後半には、土地不足に悩む内地から中央アジアや極東への移住が奨励された。しかし結果は地域によって異なっていた。内地に近い中央アジアには多くのロシア人が移住し、現地住民との間に軋轢を生じさせるほどであったのに対して、1858年のアイグン条約と60年の北京条約で清から獲得したアムール川左岸（アムール州）やウスリー川右岸（沿海州）への移住はなかなか進まなかった。その代わりに入ってきたのが、中国人や朝鮮人である。この地域の開発は彼らの労働に大きく依存していた。しかし、総督府にとってそれは好ましいことではなかった。極東の複雑で不安定な国際情勢とも重なって、中国人や朝鮮人はしばしば不信の眼でみられ、厳しい管理の対象となった。

このように、ロシア帝国は地域によって性格の異なった民族問題を抱えており、それらを処理して統合を実現するために、様々な「ロシア化」が試みられた。しかし、ナショナリズムが高まりつつある帝政末期において、それはけっして容易なことではなかったのである。

第3節　トルコの近代化と民族問題

（1）　オスマン朝の「近代化」

19世紀になるとバルカンやアナトリアはアーヤーン（地方有力者）の割拠状態のようになり、またバルカンでは、ギリシア人やブルガリア人など非ムスリム臣民がヨーロッパ諸国との交易関係をつうじて民族的な自覚をもち始める。オスマン朝は、中央集権を回復して国力を高め、また、領内のキリスト教徒保護を口実にしたヨーロッパ諸国の干渉を排除しつつ非ムスリム諸民族を国家につなぎ止めねばならなかった。18世紀前半に始まったヨーロッパ諸国の国情把握と文化吸収にとどまらない、本格的な改革、近代化が必要であった。

セリム3世（在位1789～1807）は積極的に改革に臨み、懸案であった軍隊の改革・強化に着手した。伝統的軍団イェニチェリに代わるヨーロッパ式の常備軍団が創設され、彼の一連の改革はこの軍団の名に因んで「ニザーム・ジェディード」と称される。またセリム3世は内政面では行政の中央集権化を図り、外交面

ではロンドンやウィーンなどに大使館を設け恒常的に情報収集にあたるようにした。しかし，軍事改革はイェニチェリの反発を買い，またヨーロッパ風の文物の導入や中央集権的施策はウラマー（イスラーム知識人・宗教指導者層）やアーヤーンの抵抗に直面して十分な成果が得られなかった。ただ，大使館勤務でヨーロッパ事情を見聞した若手官僚たちが後の近代化の礎となったことの意味は大きい。

セリム3世の改革の遺志を継いだマフムート2世（在位1808～39）はアーヤーンの力を削ぎ，イェニチェリを撃滅して新たな軍団を創設し，1831年には形骸化していたティマール制（地方での徴税権を俸禄として騎士に与え，相応の軍事奉仕を求める軍事・地方制度）も正式に廃止した。また，ウラマーから彼らの収入源であり生活基盤であったワクフ財（寄進財産）を取り上げて，経済的に追いつめた。先にいったん閉鎖された大使館が再び設置され，さらに翻訳局が設けられて外交の実務者が養成された。軍医学校や陸軍士官学校も設立されフランスへ留学生が派遣されるなど，人材養成に力が注がれた。ただ，領域的枠組みからみれば一連の改革の成果が現れたとはいいがたい。むしろこの間，ギリシアの独立，エジプトの半独立化とオスマン朝政府への対抗などが起こり，これらに関係してオスマン朝はロシア，イギリス，フランス，オーストリアに外交・通商上の譲歩を迫られ，経済や社会にも甚大な影響を蒙ることになる。

新たな改革は，1839年にアブデュルメジト1世（在位1839～61）が発した「ギュルハーネ勅令」で開始される。この勅令は，国家のよき統治と繁栄のための新たな立法，スルターンから一国民に至るまでの例外なき法の支配を基本精神としていた。改革が試みられる中，ロシアが聖地管理権を巡ってオスマン朝領内におけるギリシア正教徒保護権を公式に要求し，クリミア戦争が勃発する。オスマン朝はイギリス，フランスなど列強の支援で勝利するが，列強からさらに改革を迫られ，1856年に「改革勅令」を発する。ムスリムとの法的な平等や国家行政・立法への関与是認など，非ムスリムの権利保障が主な内容であった。

タンジマートとよばれるこの時期の改革は，ヨーロッパ法に拠った立法と司法体制の整備，教育や地方行政いずれの分野においても，オスマン朝の国家と社会に本質的な変更を迫ることになった。特にイスラームと「近代化」の折り合いは難業であり，中でもムスリムと非ムスリムの法的・社会的平等は，ムスリムの優位を前提にした非ムスリムとの融和・共存というイスラーム社会の根本的なあり方に反し，ムスリム側の抵抗が強かった。

改革の試みとは裏腹に，経済，財政は厳しさを増していた。当時ヨーロッパ貿易は輸入超過に陥り，国内の製造業は大きな打撃を受けていた。元来オスマン朝政府の貿易原則は国内消費のための供給確保であり，輸入を制限する保護主義は採らなかった。そのため，かつてはヨーロッパ貿易で輸出が輸入を凌駕していたが，やがてヨーロッパ諸国から工業製品が大量に流入して国内の生産に打撃を与えたのである。また国庫収入が伸びない中で改革は軍事費や人件費，教育関係の支出を増大させ，財政は逼迫する一方となった。クリミア戦争に伴い54年，オスマン朝政府はイギリスとフランスの銀行団から初めて借款（300万ポンド）を行い，翌55年にも500万ポンドを借り入れる。以後，借款を繰り返し，75年2億ポンドの債務を抱えて事実上破産するにいたる。

　1861年に即位したアブデュルアズィズ（在位1861～76）は改革には熱心ではなかったため，治世開始後まもなくイブラヒム・シナースィーやナームク・ケマルらをはじめとする新オスマン人と総称される啓蒙家が立憲政を求めて言論活動を展開した。彼らは自由や国民といったヨーロッパ的概念を社会に浸透させたが，ムスリムと非ムスリムの平等は反イスラーム的であると考え，平等の概念を批判・否定した。多信仰かつ多民族の国家において平等を否定することは広範な国民の融和・統合を否定するに等しく，結果として非ムスリムの切り捨てに向かうことになる。

　76年，アブデュルハミト2世（在位1876～1909）が即位する。彼は改革への姿勢を示すべく，能吏ミドハト・パシャを長に憲法を起草させ1876年12月に公布した。この憲法では，臣民は信仰にかかわらずすべてオスマン人とよばれ，トルコ語が公用語とされた。オスマン朝はこの時点でトルコ語を公用語とし様々な信仰の人々が国民として共存する国家として自らを規定していた。この立憲政は，しかし短命であった。77年に召集された議会では国政批判が相次ぎ，スルターン自身も糾弾される状況となったため，スルターンは78年2月，憲法に留保されていた権限に基づいて議会を閉鎖し憲法を停止したのである。以後約30年間にわたってスルターンによる専制体制が敷かれる。

　憲法停止の前後，1877年からのロシアとの戦争でオスマン朝は窮地に陥り，1878年3月サン・ステファノ講和条約によりバルカン，アナトリアで領土の損失を蒙った。ロシアの影響力の増大を恐れるイギリス，オーストリアなどの列強は同じ1878年7月ベルリン条約でオスマン朝領の再配分を行った。オスマン朝はア

ブデュルハミト2世即位時の領域の4割を主としてバルカンにおいて失い，同時にムスリムが多数居住する地域を失うことになったため，打撃はきわめて大きかった。またこの頃，様々な民族と周辺諸国の思惑が交差するマケドニアでのゲリラ活動や東方のアルメニア人の民族主義的な動きなどがあり，政府は対応に苦慮していた。

　こうした中，軍医学校で学ぶ多様な若きオスマン人たちはスルターンの専制支配を批判し，1889年に反政府運動組織「オスマンの統一」を形成した。後に「青年トルコ人」とよばれる人々の活動の第一歩であった。パリに逃れた運動参加者が94年に組織を「統一と進歩委員会」とし，一方これと路線対立を抱える国内組織が宮廷クーデタに失敗するなど曲折を経つつも「青年トルコ人」の活動は続き，1906年タラートを中心に「オスマン自由委員会」が結成された。この組織はマケドニアのオスマン朝第三軍に支持を広げ，ジェマルやエンヴェルらも初期のうちに加わった。07年パリの組織と合同して名称も「統一と進歩委員会」に統一され，別途活動していたムスタファ・ケマルもこれに参加する。08年イギリスとロシアによるオスマン朝領の分割の噂がマケドニアに伝わると第三軍の青年将校が憲法復活を要求して反スルターンの行動を起こすにいたった。鎮圧不可能と悟ったスルターンは7月に憲法復活を宣言し，オスマン朝は第二次立憲政の時代を迎える。青年トルコ人革命といわれるものである。

（2）「民族国家」トルコ共和国の誕生

　「統一と進歩委員会」は憲政復活を実現したが，「革命」の直接的主体は青年将校であり，彼らは政治実務を担うには未熟であった。それゆえしばらくは政治の表舞台には出ず黒衣に徹し，自らが主体となる内閣を組織したのはようやく1913年のことであった。この間彼らはバルカンや北アフリカなどでの民族的分離・離脱の動きや自国領域への挑戦，国内での自らの統率力の喪失など，内外の厳しい状況に対処せねばならなかった。

　ブルガリア，モンテネグロなどがマケドニア解放を謳って同盟を結び，1912年10月にオスマン朝に宣戦して第一次バルカン戦争が始まる。1913年5月の講和でオスマン朝はヨーロッパ側領土のほとんどを失い，マケドニアなどから多数のムスリムがオスマン朝領域に流入する。さらに同年6月ブルガリアがセルビア，ギリシアを攻撃し，オスマン朝も7月にブルガリアに宣戦した（第二次バルカン戦

争)。8月のブカレスト講和条約ではマケドニアの分割とアルバニアの独立が承認された。こうしてヨーロッパ側領土のほとんどを失ったオスマン朝は事実上ムスリムの国家となった。国政上比重が高まったアラブ住民を国家につなぎとめるべく配慮がなされ，またイスラーム重視政策が展開されることになった。

　一方19世紀半ば以降，オスマン朝領のトルコ系住民の故地がイスラームとは元来無縁の地であった北アジアや中央アジアであることがヨーロッパ人の研究で明らかになると，ヨーロッパ流の学問に触れたオスマン朝知識人たちはそれらトルコ系住民の言語や歴史をトルコ民族の歴史や文化の中に位置づけるようになる。トルコ人とは，オスマン人を自認するオスマン朝支配エリートによるアナトリア半島の農民や遊牧民などに対する一種の蔑称であったが，文学においてもトルコ人としての誇りが表現されるなど，オスマン朝社会において民族主義的な意味合いをもつようになった。その頃，ヴォルガ流域を中心に広くトルコ民族の統一を唱えたタタール人の民族運動は，ロシアでの行き詰まりを機にイスタンブルに拠点を移し，オスマン朝領内のトルコ民族主義に影響を与えた。また19世紀後半から20世紀初頭にオスマン朝領内では言語的な民族主義の動きも高まり，アラビア語やペルシア語の語彙や語法を含んだ複雑な文語であるオスマン・トルコ語の簡素化が主張された。さらに，バルカン戦争でバルカン領のほとんどを失って悲観的となったトルコ人ムスリムは経済の上でも民族主義に傾いた。こうして高まったトルコ人としての民族的自覚は，多信仰・多民族国家であるオスマン朝が存亡の危機に及んでトルコ人ムスリムの国家として生存の道を見出す重要な導きとなった。

　14年7月，第一次世界大戦が勃発しヨーロッパの国際関係は激動する。この間ヨーロッパの中で孤立し，ロシアとの関係改善にも失敗していたオスマン朝は，14年8月初めにドイツと秘密協定を締結して11月に公式に参戦する。同盟国側にとって戦況は思わしくなく，オスマン朝もイスタンブルを間近に控えたダーダネルス海峡やガリポリ半島を戦場に戦わねばならなかった。16年6月に非トルコ系ながらムスリム臣民として重要な存在であったアラブが反乱を起こし，17年3月イギリス・インド連合軍によりバグダードが陥落した。イスラーム世界の盟主を自認したオスマン朝の威信は地に墜ちた。17年11月ロシア革命が起こり，ブレスト・リトフスク条約でロシアの譲歩をかち取ったが，大戦の戦況は同盟国側には不利であり，18年10月オスマン朝はムドロス休戦協定に調印して連合国に降伏し

た。

　連合国側による占領と20年8月のセーヴル条約によって突きつけられた国家分解の危機はムスタファ・ケマルの卓越した軍事的・政治的指導力により奇跡的に回避され，祖国新生の願いは23年7月ローザンヌ条約に結実する。この間，22年11月にスルターン制が廃止され，23年10月末ケマルを大統領として共和制が樹立される。こうしてオスマン朝は，アナトリアを主たる国土として――クルド人など少なからぬ数の民族を包摂しつつも――トルコ人ムスリムを主要な構成員とするトルコ民族の国家，すなわちトルコ共和国として再生したのである。

　振り返れば，ケマルが「トルコ人」とともに歩み始めたヨーロッパ型議会制国家への道は，18世紀以来人々が積み重ねた「改革」の営みによって準備されてきたのであり，オスマン朝の「近代化」とは，多くの信仰，多くの民族を包摂して成長した巨大なイスラーム国家が，「近代」の波の中で多数の民族国家を生成・分離させつつ改めて自らを見いだす過程であった。

歴史への扉16　トルコ系国家としてのオスマン朝の特異性

　オスマン朝は13世紀以前に西アジア・イスラーム世界に流入したトルコ系の人々の末裔によってアナトリアに建設され，西アジアを拠点にして拡大した国家であるが，ほかのトルコ系国家とは異なる特徴を有する。たとえばセルジューク朝（1038〜1194）は，遊牧民的な部族体制を維持したまま中央アジアから西アジアに移動し，その部族体制を取り込んだ国家体制を敷いた。しかし，オスマン朝は遊牧的伝統を残しながらも，このような部族制を基礎にするのではなく，異教徒に対する襲撃をこととする雑多な人々からなるガーズィー集団を核にして成長した国家であり，交易をつうじて経済的利益をもたらした在地のギリシア系小領主たちなどアナトリア定住社会の様々な勢力と結合して政治的擡頭を果たしたと考えられている。その意味でオスマン朝は早くから定住民的，非トルコ的要素を併せ持った国家なのである。

　また，オスマン朝が領土的拡大に成功したことにより，トルコ系国家による支配は初めてバルカン半島や東ヨーロッパの定住地帯に及び，エジプトを含めた北アフリカ，さらには東地中海沿岸一帯にまで拡大した。特にバルカン半島や東ヨーロッパに侵攻したことにより，オスマン朝はヨーロッパ世界の脅威となり，西ヨーロッパの政治にまで介入する勢力となる。アジアの国家であると同時にヨーロッパの強大な政治勢力ともなった点は，トルコ民族史におけるオスマン朝の特色の1つであ

ろう。
　さらに，征服地域の諸民族・諸集団を長期にわたって支配し，国家として対外的な力を失いながらも対内的にはトルコ系住民が支配層として近現代を迎えたことは，ほかのトルコ系国家にはほとんど例がない。別に触れられているデウシルメ（歴史への扉7を参照）も，オスマン朝の顕著な特徴であり，「近代」ヨーロッパが出会ったオスマン朝は，トルコ民族史上では他のトルコ系諸国家とは異なる特徴を多く有する特異な国家であったといえよう。

　＊本コラムは，下の参考文献の226～227頁の内容に加筆・修正したものである。

参考文献
小玉新次郎・大澤陽典編『アジア諸民族の生活文化』阿吽社，1990年。

人力車に乗ったフランス人女性（19世紀末のインドシナ）
出典：Raoul Girardet, *Le Temps des colonies*, Berger-Levrault, Paris, 1979, p. 89.

第7章　帝国と植民地

第1節　イギリス帝国と移民
第2節　帝国主義と植民地問題

第1節　イギリス帝国と移民

（1）　年季契約労働者と奴隷移民

　イギリス帝国における移民は，近代世界全体の人口移動の一部をなしており，帝国が作る政治的境界と，政治的主体としての帝国の役割は，副次的なものであった。イギリス帝国と移民の問題を扱う以下の論考は，この前提を抜きにしては意味をなさない。

　スペインによる侵略に始まったヨーロッパ諸国による南北アメリカ大陸の征服は，大西洋をまたいだ移民の流れを生みだした。ナポレオン戦争の終わる頃までに，800万人以上のアフリカ人奴隷と200万人以上のヨーロッパ人がアメリカ大陸に渡った。ユーラシア大陸からもたらされた伝染病によって激減した先住民に代わって，ヨーロッパ諸国は，アフリカ人奴隷などの強制労働によって，植民地の開発を進めたのであった。

　同時期に，アメリカにあるイギリスの植民地に移住したヨーロッパ人は，100万人を超えるが，アフリカ人はそれを上回り，200万人を超えている。ただし，現在のアメリカ合衆国になる地域に限ると，両者の数はほぼ均衡している。

　イギリス諸島からアメリカへ向かった移民のうち，約3分の2は年季契約労働者であり，約5万人が流刑囚であった。年季契約労働者とは，渡航費用などを負担してもらう代わりに，4年から7年の間，タバコや砂糖プランテーションでの肉体労働に従事する義務を負う人々である。イギリスからの契約移民は，中・下層階級の若い労働者が多数を占め，年季終了後は，その多くが自給自足的農業を営むか，小規模なプランターとなった。独立戦争直前でも，イングランドからアメリカに向かう移民の70％は，年季契約労働者であったことが知られている。他方，植民地での成功を夢見てアメリカに渡る中流層の人々も多かった。商人，教師，医者，聖職者，様々な職人などが，新たな可能性を植民地に求めて移民した。

　17世紀には，イギリスから北アメリカ植民地に向かった移住者の約8割が，イングランド出身者であった。これに対して18世紀には，スコットランドとアイルランドからの移民が，イングランドからの移民を上回るようになる。移民という観点でみれば，すでに18世紀の時点で，イングリッシュな帝国からブリティッシュな帝国への移行が始まりつつあったといえるだろう。

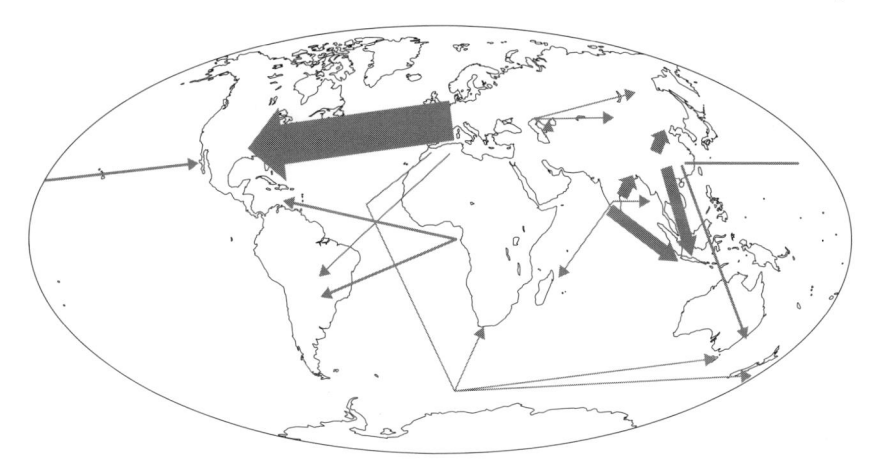

図7-1　1820〜1940年の世界の移民
注：矢印の太さは大まかな移民族を示す。
出典：杉原薫編『移動と移民』（岩波講座　世界歴史第19巻）岩波書店，1999年，11頁図4を参考に作成。

（2）　移民の世紀

　ヨーロッパが本格的な工業化の時代に突入した頃から，世界は「移民の世紀」とよばれる時代に入った。ナポレオン戦争が終結した1815年から，アメリカ合衆国が厳格な移民規制を導入する1924年までの間に，5000万人以上のヨーロッパ人が世界各地に旅立ち，そのうち7割が北アメリカに移住した。他方，アフリカからアメリカ大陸に向かう奴隷移民は，奴隷制の衰退とともに消滅した。これに代わって登場したのが，契約期間が5年程度のアジア系の年季契約労働者である。19世紀半ば以降，インドや中国などから多数の年季契約労働者が，ヨーロッパ諸国の熱帯植民地のプランテーションに送られた。

　アジア系の年季契約労働者の総数は200万人を超えたが，それと同時にはるかに大規模な自由移民（運賃を労働によって後払いする移民を含む）の流れが起こり，19世紀後半から20世紀前半のアジア系移民の総数は，「移民の世紀」のヨーロッパ系移民に匹敵する規模に達した。ただし，ヨーロッパ系移民とは異なり，アジア系移民は，主としてアジア，アフリカ，南アメリカなどの熱帯・亜熱帯の地域に移動した。このうちインド人は，ほぼ完全に大英帝国内，しかもほとんどが熱帯地域に移動している。イギリスを含むヨーロッパ諸国の移民は，国家の境界を越えて自由に移動した。しかし，アジア系の移民に対しては，アメリカ，カナダ，

オーストラリア，ニュージーランド，南アフリカなどの移民受入国が，移民制限政策を19世紀末から実施するようになった。

イギリス帝国における移民も，上記のような大きな歴史の動きを反映している。1815年から1914年の間，2000万人以上がイギリス諸島を離れた。マルサス主義の影響もあり，イギリス政府はレッセフェールの原則に基づいて，国民の移動には基本的に干渉しなかった。その結果，大部分の移民は，個人的な動機と人間関係や資金力に基づいて，渡航先を選んだ。イギリス諸島の移民の大多数が選んだ渡航先は，19世紀をつうじてアメリカ合衆国であった。19世紀末でも，移民の3分の2はアメリカに向かった。カナダやオーストラリアなどの帝国内の白人植民地への移民がアメリカを上回るのは，1905年以降のことである。

イギリス帝国では奴隷制の代替労働として，1840年代からインド人を中心とする年季契約労働者が導入されたが，ほどなく，これまで奴隷制が存在しなかったモーリシャスやクィーンズランド，フィジー，南・東アフリカなどでも，プランテーション労働や鉱山開発，鉄道建設のために，年季契約労働者が用いられるようになった。

帝国内を移動した年季契約移民の数は約150万人で，その多くはインド人であった。このほか，ビルマやセイロン，マラヤなどに，500万人を超えるインド人が自由移民として移住している。また香港からは，1880年までに50万人を超える中国人が自由移民として出国した。その40％はアメリカ合衆国へ，20％はオーストラリア，3分の1は東南アジアへ向かった。アジア人移民は農園や鉱山で働いただけではなく，都市にも流入した。シンガポール，ラングーン，ナイロビなどの都市は，アジアからの移住者により人口が増大した。

（3） 組織的植民

年季契約移民などを除けば，基本的に自由な移民の流れに干渉しなかったイギリス政府にも，いくつかの例外があった。1つは国内問題の安全弁として移民を用いる場合である。救貧を受けている貧民を移民として送り出したり，犯罪者を流刑にしたり，親のいない子どもを植民地に送り出したりした。しかしいずれの場合も，社会問題の解決策としての移民には，受け入れ側の植民地が抵抗したので，大規模に展開されることはなかった。例外は，オーストラリアの初期の入植に有効だった囚人移民であり，18世紀の末から19世紀の半ばにかけて，約16万人

の囚人がオーストラリアの植民地に送られている。

この囚人移民による植民地開発に反対し，植民方法の改善を求める組織的植民論者が，1830年代に活発な運動を展開するようになる。彼らは，エドワード・ギボン・ウェイクフィールドの理論に基づいて，政府援助による組織的な植民の実施と帝国統治方法の改善を要求し，かなりの成功を収めた。これが2つ目の例外である。組織的植民論者による植民地改革運動は，国民や為政者の関心を植民地や帝国に向けようとした点では，19世紀末の帝国主義者の先駆けをなすものであった。しかし大きく異なるのは，それが自由主義的・人道主義的改革運動の一環として進められた点である。

図7-2　シドニーのハイドパーク・バラックス
オーストラリア入植初期には囚人移民の収容施設だったが，後に女性移民の居住施設となった。
出典：筆者撮影。

植民地改革運動によって，イギリス政府は歴史上初めて包括的な移民補助事業に乗り出した。植民地の公有地の売却益を移民補助に用いることで，投資・移民・生産の循環を人為的に作り出そうとしたのである。しかしながら，補助を受けた移民は，イギリスからの出国者の主流にはならない。すでに述べたように，典型的な移民はアメリカ合衆国に渡航した。ただし，オーストラリアやニュージーランドは，イギリスから遠く離れており，渡航費を援助しなければ，労働者階級の移民を勧誘することができなかった。したがって，これらの地域にとっては，移民補助制度が移民を導入するための主要な手段となったのである。自治政府成立後もこれらの地域の植民地は，イギリス政府に代わって移民勧誘と補助を続けた。

3つ目の例外は，第一次世界大戦後に行われた復員兵士の移民補助と，その延長として1922年の帝国定住法に基づいて行われた移民補助である。前者は8万6000人を，後者は40万5000人をイギリスから自治領へと送り出した。とりわけ22年の帝国定住法に基づく移民は大規模であり，当該時期に自治領に向かった移民の36％は，帝国定住法下の移民であった。この後も帝国定住法は更新され，第二次世界大戦後も継続されるが，イギリス政府の支出は減少し，旧自治領諸国によ

る負担が制度を支えるようになった。

（4）移民制限

イギリス帝国の移民は，イギリスを中心として世界を移動する白人移民と，イギリス帝国内の亜熱帯・熱帯植民地に向かうインド人を中心とする非白人移民の2重構造になっていたが，この構造上の矛盾を最もよく表すのが移民制限である。

19世紀のイギリスは，世界システムの中核国として自由貿易を奉じており，武力によって開国を迫る場合もあった。また，広大な帝国の支配者としては，人種や宗教にかかわりなく，あらゆる帝国臣民に対して自由な経済活動を認めていた。つまり原理上は，白人だけでなく，非白人であっても，帝国内を何らの制限も受けずに自由に移動できるはずであった。実際，植民地大臣のジョゼフ・チェンバレンは，帝国内をあらゆる臣民が自由に移動する権利を公式に認めている。しかし，現実にアジア系移民が自治領諸国やイギリス本国に大量に移動すれば，移民の2重構造，その背景としての高賃金の白人国家と低賃金の非白人国家という，労働の2重構造が崩壊する可能性があった。

イギリス帝国内で，このような脅威を最初に感じたのは，アジアに最も近接する自治領，つまりオーストラリアの諸植民地であった。1850年代に，ゴールドラッシュを契機に流入した中国人移民に対して，最初の移民制限法が制定され，80年代には，オーストラリアのすべての植民地が，恒久的な中国人移民制限法を制定した。

オーストラリアのいくつかの植民地が，1890年代末になって，アジア・アフリカ系のすべての移民を制限しようとした際に，深刻な問題が生じた。こうした制限は，帝国臣民が人種にかかわらず帝国内を自由に移動できるという，帝国の原理に抵触するからである。しかし，イギリス本国も表面的には人種の平等を唱えていたが，現実には人種差別が存在することを当然視しており，イギリスとオーストラリアの間で妥協が図られた。

イギリス政府は，アメリカ合衆国で考案され，南アフリカのナタール植民地が採用していた書き取り式の言語テストによる移民制限を，オーストラリア政府にも推奨した。その結果，1901年に始まるオーストラリア連邦政府による白豪主義政策は，言語テストによって行われることになる。オーストラリア連邦は，言語テストという手段をとることで，形式的に人種に基づく差別を回避しつつ，実際

にはその適用を非白人に限定することで，人種差別的な移民制限政策を実施したのである。

　オーストラリアだけでなく，カナダ，ニュージーランド，南アフリカでもアジア系移民制限は実施され，白人自治植民地は移民差別で歩調をそろえた。このような差別措置が廃止されるのは，60年代以降のことである。

　非白人移民のまとまった流入を経験しなかったイギリス本国は，自治領のこうした政策に批判的であり，48年のイギリス国籍法は，すべてのイギリス臣民に対してイギリスに入国する権利を認めた。しかし，西インドやアフリカから，実際に移民が多数流入するようになると，非白人移民に対する姿勢は急速に硬化した。60年代には，事実上非白人の移民を大幅に制限するようになり，71年にはイギリス連合（英連邦）からの移民を，外国人と同様に扱うようになった。

（5）帝国の意味

　19世紀のイギリス人にとって，合衆国や帝国はますます身近な存在になり，日常意識の中に深く根をおろすようになった。実際に植民地に移民した人数は，年間では人口の100分の1にも満たない。しかし，植民地への移住を考えた人は，はるかに多かったに違いない。ほとんどの家族には，親兄弟や子ども，親類の中に，合衆国や帝国に移民した者がおり，手紙などによって移住先の情報が伝えられるようになっていた。20世紀の前半でも同じような状況が続いた。

　19世紀の初めには，合衆国への移民よりも帝国へ向かう移民のほうが多かったが，1840年代以降には，アイルランド系移民の増加もあり，合衆国に向かう移民が過半数を占めるようになる。ところがボーア戦争を経験し，帝国への関心が強まると，20世紀には移民の約7割が帝国に向かった。帝国に対する移民の関心が強まった理由としては，自治領による勧誘，イギリス政府による宣伝，民間の移民推進団体の活動などがあげられる。また，社会に充満した帝国主義的な雰囲気も重要であろう。

　イギリス人と自治領の白人にとって，帝国と合衆国を含むグレイター・ブリテンは，自国と同じように自由に移動のできる広大な空間であった。しかし同じイギリス臣民でも，非ヨーロッパ人にとっての帝国は，別の意味をもつ空間である。19世紀の半ばに，アジア系の労働者が移住を開始するが，その移住先はイギリスやほかの西欧列強が支配する熱帯・亜熱帯の植民地であり，その多くは低賃金の

肉体労働に従事した。ただし，一部のアジア系商人や専門職の人々は，ヨーロッパ人支配層と現地人の間に介在して，植民地の中間的な支配層を形成した。

イギリス本国政府は，人種にかかわりのない移民の自由を表向き標榜していた。それを誘い水とするかのように，中国人を筆頭に一部のアジア人が，19世紀末に世界で最も高賃金地域の1つであったイギリスの自治領に移住し始めた。これに対して，オーストラリアなどの自治領は，移民をパスポートによって管理する制度がないという状況で，本国政府の反対にもかかわらず，アジア系移民の制限を実施し，イギリス政府も公然たる人種差別でない限り，これを黙認したのである。こうしてイギリス帝国，さらには，合衆国やほかのヨーロッパ諸国の植民地をも含む広大な地域に，移民の2重構造，2つの閉ざされた移民システムが生まれ，現代の世界構造の重要な一部になった。

この2つのシステムの壁を越えようとする動きが起こると，大きな摩擦が生じた。日本人の合衆国への移民問題や白豪主義への抗議は，この壁への挑戦であったので，強い抵抗を生み，深刻な外交問題に発展したのである。イギリス帝国の表面的な公式の理念と，実際に行われていた差別政策や支配構造との矛盾も，この2つの移民システムの境界で露見した。マハートマー・ガンディーが，南アフリカでこの境界を経験し，インドの独立運動に身を投じることになるのは，よく知られた事実である。

歴史への扉17　　ホワイトネス・スタディーズ

近年，白人性（ホワイトネス）の問題が，歴史学や文学，女性学や人種研究，社会学や法学，教育学や心理学など人文・社会諸科学の広い領域で注目を集めるようになっている。「国民」が国民国家の形成とともに「構築」，あるいは「創造」されてきたという認識は，歴史家の間で広く共有されているように思う。白人研究においても，生物学的に客観的な基準で分類されていると思われる「人種」が，社会的・歴史的に構築されてきたと考えられている。その結果，白色人種はどのようにして生まれてきたか。最初は白人とみなされていなかった移民集団が，どのように白人化するのか。白人という身体が歴史的にどのように創られてきたか。普遍的な人間像が白人性といかなる関係にあるかなどが，研究のテーマとされるようになってきた。

現在，歴史学の中でも，とりわけ帝国や移民の研究では，白人性は避けて通れないテーマの１つになりつつある。アメリカ史では，アイルランド人を中心とするヨーロッパ系移民の白人化が，講義などでも頻繁に取り扱われている。それに比してイギリス帝国史では，白人性の問題に対する取り組みは，かなり遅れているといわざるを得ないだろう。ヴロン・ウェアは，19世紀の第１波フェミニズムの時代におけるホワイト・フェミニニティ（女性性）と人種の関連を検証し，女性史研究に大きな影響を与えており，オランダ領インドをフィールドにする歴史人類学者アン・ストーラーも，白人の非白人化を積極的に主題化して，インドを中心とするイギリスの植民地研究に影響を与えている。しかし，白人性が日本のイギリス帝国史の文脈で重要な役割を果たしているとはいい難いであろう。

　19世紀末から，イギリス帝国は本格的な移民規制の時代に入る。白豪主義を確立したオーストラリア，アジア系移民を規制した南アフリカ，カナダ，ニュージーランドを考察対象とする際，帝国内の移民と白人化の問題は切り離すことができない。アメリカにおけるアイルランド系移民の白人化と，イギリス本国と上記の自治植民地におけるアイルランド系移民の同化のプロセスとの比較だけでも，新しい歴史研究の地平は広がるだろう。先住民の問題や植民地主義の問題，スポーツ史や文化史，女性移民やレイディ・トラヴェラー，ミッショナリーの研究，とりわけイギリス帝国の支配理念や帝国意識の問題と，白人性の問題は密接に関係しており，今後の研究の進展が期待されている。

　白人性の研究は，カルチュラル・スタディーズの影響を強く受けてきたが，白人性研究がテキスト中心主義に限定される必然性はない。たとえば，デイヴィッド・ローディガーによる労働者階級の白人性の研究は，伝統的な歴史研究としても十分に通用するものだ。歴史的文脈の中で，白人性の問題を考えることは，唯物論的な傾向の強いグローバル・ヒストリーとテキスト中心主義のポスト・モダニズムの乖離を克服する１つの手段になろう。

第２節　帝国主義と植民地問題

（１）　帝国主義と国民国家

　帝国主義とは1870年代のイギリスで，強硬な外交や排外的姿勢を批判する意味合いをこめて使われるようになった言葉である。当時は肯定的にも使われたこの言葉は，武力などの国力を背景に近隣諸国や遠隔の地にまで勢力範囲を拡大しようとする国家による行動形態を示すものと，広義には解釈される。その意味では

帝国主義は古代から現代までいたるところにみることができるが、最も激しい形で展開されたのが、およそ1880年前後から第一次世界大戦までの時期であり、それがこの時期が歴史上「帝国主義の時代」と呼ばれてきたゆえんである。ヨーロッパ列強はコロンブス以降、すでにアメリカ大陸やアジアに進出し、領土の奪い合いも繰り返されていたが、この時期にはそれまでいわば点の支配であったアフリカ大陸の面の支配が本格化した。これにはフロンティアの消滅したアメリカ、遅れて国家形成を達成したドイツやイタリア、さらにアジアの日本なども加わった。

これら列強による植民地獲得の結果、第一次世界大戦までに世界の半分以上の領土が支配下におかれたとされる。しかも中南米のように19世紀にほぼ独立を達成していながら、経済的には従属的地位におかれていた地域もあることを考えれば、まさに世界中が欧米や日本の支配に巻き込まれたといってよい。

当時こうした動きの要因は、多く経済的な側面に求められた。ヨーロッパ各国では工業化が進み、その製品市場として植民地が必要とされたというものである。しかし19世紀末の帝国主義が過熱した状況を観察する中からイギリスのJ・A・ホブソンは、資本主義の進展により、余剰資本の投下先が海外に求められているという側面を指摘し、それが偏狭な排外主義につながる危険性などを批判した。ドイツのR・ヒルファーディングなどにも受け継がれたこのような考えは、V・I・レーニンによってより体系化され、マルクス主義の理論の古典的研究となった。他方、海外進出には国家の威信など政治的意味合いを重視する立場も根強く、見方は一律ではなかった。いずれにせよ同時代において各国内には反対の見解が少なからず見られたものの、現実には植民地化の動きは止まることはなかった。

第二次世界大戦を経ると、研究は多様化した。とりわけイギリス帝国については1950年代にJ・ギャラハーとR・ロビンソンが、「公式」帝国の支配よりも「非公式」的な支配のあり方を重視する自由貿易帝国主義論を唱え、反響を呼んだ。また労働問題と帝国を関連づけた社会帝国主義論など、異なる角度からの議論も展開された。さらに研究とは、それぞれの時代を映すものでもある。脱植民地化が進められたこの第二次世界大戦後には、植民地の側に視点を定めた立場から、従属論、またそれを発展させた世界システム論（I・ウォーラーステイン）といった議論も提出された。これらは直接帝国主義を俎上に載せるというよりは、ヨーロッパを中心に世界が構造化されていくダイナミックな過程の中に、この時代

を捉えようとするものといえる。長期的かつグローバルな視野に立って，植民地化された側の状況にも目を配りながら，この時期を世界全体の歴史の中におきなおす作業が進められている。

グローバル化という観点からするならば，今日の世界は一体化が進み，国家の垣根が低くなっているといわれている。しかし国家は厳然と存在しているし，グローバル化もそうした国家の存在，さらにいえば，貧富の格差も含む国家間の相違を前提に進められているのが現実である。そうした状況の中でこの時代を振り返ってみると，植民地の拡張と国民国家の形成とが同時進行したことに注目される。イギリスと並んで国民国家形成の先駆者とされるフランスでも，国民統合が実質的に進められたのは第三共和政の時期であり，この体制こそが植民地帝国を積極的に築き上げた。新しい共和政の体制作りに大きくかかわったジュール・フェリーは，植民地拡張を推進した人物としても名を残している。「遅れてきた国民」とされるドイツは，ビスマルクの巧みな外交政策によって，ヨーロッパ諸国間の均衡を図りながら，自らの孤立化を防いで富国強兵を成し遂げ，新興のドイツ第二帝国の形成と並行して海外の植民地も遅ればせながら獲得した。日本が台湾領有に始まる帝国の建設に乗り出したのも，明治以降の近代国家形成期である。国民国家がその体制の如何にかかわらず，帝国主義的な性格を強力に有していたことは，近代世界の歴史を考える上でも改めて考慮すべき点であろう。

ただし，そうした国家間の対立抗争を基礎とする一方で，いくつかの列強が世界を縦割りにしたことで，それぞれの支配領域内における政治・経済的つながりは深まった。それは第一次世界大戦後の大恐慌の時代に顕著に現れるであろう。加えて植民地宗主国の間では利害の対立を抱えつつ，その利害を守るための連携も行われていくのである。分割という言葉からイメージされるものにとらわれすぎてはなるまい。

（2） 世界各地への進出

次にこの時期の植民地をめぐる具体的な動きを概観していこう。1880年代からは，それまで内陸まではほとんど手つかずだったアフリカ大陸にも探検が進められ，エチオピア，リベリアなど一部を除いて第一次世界大戦までにほぼヨーロッパの支配下に入ってしまった。

この過程で一つの画期となったのは，1884〜85年にかけてビスマルクが主催し

たベルリン会議である。アメリカやオスマン帝国も含む列強14カ国が参加したこの会議は，ベルギー王レオポルド2世が個人的領有をめざしたアフリカ中央部のコンゴ問題を発端に開催されたものだった。各国の利害調整の結果，コンゴ川の自由通航を条件にレオポルドの思惑が認められたほか，もう1つの大河川ニジェール川の自由航行の原則も定められた。また新たな領土の領有権についてはそこを実効支配する国に認められるとするなど，アフリカ分割の手続きが定められた。領土の奪い合いが，この後ルールに則って粛然と行われるようになったわけではないが，欧米諸国が一堂に会し，個々の領域の帰属をその地の歴史や住民の意思とは無関係に決定した事実は，「分割の時代」を象徴する出来事であった。

　アフリカに先立って，太平洋も列強の角逐の場と化していた。ここは16世紀にはスペインの一人舞台だったが，徐々にオランダ，そしてイギリスが勢力を伸張し，フランスもそれに加わった。ポリネシアやミクロネシアの無数の島々は，争奪戦の過程で所有国が変わることも少なくなかったが，19世紀末にはアメリカやドイツも参画してきたため，支配者はさらに入れ替わった。特に太平洋については，コロンブス以降に中南米とアフリカで起きた状況が再現された点を指摘しておこう。すなわちキリスト教が広められただけではなく，現地にない疫病がもち込まれたために多くの死者が出て人口が激減したこと，また火器が導入されたことで現地社会が混乱して独裁的な政権が誕生し，それを足がかりに列強が植民地化を図ったこと，などである。歴史は繰り返された。

　東アジアにも支配の波は及んだ。広大な市場と目された中国には，19世紀半ばのアヘン戦争以後，ヨーロッパ諸国が本格的進出を試みていたが，さらに南下政策をとるロシア，明治維新を遂げた日本，そしてアメリカやドイツも加わり，清朝末期の中国の混乱に拍車がかかった。ちなみに19世紀末には清仏戦争や日清戦争のようにアジアを舞台とする戦争が続き，それはヨーロッパに「黄色人種」への脅威感，いわゆる黄禍論を生んだ。日露戦争での日本の勝利が，そうした脅威感を強めたのは，いうまでもない。

　支配が進む一方で，植民地に入植したヨーロッパ人は全体として多かったとは言いがたい。たとえばドイツの場合，海外進出が遅かったこともあって流出人口の多くはアメリカに渡り，20世紀初頭で西南アフリカに2万人を数える程度だった。フランスはもともと人口増が少なく，植民地に送り出すいわば余剰人口はもたなかった。地中海の反対側のアルジェリアには1830年の植民地化以後，貧しい

労働者が送られただけではなく、スペインやイタリア、ドイツといった他国からも人口移動があり、1950年代のアルジェリア独立戦争期には100万人を数えるまで入植者社会は膨らんだ。それでも視点を変えればアルジェリア全人口の10分の1ほどである。「アルジェリア人」を自称したこれら入植者集団による支配体制は別個に論じられなければならないが、基本的には大陸ヨーロッパ諸国はイギリスとは異なって、いわゆる白人植民地を作ることはなかったのである。

重罪人を送り込む流刑地となった植民地もある。1871年のパリ・コミューンの闘士たち3000人ほどがニューカレドニアに流されたのは、よく知られている。同じ年にはアルジェリアの山岳部で民族蜂起があった。モクラーニーの反乱とよばれるこの蜂起の参加者たちも、多くがニューカレドニア送りになっている。恩赦などの後にも住み続けた者たちは、植民地社会の混交化の一端を担うことになる。

（3）知の動員

19世紀は科学の世紀といわれるが、事実今日につながる形で様々な学問分野の体系化が始まっている。まずは地理学をあげておこう。コロンブス以降、世界に旅してヨーロッパの知見が広まることは、地理学の発展と表裏一体であった。19世紀に入るとヨーロッパ各地に地理学会が設立され、未知の土地の探検を支援するなどの活動を展開した。帝国主義の時代には学会への登録者数も大きく増えた。1881年の時点で全世界では3万人が登録している。地理学会の歴史は、地理学の歴史のみならず植民地拡張と経済発展の歴史である、とは創設100周年を迎えたフランスの地理学会自身による1921年のコメントである。

ただし19世紀にはまだ、厳密な学問とはかけ離れたいわば擬似科学もまかり通っていた。植民地化の当初から、ヨーロッパは支配の対象とした非ヨーロッパ圏の人々を「遅れている」とみなし、「進んだ」とした自分たちヨーロッパとの間に、野蛮と文明という明瞭な対照軸をもち込んでいた。そうした優劣関係をもとに人種の序列化がなされ、それが科学の装いのもとに整えられていくのである。すでに18世紀には、オランダの比較解剖学者P・カンペルが、人間の横顔からみた輪郭と知的能力とを関係づける説を著していた。その後もドイツのJ・F・ブルーメンバッハの頭蓋学（頭蓋の形に民族の優劣が示されているという説）や、やはりドイツ出身でウィーンやパリで活躍した解剖学者F・J・ガルの骨相学（頭蓋骨の凹凸などに優劣が現れているという説）など、今日からすれば荒唐無稽な説が次々

と提唱されていく。

　ダーウィンの進化論は，間もなく人間社会における弱肉強食の正当化に利用されていくが，この進化論が世に出たのと同じ1859年にはパリに人類学会が設立され，そうした「科学」の体系化がいっそう進められた。学会の創設者であるP・ブロカは，頭蓋骨の大きい方が知的能力が高いという仮説を証明するために，世界各地の頭蓋骨を精力的に収集してもいる。初期の人類学は，ヨーロッパの他者への差別的な見方を「科学的に」補強する役割を果たし，いわば支配の知的準備を担ったのである。

　このような視線は，植民地支配を正当視する様々な標語を生み出した。イギリスでは「白人の責務」，フランスでは「文明化の使命」，オランダでは「倫理政策」とよばれたものである。これらの言葉の初出，流布され始めた時期や背景などはそれぞれ異なるが，19世紀という歴史的文脈から登場し，支配者ヨーロッパを庇護者に，植民地を被保護者と位置づける点で，いずれも帝国主義の時代精神を象徴していたといえる。ちなみに先にあげた黄禍論は，こうした「白人」優位の秩序を攪乱する要素を含んでいる。これに対するヨーロッパの脅威感は，第一次世界大戦後の精神的状況を先取りするものであった。

　植民地問題は，優劣関係に裏打ちされた支配者―被支配者という二分法のもとに，支配と抵抗という図式で語られることが多かった。しかし植民地現地の人々の中には「進んだ」ヨーロッパに積極的に自己同一化したり，本国の利益になるように行動した者たちもいたのであり，近年ではそうした支配の境界に位置した存在にも関心が高まっている。中には宗主国の言語を学び，ヨーロッパ流の教養を身につけるなどし，支配国に活動の場を求めた場合もあった。他方，宗主国の人々から決して同列に扱われない現実に直面し，民族意識にめざめていった者たちを忘れてはならない。オランダ語に堪能でありながら，現地人が「文明化」されるのを好まないオランダ人に，オランダ留学の希望を絶たれた中で早世したインドネシアのカルティニなどは，その先駆的な例である。

（4）植民地の反乱と植民地支配の決算

　植民地化の初期から，抵抗運動が展開された地域もある。西アフリカでは，サモリ・トゥーレによるサモリ帝国が1880年代からフランスの武力侵攻と戦った（1898年に帝国崩壊）。当時のこうした反乱はいずれも挫折するが，それは武力の差

のみによるのではない。宗主国同士は植民地を取り合う一方で，ときによって互いに譲り合い協力し合って，支配者の地位を維持しようとした。たとえばベトナムではファン・ボイ・チャウが，明治維新後の日本の近代化に刺激を受けて日本に学ぶ運動を率いたが，日本はフランス政府の依頼により，ベトナムからの留学生への送金を止める措置を取っている。それとは反対に，攻撃を受ける側は容易には連携を進められず，反乱は常に厳しい弾圧を受けた。

　植民地化された地域が，必ずしも国家として成り立っていたところばかりではない点にも，考慮しなければならないだろう。民族的，あるいは地域的一体性があったと考えられる地でも，同様である。抵抗運動の担い手の間には往々にして分裂もあり，独立そのものよりは権利の拡大が求められる場合も多かった。独立という主張が掲げられるようになるのは，一部では第一次世界大戦後，多くは第二次世界大戦後である。しかもついに独立する主体が確立されず，植民地という名称こそ消えたものの，カリブ海や太平洋，あるいはインド洋の島々の中には，現在においても本国に従属している地域が残されている。

　植民地で起きた戦争の中には，今日改めて問い直されているものもある。たとえばドイツ領西南アフリカでは，入植したドイツ人に反発したヘレロやナマといった現地の人々とドイツ軍の間に戦争が起き，なかでもヘレロは1904年からの数年間で，8万の人口のうち80％を失ったとされる。この戦争については今日「ジェノサイド」と認識され，議論が活性化している。

　同時期の本国には，植民地における残虐な行動が一部伝えられ，反論を呼んだ場合もあった。植民地現地を体験，あるいは視察した人たちの中から支配への批判をする者も現れた。オランダでは1860年というかなり早い時期に植民地行政官経験者から『マックス・ハーフェラール』と題する小説の形で，インドネシア統治についての厳しい批判が出されている。これは倫理政策に道を拓いたとされる著作である。さらに時代が下ると「文明化」そのものに疑問を呈する論者も現れてきた。しかしそれらも支配の手法を非難するのが大半で，植民地の領有そのものを問い返す声は，きわめて小さかったのが現実である。

　様々な代償のもとに遂行された植民地の拡張・支配は，数字上の決算をすれば，けっして本国に利益をもたらすものではなかったというのが，今日では定説である。事実植民地宗主国は，第二次世界大戦後に植民地を手放した後においてこそ，それまでにない経済発展を遂げている。一部には，植民地は本国にとって重荷で

しかなく、むしろ植民地こそが本国から種々の便益を受けたという側面をより強調する立場もある。とはいえ他者の社会に暴力的に介入し、秩序を大きく混乱させたという意味において、ヨーロッパ諸国が植民地化した社会の歴史にどうかかわったのか、考えていかなければならないだろう。

歴史への扉18　　国境を越えた娯楽

　帝国主義の時代は、国民国家の形成期に重なっており、各国では国民意識醸成の試みと並行して、帝国の支配者であるという意識形成も進められた。義務化が進められた初等公教育のような場で基礎的な知識を身につけた人々は、社会に出てからはこの時代に急速に普及する大衆新聞などによって、植民地の情報に接していくことになる。

　それを補完するように、植民地拡張に伴って各国内では植民地が様々な「文化の材料」を提供していく。19世紀後半には、交通手段の普及ともあいまって植民地を旅する画家や文人も増え、異国情緒豊かな、あるいはオリエンタリズムに満ちた作品が多く描かれていった。民衆レベルでみるなら、植民地を題材にした大衆向けの小説や歌が数多く作られて、ミュージック・ホールなどで踊りとともに広められた。また19世紀前半に発明された写真は、異なる世界の映像を本国に伝え、想像をかき立てた。

　人々に強烈な印象を与えた娯楽としては、種々の博覧会やスペクタクルがあげられる。博覧会で植民地の物産などが展示された初期の例は、フランス革命期にさかのぼるが、19世紀半ばに開催されるようになった万博には植民地セクションも設けられ、植民地の情景が再現されていく。ここでは特に人の展示に目を向けておこう。個別に非ヨーロッパ圏の人が見世物にされた例は以前にもあるが、大きな話題となった最初はハンブルクの動物園経営者、カール・ハーゲンベックによる企画である。世界の珍しい動物を集めていたハーゲンベックは、1870年代にサーミ人（ラップ人）、ついでヌビア人の展示で大成功を収め、以後世界各地にもつ人脈から「珍しい」人々を集めて展示する新しい娯楽を提供した。フランスでもこれに次いでヌビア人の展示が始まるが、やはり大成功を収めると、植民地各地の人々を連れて来て展示する種々の興行が繰り広げられた。

　「他者」の展示は、当時科学的に裏づけられてきた人種の序列化を、目に見える形で大衆レベルに広げる手段となった。ヨーロッパの最新の学問が「体系づけた」人種の「科学的序列化」が、こうした娯楽をとおして受容され、通俗化されていっ

たといえる。同時に，国家が競い合う帝国主義の時代において，娯楽には国境を越える要素があった点にも注目しておこう。事実ハーゲンベックは他の列強の興行仲間に自分が集めた人々を提供するし，展示される人々の中にはグループでヨーロッパ各地を巡業してまわり，アメリカ大陸まで出向く者もあった。各国の対立を背景にしつつ，西洋と非西洋という対立軸の中では，こうした娯楽は容易に国境を越え，大衆の心をつかんでいったのである。展示された側の体験が問われるのは，脱植民地化をへて帝国の時代を批判的に考える機運が高まって以後のことになる。

第Ⅲ部
南北アメリカの推移

ヨーロッパを支えるアフリカとアメリカ
（ウィリアム・ブレイク作版画，1796年）
出典：池本幸三ほか『近代世界と奴隷制』人文書院，1995年。

- 第8章　植民地から独立・建国へ
- 第9章　現代アメリカの形成

総　説　南北アメリカ史の背景

（１）　コロンブス以前

　南北アメリカ史の時代を大きく区分するならば，①先コロンブス時代，②植民地時代，③独立国家の時代となる。

　先コロンブス時代とは，コロンブス（コロン）がカリブ海域に到達した1492年より以前の，数千年に及ぶ長い期間をとおして多様な文明が花開いたアメリカ古代文明の時代である。氷河時代末期にシベリアから獲物を追って，当時陸続きであったベーリング海峡を横断したモンゴロイド系の狩猟民は，1万4000年前頃から気候の温暖化・乾燥化とともにアメリカ大陸を南下し，9000年前頃までに南アメリカの南端に到達した。この間，長い年月をかけて南北アメリカの各地で独自の言語と文化が発展した。北アメリカでは紀元前1万年前頃から，クローヴィス・フォルサム両石器文化が存在したことが確認される。また紀元前5000年頃以降にトウモロコシが栽培化されるようになったことは，農耕文化の発展に大きい意味をもった。紀元前2千年紀の終わりに中央アメリカでオルメカ文化が，南アメリカ中央アンデスでチャビン文化が起こるが，ほぼ同じ頃に北アメリカでもマウンド（墳丘）文化が開花し，それは後700年頃以降に栄えるミシシッピ文化へとつながった。この間，現在のアメリカ合衆国南西部に，日干し煉瓦の集合住宅を建造したアナサジ文化も生まれた。「太陽のピラミッド」で有名な中央アメリカの宗教都市テオティワカンが繁栄するのは，紀元前2世紀から後6世紀である。

　現在のメキシコ南部からユカタン半島にかけて，紀元後3～9世紀に最盛期を迎えたマヤ文明は，文字，天文暦数，宗教体系，建築様式，石彫において独自の特徴を誇った。13世紀に入ると，アステカ人がメキシコ盆地にテノチティトランを建設し，王国を築いた。

　南アメリカではチャビン文化消滅後，中央アンデスに地域ごとに特色ある地方文化が現れた。特に神権政治の構造を描く彩色土器を遺したモ

チェ（モチカ）文化や，巨大な地上絵で知られるナスカ文化（ともに100〜800年頃）が有名である。その後，モチェの伝統をひくチムーなどが1200年頃に地域文化を開花させたが，アンデス南高地のクスコ盆地に興ったインカ族が強力になり，1430年代から急速に拡大していった。インカは，15世紀後半までに現在のコロンビアからチリにまたがる地域を征服して，インカ帝国を建設した。クスコと各地を結ぶ王道や，文字の代わりに結縄で記録された人口統計や物資の備蓄など，整然と整備された仕組みは，アンデス文明の成熟を示す。約3000年にわたり，外部世界の影響を受けることなく発展した南北アメリカの諸文明は，16世紀初めに征服され，今度は外部勢力の直接支配を被る時代を迎える。

（2）　植民地から独立へ

植民地時代は，コロンブス以後にヨーロッパ人がその文化や技術，動植物を移植し，やがて植民地統治体制が整い，絶対王権が支配するようになる時代である。ヨーロッパを中心とする世界経済の分業体制が，一次産品を生産する「辺境」としての南北アメリカを組み入れていった時代ともいえる。ヨーロッパ人による征服によって人口が激減するなど，先住民文化は甚大な被害を受けた。また，アフリカ黒人が奴隷として，プランテーションで導入された。他方でアメリカ産出の金や銀の流入が，貨幣価値下落と物価上昇をもたらし，16世紀ヨーロッパで「価格革命」が起こった。砂糖やタバコ，カカオあるいはアメリカ原産のトウモロコシ，ジャガイモ，トマトなどの栽培植物がヨーロッパに流入して，17世紀後半以降のイギリスにおいて商業革命が生じたといわれるように，貿易や消費生活に多大の影響を及ぼした。

中南米の大半を支配したスペインと，ブラジルを領有したポルトガルのほかに，イギリス，フランス，オランダ，デンマークなどが北米やカリブ海域の島々を植民地として領有した。独立による植民地時代の終結

時期は地域によりずれている。まずアメリカ合衆国が18世紀末にイギリスから独立し，スペイン領とポルトガル領ではほぼ1820年代までに各国が独立を達成した。しかしスペイン領でも，キューバの独立は20世紀に入ってからであり，カリブ海域ではフランスから独立したハイチ（1804）を除くと，多くの島々の独立は1960年代以降である。

　独立国家の時代になると，宗主国の利益のために押しつけられていた，植民地時代の重商主義的な統制のくさびから解放され，自らの利益を最大限追求できる可能性が独立とともに開かれた。しかし，ほとんどの新生国家にとって宗主国からの自立は，新たな覇権的国家による経済的，あるいは軍事的支配に縛られる結果を招いた。また，南北アメリカの各国は，国内的にはヨーロッパ系白人，先住民，アフリカ系黒人，アジア系移民などの多様な住民を抱えつつ，いかにして国民の政治的・経済的自由を保障し，民主的で公正な政治と経済のあり方を確立するのかという問題にも直面する。ヨーロッパの言語や制度，文化が移植されて，拡大したヨーロッパの辺境世界が，このような自由と従属の問題とどう格闘してきたかを理解することに，南北アメリカ史を学ぶ１つの意義があるだろう。

　第Ⅲ部では，植民地時代以降，現代までの南北アメリカを俯瞰する。なお，第二次世界大戦後のアメリカ合衆国の外交・国際関係については，第Ⅳ部第11章の各節が取り上げている。

独立戦争でトレントンの戦いに向かうため，1776年クリスマスに「デラウェア川を渡るワシントン」（エマヌエル・ロイツェ作油彩画，1851年）
出典：メトロポリタン美術館所蔵。

第8章　植民地から独立・建国へ

第1節　ラテンアメリカ
第2節　北米植民地とカナダ
第3節　アメリカ合衆国の成立と拡大

第1節　ラテンアメリカ

（1）征服されるインディオ社会

　16世紀の前半，スペイン人征服者たちは，眼前に広がるアステカ王国やインカ帝国の都を眺めるや，夢幻の世界ではないかと錯覚し，しばしぼう然としただろう。だが彼らは，ただちに夢想を振り払うや，行く手の道を塞ぐインディオを粉砕し，アメリカ大陸に覇を競いあった先スペイン期の高文明を騎馬で踏みにじっていく。それがまさしく，「征服＝コンキスタ」であり，その結果成立したのがラテンアメリカ植民地社会である。

　富と名誉への欲に突き動かされた征服者(コンキスタドール)たちを，新世界へと導くことになる道を切り開いたのは，ジェノヴァ生まれのクリストバル・コロンブスであった。1492年，スペイン女王イサベルの支援を受けた彼が率いる船隊は，カリブ海バハマ諸島に到達する。コロンブスの行った合計4回の航海によって，新世界の輪郭が徐々に浮かび上がるとともに，スペイン人による先住民支配の礎は築かれていった。また1492年には，特筆すべき2つの重要な出来事がイベリア半島において起きている。すなわちこの年，イベリア半島に残されたイスラーム勢力最後の拠点グラナダ王国が，後にカトリック両王とよばれることになるイサベル女王，フェルナンド王によって陥落させられた。両王はまた同年，イベリア半島に多数残存し，父祖伝来の宗教を実践してきたユダヤ教徒の追放を命じている。イベリア半島の中世を特徴づけるレコンキスタ＝再征服運動という言葉は，ともすれば厳しい軍事的対峙を想起させがちであるが，実際の社会では，イスラム教徒，ユダヤ教徒そしてキリスト教徒とが，緊張関係の中にあって，文化的，宗教的に鷹揚な態度を持続させながら共生するという状況が現れていた。それゆえ1492年の出来事は，スペインがこの時，キリスト教を基盤的な原理とし，軍事力を行使しつつ異文化・異民族を制圧・排斥する意志を有する国家として立ち上がったことを示しており，この精神は，そのまま新世界の植民地社会構築の動力として注入されていった。

　新世界の先住民「インディオ」の眉目麗しさを当初賛美したコロンブスであったが，植民地からすみやかに利益をひき出すために，その奴隷化を王室に提言する。イサベル女王はインディオの人道的保護の見地からこれを否定したが，植民

地経営に必須な人的エネルギーを確保するためには，先住民の労働力は不可欠であり，1503年にはエンコミエンダ（委託）制が導入された。これは，植民者たちにインディオを分配・委託し，その保護とキリスト教化を義務づけつつ，その見返りにインディオの労働力を利用させる制度であった。実際，長い植民地時代をつうじて，インディオの労働力が，植民地社会を支える最大の原動力となっていく。しかしカリブ海地域では，インディオを標的とする違法な奴隷狩りが横行し，またエンコミエンダ制度が住民に壊滅的な打撃をもたらしたため，伝統的なインディオ社会はほとんど崩壊する。インディオたちのいなくなったカリブ世界に代替労働力としてもたらされたのがアフリカ人であり，征服者たちの支配領域の拡大とともに，黒人奴隷の数は激増していった。

　カリブに拠点を設けたスペイン人たちは，徐々にその外に拡がる世界へと関心を向けていった。1519年にはエルナン・コルテス率いるスペイン人の軍勢が，メソアメリカに強大な勢力を誇っていたアステカ王国に侵略し，21年，征服を完了させる。また南の世界に目を向けると，32年には，フランシスコ・ピサロとコンキスタドールが南米史上最大の帝国インカを滅ぼす。いずれの場合においても，スペイン人は数的不利な状況にありながら，先住民の知らぬ火器や騎馬を効果的に使用し，またアステカやインカの支配に反感を抱く民族集団を巧みに動員しながら，軍事的侵攻を成功裏に進めていった。

　カリブにおけるエンコミエンダ制度の弊害については，その廃絶を訴え，インディオの人権保護に尽力したドミニコ会士ラス・カサス師の活動をつうじて，王室も認識を深めていた。しかし，スペイン王権の支配領域拡大に貢献した征服者に対する論功行賞としてのエンコミエンダは結局存続し，コルテスやピサロによって，メキシコ，ペルーの地でも施行されてゆく。この制度は植民地時代初期，いわば封建領主制のように機能した。強力な王権や貴族層によって統治され，官僚組織を整えたアステカやインカの社会は，成層化されていた。そのためスペイン人は，旧支配層の位置に自らの身をおくことにより，要領よく植民地統治を進めていくことができた。エンコミエンダを下賜されたスペイン人（エンコメンデーロとよばれた）は，委託下のインディオから貢納を取り立て，自らが経営する鉱山や農園にその労働力を投入することができた。だがインディオ社会の人口が減少し，エンコミエンダの制度としての機能は低下してゆく。また王室が本格的な官僚組織を植民地に導入することによって，エンコメンデーロ層の権力は弱ま

っていった。こうしてインディオ社会とスペイン人社会とを接ぐ，最初の結節として重要な意味を担ったエンコミエンダ制は衰退していった。

（2） ラテンアメリカ植民地社会の生成

アステカやインカのような強大な王権が消滅した後，メキシコやペルーの地には，カシーケとよばれるインディオ首長層が統制する大小様々の，いわゆる首長制社会が露わになった。これらの社会が最初，エンコミエンダの構成単位となっていく。エンコメンデーロとなったスペイン人たちは，新たにデザインされた都市を建設し，邸宅を構え，自ら議員となるカビルド（都市参事会）を形成した。こうして中心となる広場のまわりに都市参事会，大聖堂などの建物を据え，碁盤目のように道路を張った様々な都市がラテンアメリカの各地に生まれていった。スペイン人は植民地社会の支配者として都市に住み，「スペイン人の政体（＝レプブリカ）」を構成し，一方インディオは，後背地である山間部に居住し，親族組織を核とするインディオ共同体によって律せられる「インディオの政体」に包摂されるという「2つの政体」モデルが，スペイン人の植民地統治理念となっていく。しかし都市建設の直後から，その周縁部には，山から下りてきてスペイン人の邸宅などで専従的に働くインディオや，スペイン人とインディオの混血メスティーソ，黒人奴隷などが住み着き始め，いわばスラム化していく現象も観察され，「2つの政体モデル」があくまでも為政者側の理想でしかなかったことが露呈される。

インディオ社会はスペイン人の支配に統合されることによって，深甚なる変化を蒙った。その最たるものが，人口の激減であった。減少の要因としては，征服後にみられたスペイン人による厳しい身体的な虐待，経済的・政治的抑圧のみならず，旧世界からもたらされ，免疫をもたないインディオを標的として瞬く間にまん延したさまざまな疫病——インフルエンザ・麻疹・天然痘など——が挙げられる。先スペイン期のインディオ人口の算定は，史料の不備からも慎重にせねばならぬが，メキシコ中央高原では，1519年に2500万人と推定される人口が，1605年までに107万5000人にまで落ち込んだことも指摘されており，またアンデス地方では征服以前1000万人以上存在したとされる人口が，1570年代には130万人に，1630年代には60万人にまで減少したとされる。このような社会状況に直面した多くのインディオは，衰退する共同体を捨て，都市の周縁部でルンペンのような生

活を送るようになったり，スペイン人の経済領域に積極的に身を寄せつつ，生存の可能性を探るようになる。2つの政体のはざまには，こうした流浪するインディオや混血者，黒人逃亡奴隷の姿が目につくようになっていく。

　衰退していく共同体を治めたインディオ首長たちは，先スペイン期からの伝統的な社会慣行を維持しつつ，その一方でスペイン人支配者たちの経済的な要求の受け皿として機能した。彼らは「ドン」という称号を授けられ，スペイン社会における下級貴族と同等の存在として遇されたが，下（インディオ社会）と上（スペイン人社会）からの双方向の圧力を一身に受けなければならなかったため，しばしば厳しいジレンマにとらわれた。首長たちもまた，2つの政体のすき間にその存続の可能性をかけていたといえる。

　インディオ社会はまた空間的にも大きな変容を蒙った。先スペイン期以来インディオ社会においてしばしば観察されたのは，散在的な居住傾向であり，たとえばアンデスの山脈のすき間に点在するインディオの村落を，スペイン人が効率良く管理していくことは難しかった。そこでとられた方策が，強制的なインディオの集住である。メキシコではコングレガシオン，ペルーではレドゥクシオンとよばれたこの政策により，スペイン人の居住する都市をモデルとして区画され，村会，教会，監獄，病院などの諸機関を有する人工村に先住民は強制的に移動させられた。インディオ労働力の徴発，あるいは布教のための住民管理はこうして容易なものとなったが，周囲の風景や自然の中に多様な神性を認め，それらとの交流を軸にエスニック・アイデンティティを構築していたインディオにとって，この強制集住は大きな精神的ダメージをもたらすものであった。

　疑似封建的領主として君臨したエンコメンデーロの時代が終わると，スペイン王を頂点とする国家的な統治機構が整備されていく。植民地時代をつうじて，インディアスの北と南の中心となったメキシコとペルーには，それぞれ国王の人格的代理者たる副王が任命された。ヌエバ・エスパーニャ副王領，ペルー副王領が設定され，行政・司法・軍事・財政・教会関係などの諸側面にわたり，この王の代理者が統括した。また副王を諮問する機関としてアウディエンシアが有力諸都市に設置され，高等司法を管轄すると同時に，行政機関としても機能した。独立以降に成立した南アメリカ諸国家の多くの領域は，このアウディエンシアの管轄域と重なることになる。アウディエンシアを構成する各地方には，勅任官吏コレヒドールがおかれ，その多くには本国スペイン出身の者が就任した。コレヒドー

ルはインディオからの貢租の徴収や，司法業務を担当した。これらのスペイン人は教会関係者とともに，インディオ社会を直接把握することができた数少ない人々であり，それゆえに彼らは，先住民経済と密接にかかわっていく。彼らの過剰な経済的搾取が，後にみる独立前夜に展開されたインディオたちによる革命的な蜂起行動の要因の１つとなる。

　植民地の経済は，なによりも鉱業生産，とりわけ銀生産を中心としていた。とりわけ1545年に現ボリビア領のポトシ，そして46年にメキシコ北部サカテカスできわめて豊かな銀を含む脈層が発見され，鉱業セクターが植民地経済のモーターとなっていった。当初アンデス地方などでは，風の流れを利用した土着の技術である「風炉」などが用いられていたが，16世紀後半には「水銀アマルガム法」が実用化され，効率の良い銀抽出が可能になった。採掘，精練などの過程で必要とされる労働力はインディオ社会から供給された。アンデスではインカ時代の遺制である輪番の強制労働徴発制度「ミタ」が復活し，ポトシ銀山の採掘のために指定されたインディオ共同体からは，毎年成人男子の7分の1にあたる人々が派遣させられた。メキシコにおいてもこのような強制労働徴発制度は実施されたが，採掘の主体は自由賃金労働者であった。

　これらの銀が植民地からの主な輸出品を構成し，一方本国からは高級な毛織物などの工業製品が輸入された。また鉱山や成長する都市人口への食料供給を目的として，スペイン人企業家による牧畜・農場経営が各地で展開され，アシエンダとよばれる大農園が成長していった。またポトシ鉱山で働くインディオ労働者に向けては，麻薬性があり疲労感を軽減させるコカの葉の商業的生産も行われた。さらに各地に生まれたオブラヘとよばれる作業所では，植民地内市場で流通させるべく，粗製の織物の生産が幅広く行われた。いずれの経営体においても，主な労働力を構成したのはインディオであった。

　新世界で生産された銀は，海路を通って各地へ流れていった。大西洋の海上貿易は，独占的貿易港として指定されたスペイン南部のカディスとアメリカの植民地との間に広がる海に敷かれた「カレーラ・デ・インディアス（インディアスの道）」と呼ばれる航路を用いて毎年１往復する２つの護送船団によって担われた。メキシコ方面へと向かう船団「フロータス」が春にスペインを出港し，夏には南アメリカ方面を最終目的地とする「ガレオネス」が本国から出発した。両者は翌年の春にハバナで合流し，旧世界へと戻っていった。この道は本国政府によって

厳重に統制され，また国家的に保護された大商人たちが独占する空間でもあった。しかしもう1つの海，太平洋にも広大な道が生まれつつあった。1571年，スペインのフィリピン植民地の拠点マニラが建設されると，メキシコのアカプルコとの間にマニラ・ガレオン貿易が始まる。マニラに集積された中国産の絹製品や陶磁器などは，スペイン領植民地において珍重され，太平洋を渡る。さらにこの道は南アメリカにまで延びており，アジアの物産は遠くアンデスの高地まで運ばれていった。一方南米で産出された銀は，その支払い手段としてアジア世界に流入する。その結果，本国スペインの政府が待ち望む銀の多くは，大西洋の道を通ることなく，太平洋経由で流出することになった。政府は禁圧政策をとったものの，太平洋貿易は興隆し続けた。

　世俗世界の秩序が構築されるとともに，聖なる秩序，すなわち教会の体制も形を整えていくが，その基底にあったのがパトロナート・レアル，すなわち「国王教会保護権」であった。これはローマ教皇がスペイン国王に対し，教会をめぐる様々な権限を譲渡したものであり，これをつうじて新世界の教会は王権に完全に従属し，国家的機関としての性格をももつにいたった。

　在俗教会組織が整っていなかった征服直後には，もっぱら修道会が布教事業の重い責務を負った。メキシコにおいてはフランシスコ会が，ペルーにおいては主にドミニコ会がその主翼を担ったが，とりわけフランシスコ会は中世ヨーロッパにおいて開花し16世紀に再び勢いを増していたキリスト教的な千年王国待望思想の強い影響を受けており，神秘主義的な雰囲気を濃厚に漂わせつつ，新たに出現した大量の異教徒インディオに対して洗礼水を振りかけていった。一方ドミニコ会では，思想家バルトロメ・デ・ラス・カサスが，数々の著作を執筆しつつ，スペイン人によるインディオの迫害を弾劾し，先住民の人間としての権利を保護すべく精力的な活動を行った。彼の思想の影響を受けたペルーのドミニコ会の人々は，ときには公権力と対峙しながらその思想を実践すべく努力した。

　その後，在俗の教会組織が徐々に整備され，大きな都市には壮大な大聖堂（カテドラル）が設けられ，聖堂参事会によって教会運営がなされた。また都市住民は，教区組織（パロキア）に包摂されていった。パロキアの教会では，聖母マリアや特定の聖人などへの信仰をつうじて人々が結集し，多様な信心講が生まれていく。さらに16世紀後半，本国スペインでトレント公会議を契機に宗教的刷新と浄化の気運が強まると，宗教による国家統合という様相がはっきりとみられるよ

うになり，スペインはカトリック帝国主義とでもいうべき性質を示すようになる。1568年には，メキシコとペルーの両副王領に異端審問所が設置された。教会からは実質的に独立した機関であり，スペイン王権によってコントロールされた異端審問所の導入は，カトリック世界にとっての重大な脅威であるプロテスタント勢力が新世界に接近することを抑止し，さらにユダヤ教徒が潜入することを予防することが目的であった。実際17世紀前半，ペルーとメキシコの異端審問所は，ポルトガル系フダイサンテ（隠れユダヤ教徒）の商人を厳しく弾圧している。

　また後背地のインディオ村落はドクトリーナ（改宗区）と位置づけられ，土着のインディオ諸語を学んだ修道士や在俗の神父が，専従で先住民への布教を行った。インディオはキリスト教徒になって間もないゆえに未成年として扱われ，異端審問所の訴追の対象にはならなかった。これらの聖職者（ドクトリネーロ）は，インディオらの宗教的な実践を監督し，洗礼や結婚，終油などの秘蹟を施しつつ，しばしば体罰をもちいて教育した。しかし対抗宗教改革全盛の時代とはいえ，神父の日常的なふるまいにはモラルの規範から大きく逸脱した面がみられ，中には信者の先住民に対して経済的な搾取や性的な嫌がらせなどを行い，インディオから訴えられる者もみられた。

　このような環境の中で，インディオのカトリックへの改宗が頓挫する局面もしばしばみられた。もともと先スペイン期以来のインディオの宗教実践においては，自然の中に拡がる多様な存在に神性が認識され，崇拝の対象となっていた。彼らは供犠や多様な儀礼をつうじて，これらの諸々の神性と互恵的な関係を維持していた。唯一絶対の神への帰依を強制するカトリックは，当然これらの宗教実践を否定したが，不正に満ちたスペイン人に支配される世界しかもたらさなかったカトリックの信仰を嫌い，古き良き時代への回帰を希求するインディオたちが，暴力を伴う抵抗闘争を組織することもあった。教会当局は，インディオの宗教実践を「偶像崇拝」とみなし，残存する宗教的営為を抑圧する動きに出ることもあった。特に17世紀にリマ大司教座管内で大々的に展開された「偶像崇拝根絶巡察」はよく知られている。

　しかし一方では，先住民の中にカトリックの信仰が深く融けこんでいったことも事実であり，インディオの村落にも多数の信心講が生まれ，カトリックの祝祭が華やかに挙行されていった。メキシコのみならず，ラテンアメリカ全域において崇拝される「グアダルーペの聖母マリア」への信仰は，インディオ的伝統とス

ペイン的伝統の融合したところに生まれ，ラテンアメリカの宗教実践の独自性が明確に示されている。

（3）　ラテンアメリカ独立に向けて

　2つの文化的伝統の融合は，宗教の場のみならず，人間と人間の接触の局面においても顕著に現れた。混血層の出現である。征服直後，スペイン人女性の数が限られていた環境で，征服者，植民者は先住民の女性と内縁関係を結び，そこから数多くのメスティーソが生まれていった。スペインで文筆家として身をたて，植民地時代を代表する作家として名高い16世紀生まれのインカ・ガルシラーソ・デ・ラ・ベガも，最初のメスティーソの1人である。また，黒人奴隷がアフリカから輸入されるようになると，スペイン人と黒人の混血ムラート，インディオと黒人の混血サンボ，そしてさらにこれらの混血同士の混血という具合に，人種の混淆は加速していき，カスタ（混血・血統）を重視する社会が生成した。この考え方は，今日のラテンアメリカ社会の特徴の1つとなっている。

　さらに白人支配層の中にも，17世紀以降，ある明白な差異が現れてきた。すなわち，本国生まれのペニンスラール（半島出身者）と，植民地に生を享けたクリオーリョとが互いに対立する図式である。ペニンスラールは，クリオーリョを懐疑的な視線で見ており，インディオや黒人の血で汚れていると侮蔑した。一方，クリオーリョも，蓄財を済ませると早々に帰国してしまうにもかかわらず，植民地社会の中枢にくい込むペニンスラールを植民地の富の簒奪者だと，やはり冷ややかに捉えていた。この両者の衝突が，やがて来る独立戦争の背景にある。

　18世紀に入ると，植民地には大きな変化が到来する。本国スペインでは，1701年から13年間にも及ぶスペイン王位継承戦争の結果，ハプスブルクに代わって，ブルボン王朝が誕生した。海をめぐる政治情勢の変化もあり，まずそれまでの貿易の体制に変化が現れる。すなわちこの頃，すでに従来の護送船団方式は機能しなくなっており，65年に自由貿易を認める勅令が出される。これによって，本国と植民地の貿易量は激増する。さらに王朝に仕え，開明的な精神に支えられた官僚も，植民地の様々な局面での改革に着手する。ブルボン改革とよばれるこの動きは，鉱山業の刷新，財務改革へと向かい，とりわけ後者は増税基調で行われ，植民地住民の大きな不満が醸成されることになった。他方，官僚組織の面でも改革の斧が振るわれ，アウディエンシアなどの役所に食い込んでいたクリオーリョ

を排除し，ペニンスラールに替えていくという方向も明確に打ち出され，植民地生まれの人々のさらなる反発を惹起する。

システムの整備と増収の面では瞠目すべき成果をあげたが，改革は社会の様々な側面にひずみを生み出し，それは暴動や反乱という形をとって社会を揺り動かしていった。たとえば，教会との関係を見直すこともブルボン改革の1つの柱であったが，この面での特筆すべき出来事は，67年になされたイエズス会士の追放である。メキシコでは大勢のイエズス会士がイタリアへ追放されるが，その大半がクリオーリョであったため，メキシコのクリオーリョ支配層は動揺し，民衆暴動も発生する。

アンデスにおいては，インディオを中心とする革命的な運動が南部クスコを中心に発生した。インディオ社会に深く食い込む官僚コレヒドールたちは，腐敗と結びつきがちな売官制のもと，インディオに対して不正かつ強制的な商品販売（レパルティミエント）を行い，任期中に莫大な富を蓄積しようとしていた。さらにこれに増税が加わり，インディオ社会は疲弊していた。インディオや混血児の中には，このような圧力に対して猛然と反発をする者も出現した（歴史への扉19参照）。

19世紀に入り，本国スペインの政治体制がナポレオン軍の侵略によって破綻すると，その動揺は植民地に飛び火する。とりわけクリオーリョ階層が強い影響力をもち，後にアルゼンチンとなるラ・プラタ地方，そしてベネズエラにおいて，それぞれサン・マルティン，シモン・ボリーバルが現れて独立を達成し，さらにスペイン王権にシンパシーを抱く人々が多かったペルーでも，サン・マルティンやボリーバルの圧力のもと，紆余曲折があったものの独立が実現する。またメキシコにおいては，クリオーリョのミゲル・イダルゴ神父が貧困大衆を率いて1810年，植民地権力に対する蜂起を指揮した。運動はまもなく挫折するが，混血児として生まれたモレーロスがそれを継承し，スペインからの独立を明確に意図する運動を組織していく。彼はまたメキシコ最初の憲法を定めた。結局メキシコは21年に独立を達成する。こうしてラテンアメリカの各地域は，スペインによる植民地支配の軛を振り払うことに成功した。しかし，この独立によって大きな利益を獲得したのは，クリオーリョや混血層など，従来からの植民地支配層であった。インディオなど下層社会の人々の状況に大きな変化はなく，むしろさらに悪化したことを記憶にとどめておくべきである。

歴史への扉19　　植民地時代を生きるインカ

　以下にとりあげる絵は、現在クスコ大司教座博物館が所蔵するもので、「サンタ・アナ連作」とよばれるシリーズの１点である。描き出されているのは、カトリックの重要な祭礼、「聖体祭」行列の一場面である。絵画の中でもひときわ目を引くのが、先頭をゆく白装束の男性であり、見事な頭飾りと、美しいデザインの衣裳に包まれたこの人物は、「インカ貴族」とよばれるインディオの特権階層に属していた。この絵が制作されたと考えられているのは、ペルー植民地時代盛期の1680年頃であり、アンデス征服が行われてインカ帝国が崩壊してから150年が過ぎていたが、この時期にいたっても、「インカ」を名乗る人々は、この絵画が鮮やかに伝えるように、かつての帝都クスコで存在感を鮮明に誇っていたのだ。

　インカ帝国は1532年、スペイン人征服者ピサロによって滅亡させられた。この年、インカ最後の王アタワルパは、ペルー北部のカハマルカにて、フランシスコ・ピサロ率いる百数十名のコンキスタドールによって捕虜とされ、身の代として王国内から集めさせた膨大な金・銀を差し出したものの、反逆の罪を着せられて処刑される。さかのぼること百余年の間に、南米史上最大の版図を支配するにいたったインカ帝国はこうして崩壊した。

　インカ帝国は、強大な権力を保持する神聖王インカを中枢に据え、互酬・再分配という伝統的社会に特有の経済観念に裏打ちされた貢納システムにより巨大な富を集積した。それと同時にこの富を、臣民として統治下に包摂された各地の民族集団に分配しつつ、領内すみずみまで行き渡る物流体系を構築していった。官僚システムや道路網は整備され、完成したインカ社会を目の当たりにしたスペイン人は、ローマ帝国のイメージを重ねた。

　しかし王国は、スペイン人が到来した時点では未だ若い社会であり、王位をかけての兄弟王子の紛争や、インカ王の支配に対する地方諸部族の根強い反発などもあって、内実はかなり脆弱であった。ピサロらコンキスタドールはそこにつけ込み、火器や騎馬を効果的に展開しつつ、数的な劣勢をものともせずにインカ王の大軍を撃破した。ピサロは王都クスコを占領し、征服者たちに戦利品を分与するとともに、各地のインディオ共同体を分配・委託して（エンコミエンダ）、経済的な特権を授けた。こうしてインカ帝国の征服は完了した。

　しかしながらインカ王統に属する人々は、これで死に絶えたわけではなかった。帝都クスコには、歴代インカ王の血を引くと主張する人々が生存した。彼らのうちある者は、スペイン人支配者の傍若無人なふるまいに耐えかねて反旗を翻し、アンデス山中ビルカバンバに立て籠もり、新しい王権の確立をめざして軍事的な抵抗を

継続した。反乱インカ族の存在は、安定した植民地の構築をめざすスペイン人支配者の大きな脅威となっていた。この抵抗運動も、72年、最後の指導者トゥパク・アマル（1世）が捕縛され、斬首の刑に処せられると沈静化する。しかしそれ以降も、多くのインカ族の人々がクスコ市で生活を続け、土着言語ケチュアでパナカとよばれた王家を軸にし、カトリック教会が都市空間に設定した教区に集住した。スペイン王権は、その支配を従順に受け容れたインディオを懐柔する政策をとったため、スペイン人支配に抵抗しなかったインカ王族は、スペインの下級貴族と同等に遇され、免税や貴族的称号、家紋顕示権などの多様な特権が下賜された。その特権の1つが、絵画に描き出されているように、聖体祭などの大祭において晴れ着を身につけ、クスコ市中を賑々しく行進する権利であった。衣裳を観察してみると、長衣はインカ風のものであり、太陽神のエンブレムなど、純粋なインカ伝統の再現のようにも思われるが、美しいレースの袖や半ズボンなど、ヨーロッパ風の服飾デザインも取り入れられている。そこには、クスコのインディオ大衆とヨーロッパ人支配者の結節点をなしたインカ貴族の特異な性格が反映されているともいえよう。

図8-1 「サンタ・アナ連作」の一部
出典：クスコ大司教座美術館所蔵。

インカの伝統を維持したり、あるいは再生しようとするこうした動きは、これらクスコの貴族層の間でのみみられた現象ではなかった。アンデスに住むインディオ大衆や混血の中には、こうしたインカの歴史的伝統とは異質な、いわばアンデス土着の神性のもつエネルギーを体現するような、ユートピアをもたらす「インカ」というものへの憧憬が生まれていく。たとえば17世紀、リマの異端審問所で「魔女」というレッテルをはられて裁かれた女性たちがいた。彼女たちはインディオではなく、スペイン人系の白人であったり混血児であったが、異性との愛の成就を求める恋愛魔術を行ったこの女性たちが、神秘的なエネルギーを与えておくれ、と呪文の中で唱えていた相手が、インカ王だったのだ。

18世紀に入ると、植民地支配はより過酷さを増していき、救済を求めるインディ

オや混血の貧困者たちは，メシア・インカの出現を強く希求していく。そして1780年，クスコ地方のある混血の首長が，国王役人の強引な搾取に対して反逆の烽火をあげた。この男トゥパク・アマルは，前述の1572年に処刑されたインカ王の末裔であると主張した。彼はクスコに保たれてきたインカ貴族の伝統と，ユートピアの実現可能性を一身に体現するような存在であった。クスコ地方を震源とするこの運動は，アンデス南部の広い地域を巻き込み，植民地権力に対する全面的な大反乱となった。トゥパク・アマル2世は当初，クスコのインカ貴族たちに反乱への参加をよびかけるが，貴族たちは彼らの特権の淵源たるスペイン王権への忠誠に固執した。結局，反乱は正統的なインカ王権を復興するというプロジェクトから，大衆の激しい暴力的エネルギーが発散される運動へと変化した。結局，首謀者トゥパク・アマルも捕まえられて処刑され，拡大しつつあった大反乱も，強力な国王軍によって鎮圧されて終わる。インディオ自身が統治する新しい王国建設の夢は破れ，その後達成される植民地スペイン王権からの独立によっても，アンデスの貧困層に救済がもたらされることはけっしてなかったのである。

第2節　北米植民地とカナダ

（1）　北米での植民地建設

　北米において，植民地建設の主力となったのは後発の英仏であった。イギリスからは，15世紀末ジョン・カボットがニューファンドランドに到達し，その沖合に現在グランドバンクスで知られる鱈漁場を発見した。鱈は当時ヨーロッパで需要が高く，毛皮に先立つステープル（主要輸出商品）であり，以後同地へはヨーロッパ諸国の漁船が頻繁に訪れた。1583年にはハンフリー・ギルバートが，ニューファンドランドの領有をエリザベスの名のもとに宣言し，同地はアイルランドに次ぐイギリスの海外植民地となったが，それは季節的漁業基地にすぎなかった。16世紀末にはウォルター・ローリーがロアノーク島への入植を試みたが失敗し，植民事業は頓挫した。最初の恒久的植民地となったのは，1607年に建設されたジェイムズタウンであった。そして，後にアメリカ合衆国となる13植民地が建設された。それらは，自営農民による自給的農業と漁業・海運業を特徴とするニューイングランド，肥沃で広大な土地での農業と海運・貿易業で発展した中部，アフリカ人奴隷を使用する大農園が成立した南部に大別されるが，成立基盤や統治形態によって，自治植民地，領主植民地，王領植民地とそれぞれ特色をもっていた。

どの植民地でも代議制民主主義による自治が根付き，富裕層だけでなく中産階層も主体となる社会が作られた。イギリス本国の保護と緩やかな規制のもとで，生産の拡大と人口の増加によって植民地経済は成長を続けた。この発展は先住民に対する征服と排除を伴い，イギリス領植民地では激しい武力抗争が繰り返された。

　フランスからは16世紀前半に，ジャック・カルティエがセントローレンス湾や現ケベック・シティを訪れたが，国内外の混乱に見舞われたため，フランスが植民事業に乗り出したのは16世紀末であった。ビーバー帽の流行によって毛皮の需要が高まり，毛皮獲得は植民地建設の推進力となっていた。フランス初の植民地は，現在のカナダ大西洋岸のアカディアであった。1605年，サミュエル・ドゥ・シャンプレンらがアナポリス川流域に入植し，ポール・ロワイヤルと命名した。彼はさらに内陸のセントローレンス川流域に目を転じ，08年毛皮交易所を設けた。これがヌーヴェル・フランス（ニュー・フランス。広義には北米のフランス勢力圏，狭義にはケベック，モントリオール，トロワ・リヴィエールからなる「カナダ」を指す。ここでは狭義で使用）の中核，ケベックの建設である。17世紀後半には，ルネ・キャヴリエ・ロベール・ドゥ・ラ・サールがミシシッピ川を下ってメキシコ湾に到達し，ルイジアナを国王に献上した。同地には18世紀初頭にフランス人が入植し，かくしてセントローレンス川，五大湖，ミシシッピ川の流域にフランス勢力圏が築かれた。しかし，それは点在する毛皮交易所で結ばれた脆弱な版図でしかなかった。

　このほか，オランダはニューネーデルラント（ニューヨーク）植民地を建設し，17世紀後半にイギリスに委譲されるまで商業的繁栄をもたらした。スペインは16世紀後半にフロリダ，17世紀にテキサス，18世紀にカリフォルニアまで勢力を拡大し，スウェーデンも17世紀前半に短期間ながらもデラウェア川流域に植民地を建設した。

（2）　北米をめぐる英仏の覇権争い

　1663年，ヌーヴェル・フランスは国王直轄植民地となった。重商主義政策の一翼を担わせるため，農業を基礎とする自給自足経済を育み，自衛可能でコンパクトな植民地とすることが図られた。統治機構や領主制が整備され，移民が奨励された。寒冷な気候のため開墾は困難をきわめたが，ヌーヴェル・フランス経済は次第に毛皮交易から農業にシフトした。しかし北米のフランス圏は，全体として

はいぜん毛皮交易網であり，先住民への依存度は高かった。先住民はキリスト教化の対象でもあり，これに対して先住民のなかには自分たちの社会を崩壊させるものとしてキリスト教に抵抗する者がみられる一方で，改宗者も増えていった。ヨーロッパの物資供給に依存せざるを得ない状況に追いこまれた先住民は，交易品である毛皮の獲得に躍起となり，先住民間の抗争が熾烈化した。

　先住民間の対立は，ヨーロッパ諸国間の対立も反映していた。アルゴンキアン語諸族・ヒューロン族同盟は，五大湖周辺やその西部の毛皮をセントローレンス川経由で輸送するフランス人の支援を受け，イロコイ五族同盟はハドソン川を輸送路とするニューネーデルラント植民地のオランダ人，後にはイギリス人の支援を受けていた。この対立構図にキリスト教化が絡んだため，同じ部族内でも改宗者と非改宗者の間で対立が生じた。こうした中，ヒューロン族社会は，イロコイ五族同盟の襲撃にあって崩壊した。ヒューロン族社会の崩壊によってフランス毛皮交易網にほころびが生ずると，それに付け入る形で，1670年にイギリス特許会社であるハドソン湾会社が設立され，その支配地域は，初代総督ルパート王子にちなんでルパーツランドとよばれた。こうしてフランス勢力圏は，ルパーツランドと13植民地の南北双方から，脅威を受けることになった。

　17世紀後半から18世紀半ばにかけて繰り広げられた英仏抗争は，ヨーロッパの戦争に付随したのではなく，北米大陸固有の原因があった。それは，ハドソン川経由と，セントローレンス川経由の輸送路をめぐる対立に加え，ハドソン湾会社設立に伴う毛皮獲得競争の激化，プロテスタント対カトリックの宗教的反目，そしてアカディアとニューファンドランドをめぐる争奪であった。アカディアは，漁業と毛皮交易に至便な地であるばかりか，戦略的な要衝でもあった。そのため，南のイギリス植民地からしばしば攻撃を受けた。アカディア人とよばれるフランス人入植者は，フランス本国やヌーヴェル・フランスとの絆を次第に弱め，英仏双方の影響を受けながらも，いずれにも加担しない独自の社会を築いていた。またニューファンドランドは，定住植民地としての発展は遅れていたものの，経済的にはイギリスや南欧との三角貿易の一角を担っていた。加えて，ニューイングランドや西インド諸島との貿易も活発で，干鱈と引き換えにタバコ，砂糖，糖蜜，ラム酒を得ていた。同地はまた戦略的にも重要な位置にあった。

　ヨーロッパでアウクスブルク同盟戦争（1688～97）が勃発すると，戦火は北米に及び，ウィリアム王戦争（1689～97）が始まった。ついでスペイン継承戦争

(1701～13) が起こると，北米ではアン女王戦争 (1702～13) が勃発した。北米でフランスはポール・ロワイヤルのみを失ったのに対し，イギリスはニューファンドランドやハドソン湾を失った。しかし，1713年のユトレヒト条約ではヨーロッパの戦況が反映され，フランスは譲歩を強いられた。イギリスはニューファンドランドとハドソン湾，イロコイ五族同盟に対する支配権を得た。またアカディアは，ロワイヤル島（現ケープ・ブレトン島）とサンジャン島（現プリンスエドワード島）を除いてイギリス領となり，ノヴァスコシアとよばれるようになった。なお，ニューファンドランド北部の「フランス海岸」における漁業権は，フランスに付与された。フランスは，内陸への主要通路であるセントローレンス川に対するイギリス軍の侵入を阻止するため，ロワイヤル島のルイブールに巨大要塞を建設した。オーストリア継承戦争 (1740～48) が始まると，北米ではジョージ王戦争 (1744～48) が開始され，ルイブール要塞はイギリス軍の手に落ちた。だが48年のアーヘンの和約（エクス・ラ・シャペル条約）では戦前復帰が決められ，ルイブールはフランスに返還された。この決定はニューイングランド住民の反感を買い，彼らの怒りを鎮め，かつ北米防備を固めるため，イギリスはルイブールに対峙するハリファクスに軍港を建設するとともに，本国から大量の移民を入植させた。他方フランスは，西部への通路であるオハイオ地域の防衛強化のため，砦を築いた。このフランス勢力を排除するためニューイングランドから民兵が送られると，戦闘が勃発し，ヨーロッパの七年戦争 (1756～63) よりも早く，フレンチ・アンド・インディアン戦争（この呼称は，ウィリアム王戦争以降の北米での英仏戦争全体を指す場合もある）(1754～63) が始まった。

　フレンチ・アンド・インディアン戦争中の55年，アカディア人の処遇に手を焼くイギリスは，彼らの強制追放を決定した（歴史への扉20参照）。他方ヌーヴェル・フランスでは，59年のアブラム（アブラハム）平原の戦いによってケベックはイギリス軍に占領され，翌年にはモントリオールも攻略され，フランスは降伏した。63年のパリ条約で，フランスはルイジアナをスペインに割譲し，残りの北米領はニューファンドランド南端のサンピエール，ミクロン両島を除いてイギリス領になった。この条約交渉でイギリスはヌーヴェル・フランスか，カリブ海の砂糖植民地（グアドループとマルチニック）のどちらを領有するか，選択を迫られた。ヌーヴェル・フランスよりも砂糖植民地の方が経済的に有望であったにもかかわらず，前者をとったのは，フランス勢力を一掃することで北米での覇権を掌

握するためであった。とはいえ，13植民地，ノヴァスコシア，ニューファンドランド，内陸のルパーツランドに加え，ケベック植民地と改称されたヌーヴェル・フランスを領有したイギリスは，フランス系社会をいかに処遇すべきかという課題を抱えることになった。

（3） カナダ自治領の成立へ──英米の影響下で

1763年の「国王宣言」では，アパラチア山脈以西への入植を禁ずることで先住民との紛争を回避し，フランス系には官職排除の厳しい措置をとった。だが74年のケベック法では，13植民地の西部膨脹熱を牽制するために，ケベック植民地の境界を広げ，先住民和解策は反故にされた。またフランス系に対しては，彼らを取り込む策に転換し，領主制，カトリック信仰，フランス民法の存続を認めた。13植民地にとってケベック法は，「耐えがたき諸法」の1つとなった。アメリカ独立戦争でケベックは，大陸会議による戦争参加の呼びかけに応じず，ノヴァスコシアも中立を保った。しかし同戦争は，カナダ側にも多大な影響を与えた。同戦争でロイヤリスト（13植民地ではトーリー（王党派）とよばれた）がカナダ側に到来し，人口が倍増したノヴァスコシアは分割され，ニューブランズウィック植民地が創設された。ケベックに流入したロイヤリストは，フランス系とは別個の社会を築いた。91年のカナダ法により，ケベック植民地はイギリス系が多数のアッパーカナダとフランス系が多数のロワーカナダに分割され，両植民地に代議制の立法議会，任命制の立法評議会と行政評議会（それぞれ，下院，上院，内閣に相当）が設けられた。

続く1812年戦争でも，カナダはアメリカ軍の攻撃を受けた。それをイギリス軍，カナダ民兵，テカムゼ率いる先住民の同盟軍が退けた。また1818年の英米間の協定で，ウッズ湖からロッキー山脈までの境界が北緯49度と決められ，オレゴン地方は英米共同管理となったが（46年のオレゴン協定で分割），以後も対米脅威は消えなかった。

1812年戦争・ナポレオン戦争後，大西洋をはさんだ交流が活発化した。カナダから木材が送られ，帰りの「積荷」として過剰人口を抱えるイギリスから移民が運ばれた。カナダの人口は増えるとともにイギリス化が進んだ。イギリスが特恵関税や航海法など，植民地保護・規制措置をとると，この「旧植民地体制」のもとで農林業が盛んになり，商業・金融・輸送の各部門も発展した。植民地特恵を

享受するイギリス系移民の急増と台頭は，ロワーカナダ植民地の多数を占めるフランス系には脅威と映った。「城砦閥」とよばれるイギリス系特権層は，総督が任命する行政評議会と立法評議会の双方を抑え，植民地政治を壟断していた。これに対してフランス系ナショナリストらは，立法議会を足場に対抗した。立法議会の権限強化を求める92カ条の決議は，本国政府によって拒否されたばかりか，逆に総督側の権限の強化が行われた。ついに彼らは，37年11月に反乱を起したが短期間で鎮圧された。他方，アッパーカナダ植民地でも政治腐敗が深刻であった。同地では20年代頃から，イギリス系が保守と改革両派に分裂しており，保守派は総督と結託して「家族盟約」とよばれる特権層を形成した。対する改革派は，立法議会の意向を植民地政治に反映させるため，政治の民主化を主張した。34年の選挙で改革派が立法議会の多数となったが，総督は議会を解散した上に，選挙に介入して保守派を支持した。37年12月，改革派の急進グループが反乱を起こしたが鎮圧された。

　反乱後イギリス本国は，第一次選挙法改正で活躍したダラム伯を派遣した。彼は39年2月，アッパーカナダとロワーカナダの合同，合同後の植民地に対する責任政府の付与，統治形態の変革などを除くすべての権限の植民地政府への委譲の勧告を骨子とする，『ダラム報告』をイギリス議会に提出した。責任政府とは，立法議会で多数を得た党派から行政評議会の構成員を選出し，住民代表としての立法議会に政府が責任を負うという，議員内閣制の植民地版である。41年，連合法により，両植民地は連合カナダ植民地として再統合されたが，西カナダ，東カナダとして行政区分は残された。48年にはノヴァスコシア，連合カナダ両植民地に責任政府が付与された。これは，植民地の穏健改革派による政治民主化運動の成果であるとともに，本国と植民地で権限を分担し，植民地内政のみを責任政府に委ねようとする，植民地統治コストを鑑みたイギリス帝国政策の所産でもあった。

　40年代末以降，連合カナダ植民地は，政治，経済の両面で深刻な事態に陥った。西カナダ，東カナダ（各々イギリス系，フランス系が多数）双方から，立法議会に同数の代表を送っていた制度は，イギリス系人口の増加に伴い，西カナダに不利になった。また，東西カナダのいずれかの利害にかかわる案件が成立するには，当該行政区議員と議会全体のいずれの多数も得なければならない二重多数制も機能しなくなり，50年代後半に入ると，政権が頻繁に交代するなど政治は混乱した。

64年，それまでの党派対立を乗り越えて大連立内閣が誕生し，同内閣のもとで連邦結成が模索された。経済面では，イギリスが自由貿易政策に転換したため，「旧植民地体制」の植民地産品優遇を享受してきたモントリオール商人層は打撃を被った。そこで，アメリカ合衆国との貿易拡大とアメリカ中西部の穀物流通獲得を狙って，米加互恵条約が締結され（1854），グランドトランク鉄道も建設着工された。しかし，南北戦争期のアメリカでは保護主義と反英（＝カナダ）感情が高揚し，アメリカ議会は65年に同条約の廃棄を可決した（翌年，失効）。またグランドトランク鉄道も，破産状態に陥った。こうした事態の打開策として，大西洋岸ハリファクスから太平洋岸のブリティッシュ・コロンビア植民地（旧ハドソン湾会社領で58年に創設）までを大陸横断鉄道でつなぎ，イギリス領北アメリカ植民地全体を統合する構想が浮上した。このように連邦結成案は，連合カナダ植民地の政治的行き詰まりの打開策のみならず，英米の政策改変への対応策でもあった。

　同じ頃，ノヴァスコシア，ニューブランズウィック，プリンスエドワード島の沿海植民地では，米加互恵条約廃棄に対応するため，3植民地による沿海同盟を構想し，64年9月にシャーロットタウンで会議を開こうとしていた。非公式ながら参加が認められた連合カナダ植民地代表は，連邦結成案を披露した。沿海植民地側はこれに理解を示し，沿海同盟構想を棚上げした。10月のケベック会議で連邦結成案が再協議され，その結果，連邦結成の大綱となるケベック決議が採択された。同決議には，連合カナダの再分割（西カナダがオンタリオ州，東カナダがケベック州），連邦制や二院制（下院は人口比例代表制，上院は地域同数代表制）の導入がもりこまれた。またアメリカの南北戦争の教訓から，中央集権的な連邦国家が構想された。ケベック決議は各々の植民地にもち帰られた。沿海植民地では反対論が強かったが，イギリス本国が総督を交代させるなど，干渉を行った。自由放任の立場から領土防衛を植民地に負担させたいイギリスは，北米植民地全体の連邦化が対米防衛力の強化につながるとみていたのである。折しも，アイルランド独立運動組織フィニアンの襲撃が，防衛の必要性を植民地側に認識させることになり，連合カナダのほか，ノヴァスコシアとニューブランズウィックが連邦に参加することになった。そして67年7月，英領北アメリカ法が発効し，4州からなるカナダ自治領が誕生した。しかし，英米の外圧下における連邦体制強化や版図拡大など，真の大陸横断国家建設への課題は山積していた。

歴史への扉20　アカディア人の追放

　北米最大のフランス文化圏といえば，ケベックであろう。だが，ケベックのフランス系（ケベコワ）とは異なるフランス系が，カナダには存在する。古くはアカディアとよばれたノヴァスコシア，ニューブランズウィック，プリンスエドワード島の3州に居住するアカディア人である。彼らは，ルイジアナ州のケイジャン（同じフランス系でも，早期に入植してニューオーリンズを建設したクレオールとは異なる）とルーツを共有している。

　アカディアは，フランス初の恒久的植民地であったが，1713年のユトレヒト条約で最終的にイギリス領となるまでの約1世紀の間，9回支配者が代わり，イギリス軍に10回も侵攻を受けた。それは，同地が肥沃な土地であり，グランドバンクスの鱈漁場にも近く，ヌーヴェル・フランスとニューイングランドの中間に位置していたためであった。ユトレヒト条約以後も，ルイブール要塞やハリファクス軍港など，英仏の枢要な軍事拠点が築かれた。

　アカディア人は，フランスがヌーヴェル・フランス経営に力を注いでいたため，フランスの干渉や保護を受けずに自主共同体的な生活を営んでいた。経済的にはニューイングランドとのつながりが強く，英仏抗争の中で翻弄されながらも，英仏のどちらにもつかず「中立のフランス人」とよばれた。しかし，次第にイギリスは彼らの処遇に窮し，ついに55年，アカディア人の強制追放の決定を下した。彼らの大半は土地や財産を没収され，13植民地やイギリス，フランスに送られ，残りは，ヌーヴェル・フランスなどに逃亡することで強制追放をまぬがれた。ここにアカディア人社会は壊滅した。戦後アカディアへの帰還が許されたが，彼らの開拓した肥沃な農地はすでにイギリス人入植者に占拠されており，彼らは不毛な地での農耕と漁労中心の，細々とした生活を余儀なくされた。この悲劇は，ロングフェローの詩『エヴァンジェリン』（1847）で広く世に知られるようになった。これはアカディア人の「創世神話」的役割を果たし，19世紀後半以降，アカディア国民協会設立や「国旗」（フランス3色旗の青地に黄色の1つ星）制定など，アカディア・ナショナリズムが高揚した。今日も，独自の文化の育成と維持が図られている。

　歴史の片隅に追いやられてきたアカディア人だが，彼らは歴史のうねりの中で数奇な運命をたどったのである。しかも，離散した彼らが悲劇的過去を共有し結束を強める様相は，新しい「民族」形成として興味深い。舞台の1つプリンスエドワード島は，赤毛のアン一色ではないのである。

> **参考文献**
> 大田和子「現代の創生神話――「民族」の生成」川田順造・福井勝義編『民族とは何か』岩波書店，1988年．
> ダグラス・ボールドウィン著，木村和男訳『「赤毛のアン」の島――プリンス・エドワード島の歴史』河出書房新社，1995年．
> 大矢タカヤス／H・W・ロングフェロー『地図から消えた国，アカディの記憶――「エヴァンジェリンヌ」とアカディアンの歴史』書肆心水，2008年．

第3節　アメリカ合衆国の成立と拡大

(1) 抵抗から革命へ

　18世紀の北アメリカは，イギリスとフランスが先住民を巻き込んで覇権闘争を繰り返す舞台であった。1754年に勃発したフレンチ・アンド・インディアン戦争は，カトリック対プロテスタント勢力の一大決戦ともいえる様相を呈した。イギリス・植民地連合部隊は当初，先住民諸部族の奇襲に苦戦しながらも次第に反撃に転じ，仏領貿易拠点ケベックとモントリオールを陥落させた。ここに北アメリカにおけるイギリスの覇権は決定的なものになった。

　しかし皮肉にも，63年の講和は，本国と植民地の権力関係の軋みを顕在化させた。イギリスは講和条約でミシシッピ川以東の領土を得たが，その膨張した帝国の領土はいまだ不安定なものであった。他方で，18世紀にはアメリカ植民地の人口は20年ごとにほぼ2倍に増加し，60年までに本国と植民地間の貿易額は急増した。戦後財政難にあえぐイギリス政府が，帝国防衛の費用分担を植民地人に求めようとしたのはもっともなことであった。

　まずイギリス政府は，先住民対策として63年に「国王宣言」を発布し，アパラチア山脈以西への入植を禁止するとともに，翌年砂糖法，通貨法を立法化して植民地政策の再編に乗り出した。比較的自由な自治を享受してきたアメリカ植民地人は，この唐突な政策転換に不満をあらわにした。65年に印紙税法が導入されると，「代表なくして課税なし」をスローガンに，植民地各地で激しい抗議行動が巻き起こった。翌年にはイギリス議会はやむなくこれを撤廃するものの，67年タウンゼント諸法を導入した。植民地人はイギリス製品ボイコット運動を組織して対抗したため，結局，本国政府は茶税を除く課税を廃止したが，イギリス兵を駐在させて不穏な群衆行動の監視にあたらせた。ところが73年末，ボストン港に停

泊中のイギリス商船から大量の茶箱を投棄した「ボストン茶会(ボストン・ティーパーティ)」事件が起こり，本国議会は港の閉鎖や自治権の剥奪を含む一連の強制諸法をボストン住民に課した。翌年4月，レキシントンとコンコードでイギリス部隊と農民の間で生じた戦闘が拡大すると，同年秋，各植民地の代表はフィラデルフィアに召集され，歴史的な第1回大陸会議が開催された。

　当時植民地指導者の多くは，権力の過度の集中と強大な常備軍をイギリスの自由への脅威とみるホイッグ党左派の共和主義思想に共感しており，本国議会への不信感を募らせていた。だが，植民地人の多くは国王に対しては依然強い愛着の念を抱いていたため，独立の選択には踏み切れないでいた。76年1月に刊行されたトマス・ペインの『コモンセンス』は，この状況を一変させた。ペインは君主制を過去の遺物として否定し，アメリカの独立こそが人類の自由を守ることになると力説した。これを機に独立の気運が高まり，大陸会議は1776年7月4日に「独立宣言」を採択した。それは国王の専制を列挙し，植民地が王の支配から決別する行為を正当化するものであったが，人間の平等と「生命，自由，幸福の追求」を謳った声明は，世界史上大きな意味をもった。

　独立戦争は8年間にも及ぶ長期戦になった。当初正規軍をもたなかった大陸会議は，ジョージ・ワシントンを司令官に任命し，大陸軍を組織した。再三の危機に見舞われたものの，大陸軍はサラトガの戦いを契機に形勢を挽回し始め，フランスとスペインがアメリカを援助して参戦すると，独立戦争は国際戦争へと発展した。南部戦線でイギリス軍は，次第にフランス・アメリカ連合軍に包囲され，81年にヨークタウンの戦いで致命的な敗北を喫した。2年後，独立戦争はパリ講和会議で終結した。このときアメリカの交渉団は，ヨーロッパ列強の干渉を巧みにかわして，独立の承認とアパラチア山脈以西ミシシッピ川に及ぶ広大な領土を獲得した。それはアメリカ外交最初の勝利であった。

（2）広大な共和国の創造

　革命中にアメリカの指導者が直面した最大の試練は，本国からの決別を宣言した「13の小さな共和国」を，いかに統合してゆくかという課題であった。ヨーロッパ列強は，多様な経済利害や民族，宗派をあわせもつ植民地の連合体の存続に懐疑的だった。1777年に大陸会議は「連合規約」を作成し，連合会議の創設に合意したものの，各州による規約の批准に時間がかかり，それが正式に発足したの

は81年のことであった。

　連合規約体制は，85年に西部タウンシップの区画分割・売却に関する公有地法，87年に新たな準州の設置と州政府昇格の手順を定めた北西部領地法を議会で通過させて，イギリスから獲得した西部領土をめぐる各州の利害の調整で成果をあげた。しかし，連合会議は課税権をもたず脆弱な組織にとどまったので，戦後不況や通商問題に統一的に対処することができなかった。他方，各州議会は戦時公債の償還のために地租を引き上げたので，デフレと通貨不足にあえぐ多くの農民は，経済的な苦境に立たされた。86年夏，マサチューセッツ西部で蜂起した農民反乱は，エリート層に大きな動揺を与えることになった。

　こうした不穏な情勢を打開するために，87年5月各州の代表はフィラデルフィアに集結した。ロードアイランドを除く12州の代議員は，連合規約体制の不備を共通に認識しており，ヴァージニアのジェイムズ・マディソンの原案をもとに，中央集権的な連邦憲法の作成に着手することになった。大小の州や南北間の地域的利害などが複雑に入り混じり，会議は難航を極めたが，ようやく9月に合衆国憲法草案は合意をみた。だが，憲法の採択は各州での批准にかかっていた。新憲法の全容が明らかになると，フィラデルフィア会議の合法性や，強力な連邦政府の創出に疑義を唱えるグループが台頭し，憲法支持派と反対派の間で激しい論戦が繰り広げられた。この憲法は翌年批准条件を満たして発効し，89年4月，ワシントンを初代大統領として合衆国憲法体制が発足した。

　まず新共和国の指導者は，広大な共和国の多様な利害を統合するために，経済・財政政策を構築しなければならなかった。その重責を担ったのが，初代財務長官アレグザンダー・ハミルトンであった。彼は90年に『公信用に関する報告書』を提出し，新国家が額面どおりに戦時公債を引き受けることで公信用を確立する政策を打ち出した。さらに彼は，合衆国銀行の設立や製造業育成策を矢継ぎ早に提案し，新共和国の財政的な礎を築いた。しかし，大商人や富裕者を利するハミルトンの諸政策は，民衆から反発を招いた。折しも89年のフランス革命の勃発は，建国期の不安定な政治文化をいっそう分裂させて，フェデラリスト派対リパブリカン派の党派政治を生んだ。

　96年秋，「告別演説」の中でワシントン大統領は，新共和国がヨーロッパ情勢に翻弄されてはならないと警告し，2期8年できっぱりと政権を退くことを表明した。後任としてジョン・アダムズが選出され，親英的な「ハミルトン体制」を

引き継ぐことになった。しかし，自由と平等の革命精神の継承者を自認するリパブリカン派は，農民や都市部の職人や移民労働者の支持を集めて，急速に支持基盤を拡大させた。90年代末には民衆はトマス・ジェファソンを支持し，フェデラリスト派を脅かす政治勢力にまで成長した。

　1800年の大統領選挙でジェファソン支持者は，ヨーロッパ的な中央集権国家を拒み，「1776年の精神」に立ち返ることを訴えた。激しい選挙戦の末，僅差でジェファソンが大統領に選出された。彼は小さな政府を標榜し，公債償還，消費税廃止，公費削減による財政改革と軍備縮小を断行した。このジェファソン派の勝利は「1800年の革命」とよばれ，連邦憲法体制に対する民衆の広範な支持のもとで国民統合を促し，合衆国の民主主義的な発展を方向づけたのである。

（3）　建国期の社会と文化

　アメリカ革命は単なる本国イギリスからの分離独立にとどまらず，ヨーロッパ諸国に先駆けて成文憲法に基づく広大な連邦共和国を創出した。また独立革命の成功は，アメリカ人に独特な世界観を植え付けることになった。ヨーロッパ文明の辺境に位置する未発達なアメリカの風土は，かつて植民地人の文化的孤立感の源泉であったが，いまやその純朴さは新たな共和制の実験にとってふさわしい環境とみなされた。こうした共和主義思想は，新天地が神の特別な加護を受けていると考えるピューリタンの伝統的な自意識と結びつき，アメリカ人のナショナリズムの中核を形成したのであった。

　このようなナショナリズムの高揚は，建国初期に様々な社会改革の機運を生んだ。植民地時代の残虐な刑法や長子相続制の廃止，債務者救済法，婦人の離婚権の承認など，啓蒙主義的な共和主義観に適合する新しい法秩序が導入された。また共和国の存続には，有徳な市民の育成が不可欠であるとみた建国期の指導者は，知識の普及と教育の重要性を説き，婦人は「共和国の母」として，子育てや夫への支援をとおして新国家に貢献することが期待された。

　新共和国における奴隷制の存在は，建国期の指導者にとって革命精神に矛盾する悩ましい問題であった。かつて植民地人は，奴隷を社会階層秩序の底辺を占める従属身分と位置づけ，独立した自由な臣民とは違う存在として，当然のごとく受け入れていた。しかし，独立した有徳な市民の平等を前提とする共和国の創設に伴い，アメリカ人は奴隷制度を新国家の理念とは相容れない「特有の制度」と

して強く認識するようになった。ワシントンをはじめとする南部プランターの中には，奴隷の自主的解放を遺言に明記するものも現れた。各地で奴隷制反対協会が設立され，奴隷制反対運動は抗しがたい勢力になった。大農園が存在せず，奴隷制の経済基盤の弱かった北部諸州では，漸進的奴隷解放法や州憲法に挿入された奴隷制廃止条項により，奴隷制度は漸次廃止されていった。

　他方，革命期までに奴隷制プランテーションを中心に特有の文化を生み出していた南部では，奴隷制度の廃止は現実的に困難であった。南部人は次第に，自らの経済利害を奴隷制と結びつけて理解するようになり，合衆国憲法制定会議では，南部と北部の利害対立が露呈した。諸州の課税や連邦下院議員数の算定において，奴隷を白人市民の5分の3として州人口に算入するなどの政治的妥協が図られた。90年代にカリブ海に浮かぶ仏領植民地サン・ドマングで黒人奴隷が蜂起すると，南部プランターは奴隷制反対運動への警戒を急速に強めていった。

(4) 1812年戦争と市場革命

　19世紀前半のアメリカ合衆国は，西方へ飛躍的な領土の膨張を経験した。ジェファソン大統領は1803年に，ミシシッピ川以西からロッキー山脈に及ぶ広大なルイジアナ領土をフランスから購入し，新国家の領土はほぼ倍増した。独立後のアメリカ経済は拡大期を迎えていたが，英仏戦争が合衆国の貿易活動を著しく阻害し，アメリカ商人は双方から商船の拿捕と船員の強制徴用に悩まされていた。合衆国政府はこれに抗議するとともに，07年からヨーロッパへの一連の輸出入停止措置をとった。しかし，イギリスがアメリカの自由貿易権を蹂躙し続けたので，マディソン大統領は「1812年戦争」に踏み切った。

　この戦争は後進国アメリカにとって，予期せぬ副産物を生んだ。それは合衆国内のナショナリズムをいっそう高揚させるとともに，戦争で貿易の中断を余儀なくされた商人の活力が，海洋から内陸開発に向けられる契機になった。アンドルー・ジャクソン将軍は南西部でイギリスとクリーク族連合を粉砕し，現在のアラバマ州とミシシッピ州にまたがる肥沃な領土を開拓者にもたらした。戦後海外貿易が再開されると，豊かな土地を求めて深南部地域へのプランテーションの移動が始まり，南部に「綿花王国」が出現することになる。

　広大な大陸国家の全国市場の構築には，輸送・通信手段の技術開発と交通網の整備が不可欠であった。19世紀初頭には各地で有料道路（ターンパイク）が相次いで建設されたが，

より輸送能力の高い河川航行が注目され，蒸気船の登場とともに運河建設の時代が幕開けした。25年にエリー運河が完成すると，ニューヨーク市は西部と東部を結び，大西洋に開かれた貿易拠点として不動の経済的地位を固めた。30年代には蒸気機関の実用化が進み，鉄道建設ブームが到来した。40年代初めには，サミュエル・モースがモールス符号を用いた電信技術の実用化に成功した。こうした輸送や情報網の整備は，人やモノの移動と情報の伝達速度を飛躍的に増大させ，「市場革命」を加速させた。24年にヘンリー・クレイ（ケンタッキー州選出）上院議員は保護関税政策を支持し，連邦主導による国内製造業の保護や育成と内陸開発を柱とした，「アメリカン・システム」構築の必要性を説いた。しかし彼の大胆な構想は，日常品の多くを輸入に依存していた南部人の目には，不当な費用負担を強いるものであり，州権を無視した連邦政府の越権行為に映ったのである。

　市場革命の波は，着実に民衆の生活にも押し寄せた。伝統的な農村共同体の濃密な人的・社会的関係は，遠隔地への情報や貨幣経済の浸透によって大きな変容を余儀なくされた。民衆の生産意欲と消費行動が全国市場により敏感に連動し始めると，北部の農民や職人の伝統的な階層的社会は，しだいに自由競争と市場原理を是認する資本主義社会へと再編成された。家父長主義と主従関係に基づく南部の奴隷制社会では，そのような価値観は受け入れられず，市場革命の進行は南北間の社会経済的基盤の相違を浮き立たせる結果を招いた。

（5）ジャクソン時代の光と影

　1828年の大統領選挙は，アメリカの政治文化史に大きな意味をもった。ジェファソン大統領以来，マディソン，モンローと三代続いた「ヴァージニア王朝」支配は，マサチューセッツ州出身のジョン・Q・アダムズの大統領選出によって中断されるものの，彼らはいずれも資産家で教養ある地方の名士であった。しかし，28年にアダムズを打ち破ったジャクソンは，サウスカロライナの辺境に生まれテネシーに移り住んだ後，1812年戦争のニューオーリンズの戦いで名を馳せた軍人であり，民衆の時代を象徴するたたき上げの政治家であった。ジャクソン政権期には合衆国では草の根的な民主主義が開花し，民衆は無骨なジャクソンに親近感を抱き「コモンマン」の代表として熱烈に支持した。選挙当日にはサイダーやラム酒がふるまわれ，選挙は一種の祝祭の様相を呈した。単調な労働に明け暮れる民衆にとって，選挙は数少ない娯楽でもあった。新しい西部諸州では投票率が軒

並み80％を超え，全米でも70％近くの投票率に達したことからも窺えるように，19世紀半ばに民衆の政治参加はピークに達した。

　こうした草の根的な民主主義の高揚は，同時期各州で財産や納税額による選挙資格制限が漸次撤廃され，すべての白人成人男子に参政権が付与された事実に支えられていた。だがそれは，人種とジェンダーに基づく，より厳しい資格制限と表裏一体をなすものであった。実際，40年までに肌の色による参政権の制限が進み，メリーランドでは10年，ニューヨークでも21年に，テネシーとノースカロライナではそれぞれ34年と35年に，自由黒人は参政権を剥奪された。一方，女性も父親や夫に依存する法的身分であり，自立した判断力に欠けるとして参政権を与えられなかった。

　ジャクソンの大衆人気は，個人主義と「独立独歩の成功物語」が民衆の心を捉え始めた時代に，東部の富裕層や金融資本などの特権階級に挑戦した，彼の反エリート的な言動によるところが大きかった。ジャクソン支持者はクレイの提唱する「アメリカン・システム」構想を，一握りの産業資本家と連邦政府が癒着する危険性をもったものと見なし，共和主義理念に背くものであると公然と反対したのである。32年，第二合衆国銀行が特許の更新を申請したとき，慎重派の忠告を無視してジャクソンは，拒否権を発動してその息の根を止めた。敵対者は「専制君主的な」大統領として彼を厳しく非難し，ジャクソンの強引な政治手法は民主党に反対する勢力をホイッグ党に集結させ，二大政党制の再編を促した。

　他方，ジャクソンの先住民政策は，白人支配国家の民主主義の限界を如実に示すものであった。1820年代末までに，ほとんどの先住民集団は東部沿岸部から姿を消し，北西部の先住民も白人開拓者に包囲されて弱体化していた。しかし南西部には，チェロキー，チカソー，セミノールなどの先住民部族が依然勢力を保っており，ジャクソンにとって開拓者の前進を阻む先住民は看過できない存在だった。30年，ジャクソン政権は「インディアン強制移住法」を僅差で立法化し，32年，最高裁判所長官ジョン・マーシャルが先住民部族国家の主権を承認する判決を下したにもかかわらず，ジャクソン大統領は先住民にはもはや定住して文明化するか，衰亡するかの2つの選択肢しか残されていないと公言した。ところが，南西部の先住民部族の多くはすでに農耕生活を定着させ学校や政治制度を組織して，かなりの程度「文明化」された生活を営んでいた。ジャクソンはこれを無視して，先住民部族に先祖代々の土地を明け渡させ，ミシシッピ川以西の砂漠地帯

へ移住することを命じた。38年厳冬に強行されたチェロキー族の強制移住は，道中4千人以上の死者を出すほど悲惨なものであった。

（6） 奴隷制の拡大と奴隷制廃止運動(アボリショニズム)

建国の父たちの期待に反して，奴隷制度は消滅することなく，南部では急速な復活を遂げた。国勢調査によれば，1790年に合衆国内に70万人ほどの奴隷人口が存在したが，1810年にはほぼ120万人に，60年には実に400万人に達した。その第1の要因は，産業革命が進む欧州の国際市場での強い綿花需要であった。南部の風土は綿花栽培に適しており，革命後，プランターはタバコよりもさらに利潤の上がる綿花栽培へと目を転じたのである。第2に技術革新であり，イーライ・ホイットニーによる綿繰り機の考案は，綿を選り分ける厄介な手作業を省力化した。かくして19世紀半ばまでに綿花の主要な産地が，南北カロライナからアラバマ，ミシシッピ，ルイジアナの深南部地域へと拡がると，貴重な労働力として奴隷売買価格が高騰した。奴隷貿易の禁止以降，合衆国内では奴隷の繁殖業と国内奴隷売買が活況を帯びた。奴隷売買により奴隷家族は強制的に引き離され，この頃南部奴隷制はいっそう過酷なものになっていった。

奴隷制反対運動は，建国初期にフィラデルフィアで社会改革運動の一環として現れた。まず，北東部から中部諸州の沿岸都市部の活動家は，奴隷制廃止の請願書を各州議会へ提出するとともに，奴隷所有者に自発的な奴隷解放を促した。さらに彼らは，1816年にアメリカ植民協会を結成して，自由黒人を西アフリカへ送還する計画を試みた。30年代には第二次大覚醒とよばれる信仰復興運動が，個人の自発的な努力による魂の救済と社会的慈善の重要性を説いて，新興産業地帯を起点に急速な広がりをみせた。こうした風潮の中で，ボストンのウィリアム・ロイド・ギャリソンは，30年代半ばにニューヨークや中西部の福音主義者と連携してアメリカ奴隷制反対協会を結成し，奴隷制即時廃止運動の急先鋒に立った。

19世紀前半の政治家たちは，奴隷制問題を連邦政治の主要な争点からできる限り避け，南北間の政治的均衡を図ることを優先した。19年に生じたミズーリ準州の連邦編入をめぐる政治論争では，翌年「ミズーリの妥協」が取り交わされ，議会対立はなんとか回避された。それは，ミズーリを奴隷州として昇格させることを認める代わりに，マサチューセッツから北端のメインを分離して自由州として，連邦に編入し，以後ルイジアナ購入地の北緯36度30分以北には奴隷制を禁止する

という，きわめて政治的な決着であった。しかし40年代に入ると，奴隷制問題は再び連邦政治の主要な争点として浮上した。野党ホイッグ党の反対にもかかわらず，民主党が多数派を占めた連邦議会は，45年にテキサスを併合し，翌年メキシコとの戦争を開始した。軍事力で圧倒する合衆国は，これを容易に平定し，カリフォルニアからニューメキシコに及ぶ広大な領土を獲得した。だが，新領土における奴隷制の是非をめぐって民主党は分裂し，48年には自作農地の獲得と自由労働を綱領に掲げる自由土地党が誕生した。

　南北に長いカリフォルニアが「ミズーリの妥協」の境界線を横切るため，50年には，この領土を自由州にするのか奴隷州にするのかが最大の争点になった。沸騰した議論の末，カリフォルニアを自由州として編入することを条件に，新たな領土からニューメキシコとユタを分割し，後の判断はそれぞれの住民に委ねることで決着した。また，首都ワシントンでの奴隷貿易禁止と引き換えに，南部は逃亡奴隷取締法を強化する合意を取りつけた。さらに54年，民主党のスティーヴン・ダグラス上院議員は，自由州か奴隷州かの選択は「住民投票」に委ねるべきとするカンザス・ネブラスカ法を提出したが，これは「ミズーリの妥協」を白紙に戻し，北緯36度30分以北の領土にも奴隷制が拡大する道を開くものであった。法案の成立とともに，奴隷制支持派と反対派双方の近隣諸州の住民が，勢力を争って両地域へ押し寄せたため，流血騒ぎが相次いだ。同年，奴隷制度の拡大反対を綱領の第一に掲げる共和党が結成され，北部民主党員の一部，自由土地党員，前ホイッグ党員などを糾合して急成長を遂げた。

（7）　リンカーンと南北戦争

　1857年に連邦最高裁判所が下した「ドレッド・スコット判決」は，従来の政治手法がもはや通用しないことを宣言するものであった。その訴訟は，奴隷であるスコットが自由州での生活経験を主張し，奴隷身分からの解放を求める裁判であったが，最高裁判所長官ロージャー・トーニーは黒人のスコットは合衆国市民ではないので訴訟権をもたないこと，連邦議会が私有財産である奴隷の所有を制限することは違憲であるとして「ミズーリの妥協」に止めを刺した。だが，40年代のカトリック系移民の大量流入を背景に，急成長を遂げた排外主義的なノーナッシング党の支持者を取り込み，共和党が北西部で躍進すると，南部民主党は急速に守勢に立たされた。連邦議会での政治的解決の道を閉ざされた南部は，奴隷制

の擁護を武力に訴えるか，連邦から離脱するかの厳しい選択を迫られた。奴隷制廃止論者ジョン・ブラウンを中心とする，59年のヴァージニア州の連邦武器庫襲撃事件は，奴隷反乱に怯える南部人を震え上がらせた。

　この頃，イリノイ州でダグラス上院議員と論戦を展開し，一躍政界の注目を浴びたのが共和党のエイブラハム・リンカーンであった。彼はバランス感覚の鋭い現実的な政治家であり，奴隷制の拡大には良心から反対したものの，奴隷制即時廃止論者ではなかった。だが南部側からみれば，リンカーンの奴隷制問題に関する曖昧な態度は，到底許容できるものではなく，彼は奴隷制反対政党の急進派の一人として危険視された。民主党の分裂に乗じて60年の大統領選挙で，共和党候補のリンカーンが選出されると，サウスカロライナは連邦脱退宣言を発して抗議した。その後，深南部の6州がこれに合流して連邦を相次いで離脱し，翌年2月には南部連合が結成された。ここに合衆国は事実上分裂し，建国以来最大の試練に立たされることになった。

　就任後間もないリンカーン大統領は，奴隷制の現状維持を約束し，南部連合に連邦復帰をよびかけたが，南部軍はチャールストンのサムター要塞を攻撃し，内乱が勃発した。南部の2倍以上の人口を誇り，産業化の進んだ北部側が当初圧倒的優位と思われたが，北部は有能な指揮官に恵まれず戦争は長期化した。62年9月には英仏の干渉を恐れたリンカーンは，南部連合支配下にある奴隷の解放予備宣言を出し，戦局を大きく打開しようとした。リンカーンの「奴隷解放宣言」(63年1月1日) は，彼の権限の及ばない反乱州の奴隷にのみ適用される不十分なものだったが，連邦の分裂阻止から奴隷解放のための崇高な戦いへと，戦争目的を昇華させた。

　実際，奴隷解放宣言の発布は，南北戦争の大きな転換点となった。南部の黒人奴隷の多くが自由を求めて北部軍に合流し，南部プランテーションは機能不全に陥った。また，奴隷解放を戦争目的に掲げることで，連邦政府は国際社会の支持を取りつけ，外国からの干渉の脅威は薄らいだ。63年7月，凄惨をきわめたゲティスバーグの戦いに北軍が勝利すると，地力に勝る北軍が優勢に戦いを進めた。65年春，南軍の名将ロバート・リー将軍がヴァージニア州アポマトックスで降伏し，4年間も続いた南北戦争はようやく終結したのであった。

（8） 南部の再建と人種問題

　南北双方で約62万人もの戦死者と，おびただしい数の負傷者を出した南北戦争は，アメリカ社会に深刻な傷跡を残した。南部反乱州をいかに速やかに連邦に復帰させるのか，また南北戦争の帰結として解放された400万人にものぼる黒人を，どのようにアメリカ社会に迎え入れるのか，リンカーンの前には問題が山積であった。1863年の冬，リンカーンは，「10％プラン」として知られる独自の南部再建計画を練っていた。それは連邦政府に忠誠を誓う者に恩赦を与え，忠誠者の数が反乱州の有権者の10％を超えれば，速やかに連邦復帰を認めるという穏健な計画だった。だが，彼には時間がほとんど残されていなかった。講和後まもなくリンカーンは，首都ワシントンで観劇中に狂信的な南部支持者の凶弾に倒れ，再建計画の実施は副大統領のアンドルー・ジョンソンに託されることになった。

　ジョンソンはテネシー州の出身で，南部の白人社会に愛着を抱いていた。憲法修正第13条（奴隷制廃止条項）を受け入れ，連邦政府に忠誠を誓うことを条件に，彼は旧南部連合高官や一部の大農園主を除くプランターに特赦を与え，南部社会の伝統的支配構造の存続を容認した。かくして南部諸州では，新しい州憲法下で，解放黒人に対する社会統制を狙った黒人取締り法が，相次いで導入された。

　急速な旧南部勢力の復活と，黒人差別を目の当たりにした共和党急進派は，65年に解放黒人局を設置し，解放黒人に対する不当な処遇を監視するとともに，翌年憲法修正第14条を議会で通過させて巻き返しを図った。修正第14条は戦前の「スコット判決」を覆し，人種に関係なくアメリカ生まれのすべての者に合衆国の市民権を保障するという画期的な内容を含み，後のアメリカ史の展開に大きな影響を及ぼすことになった。さらに67年，連邦議会は第一次再建法を制定し，南部を5つの軍管区に分割し軍事的統治においた。急進派主導の連邦議会は，憲法修正第14条（後に黒人成人男子への選挙権付与を定めた修正第15条も含む）を批准することを条件に連邦復帰を認めるという，厳しい要求を南部諸州に課した。70年半ばまでに南部諸州はこれを受諾し，連邦復帰を果たしていった。

　再建法は，解放黒人の市民権や教育機会の保障，経済復興援助において南部社会に少なからぬ変革をもたらした。しかし南部の再建に一定のめどが立つと，北部では連邦政府主導のさらなる社会改革に倦怠感が漂い始めた。もともと，自由な土地と労働を求めて奴隷制の拡大に反対してきた北部人にとって，解放黒人に対する差別の撤廃や経済的自立は，主要な政治課題にはなりえなかった。1870年

代に入ると，南部諸州では旧南部連合の指導者の復権が進行し，白人テロ組織クー・クラックス・クラン（KKK）による黒人へのリンチが組織的に行われた。76年の大統領選挙では，民主党と共和党の候補者は激しく拮抗し，決着は政治的取引に委ねられた。共和党はラザフォード・ヘイズの勝利と引き換えに，翌年南部から連邦軍を撤退させることを確約し，ここに南部再建は中途半端な形で終止した。教育もなく無一文同然で市場経済に放り出された解放黒人にとって，小作人として白人農園主と雇用契約を結ぶ以外に現実的な選択肢は残されておらず，憲法による市民権保障も州権限の壁と激しい人種差別の現実の前に骨抜きにされた。黒人にとって真の自由と平等を求める闘争は，20世紀の重大な課題として残されたのである。

歴史への扉21　　市場革命とセクショナリズム

　近年，19世紀アメリカ史では，「市場革命」解釈が歴史家の注目を集めてきた。それはチャールズ・セラーズの『市場革命——ジャクソン期のアメリカ1815～1846年』（1991）の刊行によって19世紀のアメリカ史を読み解く重要な鍵として定着してきた感がある。しかしその定義をめぐっては，研究者の間で必ずしも合意があるわけではない。経済史家は，従来19世紀前半を「産業革命」や「輸送革命」の時代として一括してきたし，植民地経済が国際市場の中で発展してきたとみる彼らにとって，19世紀市場革命の概念は曖昧であり，さして有効なものとは解されなかった。しかし社会史家の多くは，そうした見方に反論する。彼らの指す市場革命とは，単に市場原理の浸透のみならず，次のような社会・文化的諸関係の顕著な変容を伴うものであったからである。

　19世紀前半に内陸開発が進み，全国市場が形成され始めると，北部や西部の民衆の生活は「市場革命」の波に洗われた。東部沿岸部では土地不足が子どもに対する父親の経済的支配を弱め，家族内の家父長的な威厳は急速に低下した。リスクを避け，自給自足的な農耕に従事してきた農民は，次第に市場志向的な商品作物栽培へ目を転じ，貨幣経済への依存を強めていった。農村社会の相互扶助に基づく濃密な人的関係は掘り崩され，より冷徹な利害関係に取って代わられた。さらに産業化に伴い，職場と住居が分離され，ジェンダー間の領域や公私の空間もいっそう明確に区分された。職場ではかつての徒弟制度は衰退し，個人の自由意志に基づく賃金労働契約が一般的になり，労使・階級間の対立も顕在化していく。自営農民や職人は市場革命の波に翻弄されながらも，独立した小生産者の理想を保持し続け，ジャク

ソン期の白人民主主義の中核をなした。

　他方，南部の市場革命は，農業規模や奴隷の有無による南部経済の不均一性に大きく規定された。南部諸州では奴隷所有者は1860年の白人世帯の約26％にすぎず，そのうち50人未満の奴隷を所有する家族がほとんどを占めた。また，50人以上の奴隷を所有する大農園主は少数派であり，南部の全世帯の実に7割以上は，奴隷をまったく所有しない白人家族であった。地域的にみても，奴隷制が拡大した深南部は綿花栽培をとおして急速に国際市場に巻き込まれるが，南北カロライナなどの山間地帯では白人農民の多くは貧しく，市場から距離をおいた自営農の生活を維持していた。つまりアンテベラム期（南北戦争前）の南部は，決して一枚岩的な経済ではなく，地域内にこのような「2重経済」を内包する構造を有していたのである。

　それでは，なぜ奴隷を所有しない白人農民までが奴隷プランターの利害に同調し，南部奴隷制擁護論を支持したのであろうか。第1に，南部経済において奴隷制度が生み出す富は群を抜いて大きく，非奴隷所有の農民も何らかの形で奴隷制から恩恵を受けていたことである。第2に，南部白人の多くは奴隷暴動への恐怖を共有しており，それが黒人への人種差別意識を増幅させた。第3に，奴隷所有者が州議会や公職で多数を占めたので，彼らの政治的意見がしばしば南部の利害を代弁しえたのである。このように，北部の「自由労働」と対照をなす南部の奴隷「不自由労働」制度の存在こそが，南部特有の地域文化の発展を方向づけ，アンテベラム期に南北セクション間の地域的対立を深める主要因であった。

参考文献
　岡田泰男・須藤功編著『アメリカ経済史の新潮流』慶応義塾大学出版会，2003年。
　エリック・フォーナー著，横山良・竹田有・常松洋・肥後本芳男訳『アメリカ　自由の物語』（上・下）岩波書店，2008年。

独立戦争と並置して「自由のための戦い」をかかげる，第二次世界大戦時アメリカ合衆国の戦意高揚ポスター（バーナード・パーリン作，1943年）
出典：University of North Texas UNT Digital Library（http://digital.library.unt.edu/ark:/67531/metadc425/）

第9章　現代アメリカの形成

第1節　20世紀前半のアメリカ合衆国
第2節　アメリカ外交の展開
第3節　第二次世界大戦後の南北アメリカ

第1節　20世紀前半のアメリカ合衆国

（1）　革新主義

　アメリカ合衆国（以下，本節ではアメリカ）の20世紀は，革新主義とよばれる改革思潮の登場とともに幕を開けた。世紀の初頭には，各種労働立法や女性参政権の要求，さらには盛り場の浄化，節酒を唱道するものなど，実に幅広い社会運動が現れた。改革者の出自も多岐にわたり，宗教的関心ゆえに社会紐帯の再興を唱える福音主義者から，効率的かつ人道的な企業経営を論じる人事管理者までが，「改革」の隊列に名を連ねた。

　この著しい多様性にもかかわらず，革新主義が生んだ諸運動は，ある種の同時代的な危機意識を共有していた。それは突き詰めると，世紀転換期のアメリカが経験した未曾有の工業化と都市化の中で，自由や民主主義，市民的美徳といった伝統的な諸価値が衰微し，そのため社会秩序が極度の動揺にさらされているという認識だった。

　特に問題視されたのは，大企業の専横と凄惨な階級闘争の現実であった。その背景には南北戦争後に進んだ市場の全国的統合があった。1900年の段階でアメリカは，国民総生産187億ドルを誇る世界最大の工業国となったが，その過程で鉄鋼や石油，鉄道などの産業でトラストの市場支配が進行していた。一方，労資の対立は激化の一途をたどり，1909年にニューヨークで始まる被服産業争議や，12年の繊維産業争議など紛争の大規模化，全国化が顕著となった。さらに13年，コロラド州の炭鉱ストで50名以上の人命が奪われたことは，字句どおり公衆を震撼せしめた。かつてアメリカ社会の柱と目された，地域コミュニティーの調和と自治を基調とする文化規範は崩れ去ったかに見えた。

　この頃，急激な勢いで膨張をとげていたニューヨークやシカゴといった大都市は，そうした分裂と腐敗の「危機」を集約的に体現する場だと，改革者たちの目には映った。スラムとよばれる貧困地区は，劣悪な公衆衛生，犯罪と悪徳の温床，すなわち社会的矯正の対象とみなされた。そして，スラムの典型的住人たる移民は，とりわけ労働不安と政治腐敗の源泉として警戒された。実際，20世紀初頭の好景気は，年間100万人前後の，主に南・東欧からの移民を引き寄せており，定住先の大都市圏では移民とその子ども世代を含めた外国系の人口が8割近くに達

する場合もあった。革新主義者たちは、増え続ける外国人の問題を、幅広く労働問題や都市問題と結びつけて深刻に捉え、ある者は包括的な移民制限立法を訴え、またある者は、セツルメントハウスや夜間学校をとおして移民を市民化（アメリカ化）する必要を説いていた。

　革新主義の社会改革は、その手法においても特徴があった。若い中産階級の活動家の多くは、科学的調査や専門知識、効率増進といった社会工学的な技術を重視する傾向があり、政策の実現のためには州や連邦の行政権力を活用することをいとわなかった。それは私心なき調停者としての国家を信頼し、これに依存しつつ、分裂した社会に同質性と秩序を回復しようとする態度だった。1901年に大統領に就任したセオドア・ローズヴェルトは、そうした潮流を背景に連邦政府の経済過程への介入を推進した人物として重要である。ローズヴェルトの政府は02年以降、スタンダード石油などの巨大企業に対して、44件ものシャーマン反トラスト法に基づく訴訟をおこす一方で、03年には商務・労働省を新設して、連邦による企業経営の監督を制度化した。ローズヴェルトはいったん下野するが、12年の大統領選挙に革新党を率いて出馬し、「新国民主義」なる体系的な政治綱領を世に問うた。そこには累進相続税や所得税、そして失業、老齢等を対象とする社会保険制度の構想など、後の福祉国家政策を先取りする項目が含まれていた。

　この12年選挙では、共和党の分裂に助けられて民主党候補ウッドロー・ウィルソンが大統領に当選した。ウィルソンは、「新しい自由」と称する小経営保護の政策を唱えて、ローズヴェルトの集権的国家論に対抗するかにみえたが、実際の政権運営においては、むしろ専門家委員会の科学的調査や産業規制のための行政機能をさらに拡充する方向を示した。ウィルソン政権は13年、連邦準備局を創設して銀行制度の監督を強化し、翌14年には新設の連邦取引委員会に企業調査と不当競争制限の権限を与えた。また16年には、労資問題の現状分析を任務とした産業関係委員会が3年にわたる活動の最終報告を提出し、団結権を含む労働者の諸権利が経営者の財産権に優越すべきであるとの見解を示していた。

　ウィルソンの政府には、こうしたリベラルな改革政治に一見逆行する面もあった。この頃、首都ワシントンDCの財務省や郵政省の施設で、本格的な人種隔離制度が導入されている。このことは、しばしば南部民主党を地盤としたウィルソン大統領と閣僚たちのバックグラウンドに言及して説明される。だが、そもそも革新主義の社会改革は、必ずしも人種主義を排除しなかったともいえる。この頃

までに，南部では黒人投票権剥奪と人種隔離の制度が完成しつつあったが，多くの革新主義者はこの新しい人種秩序を政治浄化や人種間紛争の抑止策として容認していた。人種に基づく差異の政治は，移民や貧困の問題，さらには階級闘争の恐怖と結びつきながら，全国的な広がりをみせつつあった。

（2） 第一次世界大戦と1920年代

　第2期ウィルソン政権が発足して1カ月後の1917年4月，アメリカは協商国の一員として第一次世界大戦に参戦した。ウィルソン大統領は，参戦の理由を「世界を民主主義にとって安全にする」ことだと位置づけ，翌18年1月にはいわゆる「14カ条」の宣言を出して，軍縮と民族自決，そして国際連盟の創設を柱とする戦後構想を明らかにした。このように，戦争目的がアメリカの体現する普遍理念として語られたことは，戦時下の国内政治にとっても重要だった。中産階級の革新主義者だけでなく，労働組合や黒人団体，女性組織など多様な改革勢力が戦争政策の支持を表明したが，それは，世界を民主化するための戦争が，国内の民主化をも含意すると期待されたからであった。

　1年半に及ぶ参戦期に，連邦政府は前例のない国民動員を敢行している。選抜徴兵法により，およそ280万人の若者が兵士となり，国内向けの情報宣伝機関が新設された。また，鉄道や鉱山などの重要産業は国家の管理下におかれ，業界団体との連携を基調としつつ，徹底した統制と効率化が図られた。動員を管掌した戦時機関には，リベラルな企業家や労働関係の専門家など，戦前の革新主義を主導した人々が参加していたが，その多くは総力戦が生み出した集産的体制を，社会改革の契機として肯定的に捉えていた。

　もっとも，戦時に肥大した国家機構は防諜法，煽動罪法を導入するなど，反戦論者の人権を著しく傷つけていたし，政府が鼓吹した愛国主義は，むしろ人種や民族の違いによる社会の亀裂を大きくしていた。また，18年11月の休戦以降，戦時の産業管理体制が瞬く間に解体されたため，戦後，労働者は企業家の反組合の攻勢にさらされることになり，改革の機運は確実に退潮していった。戦勝の事実にもかかわらず，ウィルソンの民主党政権は求心力を失い，アメリカの国際連盟への加盟すら実現できなかった。

　20年代に入ると，戦争が生んだ文化的不寛容の風潮は，100％アメリカニズムとよばれた排外的で人種主義的な大衆ヒステリアに発展していく。KKKのよう

な差別団体の台頭を許した当時の状況は，有色人や移民の周縁化をますます加速させるものであった。シカゴに代表される北部の諸都市では，戦争に起因する南部黒人の北上を背景として，人種暴動が頻発し，その結果厳格な居住区の人種分離が蔓延していた。また，移民問題については，この頃までに人種主義的な優生学とも結びついた移民制限論が大勢を占め，24年には出身国別に移民割り当て数を定めた差別的立法が成立する。南・東欧系移民には厳しい数的制限が課され，日本人を含むアジア系にいたっては事実上入国が禁止されてしまう。

　だが，分裂のみがこの時期のアメリカ社会を特徴づけたわけではない。より物質的な生活の中には，ひとつの統合の原理が芽吹いていた。20年代にはラジオや映画，ダンスホールといった商業化された娯楽が普及するが，こうした大衆文化は，都市の移民街にも浸透したし，当時急成長を遂げた全国的チェーンストアやデパートで大量生産の既製品を購入するという行為において，エスニックな出自や階級が問われることはなかっただろう。

　もとより20年選挙で，民主党から政権を奪還した共和党の政府は，21年末から続く長い好況に恵まれていた。経済政策の基本は保護関税の強化と減税であった。また第一次世界大戦時に模索された，国家と各種業界団体との提携関係が商務省を中心に整備され，経済活動のいっそうの組織化，効率化が進行した。このことが上記の大規模小売の発展や大衆消費を促進したのはたしかだろう。だが20年代のアメリカは，こうした新しい生活様式に根差した社会の安定を恒常的に支える体制を築き得なかった。なによりも，「産業の民主化」に関して示された反動性は深刻だった。最高裁判所は21年から23年にかけて，戦前に制定された児童労働禁止法や女性最低賃金法，さらには裁判所のストライキ差し止め令を制限する法令等に対して，契約の自由や財産権を論拠に違憲判決を続発した。労働組合は壊滅的な状況に陥り，多くの産業でオープンショップ制への回帰が顕著であった。加えて「繁栄」の象徴であった減税が，本質的に実業界と富裕層を利する政策だったことも指摘してよい。税制における所得再分配的役割は事実上放棄されていた。一般大衆の経済的基盤の脆弱性，わけても購買力の底の浅さは，29年10月に始まる不況の中で露呈していったのである。

（3）　ニューディールと第二次世界大戦

　大恐慌の渦中の1932年11月，民主党のフランクリン・ローズヴェルトがニュー

ディール政策を掲げて大統領選挙に当選した。この時までに国民総生産は29年と比較して、およそ半分に落ち込み、失業者は全労働力の約24％にあたる1200万人に達していた。ローズヴェルト政権は発足直後の33年3月から6月にかけて、矢継ぎ早に重要法案を通過させ、不況対策の骨格を明らかにした。減反による農産物価格支持をめざした農業調整法、失業対策のための対州資金援助を規定した連邦緊急救済法、そして産業復興のために業界団体の組織化と生産の自主規制を定めた全国産業復興法が成立した。

さらにローズヴェルトの政府は、35年夏には、社会保障法と全国労働関係法を成立させ、福祉国家形成に明確な一歩を踏み出した。社会保障法は、老齢年金、失業保険、生活扶助などの制度を確立し、労働関係法は労働組合の法的地位を承認するとともに雇用者による不当労働行為を厳格に禁じていた。こうした政策の背景には新たな国家観の芽生えがあったことを指摘できる。すなわち合衆国は、国民に一定の生活水準に基づく社会権、ないしは社会的シティズンシップを保障する責務を負うという認識である。

だが、萌芽期のアメリカ福祉国家には限界もあった。たとえば、社会保障法が定めた老齢年金や社会保険は農業労働や家内労働を対象外としたため、多くの貧しい黒人と女性が給付を受けられなかった。また、同法が定めた失業対策や生活扶助が州に事業の実施を管掌させたため、特に南部では黒人に対して恣意的かつ差別的な運用が目立った。さらに、同じく地方政府に委託された住宅供給事業は、北部の公営住宅にすら深刻な人種隔離をもち込んでしまった。結局、社会的シティズンシップによる統合の政治は、人種境界を越えては進まなかった。

加えて、37年後半に再び景気が急降下したために、上にみた産業規制と再分配を基調とした政策は、十分に定着することができなかった。政権内部でも、初期ニューディールの経済効果を疑い、むしろ公的支出を増大させることで大衆購買力を育成し、消費の拡大をめざそうとするケインジアン的立場が影響力をもつようになった。両者のせめぎ合いは長く続くが、不況自体は外的な要因、すなわち39年に始まる第二次世界大戦の特需によって解消されていく。41年末の参戦後、アメリカはようやく失業問題を克服することができた。

2度目の世界大戦においても、アメリカは普遍主義的な理念を戦争目的に掲げた。41年1月の議会教書で、ローズヴェルト大統領は、「4つの自由」、すなわち、①言論と表現の自由、②礼拝の自由、③欠乏からの自由、④恐怖からの自由を、

戦後の世界に約束した。「欠乏からの自由」とは，「すべての住民に健康で平和な生活を保障する経済的理解」と説明され，戦争政策がニューディールの延長線上にあることを示唆していた。また，枢軸国の残虐行為を非難した「恐怖からの自由」は，アメリカ国内で人種の暴力におびえる有色人にも差別撤廃の期待を抱かせた。いずれにせよ「自由」を戦争の大義としたことは，約1000万人を徴兵するなど，前の大戦にもまして大規模だった国民動員を実施する上で有効だった。

この空前の総力戦を経て，アメリカの政治経済は次第に変容しつつあった。まず，戦時下にアメリカの財政規模は数倍に膨張し，奇跡的な経済成長が実現した。このことは，初期ニューディールの規制国家派の後退を促し，44年の議会選挙では保守勢力が急伸した。当面，高度の大衆消費を柱とした経済成長路線がアメリカの進む道となった。また，ファシズムとの戦いは，日系人の強制収容などの問題を生みつつも，全体として見ると，人種関係の改善を求める主張に力を与えた。41年に設立された公正雇用実施委員会は，連邦政府による画期的な反人種差別の機関だった。言うまでもなく，これらの展開は「豊かな社会」と市民権改革という，戦後のアメリカを特徴づける2つの政治潮流の胎動を示すものであった。

歴史への扉22　　総力戦とアメリカ民主主義

第一次世界大戦は，史上初めての本格的な総力戦であった。アメリカ合衆国もまた，戦争遂行のために未曾有の国民動員を行わざるを得なかった。同時にアメリカは，戦争の性格をドイツの独裁ないし専制と，被治者の合意に基づく統治（＝民主主義）との政治体制をめぐる闘争だと主張していた。徴兵や私企業の接収，消費の管理といった強権的な戦争政策の現実は，いかなる政治メカニズムによって，「民主化」という戦争の大義と整合し得ただろうか。

1つは，政府自らが戦争支持の「民意」を作り出すことだっただろう。政府は戦時広報委員会という，大統領直属の情宣機関を立ち上げ，新聞各紙へのプレスリリースや講演活動，膨大な数のポスター，パンフレットの配布などをとおして国民の精神的動員を試みた。

だが，より本質的な対応は，一定の国内改革を断行することで，戦争動員の暴力的強制の側面を相殺することであった。たとえば労働関係の分野では，ウィルソン大統領は，非常時の緊急大統領声明として団結権・団体交渉権擁護の立場を鮮明にするとともに，紛争の調停機関である戦時労働委員会を創設している。同委員会は

総計1251件の提訴を受けて490件に裁定を下すなど，「戦時産業の最高裁」として君臨し，その介入によって少なくとも138件のストライキが回避されたという。

こうした戦時の政治力学の中で，左派の社会運動家ですら，人種差別の撤廃や女性選挙権の確立といった，多様な「民主化」要求を愛国的行為と同定することができた。これこそが，きわめて広範な政治的立場の人々が積極的に戦争を支持した所以であった。だが，結果として戦争経験は革新主義のリベラル知識人に失望を与えることになる。それは，戦時動員が国民の精神をも対象としたことと関係が深い。政府は愛国的世論の形成に努める一方で，戦争を批判する声を圧殺していった。17年6月に成立した防諜法は，スパイ行為と徴兵妨害に厳罰を科するものであったが，その処罰対象は18年の改定（煽動罪法）によって，「政府の形態や軍人……に関する不忠誠，冒瀆，侮辱，非礼の言葉」にまで拡大され，実際この規定によって，反戦演説を行った社会党委員長ユージン・デブスが，禁固10年の有罪判決を受ける事件が発生した。ここで問題とされたのが，ほかならぬデブスの言論そのものであった事実はリベラルたちにとって大きな衝撃であった。

国民国家を社会改革の原動力と堅く信じた点で，革新主義者はあまりにもナイーヴだったと言えるかもしれない。しかし一方で女性運動は，戦後1920年の憲法修正第19条で女性参政権を確立しているし，終戦とともにいったん毀損されたとはいえ，労働者の団結権と団体交渉権を保護した戦時労働委員会の成果は，ニューディールの労働政策へと継受されるであろう。総力戦が国民動員のリソースとして，自由や民主主義のイデオロギーを称揚する以上，ここには戦争行為と矛盾しない限りで，政治的少数者の機会が存在する。だからこそ，たとえば，黒人の運動は第二次世界大戦期にも活性化し，「ダブルV」，すなわちファシズムに対する勝利（「恐怖からの自由」）と国内の人種差別に対する勝利を同時に追求するといった主張が，リアリティーをもったのである。周知のとおり，アメリカは20世紀後半以降も，自由と民主主義のための戦争を続けている。アメリカの知識人は，常に国家暴力という現実と民主化の夢の間で引き裂かれ，揺れ動くことになるだろう。

第2節　アメリカ外交の展開

(1)　海外進出の開始

19世紀末，アメリカ合衆国（以下，本節ではアメリカ）で国内の西部開拓が終わろうとしていた頃，ヨーロッパ列強は競って海外に進出し，アジア・アフリカの大半を植民地化していた。こうした国際情勢の中で，世界の大国にふさわしい地

位を獲得するために、アメリカも積極的に海外進出を実行すべきだという声が高まっていった。すでにアメリカは、世界有数の経済力を誇っており、市場確保という点からも海外への関心が大きくなっていた。

ウィリアム・マッキンリー大統領政権下の1898年に起こった米西戦争は、アメリカの海外進出にとって大きな意味をもっていた。キューバの独立をめぐって戦われたこの戦争に勝利した結果、カリブ海においてアメリカは、1902年にプラット修正を認めさせて実質的にキューバを保護国化し、プエルトリコを獲得した。さらに、戦中にハワイを併合した上に、スペインからグアムとフィリピンを譲り受け、太平洋に進出するにいたった。こうしてアメリカは、本格的に海外進出への道を歩み出したのである。

マッキンリー暗殺（1901年）により大統領に昇格したセオドア・ローズヴェルトは、日露戦争やモロッコ事件の解決にかかわり、国際政治においてアメリカの重要性を高めようとしただけでなく、大海軍を建設して軍事力の強化を図った。こうした軍事力を背景として、中米・カリブ海地域に対して「棍棒外交」とよばれる政策を展開し、アメリカの影響力拡大を推進しようとした。彼は03年、パナマをコロンビアから独立させて、運河の支配権とパナマへの干渉権を獲得し、さらに、04年にはモンロー・ドクトリンを拡大解釈した「ローズヴェルト・コロラリー」を発表して、西半球におけるアメリカの軍事介入を正当化した。

その後のW・ハワード・タフト大統領やウッドロー・ウィルソン大統領は、中米・カリブ海地域におけるアメリカの経済的な進出を後押ししただけでなく、ハイチ、ドミニカ共和国、ニカラグアといった国々への軍事介入をつうじて、アメリカの支配を強化・拡大していった。こうしたアメリカの一連の行動の中で、中米の大国であるメキシコとの関係はけっして安定したものではなかった。ウィルソン大統領は、反米的な態度を示したメキシコのウエルタ政権に対して、承認拒否という圧力を行使し、1914年にアメリカ海兵隊がベラクルス港を占領した。その結果、ウエルタは亡命を余儀なくされ、ベヌスティアーノ・カランサが政権を樹立したものの、メキシコにおける反米感情が高まることになった。そして16年、アメリカ軍が再度メキシコに侵入するにいたり、両国軍が衝突することになった。以上のような軍事力による問題解決という方針を転換させたのが、ヨーロッパを舞台に繰り広げられていた第一次世界大戦であった。アメリカはメキシコとの和解に応じ、大戦を機に国際秩序の再編に臨むことになったのである。

（2） 第一次世界大戦とロシア革命

　たしかに中米・カリブ海地域においては、ほかのヨーロッパ列強と同様、軍事力を背景とした支配を強化していたが、米西戦争後のフィリピン領有をめぐる論争で示されたように、アメリカ国内には、かねてからヨーロッパが進めてきた軍事力で植民地を獲得し、影響力を拡大することに対する強い批判が存在していた。こうした反植民地主義は、中国への列強の進出を牽制するために、1899年と1900年の2度にわたって出された「門戸開放通牒」に現れることになった。反植民地主義に代表されるような、ヨーロッパ列強とは違う形で影響力を拡大しようとする動きは、第一次世界大戦をつうじて決定的となった。

　1914年7月、第一次世界大戦が勃発すると、ウィルソン大統領は新世界に属するアメリカが、旧世界のヨーロッパ列強と異なることを強調し、中立を宣言した。しかし、実際には英仏との経済関係が強化され、連合国に多額の資金を提供した。さらに大戦の長期化により、アメリカのもつ潜在的な軍事力の存在が重要な意味をもつようになっていた。大きな損害をヨーロッパ列強にもたらした第一次世界大戦をつうじて、政治・経済・軍事の各面でアメリカの影響力が飛躍的に拡大した。こうした状況においてウィルソンは、アメリカが従来のヨーロッパ中心の国際秩序を再編することをめざし、アメリカ主導による平和の実現に努めた。

　17年1月、ウィルソンは双方の交戦国に「勝利なき平和」をよびかけ、国際機構と軍縮による平和の維持を唱えた。しかし、ドイツはこれに対して無制限潜水艦作戦をもって応じたため、同年4月、ついにアメリカはドイツに宣戦を布告した。ウィルソンがその際に強調したことは、軍国主義を打倒し、平和で民主的な国際社会を構築することであった。つまり、自国利益のための戦争を遂行するのではなく、より普遍的な理想の実現のために戦う意志を示すことで、英仏を含めたヨーロッパ列強との立場の違いを鮮明にしたのである。

　平和の実現に向けてアメリカが主導権を握ろうとしていた頃、ロシアで11月革命が起こった。ボリシェヴィキは「平和に関する布告」を発表して自らの主導権で平和を実現することを明らかにした。ウィルソンは、ボリシェヴィキの社会主義イデオロギーそのものよりも、大戦後の国際秩序が、アメリカと同じく普遍的な理念を強調する彼らの手で形成されることを認めることはできなかった。

　ウィルソンは平和への主導権を確保するため、18年1月、「14カ条」を発表した。その中で注目すべき点は、大戦後の国際秩序はヨーロッパ列強間で取り決め

るものではなく,各民族からなる独自の政府をとおして実現すべきであると主張したことである。「民族自決」の原則とよばれるこの主張は,当面のところ,中東欧の諸民族に戦争を継続させることを主眼としたものであったが,ウィルソンの意思を越えて,全世界の人々に大きな影響を与えた。「14カ条」で最も重視されたのは,大戦後の平和維持を担う国際組織を設立することを謳った条項であった。後に国際連盟として実現するこの構想をつうじて,ウィルソンは新たな国際秩序を打ち立てようとしたのである。そして,その秩序を支える理念の1つが平和であった。

　ボリシェヴィキが平和の実現に向けて,18年3月にブレスト・リトフスク条約を結びドイツと講和すると,アメリカはソ連の主導権で国際秩序が再編されることに対して,警戒心を強めていた。こうした懸念を背景に,北ロシアとシベリアに英仏日とともにアメリカ軍を派兵したが,それは軍事力によるボリシェヴィキ政権打倒よりむしろ,革命の拡大阻止が目的であった。結局のところ,ドイツは,西部戦線への総攻撃を成功させることができず,同年11月,「14カ条」を条件に休戦に応じた。こうして,アメリカが主導する平和に従うという形で,大戦の戦火が収まることになったのである。

(3) 国際連盟

　1919年1月からパリで開かれた講和会議に,自ら乗り込んだウィルソン大統領は,熱烈な歓迎を受けた。国際世論は,ウィルソンの唱えた国際連盟構想に大きな期待を寄せていた。会議においてウィルソンは,ドイツへの賠償問題や植民地問題で妥協を強いられたが,最大の目標であった国際連盟の設立に成功した。19年6月,ヴェルサイユ条約が締結され,国際連盟規約は条約の条文の中に含まれることになった。このことは,第一次世界大戦の終結が,国際連盟による平和の維持という,新たな国際秩序の始まりであることを意味していた。そしてその秩序とは,アメリカの主導権によって再編された自由で民主的な世界の秩序であった。したがって,旧来のヨーロッパ列強が推進してきた植民地主義の復活だけでなく,ソ連が主導する共産主義的世界を認めることはできなかった。アメリカは20年,「コルビー声明」を発表して,ソ連政権の不承認を明らかにしたのである。

　ヴェルサイユ条約が正式に発効するためには,アメリカ連邦議会上院の承認が必要であった。しかし,パリ講和会議で英仏に妥協を重ねたことが,ウィルソン

の理想や国際連盟に対する疑惑を生じさせていた。さらに，当時の上院はウィルソンと対立する共和党が多数を占め，同党のヘンリー・C・ロッジ上院外交委員長は，国際連盟問題でウィルソンとの対決姿勢を鮮明にしていた。共和党の多数を味方につけたロッジは，連盟決議にアメリカの行動が拘束されないように規約第10条の修正を迫った。民主党の大多数だけでなく共和党内にも，タフト前大統領のようにウィルソンの国際連盟構想を支持する勢力が存在していたが，一方で，共和党のウィリアム・ボラーのような連盟構想そのものを否定する非妥協派も存在していた。もはや修正派と非妥協派を抑えて，原案のままで上院の承認を得られることは困難な状況にいたっていた。しかし，侵略の阻止を謳った第10条こそ連盟規約の核心であると考えていたウィルソンにとって，国際連盟中心の国際秩序の実現のためには，修正に応じることはできなかった。そこで，国民に直接訴えかけることで自らへの支持を高め，事態を打開しようとしたが，そのための全国遊説の途中，彼は病に倒れた。結局19年11月，原案が否決されただけでなく，ロッジの修正案もウィルソンの指示により否決された結果，アメリカはヴェルサイユ条約を批准せず，国際連盟への加盟が実現しなかった。ただし，アメリカの国際連盟加盟を拒否していた勢力はむしろ少数派で，ウィルソンだけでなくロッジも国際連盟そのものを否定していなかったという事実は，大戦後の国際社会におけるアメリカの影響力拡大に強い関心が示されていたことの証であろう。20年の大統領選挙で共和党のウォレン・ハーディングが勝利すると，国際連盟への不参加が確実となったが，アメリカが海外問題への関心を失ったわけではなかった。

（4） 1920年代の外交

大戦後，国際連盟に加盟していないこともあり，ヨーロッパに対するアメリカの政治的影響力は，圧倒的なものではなかった。しかし，その経済的な影響力は戦前に比べて格段に大きくなった。1923年のルール占領から25年のロカルノ条約以降のヨーロッパ政治の安定化の過程で，ドーズ案（1923）やヤング案（1928）とよばれるドイツの賠償問題解決に関して，アメリカが発揮した主導権は重要な意味をもっていた。そしてアメリカからの多額の資本流入が，ヨーロッパの復興に貢献することになったのである。

一方，大戦中から戦後復興期にかけて，国際社会でのヨーロッパの影響力の低下は明白であり，西半球におけるアメリカの政治・経済的影響力は決定的なもの

となった。アメリカ資本がラテンアメリカ各国に投資される一方で，西半球各国からの安価な商品流入を阻止しようとする高関税政策は，反感を招いていた。また，大戦中から良好な関係とはいえなかったメキシコのカランサ政権が1917年に制定した憲法の第27条は，天然資源の所有権を国家に定めており，アメリカの石油資本との対立を招くことになった。さらに，アメリカ軍が占領するニカラグアやドミニカ共和国では，反米ゲリラが活動していた。しかしこうした状況にあっても，アメリカは従来の方針を改めることはなかった。28年にハバナで開かれたパン・アメリカン会議において，アルゼンチンをはじめとする西半球各国がアメリカの態度を批判すると，アメリカ代表のチャールズ・ヒューズはこれに反論し，両者の溝が埋まることはなかった。

アメリカ以外の国の影響力が後退した西半球の状況とは異なり，極東をめぐる国際関係は複雑であった。アメリカは，19世紀末より門戸開放を唱える一方で，桂－タフト協定や石井－ランシング協定を結んで，極東・太平洋における一定の「勢力圏」を認めてきた。そして，第一次世界大戦後の新たな状況の中で，21年から22年にかけて開かれたワシントン会議をつうじ，アメリカの主導権で極東の安定化がはかられることになった。この会議で，九カ国条約と四カ国条約が結ばれ，米欧日の協調に基づき，中国の領土保全と太平洋の現状維持という合意に達した。それは同時に，ソ連の影響力の浸透を阻止するという側面をもっていた。

ワシントン会議のさらなる重要な成果は，主力艦の保有量の制限を定めた軍縮条約である。ウィルソンが提示した国際連盟構想を否定した共和党政権は，その代わりとして，軍縮の推進をつうじて平和の実現をめざしたのである。さらにアメリカが中心となって，戦争の非合法化を定めた28年のパリ不戦条約（ケロッグ－ブリアン条約）を成立させた。このように，20年代の共和党政権下において，アメリカは国際連盟に加わることはなかったが，連盟と同様，平和の実現への努力を示すことで国際的な影響力を確保しようとしていた。

（5）　危機の時代の始まり

1929年にアメリカで始まった大恐慌は全世界に拡大し，国際秩序は政治的・経済的に大きな危機を迎えることになった。しかしながら，なおしばらくの間は，軍縮をつうじての平和の実現という方針を変えなかった。大恐慌以前の27年，ジュネーヴ軍縮会議で合意できなかった補助艦の制限に関して，30年のロンドン軍

縮会議では合意に到達した。さらに，主要国の海軍軍縮だけではなく，世界各国の陸海軍の全般的な軍縮をめざす会議が，国際連盟主催でジュネーヴで開催されることになると，アメリカはこの会議に積極的に協力したのである。

しかし国際社会は，平和ではなく軍事力による問題解決を強く指向し始めていた。31年に勃発した満州事変は，そうした兆候の端緒である。日本の軍事行動に対してアメリカは，武力による問題解決を批判し，「スティムソン・ドクトリン」を発して，満州国の不承認を明らかにした。さらに，従来以上に国際連盟との関係強化の姿勢を示したものの，結局，対日制裁を実行することなく，日本の支配が既成事実化することを阻止できなかった。

危機の兆しは極東だけで起こっていたのではなかった。ヨーロッパは，大恐慌による大きな打撃を受けていた。特にドイツでは，賠償支払いが困難になり，経済危機から政治不安が高まった。31年6月，ハーバート・フーヴァー大統領は「フーヴァー・モラトリアム」とよばれる国家間債務の一時支払停止を表明し，ヨーロッパの経済危機の克服をめざした。しかし，アメリカ議会はスムート－ホーリー関税法を制定し，従来にもまして高関税政策を推進し，保護貿易の傾向を強めた。こうしたアメリカの恐慌対策を背景に，フーヴァーはモラトリアムの延長に応じなかったため，経済的な協調をつうじて問題を解決するという傾向は次第に薄れていくことになった。

33年，アメリカの経済危機が最悪の状況で就任した大統領，フランクリン・ローズヴェルトは，国内の「ニューディール政策」を優先し，ロンドン世界経済会議を破綻させた。国際協調による経済危機の克服という方針は，さらに遠のくことになった。33年に日本に続いてドイツのナチス政権は国際連盟とジュネーブ軍縮会議から脱退した。さらに35年，イタリアのベニート・ムッソリーニによるエチオピアへの公然たる軍事侵攻を前にして，国際連盟はまったく無力であった。ローズヴェルト政権誕生当初，一時的に国際連盟との協力関係強化をつうじて，問題解決を図ろうとする動きが示されたものの，同政権は，国際連盟がもはや平和を実現する組織ではなく，ヨーロッパ列強の駆け引きの場となったと考えるようになった。アメリカは1935年に中立法を制定し，急速に悪化するヨーロッパの政治危機への介入を控えるようになったのである。

（6）「善隣外交」

　ヨーロッパへの関与を控えたことは，必ずしも国際問題への影響力行使を放棄したわけではなかった。特に西半球に対しては，すでにフーヴァー政権期の「クラーク・メモ」でアメリカの強圧的政策の転換が示されていた。フーヴァー政権を引き継いだローズヴェルト政権は「善隣外交」を積極的に展開することで，アメリカの影響力拡大に努めたのである。具体的には，キューバへの内政介入権を定めたプラット修正を放棄し，また，フーヴァー政権期に行われたニカラグアからの撤兵に続き，ハイチからアメリカ軍を撤退させた。そして，1933年にモンテビデオで開かれたパン・アメリカン会議において，他国の主権を尊重することを宣言し，アメリカによる西半球諸国への内政干渉政策を否定した。さらに，西半球各国に対して，互恵通商協定の締結や輸出入銀行を通じての実質的な経済援助をつうじ，アメリカとラテンアメリカ諸国との通商を活性化させることで，西半球全体の経済回復を実現しようとした。こうした一連の「善隣外交」政策により，アメリカとラテンアメリカ諸国との友好関係が促進され，アメリカ主導のもとで西半球の一体化が進められることになった。

　30年代後半になると，日独伊の枢軸陣営の西半球に対する政治・経済的影響力が次第に浸透し始めた。「善隣外交」を標榜するアメリカにとって，西半球への強圧的な介入を否定しながら，枢軸勢力の影響力排除に迫られることになった。そこで，西半球の多国間で形成される安全保障機構を設立し，それをつうじて外部の影響力を排除しようとした。そこには，アメリカの主導権で西半球に平和的秩序を構築することが，国際的影響力の向上につながるという認識が背景に存在していた。国際関係が急速に悪化するなかで，36年，臨時にブエノスアイレスで開かれたパン・アメリカン会議に続き，38年にリマ，39年にハバナ，40年にパナマ，42年にリオ・デ・ジャネイロでアメリカ主導による西半球の安全保障政策を協議するための国際会議が開かれた。こうして，多国間の枠組みを作ることで，アメリカの西半球での主導権確立をめざす動きが徐々に進んだ。しかし，伝統的にアメリカへの反発が強いアルゼンチンなどからの抵抗が，依然として存在していた。

　また，38年にはメキシコのカルデナス政権が，憲法第27条に基づき石油の国有化を断行した。米英の石油資本は，本国による強硬な介入を期待したが，国際関係の緊張が高まる中，西半球における反米感情の高まりを懸念したローズヴェル

ト政権は，交渉による解決をめざした。武力による問題解決の道に進むヨーロッパや極東の状況とは異なり，協議による問題解決を重視する平和な西半球世界という理念は，世界の他の地域に向けて，アメリカの影響力を高めるために重要であった。

(7) 第二次世界大戦の勃発

　ドイツとイタリアによる軍事力行使に基づく行動と，その対応としての一連の宥和政策に対して，ローズヴェルト政権は，あくまでヨーロッパの問題と捉えて介入を控えていたが，次第に侵略行動を阻止するために行動すべきと考え始めた。1939年9月，ドイツによるポーランド侵攻で始まった第二次世界大戦は，こうした流れを決定づけた。ローズヴェルト政権は，すでに38年には軍備拡大の方針を打ち出しており，翌39年になると中立法を改正して，アメリカによる武器援助の道を可能にしたのである。

　短期間でポーランドを占領したドイツが，40年にフランスを制圧すると，アメリカが枢軸陣営の侵略を阻止し，イギリスを援助するという姿勢が固まり始めた。40年に平時における徴兵法が制定され，イギリスとの間で駆逐艦 - 基地交換協定が結ばれた。41年になると武器貸与法を制定し，イギリスに対する大規模な物資の援助を展開したのである。さらに，同年6月にドイツがソ連への攻撃を開始した。ローズヴェルトは就任早々の33年，ソ連との国交を開き，従来の不承認政策を転換していたが，その後の米ソ関係は必ずしも良好であるとはいえなかった。しかも，39年に独ソ不可侵条約が結ばれると，アメリカ国内における対ソ不信が高まっていた。それにもかかわらず，独ソ開戦後，ローズヴェルトは武器貸与法のソ連への適用を決定し，ドイツの侵略阻止の姿勢を明確にしたのである。

　そして，ローズヴェルトは，41年1月の「4つの自由」演説に続き，同年8月，イギリスと共同で「大西洋憲章」を発表した。ウィルソン大統領以来の民族自決や主権尊重という理念を強調することで，アメリカは，枢軸陣営の侵略行動に反対する自らの立場が利己的なものではなく，普遍的な理想の実現をめざすものであると表明したのであった。こうして，反枢軸国の立場を明白にしただけでなく，大量の物資提供をつうじ，第二次世界大戦に深くかかわることになったアメリカであるが，アメリカ国内には，いまだ参戦に反対する勢力が存在し，枢軸陣営と交戦状態に突入することができなかった。

アメリカの宣戦布告の契機となったのが，41年12月の日本による真珠湾攻撃である。一連の日本の軍事行動に対して批判を繰り返してきたアメリカではあるが，早期から具体的な行動をおこしていたわけではなかった。日中戦争勃発直後の37年に，ローズヴェルト大統領が「隔離演説」とよばれる対日強硬姿勢を示したものの，実際に制裁に踏み切ることはなく，38年に米軍艦が爆撃されたパネイ号事件の際も，日本との交渉による解決に応じた。しかしヨーロッパで大戦勃発後，日独伊三国同盟が結ばれ，日本の南進政策が推進されると，アメリカは40年の日米通商条約失効に続き，41年に入ると在米対日資産の凍結，対日石油禁輸措置を実施し，さらに11月末には「ハル・ノート」と呼ばれる対日提案で日本軍の全面撤兵を求めた。この提案を受け入れられないと判断した日本は，アメリカとの交渉を打ち切り，開戦に踏み切った。そして真珠湾攻撃後，日本との同盟関係を理由にドイツがアメリカに宣戦布告し，こうしてアメリカはヨーロッパでの戦争にも参戦することになったのである。

（8） 第二次世界大戦中の戦後構想

アメリカの参戦後もしばらくの間，戦局は枢軸陣営が優勢であった。日本は西太平洋から東南アジアにいたる広大な地域を支配し，ドイツはソ連領内の深部まで攻め込んでいた。ヨーロッパ戦線を重視したアメリカは，ドイツと単独で戦うソ連への物資の援助を展開していたが，第二戦線とよばれる米英軍のヨーロッパ上陸作戦は，当面のところイギリスの反対で見送られていた。アメリカの関心は戦争に勝利することにあり，連合国からのソ連の離脱を懸念していたローズヴェルトは，1943年1月にイギリス首相のウィンストン・チャーチルとカサブランカで会談した際に，枢軸国に対して無条件降伏を求め，米英が徹底的に戦う意志があることを示した。

43年は，戦局が大きな転換点を迎えた年であった。スターリングラードの攻防戦に勝利したソ連が反攻に転じ，太平洋でもガダルカナル島で日本軍が大きな損害を出して撤退した。また，イタリアではムッソリーニが失脚した。さらに，44年6月には，ノルマンディー上陸作戦が実行され，本格的な第二戦線がようやく構築された。もはや連合国側の勝利は確実視された。

こうした状況にいたり，アメリカは戦争を遂行しながら，大戦後の国際秩序について検討を進めていった。その際，アメリカ主導のもとで平和的秩序が保たれ

ることがめざされた。問題は，大戦後の政治と軍事の両面で大きな影響力をもつことが確実となったソ連に，アメリカ中心の国際秩序をどのようにして合意させるかであった。

　アメリカは，戦後秩序の維持において中心的な役割を担うべき組織として，平和の実現という理念を掲げた国際連合の設立を構想していた。国際連盟と同じく集団安全保障による平和維持がめざされていた国際連合は，全加盟国で構成される総会に加えて，米ソ英仏中の5つの常任理事国が拒否権という特権をもつ，安全保障理事会が主要機関として考えられていた。拒否権の導入はソ連を取り込むだけではなく，アメリカ国内の反発を和らげるためでもあった。安全保障理事会でアメリカの意向を反映させるためには，拒否権行使の阻止が不可欠である以上，大戦後もアメリカは，ソ連をはじめとした大国との協調関係の継続を重視することになった。このような国連を中心とするアメリカの戦後政治秩序構想は，44年のダンバートン・オークス会議においてイギリス，ソ連，中国から基本的な合意を得た。さらにアメリカは，ブロック経済体制を否定し，戦後の経済秩序として多角的自由貿易体制の確立をめざした。早くも1934年に互恵通商法を制定し，保護貿易政策からの転換の姿勢を示していたローズヴェルト政権は，「大西洋憲章」で戦後の経済体制を謳っていた。そして，44年のブレトン・ウッズ会議において，ドルを基軸通貨とすることで合意に到達し，アメリカの主導のもとで経済秩序が再編されることになった。

　こうして大戦中に着々と戦後構想が検討されていたが，その鍵を握っていたのはソ連をはじめとする大国の意向であった。ローズヴェルトは，43年のテヘラン会談，カイロ会談，45年のヤルタ会談という一連の首脳会談において，遂行中の軍事問題や日独に対する占領問題だけでなく，戦後構想に関して大国から支持を確保した。ただし，そのために，ヤルタ会談で東欧をソ連の実質的な「勢力圏」と認める妥協を強いられた。また，アメリカの強い主導権に反発した西半球諸国に対しては，45年にチャプルテペック会議を開いて，彼らの意見がその後の国連憲章第51条に反映される形で合意を得た。

　45年4月，大戦の遂行と戦後構想の実現において強い主導権を発揮してきたローズヴェルトが急死し，副大統領からハリー・トルーマンが昇格した。就任当初，彼はサンフランシスコ会議で正式に発足した国連が，戦後秩序において主要な役割を演じることを含めて，基本的にローズヴェルト路線の継承をめざした。しか

し，ドイツの降伏後開かれたポツダム会談では，大戦中から内在していた米ソ協調に関する不安定要因が表面化しつつあった。さらに，42年から「マンハッタン計画」として極秘に開発が進められていた原爆が完成した。そして，45年8月に広島と長崎への投下後，日本の降伏により，第二次世界大戦が終結した。圧倒的な破壊力をもつ原爆の存在は，米ソ協調を前提とし，アメリカの主導する国連が秩序を維持するという，大戦後のアメリカ政策に大きな影響を与えたのである。

第3節　第二次世界大戦後の南北アメリカ

（1）豊かな社会の形成——冷戦下のアメリカ合衆国

　第二次世界大戦で主要国が壊滅的な打撃を受けたのに対して，戦後のアメリカ合衆国は他国の追随を許さない世界最大の経済力を確立し，1950年代と60年代にはほぼ一貫した著しい経済成長を維持した。繁栄をもたらした第1の要因は，防衛費をはじめとする政府の財政支出である。また，アメリカは同盟諸国や発展途上諸国に対する経済・軍事の援助を行ったが，それによって諸外国の購買力は高まり，アメリカからの輸出が増加して景気を支えた。好景気のもとで労働者の賃金は上昇し，消費景気を前進させた。40年代に始まったベビーブームは戦後さらに加速し，それに伴って郊外での住宅建設が急増した。ハイウェイやショッピングモールの整備とともに自動車が普及し，テレビや冷蔵庫などの消費財が中産階級家庭に浸透した。企業は多額の広告費を投入して，消費者の購買意欲の刺激に努め，メディアが豊かな社会の消費志向を礼賛した。こうして誕生する，大量生産・大量消費を前提とした画一的なアメリカ的生活様式と大衆文化は，冷戦下において「自由で豊かなアメリカ」を世界に対して宣伝する役目を担い，その後，世界各地域の生活様式にも重要な影響を与えることになる。

　冷戦の開始期である第二次世界大戦後の十数年間，アメリカでは強烈な反共産主義の嵐が吹き荒れた。映画界の著名な俳優や監督が議会で訊問され，共産党との関係を追及された。大学でも，過去の左翼的言動を暴かれて，失職する教員が多数現れた。こうした「赤狩り」にさらなる勢いをつけたのが，マッカーシー上院議員であった。彼は国務省内部や軍部にも共産党員がいると断じ，「破壊分子」を糾弾する風潮は，一種のヒステリー状況にまで陥った。

　しかし，反共と不寛容の雰囲気が支配した時期にあっても，ニューディールが

生み出した福祉国家的なリベラリズムが国内政治の方向性を定めた。トルーマンはニューディールの成果の継承を唱えて再選され，それを具体化するための「フェアディール」と名づけられた一連の社会・経済改革を提案した。医療保険制度の創設，人種差別の解消，中等教育，住宅建設，スラム再開発などへの連邦助成がそこに盛り込まれた。世論と議会の強い反発で，これらの多くは実現しなかったが，次の共和党大統領アイゼンハワーも，就任に際して社会保障制度の継承を明言し，後には制度の拡大にも着手した。彼はまた，連邦政府による大規模な住宅建設の立法化にも尽力した。

　リベラリズムの潮流は，60年代に入って最高潮に達した。「ニューフロンティア」に乗り出すと宣言したケネディ大統領の主たる関心は，ソ連との冷戦にあった。しかし，学校における人種隔離を憲法違反とした連邦最高裁のブラウン判決(1954)以降に，キング牧師らが指導する人種差別撤廃を求める運動が，二十数万人が参加する首都ワシントンでの大集会が催される(1963)までに進展すると，ケネディは人種平等を約束する公民権法の提案を宣言した。凶弾に倒れたケネディに代わって大統領に昇格したリンドン・ジョンソンは，64年に職場や学校，そのほかの公共の場での人種差別の禁止とそれを監督するための連邦政府の関与を定めた公民権法を，さらに翌65年には連邦政府の介入で投票権の保証を強化することを定めた投票権法を成立させた。「貧困に対する戦い」と「偉大な社会」を掲げるジョンソンは，貧困者援助，教育助成，老人医療，低所得者住居費支援，都市再開発，環境保護立法など，多数の国内改革政策を打ち出した。このように，ニューディール以来といわれるほど，改革立法が相次いだジョンソン政権期は，政府の積極的な介入と規制，財政支出によって公正な社会の実現をめざすリベラリズムの絶頂期となった。こうした改革とは裏腹に，ベトナムへの介入が本格化し，そして泥沼化していくのも，ジョンソン政権期である。

　60年代を特徴づけたのは，公民権運動をはじめとする異議申し立ての台頭である。長期化したベトナム戦争における悽惨なゲリラ戦の実態が報道されるようになると，戦争反対の運動が60年代後半に激化した。学生や知識人の中からはまた，政治と経済のあり方に関する根源的な批判が生じ，民主社会学生同盟(SDS)が中心となって学生運動が展開し，多くの大学キャンパスで紛争が起こった。ベティ・フリーダンを中心に全国女性連盟(NOW)が組織され，家庭婦人を理想とする既成の価値観を打破し，性差別を撤廃する運動も起こった。平等社会の実現

を求める運動は，差別されてきた少数派に就職，昇進，入学などの機会を優先的に与えるアファーマティヴ・アクションの導入を求めた。こうした不平等是正のための積極的措置は，ニクソン政権のもとで推進され，多くの企業や団体，大学が，少数派，特に黒人と女性への特別な配慮を実施するようになった。

　黒人の運動は，ほかの少数民族集団の権利意識や自尊心の回復にも影響を与え，市民としての正当な取り扱いや固有の文化に対する敬意を，アメリカ社会に訴えさせた。先住民の運動家たちは72年に首都に向かって行進し，インディアン局の建物を占拠する行動をとった。同じ頃，メキシコ系の労働者が多くを占めるカリフォルニアなどの季節農業労働者たちは，セサール・チャベスの指導のもとで，市民的権利の要求を含む闘争を展開した。異議申し立てと連動して，「対抗文化（カウンターカルチャー）」とよばれる多様な文化的運動が興り，従来の中産階級的価値観にとらわれない，自由で大胆な生き方を実践する人々が登場した。

（2）　保守化する社会の行方──1970年代以降のアメリカ合衆国

　1960年代末から70年代にかけて，アメリカ合衆国の豊かさとリベラリズムは重大な岐路に立ち，ニクソン，フォード，カーターと連なる政権は模索を続けた。なによりも，経済の停滞が顕著となった。ベトナム戦争の間に連邦政府は巨額の赤字を計上し，ドルは弱体化した。めざましい経済復興をとげる西欧や日本からの輸入が激増し，アメリカの貿易収支は71年から赤字に転じた。その2年後に石油ショックに襲われたアメリカ経済は，激しい景気後退の中でインフレが深刻化する「スタグフレーション」に陥った。

　対外的には，ベトナム戦争での挫折でアメリカの国威は大きく傷つき，その間に西欧や日本，さらに石油輸出国機構や中国の発言力が増大した。こうした多極化傾向のもとで冷戦の緊張が和らぎ，デタントが進行する一方で，79年のアフガニスタン侵攻にみられるように，ソ連が発展途上国に影響力を強化させていった。カーターは，イランのアメリカ大使館人質事件の効果的解決に失敗した。国際的な地位の揺らぎに対する危機感は，国内的にはリベラリズムへの批判と結びついた。60年代をとおして，マイノリティ諸集団による権利主張の高まりや，反体制的運動が提起した反権威，反伝統の価値観，さらに社会福祉などの改革に伴う税負担増大に対して，「もの言わぬ多数派」である白人中産階級が反発を強めていた。

81年に大統領に就任したレーガンは，「強いアメリカ」の復活を唱え，SDI（戦略防衛構想）など核戦力を含む軍備の増強を行い，中米・中東・アフリカで途上国の紛争にも積極的に介入し，ソ連に対する軍事的圧力を強めた。冷戦終結後，レーガンの後継者ブッシュは，民主主義と市場経済を基本原則とする新世界秩序の構想を示し，湾岸戦争を短期間で勝利に導いた。

　レーガンはまた，「小さな政府」を唱えて，特に富裕層を対象とする大幅な減税，政府による規制撤廃と民営化の推進，福祉政策の大胆な整理などに着手した。レーガノミックスとよばれる市場万能主義の「新自由主義」は，対外的には日本などの諸外国に対する国内市場の開放を求め，カナダとの間に自由貿易協定を結ぶ（89年発効）などの結果をもたらした。財政赤字と貿易赤字が双子の赤字を生み出すなど，レーガンの経済施策は成功したとはいい難い。しかし，規制緩和や貿易金融自由化などの市場主義は，旧東側の東欧諸国および中国が市場経済に移行する局面とあいまって，クリントン大統領の時代にグローバリゼーションの明確な姿を提示していく。アメリカ合衆国は，国際通貨基金，世界銀行，GATT／WTO（世界貿易機関）をとおして影響力を行使し，発展途上国の経済自由化の促進，自由貿易協定の締結，中国のWTO加盟実現などを成し遂げ，グローバルな経済秩序の確立に邁進した。

　レーガンはさらに，家庭や教会，学校を基盤にした伝統的道徳の役割を重視した。この文化的保守主義は，たとえば同性愛者の権利や同性婚，人工妊娠中絶などに対して強烈な反感を露わにし，世俗的で開放的な価値観と鋭く対立した。南部や中西部に根強い原理主義的プロテスタント宗教右翼が，共和党右派の重要な支持勢力として確固たる存在となった。伝統的価値観の復興を求める主張は，民主党のリベラリズムを支えてきた農村や都市部の白人中下層を民主党から離反させ，共和党に糾合していく役割も果たした。保守主義者たちは，人種マイノリティや女性を優遇するアファーマティヴ・アクションに対しては，アメリカの平等原則に反すると批判した。また男女の平等と女性の社会進出に対して，家族の意義や子育ての重要性を中心に据えた，「家庭の価値」の重視を訴えた。こうした保守潮流の始動により，アファーマティヴ・アクションの具体策の多くが違憲とみなされるようになり，性の平等を定めた憲法修正の成立も阻止された。

　21世紀に入り，9.11同時多発テロへの対応を迫られたジョージ・W・ブッシュ政権期に，問題が一挙に噴き出した。軍拡と海外への軍事介入は巨額の軍事支

出を必然とし，膨大な財政赤字の負担を国家に背負わせる一方で，容易に軍縮に進ませない軍産複合体——国防総省や防衛産業，それらが位置する地方政府，軍事関連の大学や研究所などからなる——の肥大化を招いた。さらに軍事介入を被った中南米，中東，アフリカ，アジアの途上国には根深い反米主義を残してきた。しかし，レーガンの軍拡と軍事圧力こそが冷戦勝利を導いたと考え，冷戦後の世界でもアメリカが強大な軍事力を手に積極的に覇権をふるうべきだと主張するネオコン（新保守主義者）の論理がまかり通り，ブッシュはアフガニスタン攻撃からイラク戦争に突入した。しかし，脅威であるとされた大量破壊兵器が発見されず，イラク戦争の理由に強い疑義が現れた。そうした中で，善悪二元論に立脚した海外への軍事介入を控えて，国際諸制度をつうじた多国間・多極的外交が必要であるとの議論が台頭している。

　レーガン以来の新自由主義的施策とグローバリゼーションは，国内に甚大な格差拡大を作りだし，2005年のハリケーン「カトリーナ」の被災地がさらけ出したように，社会の底辺であえぐ貧しい黒人やヒスパニック系住民の多くに絶望感を生んでいる。投資と消費を重視する，徹底した金融自由化を国内外でめざす投機的マネー経済が引き起こした08年の金融危機は，システムの再構築の必要性を白日のもとにさらした。市場とマネーを統制する責任ある政治システムと，公正で民主的，かつ環境に配慮したグローバリゼーションのあり方が模索されている。

　公立学校における宗教と科学の位置づけ，同性婚，人工中絶，銃所持の権利，多文化主義などをめぐる意見の対立を，「文化戦争」としてことさらに煽動する保守主義者が共和党に結集している。他方で民主党は，消費者や環境保護などの社会運動や，女性や少数者集団，社会的弱者の権利擁護運動を担う政党として歩んできた。共和党右派と民主党リベラル派との間には，調整や妥協の余地が寸分もないほど深い亀裂が存在する。多くの国民にとって，こうした非妥協的な対立は中身のない空虚な論争でしかなく，そのことが政治や政府に対する信頼を失わせる要因になっている。しかも，シーダ・スコッチポルらの社会学者たちが近年指摘するように，これまで草の根で民主主義を支えていた地域コミュニティや自発的結社は，市民の自主的参加が減退することによって，民主主義の活力源にならなくなっているという現状がある。20世紀終わりから累積したこのようないくつもの難問が，08年選挙で選ばれたオバマ大統領の前に横たわっていた。

（3） ラテンアメリカの推移

　独立後のラテンアメリカ諸国家では，ブラジルを除くほとんどの国で共和制・国民主権・三権分立の民主制が採用されたが，その実態は植民地時代以来の，少数特権エリートによる権力独占であった。しかし，特権階層内部の権力争いが続くと，武装集団を携えた地域の領袖カウディーヨたちが権力を握り，独裁者としてふるまった。その代表はメキシコのサンタアナやアルゼンチンのロサスであった。19世紀の半ばまでに奴隷制度の廃止が各国で進み，最後まで奴隷制度を残したブラジルも1888年に廃止にいたり，それを契機にクーデタが生じて帝政は打倒され，ブラジルは連邦共和国となった。植民地時代にはスペイン・ポルトガル両国王の保護下で巨富と権威を確立したカトリック教会は，独立した新生諸国家との間で，信教の自由や教会特権をめぐり争わねばならなかったが，影響力を保持し続けた。

　ようやく1870年代に，自由主義派による寡頭支配ないし独裁的体制が確立して，政治的安定が訪れた。各国は，欧米に対して一次産品——チリの銅・硝石などの工業用原材料と，ブラジルのコーヒーやアルゼンチンの農畜産品など食糧資源——を輸出することに特化する道を選択した。欧米（特にイギリスとアメリカ合衆国）は，製品輸出と資本投下によって独立後のラテンアメリカに対する経済的支配を浸透させるとともに，軍事的にも干渉した。その典型的な例がメキシコであり，19世紀前半にはアメリカ合衆国との戦争で国土の半分以上を奪われ，その後の内戦に乗じてフランスをはじめとする列強の干渉を受けた。結局この混乱は，76年の政変で収束し，大統領となったディアスの独裁体制が35年続くことになる。

　外国資本の支配と輸出用のモノカルチャー（単一産品生産）の確立は，大土地所有の拡大をもたらし，一部の富裕層をさらに富ませる一方，国民の大多数を占める農民を貧しくさせた。輸出経済の拡大と奴隷制度廃止によって労働力の需要が高まると，諸国は海外からの移民を奨励した。人種主義的な観点から西ヨーロッパ出身の移民を期待した為政者の意に反して，実際に到来したのはイタリアなどの南欧と，中国や日本からの移民であった。

　規模の大きい経済をもつアルゼンチン，ブラジル，チリ，メキシコでは，都市を中心に近代的教育を受けた中間層が台頭するとともに，労働者の組合組織化と政党結成が起こった。メキシコでは，民主化を要求するマデロや農民運動指導者サパタらの主導のもとにメキシコ革命が生じ，1911年に独裁者ディアスを追放し

た後、アメリカ合衆国の軍事干渉にも屈せず、農地改革や教会財産没収、外国資本国有化などを実行するための憲法を17年に成立させた。

世界恐慌による一次産品の輸出減少と価格下落により、農民の困窮も激化して失業者が多数生まれると、諸国の寡頭政治体制は崩壊の危機に立たされた。中米では、キューバのバティスタやニカラグアのソモサのように、再び独裁者が権力を握った。他方で中間層を基盤とする政党が、一次産品輸出経済から国内工業育成への方向修正をめざし、労働者や農民から示持を得て改革的政治を実施する国もあった。メキシコのカルデナス政権、チリの人民戦線内閣、ブラジルのヴァルガス政権、アルゼンチンのペロン政権などがそうであり、強烈な民族主義と権威主義、国家主義の要素を包含したこれらの政権は、人民主義型政治とよばれる。

ブラジル、アルゼンチン、メキシコなどの工業化を進めた諸国も、世界市場で競争力をもつ工業を育成するまでにはいたらず、世界経済においてはなお一次産品輸出国としての地位を免れなかった。また農地改革がほとんど実施されなかったので、大土地所有が温存され、多数のインディオを含む農民は、圧倒的に貧しかった。農村から都市への人口流入と、都市内部での貧富格差の拡大を背景にして、左派（弱者救済を求める労働者と農民）と右派（新しい産業指導者層や軍部）との対立が深まる。この対立は、ペロン政権崩壊後のアルゼンチンにおいて政治的不安定を導いたが、ブラジルやチリ、ペルーなどでも左右の対立は深刻化した。

他方、長期独裁政権が支配的であった中米・カリブ海域では、キューバでカストロが59年にバティスタ政権を打倒し、農地改革と民族主義をかかげた改革路線をとった。当時アメリカ合衆国は、冷戦の開始で「善隣外交」を修正し、48年に成立した米州機構を反共支持組織として機能させようともくろみ、54年には中央情報局（CIA）のグアテマラ介入も行っていた。アメリカ合衆国から敵視されたキューバは、より急進化の度合を加速して社会主義への道を歩み、ソ連に接近した。

混乱が深刻化した人民主義型政治の国々では、軍部が国家主義的な観点から政治的混乱を強圧的に封じ込める傾向が、60年代半ばから70年代初めにかけて顕著となった。64年のブラジルとボリビア、66年のアルゼンチンを皮切りに、68年にペルー、73年にチリとウルグアイでも軍事政権が樹立された。ラテンアメリカが「キューバ化」することを恐れるアメリカ合衆国は、軍部と連携する保守勢力を支援し、アメリカ資本も積極的に投下された。急進的な社会改革路線をとるアジ

ェンデ政権を,クーデタで打倒して権力を奪取したチリのピノチェトが典型的であるように,軍事政権は人権侵害や左翼勢力に対する暴力的抑圧を臆面もなく実行するとともに,外国資本の導入と民営化で経済の発展を図った。しかし,経済自由化に伴う極端な富裕層優遇によって,中間層が没落して国民の購買力が減退したため経済成長は鈍化し,膨張した対外債務だけが残った。80年代に入ると,大半の諸国が対外債務の返済不能を表明するまでになった。債務危機の克服をめざす緊縮財政によるリストラと弱者切り捨て政策が,大量の失業者を発生させ,治安が悪化するなど,国民生活の困窮はさらに深まった。

　80年代以降に政権は軍政から民政に移管し,新自由主義とよばれる民営化政策を伴う経済自由化が推進されたが,経済は好転せず,巨額の累積債務の問題が再発した。合理化による失業者の増大,貧困や人口増加の問題などで国民生活の疲弊は続いた。他方で,ニカラグアのソモサ,ハイチのデュバリエなどの,長期におよんだ中米・カリブ海域の独裁政権も,民主化運動によって80年代の前後に打倒されたが,その後も左右勢力間の厳しい抗争が続いた。近年には,アメリカ合衆国から距離をおいて,社会主義的施策を強調する政権が相次いで誕生した。ヴェネズエラのチャベス（1999年大統領就任）,ブラジルのルーラ（2003年大統領就任）,ボリビアのモラレス（2006年大統領就任）などであり,これらの左派政権は反米姿勢を明確にした。アメリカ合衆国のオバマ大統領は,中南米との新たな友好関係のスタートを期待したが,アメリカ合衆国が続けているキューバ禁輸措置などに対するラテンアメリカ諸国の対米姿勢は厳しい。

　現在,ラテンアメリカは民主化の時代を迎えているが,貧困と貧富の格差,人口増加,都市の肥大化,治安と麻薬,森林等自然環境の破壊など,解決すべき課題が山積している。

（4）　カナダの推移

　1867年に自治領として連邦政府を発足させたカナダは,71年にブリティッシュ・コロンビア州を加え,85年には大陸横断鉄道も完成させ,アメリカ合衆国と対抗できるような大陸国家としての発展をめざした。他方で,イギリスからさらなる自立を獲得するという大きな課題が残っていた。イギリスに協力して約42万人の兵士を海外派遣した第一次世界大戦の後に,バルフォア宣言（1926）とウェストミンスター憲章（1931）によって,内政・外交において自治領は本国と対等

の，自立した権限をもつことが確認された。自立への歩みは第二次世界大戦後も続き，1947年施行のカナダ市民権法によって初めて，法律的に「カナダ人」が定義された。従来はイギリスの王族や軍人が就いていた総督（国王代理）にカナダ人が就くのは，52年のマッセイが最初であった。64年に国旗「メイプル・リーフ」が，80年に国家「オー・カナダ」が制定された。イギリス議会の権限を排して，改正権や権利章典を盛り込んだ自前の憲法を制定するのは，82年であった。

　他方で，20世紀に入ると隣国アメリカ合衆国からの影響が強まった。アメリカは1880年代に，イギリスを上回るカナダの最大輸入相手国となり，1920年代にはカナダに対する最大輸出相手国および最大投資国にもなった。経済に加えて，第二次世界大戦での共同防衛を契機に軍事的結びつきも強まり，さらに戦後はテレビや映画などのアメリカ大衆文化が押し寄せた。国内資本の強化，対外貿易の多角化，自国文化の保護など，対米追従からの離脱を試みる努力もみられたが，米加自由貿易協定（89年発効）と北米自由貿易協定（94年発効）をとおして，隣の超大国との結びつきはさらに強まった。

　一方で宗主国イギリスの圧力を受け，他方でアメリカ合衆国の強大な影響力を被ってきた歴史は，カナダ人にユニークな国際感覚を涵養したといえるかもしれない。日米に先んじた中国との国交樹立（70），オタワ・プロセスとよばれる対人地雷禁止条約の提唱（96），2003年のイラク戦争への不参加などの中に，超大国一辺倒ではない多国間外交をみることができよう。

　さらに，カナダの歴史が育んだいま1つの特徴は，多文化主義である。イギリス系，フランス系をはじめとする多様なヨーロッパ系白人に加えて，先住民とメイティ（混血）やアジア系が，カナダの多文化社会を構成している。英語とともにフランス語も公用語とする公用語法（69）を経て，トルドー首相が「2言語（英語とフランス語）の枠内での多文化主義」の導入を71年に宣言し，各民族集団の言語や文化を守る政策が進められた。88年には「カナダ多文化主義法」が制定され，不平等や差別の解消が追求された。カナダ多文化主義施策は，その限界や問題も含めて，多文化，多民族共存の実験として注目される。

第IV部
現代世界の中の西洋

4つの旗
左下が「国際連盟」，右上が「国際連合」，右下が「欧州石炭鉄鋼共同体」，左上が「EU」。

- 第10章　2つの世界大戦
- 第11章　現代国際体制の成立と展開
- 第12章　ヨーロッパ統合への道
- 第13章　現代科学技術の光と闇

総　説　対立から協調へ向かう西洋世界

（1）　2つの世界大戦の時代

　ヨーロッパの20世紀前半は，戦争の半世紀だった。1912年にバルカン戦争が起こり，それは14年の第一次世界大戦勃発へと続いた。大戦後の20年代にしばらく砲火は止んだが，36年にスペイン内戦が起こり，続いて39年には第二次世界大戦が始まった。

　戦争の半世紀は，ヨーロッパ社会が大きく変容した時代だった。まず，第一次世界大戦が長期化かつ総力戦となったので，各政府は戦後の社会改革を約束して国民の協力を得なければならなくなった。しかし，食料不足など戦争の重圧に耐えかねた民衆の反政府運動がロシアで広がり，ついに革命が勃発し，世界最初の社会主義国であるソ連邦が誕生した。

　ロシア革命の衝撃は大きかった。大戦の戦勝国（協商国）である英仏は，民族自決を含む公正な社会主義イメージを宣伝するソ連邦に対抗するために，バルカン半島を含む東欧については民族自決を承認せざるを得なくなった。

　イタリアは大戦の戦勝国だったが，領土要求が満たされなかったため，ナショナリズムの気運が高まり，ファシスト党がこれを煽って支持を獲得した。また，社会主義勢力が労働者および貧農の間で支持を広げると，体制変革を恐れる中間層やブルジョワジー，地主らの期待を集めてファシスト党が22年に政権を握った。

　29年に世界恐慌が発生し，大戦の敗戦国ドイツは深刻な経済危機に見舞われた。ナチ党が，社会主義と資本主義の双方を批判することで国民の間に支持を広げた。中間層だけでなく労働者も巻き込む大衆運動を展開したナチ党は，33年に政権の座についた。

　大戦の戦勝国である米英仏は，自国および植民地・従属地域の市場を他国に閉ざすことで恐慌からの脱出をめざした。一方，日独伊3国は，他国への軍事侵略による経済危機の克服を構想した。こうして39年，ド

イツのポーランド侵攻を契機に第二次世界大戦が勃発した。前世紀2度目のこの大戦は，それ以前の37年から続いていた日中戦争と，41年に勃発した太平洋戦争と合わさり，文字どおり世界規模の戦争となった。

戦争の半世紀は遠い過去のことではない。その半世紀の間に生を受けた人間が，現在でも多数生存している。若い世代が歴史の学習をつうじて，そういう人々と戦争の記憶を共有することは，現代社会を3度の戦争から免れさせる上で必須のことである。

（2） 冷戦の後先

1945年に第二次世界大戦が終わった。アメリカは大戦をつうじて経済力を発展させ，核兵器も独占して世界の覇権を握る超大国となった。アメリカに次ぐ工業国・軍事大国としてソ連邦も台頭した。戦後まもなくヨーロッパは，アメリカによって経済的・軍事的に支えられる西側資本主義国と，ソ連邦がリードする東側社会主義国とに分断され，ヨーロッパを最初の舞台にして冷戦が始まった。

アジア・アフリカでは，冷戦が実際に戦火にまでいたった。だがヨーロッパでは，50年代半ばから，東西分断状況の固定化を前提に平和共存を求める動きが，米ソ双方で顕著になった。60年代に入ると，米ソの間で核軍縮交渉も進み始めた。70年以降に西ドイツが東欧社会主義諸国との関係改善をめざしたことも，ヨーロッパでの緊張緩和を促した。

ところが79年にソ連がアフガニスタンに侵攻し，これにアメリカが強く反発して，新冷戦とよばれる時代が始まった。アフガニスタンでは，ソ連正規軍と，アメリカ政府の軍事支援を受けた反社会主義勢力との間で，激しい戦闘が繰り返された。

しかし，80年代後半にソ連で社会主義体制の改革が始まり，それに刺激されて89年に東欧革命が勃発し，東欧社会主義圏が解体した。89年12月には，米ソ首脳がマルタ島で会談し，冷戦の終結を宣言した。続いて

91年に，ソ連邦自体が解体された。

　20世紀後半の国際体制を特徴づけた冷戦はどのように展開し，その後の私たちはどのような国際体制の中で生きているのだろうか。私たちは，こうしたことを学ぶことで，国際社会の一員となるのに必要な知性を身につけることができよう。

（3）ヨーロッパ統合の進展

　第二次世界大戦で疲弊した西欧諸国は，戦後復興のために，国家の枠を超えた経済協調を構想し始めた。西欧諸国は，大戦後しばらくの間，植民地を戦後復興のために利用できるだろうという期待も抱いていたが，植民地独立運動が勢いを増したため，その期待は水泡に帰した。それだけにいっそう，西欧諸国は経済協調による復興を求めるようになった。

　1952年当初，西欧6カ国の集まりにすぎなかった経済協力の枠組みは，73年にイギリスが欧州共同体（EC）に加盟して以降に拡大傾向を強め，東欧社会主義圏解体後は，東方にも広がった。現在の欧州連合（EU）は加盟27カ国に達し，アメリカに比肩する経済規模をもち，政治統合も進みつつある。

　90年代以降の世界では，中国など東・東南アジア諸国とインドの経済成長とともに，経済競争が各国間でますます激しくなるのと並行して，各国は国家の枠を超えた地域経済協力を熱心に追求するようになった。89年以降，日本も参加する形でアジア太平洋経済協力会議（APEC）が始まり，さらに2005年の第1回東アジア首脳会議以降は，東アジア共同体創設に向けた検討が開始されるようになった。アジア・太平洋諸国は，地域協力の先頭を走ってきたヨーロッパから，多くの経験を学ぶことができるだろう。

(4) 現代の科学技術と社会

　古くは紀元前16世紀に，小アジアのヒッタイトが製鉄技術を独占して強国となった。近代では，織機・紡績機の改良と蒸気機関の発明・改良が相次いだイギリスが，工業化（産業革命）を他国に先駆けて達成し，19世紀に入って「パクス・ブリタニカ（イギリスの平和）」とよばれる一時代を創った。そして第二次世界大戦後の現代社会では，原子力とコンピュータなどの部門で科学技術をリードしたアメリカが，超大国の地位に就いた。古来より科学技術の発展は，国際経済や国際政治に多大な影響を及ぼしてきたのである。

　科学技術は，国際政治に影響を及ぼす主体であると同時に，国際政治から影響を受けてきた客体でもある。人類の生活水準向上に貢献してきた飛行機・自動車・レーダー・原子力・コンピュータはすべて，戦争によって後押しされて技術発展が可能になった。また，ノーベル賞の授賞・受賞も，国際政治からの影響を免れて決定されてきたわけではない。環境技術の発展も，「自然」に関する政治的ないしナショナルなイデオロギーに後押しされる側面を有してきた。科学技術の歴史を学ぶことは，社会をより深く理解することにつうじるのである。

レーニン

ヒトラー

スターリン

肖像はプロパガンダの道具
個人崇拝のために，親しみやすさや謹厳さなど，実物より美化した描写が行われた。

第10章　2つの世界大戦

第1節　第一次世界大戦とロシア革命の衝撃
第2節　ファシズムの時代
第3節　第二次世界大戦

第1節　第一次世界大戦とロシア革命の衝撃

(1)　「農業国」ロシアの危機

　先帝の急逝によってほとんど帝王学を学ばないうちに即位したニコライ2世（1868年生まれ，1894年に即位）は，むしろ保守反動的傾向をもち，ロシア社会で次第に顕著になり始めていた，ロシアの社会構造を蝕む農民運動，労働者運動，周辺地域での民族運動に解決策を見いだすための資質に欠けていた。ツァーリ夫妻の唯一の息子アレクシスは，母方の遺伝による血友病を患い，皇后アレクサンドラがその治癒を求めてシベリア農民出身の僧ラスプーチンを寵愛し，内政にまで影響力を及ぼしたことも，民衆をツァーリから引き離す理由の一つとなった。

　鉄道事業を基軸に西欧型近代化をめざそうとするS・ヴィッテのような政治家の志向は，内務省を中心とする伝統的秩序派の様々な妨害に遭い，近代化の流れはきわめて緩慢であった。だが，第一次ロシア革命で都市における運動は1905年12月のモスクワ蜂起の敗北で幕を閉じたとしても，農民運動は間欠泉のように途絶えることなくその後も発生したのは，土地不足を主な原因とする農村の窮乏化の結果であった。勤労原理と均等原理に基づく伝統的な共同体的土地利用はロシア農民にとってこの窮乏化からの防波堤であったともいえる。19世紀後半から始まる人口の急速な自然増による土地不足，三圃制のもとでの低い生産性などにより，農村での窮乏化は深刻になっていた。ロシア人口の80％以上を占める農民に関する問題はこの時の最大の難問の一つであった。共同体農民から独立自営農民（区画農）を創出しようとするストルイピンの土地改革もさしたる成果をあげずに大戦を迎えた。彼の改革に関する研究はこれまでは土地利用形態に集中されてきたが，現在では共同体関係から離脱することで発生する家族関係や所有権の変更などにも関心が払われるようになっている。この間に穀物生産量は大きく増加したとしても，それは主に国外からの鉱物肥料と農業機械に依拠し（大戦開始後，これらの輸入の途絶は農業生産下落の要因となった），播種面積の増加は周辺地域，主に北カフカースとシベリアの大きな拡大によるものであり，中央ロシア農民は依然として低い生産性と小さな分与地に悩まされ続けた。

　これに関連し，ロシア社会の最大の特徴はいわゆる「中産階級」の欠如である。1860年から1914年までに，大学生の数は5000人から6万9000人に大きく増えたと

はいえ、彼らが工業「ブルジョワジー」を形成するにはあまりにも脆弱であった。このため、西欧型市民社会がサンクト・ペテルブルクやモスクワのような大都市においてさえ創り出されることはなく、農村の潜在的余剰人口を吸収することもできず、これはロシア革命後の社会形成で重要な意味をもった。都市労働者の多くは都市に定住し始めた第１世代か、第２世代であり、彼らは依然として自分たちの共同体との関係を保持しており、首都でもいくつかの企業は夏季の収穫期になると、彼らが農村に出向くため操業を停止した。革命後の土地革命や食糧危機のために、彼らの多くが故郷の村に戻り、内戦期にペトログラード（サンクト・ペテルブルク）の人口は半減した。

　リベラルな貴族はその政治目的を専制体制の廃止ではなく、1860年代の一連の改革の中で設置された地方自治（ゼムストヴォ）の権限の拡大におき、20世紀に入ると内務省を中心とする保守派官僚との対立が深まった。05年の革命を収束させるために市民的自由の保証と政治の民主化を約束して、ニコライの名でヴィッテ首相により公示された十月宣言は反古にされた。ニコライは宣言の内容を受け入れることなく、議員の任命権と国家ドゥーマ（国会）の解散権を行使して、立憲体制への道を閉ざしてしまった。宣言の発布後に生まれた多くのリベラル政党は政治改革の場を失い、今後のロシアでの政治活動はツァーリを取り巻く極右と、ボリシェヴィキを先頭とする極左に委ねられることになった。

（２）　二月革命が始まる

　1914年夏に始まる第一次世界大戦は非近代国家ロシアの弱点を余すことなく露呈させた。たとえば、ロシア軍の召集兵はもっぱら農民から構成され、新兵の62％近くが文盲であり、イギリスの１％と比較すれば、その数字は際立っていた。ロシアは近代戦に敗れたということができる。通信手段の不備が開戦直後のタンネンベルクの戦いで敗れた大きな原因であった。大戦が長期化し、兵器が近代化し、消耗戦、総力戦の様相を呈すほどに、戦争経済はロシアの生活に暗い影を落とすようになった（15年以降ドイツ軍は東部戦線を強化したため、戦争の負担がロシアに大きくのしかかった事情があるにせよ）。労働者の動員によって繊維工業は熟練工の27％を失い、それを埋め合わせるように、女性労働者の比率は高まり、個々の企業ではそれは40％に達し、そのような現象は女性の地位をいくらか向上させる結果となった。

　ロシアには19世紀後半以後、農村共同体を社会的基盤として専制体制を転覆し

た後の新しい社会を構想するナロードニキ運動の流れがあり、この運動の挫折と弾圧に伴う分裂の中で様々な革命グループが再編され、1901年に社会主義者＝革命家党（エスエル）が結成された。ロシアのマルクス主義運動もこの系譜から始まり、その事実上の結党大会となるはずの第2回ロシア社会民主労働党大会は、ロシア官憲の目を逃れようとロンドンで1903年に開かれた。だが、党綱領問題に関し、大衆的政党をめざすマールトフ派と職業的革命家集団を創り出そうとするレーニン派の対立は激しく、党の分裂へと導いた。前者はメンシェヴィキ、後者はボリシェヴィキと呼ばれているが、実際は前者がロシア社会民主労働党として正統マルクス主義的立場から労働者の生活条件の改善などを掲げて、ロシア国内の労働者に一定の影響力をもち続けた。後者はロシア社会民主労働党（ボリシェヴィキ）と名乗ったものの、国内で革命運動を展開することができず、その指導者であるレーニンは亡命先からビラやパンフレットで革命を訴え続けた。正統マルクス主義によれば、後発資本主義国ロシアは先進ヨーロッパで起こるプロレタリア革命の後塵を拝するはずであった。彼らにとって「ロシア社会主義革命」は時期尚早であり、これがレーニンの武装蜂起に反対した彼らの主な理由である。だが、レーニンの判断は異なっていた。それを理論づけしたのが1899年に発行された彼の著作『ロシアにおける資本主義の発展』である。この中で、彼は様々な資料を援用し、国内で階層分化が進行していることを論じ、そのため資本主義の発展はロシアでは限界に達し、プロレタリア革命が必要であることを論証したのである。彼によれば革命とは権力奪取の問題と同議とされ、彼の革命論はマルクス主義だけでなく、チャイコフスキーなどロシア固有の様々な革命家の影響を受けた、独自の理論ということができる。

　第一次世界大戦前夜の雰囲気は社会主義政党の試金石となった。マルクス主義の基礎であるインターナショナリズムを捨て、多くの社会主義政党は愛国的熱狂の中で戦争を支持した。その中で、反戦派としてエスエルから左翼エスエルが、メンシェヴィキからトロツキーを含む国際派が分裂し、彼らは反戦と「戦争を内乱へ」のスローガンを掲げるボリシェヴィキと接近することになった。

　ロシア軍の相次ぐ敗北はツァーリへの忠誠心を損なわせ、あらゆる方面での窮乏化は国内の厭戦気分を高めた。14年8月15日（ロシアで1918年1月末まで用いられた旧暦）にサンクト・ペテルブルクからペトログラードに改称された首都では、乏しい燃料や原料が軍需工場に回されたため、多くの工場が操業不能になり、失

業者が溢れ，食糧を含めて物資の困窮への不満が高まり，17年になるとストとロックアウトは通常の現象となっていた。3月1日からパンの配給が開始されると声明されたが，パンの貯蔵はなく失業者は飢餓にさらされるとの風聞が広まった。国際婦人デーの1917年2月23日（新暦3月8日）に女性たちが街頭に溢れ，その一部は小売店からパンを掠奪した。夕刻までに「パンを！」，「戦争反対」，「専制打倒」のスローガンを掲げた失業者や労働者が彼女らに合流した。2月25日にはその数は24万人にまで膨れあがり，それはペトログラードの労働者の80％に達した。これは事実上のゼネストであった。それでも，ニコライは事態を充分に把握していなかった。2月22日に首都からモギリョフの大本営に移動していたツァーリは2月25日に「首都の無秩序状態を停止するよう」命令を出したが，翌日に守備隊の一部が民衆側に加わり，この運動を止めることは誰にもできなかった。二月革命が始まった。ツァーリ政府も，どの社会主義政党もこれが革命の引き金になるとは予想もしない，まったく自然発生的運動であった。国家ドゥーマ議長ロジャーンコが北部戦線司令官に「ペトログラードで始まった騒擾は自然発生的で恐ろしい規模になっている。その理由は，パニックを引き起こしたパンの不足，わずかな麦粉の搬入にあるが，主に国難を救う能力のない権力への完全な不信感である」と打電したのは，妥当な評価であろう。3月2日にニコライは退位し，禅譲しようとしたミハイル大公はそれを拒否し，こうしてロマノフ王朝は終わりを告げ，ロジャーンコを首班とする臨時政府が成立した。

（3） 二月体制から十月へ

　直ちにリベラル派を中心とした組閣された臨時政府は，言論出版の自由や民族的宗教的差別の撤廃などの自由主義的方針を打ち出しながらも，国際的協調体制を図るために戦争継続を宣言するなど，民衆の要求を完全に充たすことはできなかった。その後も，革命的民衆の支持を得ようと臨時政府は何度か改造が行われたが，将来の国体を決定するために開かれる憲法制定会議まで，土地問題などの最重要事項さえも棚上げされ，戦争問題を含めて国民の不満を解消するための有効な政策を打ち出すことができず，「民主派」ケレンスキーを首班にソヴェトとの連携を図ろうとしたが，軍部の極右勢力と革命勢力の間を揺れ動きながら，最後まで強固な権力基盤を作るにはいたらなかった。
　法的には臨時政府が国家権力を掌握したとしても，民衆運動の中核組織となっ

たペトログラード・ソヴェト（ナロードニキの系譜をもつエスエルと，合法的マルクス主義を標榜するメンシェヴィキが中心勢力）が，実質的にあらゆるソヴェトの頂点に立って，労働者と兵士に強い影響力をもち続け，軍隊の民主化を謳ったその最初の命令は兵士大衆を抱き込むことに成功した。こうして実質的権力をペトログラード・ソヴェトが支配し，いわゆる「二重権力」状態が生まれた。

　この時，亡命先のチューリヒでレーニンは二月革命を知ると，同志とともにドイツ軍参謀本部が手配した「封印列車」で急遽ロシアに帰還し，これまで待機的気分が支配的であった国内にあったボリシェヴィキ幹部を批判し，臨時政府の不支持と即座のソヴェト権力の樹立を骨子とする四月テーゼを受け入れさせた。戦時中に国外亡命をしていたトロツキー，ブハーリンなどの革命家は，インターナショナルな視野からロシアの後進性とロシアで革命を受け入れる困難を充分に理解していたのに対し，国内にとどまったスターリンやヂェルジーンスキィは全ヨーロッパ的視野でロシアを見ることができず，この「コスモポリタン」と「土着性」の衝突が，後のボリシェヴィキ指導部の理念的対立の根元にあった。しかし，レーニンは17年間の亡命生活を送っていたにもかかわらず，彼はあくまでもロシア固有の思想家であり，革命家であった。

　平和，土地，パンをスローガンに掲げる民衆の要求に応えることができない臨時政府への不満は急速に高まり，組閣後直ちに協商国側に提示された戦争継続の覚書は民衆の怒りを招き，4月20日に首都の通りは「ブルジョワ大臣の罷免」などを掲げた数千の労働者と兵士のデモで溢れた。ミリュコーフ外相とグチコフ陸海軍相は辞任に追い込まれた。これが四月危機である。このように高揚しつつある労働者の戦闘的気分を感じたボリシェヴィキは大規模な武装デモを画策し，それはソヴェトへの権力移譲のスローガンのもとに7月3日に実現された。この運動がボリシェヴィキによる権力奪取をめざした「武装蜂起」であったか否かについて，歴史家の評価は一致しない。だが，翌日に行われたクロンシタット海軍基地の水兵も加わった民衆デモは当局からの激しい銃撃に迎えられ，デモ隊は多くの犠牲者を残し，四散した。この事件は民衆とボリシェヴィキそれぞれに教訓を残した。民衆は今後展開される革命運動が暴力と血を伴うであろうと考え，彼らは自らの直接行動を控え，革命的戦士＝ボリシェヴィキに革命運動を付託した。これは首都での革命的民衆運動の終焉となった。またボリシェヴィキは不安定な大衆運動に立脚する権力奪取の限界を悟り，軍隊組織による計画的軍事クーデタ

の方針に転じた。こうして秋以後ペトログラード・ソヴェトで革命的民衆の付託を得たボリシェヴィキの得票率が高まり，彼らを中心に革命運動は軍事的色彩を帯びるようになった。

　従来のソ連史学界ではこの時期は，「十月革命前史」として扱われ，特にそこで果たした農民運動の役割について焦点があてられることは少なかった。だが，第一次ロシア革命において労働者の運動は1905年12月のモスクワ蜂起が敗北することで幕を閉じたとしても，農民運動はその後も断続的に勃発し，農民の窮乏化によって「土地と自由」を求める運動は絶えることがなかった。二月革命のニュースが前線へと伝わると，農民兵士は春の畑作業に間に合うように次々と戦列を離れ，故郷に戻った。このような青年元兵士が農村革命で重要な役割を果たした。教会の鐘が鳴らされ，村の農民が集められ，身近な農具などで武装した彼らは地主地に向かい，地主や管理人に要求書を突きつけ，地代の引き下げなどを迫った。春にはこれらの運動は比較的穏健であったが，夏以降になると，農民運動は次第に暴力的になり，中央の指示を待たずに，彼らは独自に土地革命を実現し，この運動は首都のそれより先行していた。農村革命はボリシェヴィキの蜂起を待たずに，すでに始まっていた。

　首都ではボリシェヴィキによる軍事クーデターの準備が整えられ，10月10日に開かれたそのボリシェヴィキ党中央委員会はジノーヴィエフやカーメネフらの党内反対派を抑えて，近日中の武装蜂起を決定した。ペトログラード・ソヴェト軍事革命委員会（議長トロツキー）の指揮の下に，労働者の武装化が進められ，第2回全ロシア・ソヴェト大会の召集に合わせて，10月25日（新暦11月7日）に首都の重要な戦略的拠点を占拠して，武装蜂起が始まった。同日深夜過ぎに冬宮で最後の閣議を行っていたケレンスキー内閣の閣僚が首相を除き全員が逮捕され，翌26日に開かれたソヴェト大会で，ソヴェト権力の樹立が宣言され，無併合・無賠償の即時講和を謳う「平和についての布告」と，地主・皇室所有などの廃止とそれを農民団体に分配する「土地についての布告」が採択され，ようやく二月革命以来の民衆の要求が実現された。

（4）　革命から内戦へ

　モスクワではペトログラードでの武装蜂起成功の後，軍事革命委員会が設置され，クレムリンに立て籠もる旧勢力を重砲で攻撃し，それを鎮圧するのに数日間

と多くの犠牲者を出した。これら両首都の秩序は赤衛軍と旧民警（警察のこと）によって保たれていたが、多くの工場労働者や旧官庁職員はストやサボタージュでこの武装蜂起に抵抗し、また民衆は市内の商店の掠奪などに走り回り、至る所でポグロム（集団的襲撃）が認められ、それらを排除する目的で、ヂェルジーンスキィを議長として「反革命との闘争非常委員会（チェカー）」が設置され、この組織はゲペウー、内務人民委員部と名称変更と組織再編を繰り返しながら、ボリシェヴィキ権力の支配構造にとって不可欠な弾圧機関となった。

　これまで延期されていた憲法制定会議がようやく18年1月5日に開催されることになった。そこではエスエルが多数を占めた。当日は予定時刻になっても開会されず、議場となっていたタヴリーダ宮殿の周辺で憲法を求めて気勢を上げる会議支持派の代議員や大勢の民衆に銃撃が浴びせられ、開会が宣告されたのは夕方近くであった。議論は紛糾し、レーニンは同会議の解散を命じた。こうして、「統一社会主義政府」設置への可能性は永遠に失われ、ソヴェト権力が唯一の国家権力となった。だが同時にこの出来事はソヴェト権力の正統性に疑問を投げかけ、「憲法制定会議」の復活は内戦期の反革命派を糾合する旗印になった。

　ソヴェト体制とは、行政府として閣僚会議に相当する人民委員会議とそれを構成する省庁に相当する人民委員部、立法府として地方ソヴェト執行委の中央機関である全ロシア・ソヴェト中央執行委から構成された（司法は様々な裁判機関が行政府と立法府のもとにおかれた）。そこで最高権力機関である後者の議長が形式上の国家元首であった。しかし実際にはほとんどすべての政策決定で人民委員会議議長レーニンの影響力は絶対的であった。

　重要な人民委員ポストを占めなかったとはいえ、左翼エスエルはボリシェヴィキと革命政権で連立した。そこでの最初の対立はドイツとの単独講和問題であった。これは大戦の帰趨をも左右する重要案件であり、18年初めには協商国はソヴェト＝ロシアにドイツとの戦闘を継続させようと、積極的に働いた。ドイツとロシアの民衆から秘匿されていたが、ドイツ大使館からクレムリンにスイス外貨を入れた書類鞄が運ばれ続けた。この関係は第二次世界大戦後にイギリスとフランスでドイツ帝国の外務省文書が公表されて、暴露された。だが、関係文書の開示は今でもそれ以上進んでいない。政権内では、左翼エスエルは共産党内左派をも巻き込んで、講和に反対し革命戦争を主張し、これは地方ソヴェトの支持を得ていた。しかし、最終的に、ロシアには息継ぎが必要であると主張するレーニンの

強い圧力のもとで，ブレスト・リトフスク条約が18年3月3日に締結され，この条項によってウクライナから東北部に至る広大な領土を奪われた革命ロシアは，この大戦で最初の敗戦国となった。つかの間の平和が訪れたかに思えたが，割譲したウクライナにドイツ軍が侵攻し，5月半ばには西シベリアでは，本国に帰還させるためウラジオストックに向け移送中の戦争捕虜であったチェコ軍団が反乱を起こし，決起部隊はヴォルガに向かって進軍を開始した。これと呼応するかのように，日本と欧米列強によるソヴェト＝ロシアへの軍事干渉が始まった。こうして干渉軍と反革命軍＝白衛軍との内戦の時代に入った。このとき反革命軍が迫る中で，18年7月にレーニンの指令によってウラルに幽閉されていたニコライの家族と従者全員が殺害された。ソヴェト政府はこの事実を秘匿し続け，彼らの遺体が確認されたのは，ソ連崩壊後のことである。

　革命政権内ではますます深刻化する食糧危機への対応として，これまで顕著であった地方ソヴェトの自立的権利を剥奪し，食糧調達の中央集権化を目指して，18年5月に食糧独裁が宣言された。さらに，6月の布告により農村内の権力基盤として貧農委員会が設置された。この反農民政策はボリシェヴィキと左翼エスエルとの間に深い亀裂を生み出し，左翼エスエルは閣外に去り，反ボリシェヴィキの姿勢を強めた。第5回全ロシア・ソヴェト大会で双方が激しい批判の応酬がなされているさなかの7月6日に，左翼エスエルはドイツ大使ミルバッハを暗殺し（対独戦争をもくろんで），反ボリシェヴィキをかかげて反乱を決起した。現在ではこの一連の事件はチェー・カーの挑発行為であったと解釈されているが，この反乱は徹底的に弾圧され，左翼エスエルは中央政権から完全に排除され，ロシア共産党の一党独裁が始まった。経済と行政的管理に「グラフキズム」と呼ばれる厳格な中央集権体制が導入され，19年1月に農民経営の実情をまったく考慮しない割当徴発制度が全国的規模で導入され，これは農村の荒廃に拍車をかけた。これらは，強制と中央集権的統制に基づく戦時共産主義を特徴づける基幹政策である。

　国内での反革命運動，いわゆる白衛軍運動はそれぞれの指導者の思惑が一致せず，共闘態勢をめざすこともなく，占領地での住民への狼藉などが不満を招き，次々に敗北を重ね，欧米干渉軍も19年夏以後撤兵を開始した（日本は22年10月に撤兵完了を宣言するまで派兵を続けた）。20年春には南部でヂェニーキン軍が，続いてウラル以東を支配していたコルチャーク体制が崩壊し，秋になると内戦は基本的にボリシェヴィキの勝利に終わった。

（5）戦時共産主義からネップへ

　内戦の勝利によってボリシェヴィキ権力は，農民宥和政策，いわゆるネップ（NEP）への路線に転換したという通説への批判的見解の方が実情に即している。むしろ，20年秋以後になると内戦の勝利に幻惑されたボリシェヴィキ指導部によって「戦時共産主義」への傾斜が深まった。これまで黙過されてきた食糧を含む商業取引が厳禁され，配給制度と社会主義的貨幣なし交換への移行措置が策定された。だが，実際には容赦のない割当徴発の取り立てにより，余剰までも取り上げられた農村の困窮化は進み，農民は自分たちが消費する分にまで生産を縮小し，自家消費型の農業経営を営むようになり，そのため割当徴発の遂行率は50％以下にまで低下した。そのため農業生産地帯での播種面積は戦前の半分にまで縮小した。20年秋には中央農業諸県などで凶作が認められたが，それでも共産主義への過渡的措置として位置づけられた割当徴発は，いっそう暴力的に実施された。本来，農民運動は農村経営を破壊する経済政策に対する自己防衛的性格をもち，ローカルな利益を代表していたが，奪われてきた権利の回復を求めて，「コムニストなきソヴェト」のスローガンを掲げて，各地で農民蜂起が爆発した。20年8月下旬にタムボフ県で食糧部隊への襲撃から始まった，エスエルのアントーノフを指導者とする農民蜂起はまたたくうちに全県を覆い，隣接諸県に広がった。これは規模においてもその組織性においても最大の農民蜂起であり，21年2月にアントーノフ農民軍は数万に達した。これら各地で発生する農民の直接行動に対し，21年春まで中央権力はほとんど介入できなかった。そして，これら民衆運動は「赤色テロル」を行使するボリシェヴィキによって徹底的に弾圧された。

　権力への不満は都市でも強まった。割当徴発調達量の激減は多くの都市で労働者への配給制度を機能停止にさせ，食糧事情の悪化とともに都市住民は権力への憎悪を募らせた。

　21年の冬はことさら厳しく，ロシア全土で暖房用や鉄道用の燃料がなくなり，鉄道食糧貨物は猛吹雪も加わり，各地で立ち往生し，特にペトログラードでは食糧事情はきわめて深刻になった。工場は原料と燃料がないために操業を停止し，数万の労働者が職を失った。パン配給は縮小され，食糧と民主化を求めて，2月はストとデモで明け暮れた。デモに集まった労働者の群衆に容赦なく銃撃が浴びせられ，2月25日にペトログラードに戒厳令が布告され，労働者への大弾圧が始まった。ペトログラードの沖にあるクロンシタット海軍基地でも，市民的自由や

民主化を求めて，反乱が勃発した。ボリシェヴィキ権力はそれでもこの運動はフランス極右勢力によって唆された反革命運動として，完全な軍事的制圧が指示された。この反乱に対して党機関紙『ペトログラード・プラヴダ』で「スパイに死を」の見出しが掲げられた。

　このような経済的，社会的，政治的危機の中で第10回ロシア共産党大会が開かれ，そこでネップの嚆矢とされる決議「割当徴発から現物税への交替」が採択された。この決議へのレーニンの直接的動機と構想については不明な点が多い。この決議とそれに基づき急ぎ策定された全ロシア・ソヴェト中央執行委員会法令では，現物税完納後，すなわち，早くとも8月以降に農民の手元に残される農産物の自由取引が容認されていた。だが，そのほぼ1週間後の3月末に出された交換に関する布告では，割当徴発終了後，すなわち，即座の農産物自由取引が認められた。これは政策目的の重大な変更を意味したが，その背後にあるのは，割当徴発の停止に伴う急速な，特に都市労働者の食糧事情の悪化である。こうして，党大会決議がもっていた，農村取引と現物税完納後という制限が解除され，堰を切ったように食糧を求めてロシア全土に担ぎ屋の大群があふれ出た。これが「ネップ」の始まりである。同年秋までに貨幣取引は完全に復権した。工業についても，工場の全面的国有化は解除され，主に農村のクスターリ（職人的家内工業）工業が復活し，中小工業施設の私人への賃貸も認められるようになり，均衡予算の確立とともに企業には独立採算性が導入され，市場指向型経済への移行が図られ，この間に都市は大きく変貌した。

　しかしながら，すでに20年から中央農業地帯で始まる凶作は21〜22年にロシア全土で大飢饉を現出させた。21年冬には代用食の採取も困難になり，各地でカニバリズムの事例が報告されるまでになった。それでも，すでに完全に疲弊した中央政府には数千万に及ぶ飢餓民を支援する余力はなく，教会団体とアメリカ救援局（ARA）をはじめとする国際的援助が，そこでの主な活動であった。だが，ウクライナなどの周辺穀物生産地域は，厳しい飢饉にさらされながらも，中央ロシアの食糧調達対象地区になっていたために，飢饉地区に認定されず，飢餓民援助を受けることができなかっただけでなく，過酷な現物税の徴収に苦しめられ，そこでの犠牲者はおびただしい数となった。この大飢饉は，数百万の犠牲者を出しただけでなく（政府公式資料によれば，505万3000人が餓死したとされる），家畜や農具を失った農業の復興を著しく遅らせた。また，22年春以後，飢餓民救済のために

資金を確保するとの名目で教会財産の没収が行われた。当初は党中央委員の気分は待機的で，民衆の抵抗もあり，このキャンペーンは頓挫したかに思われたが，3月にシュヤ市で起こった教会資産をめぐる信徒との衝突事件をきっかけに，レーニンは党中央委員会に厳しい弾圧措置を適用してキャンペーンを実施するよう秘密書簡で指示を与え，この時から教会資産の没収が徹底化され，総主教チーホンを含めて大勢の聖職者が迫害された。ここでも，チェカーによる「赤色テロル」が大々的に適用され，各地で聖職者に対する多数の公開裁判が開かれ，多くが銃殺判決を受けた。

（6） ソ連の「社会主義」建設

ネップの導入は，21年3月の対英通商条約の締結を皮切りに，22年4月にはドイツとのラパロ条約の締結など，国際関係の改善を促す一方で，23年秋にドイツ革命が失敗したことでヨーロッパ革命の夢は潰え，ソ連は「一国社会主義」を余儀なくされた。

国内では24年1月のレーニンの死去によって，後継者問題が政治的焦点となった。主な対立は，十月クーデタ直前に入党し内戦における赤軍の建設で輝かしい経歴をもつトロツキーと，古参ボリシェヴィキ（特にジノーヴィエフとカーメネフ）との間で生まれた。前者は自著の中でプロレタリアート革命の永続性を主張し，十月蜂起直前の古参ボリシェヴィキの優柔不断な態度を非難したために，激しい反トロツキー・キャンペーンにさらされた。彼の言質の中でことさらネップの精神に反する主張が誇張され弾劾されたのは事実であるが，国内の安定した秩序に基づく，ネップと「一国社会主義」路線のもとで彼の立場はすでに求心力を失っていた。革命期の寵児は出番を失っていた。

ネップのもとで，従来の経済の現物化から貨幣経済への移行が急速に進んだ。賃金は現金で支払われるようになり，21年夏には公共サービスは有料化され，食糧配給は基本的に廃止された。24年には現物税は貨幣農業税に変わった。国営工業と国営商業は「経済計算制」とよばれる一種の独立採算制のもとに，自力による資金調達が要求された。だが，ほとんどの企業には資金の備蓄はなく，製品の投げ売りをしてまでも市場での資金調達が必要とされた。一般にこの時期の国営企業の製品価格は，相対的に高額であり，特に農村市場ではクスターリ製品などとの競争力が弱く，23年になるとそれは販売危機として現れた。これは「鋏状価

表10-1　ソ連農業の発展（1913～1928）

	1913	1922	1928
穀物播種面積（100万ヘクタール）	102	72	101
穀物収穫（100万トン）	86	56	73
馬頭数（100万頭）	36	24	34
牛頭数（100万頭）	61	46	66

出典：『ロシア史：20世紀　1984～1939』2009年，モスクワ，778頁。

格差」として知られる現象，すなわち，農産物価格は下落する一方で，工業価格が上昇し，その値開きが徐々に拡大するという現象によって説明される。だが，農村市場の実態を分析するなら，農村の購買力は「販売危機」にもかかわらず，堅実な動きを見せていたことから判断して，農村クスターリを中心とする地域的工業生産物に国営工業製品が駆逐されたと解釈するほうが現実に即しているように思われる。それでも，国営企業は様々な合理化を経て，価格水準を引き下げることに成功し，この値開きは次第に接近するようになったが，ネップ期を通して相対的に高い工業価格と，低い穀物調達価格に農民は不満を抱き続けた。

そもそもネップは一定の原理と展望のもとに案出され導入されたのではなかった。自然発生的に，または，ボリシェヴィキ指導部の当初の予想を超えて，ロシア社会に定着した貨幣交換形態を基盤に，国民経済の復興を目的に，様々な経済メカニズムを改変・再編したシステムの総体ということができる。

ネップのもとで貨幣取引が復権した以上，猛烈なインフレによって減価し続けるソヴェト紙幣を安定する必要に迫られた。22年末に25％が金で保証される新通貨チェルヴォネッツが発行され，旧ソヴェト紙幣との併存期間を経て24年2月にそれが唯一の通貨となり（通貨改革），銀行による融資制度も整えられ，ゆっくりではあるが工業復興の条件が整えられた。

ソ連の工業生産は28年になると戦前水準の63億9100万戦前ルーブリを超えて，66億800万戦前ルーブリになった。農業生産では17年から21年までの破滅的状態を抜け出し，22年の穀物収穫は17年以来の最高水準を記録し，28年までに表10-1で見るように，ほぼ戦前の生産水準を回復した。

20年代後半になると「一国社会主義」は国内での急速な工業化を必要とし，そのための工業資本をどのように形成するかの問題が持ち上がった。ソ連経済は再び閉鎖的システムに移行し始めた。この時までは軽工業を中心に工業化が進行し

たが，それ以後は重工業の成長率が軽工業を上回るようになった。29年春に採択された第1次五カ年計画の中でも，重工業を主軸とする工業成長目標は次々と引き上げられ，29年4月の第16回ソ連共産党協議会で採択された最終案は180％の工業生産量の増加など，急激なテンポが示された。この最終案の目的は達成されなかったとしても，資本主義諸国が大恐慌にあえいでいる時期に，この成長率は目を見張るものがあった。しかしながら，その原資の獲得のため，穀物輸出は増大し，都市人口の増加もあいまって穀物調達は重要な意味を帯びたが，それは農民への負担を強めることになり，27年末に穀物調達危機をきっかけに農民との緊張関係が深まった。

（7） 穀物危機からスターリン独裁へ

1924年に国家による穀物調達は，食糧人民委員部の解散に伴いソ連商業人民委員部の管轄となり，調達危機に直面して，ネップ原理に反して穀物市場における国家調達機関の圧力が強まった。ネップが農民宥和政策と評価されるとしても，農民はこの間，品揃えが悪いにもかかわらず高騰し続ける工業製品価格，最低限の穀物引渡し価格，間断なく増える税負担に悩まされていた。27年夏に穀物調達価格の引き下げが決定される一方で，農村のいたる所で大衆消費財が不足し，秋になると農民は次第に自発的に穀物を引き渡さなくなり，穀物調達での緊張が高まった。地方からは「非常措置」の適用を求める声も挙がったが，党中央委はまだ慎重であった。この時，27年12月に開かれた第15回党大会で，反対派全員が追放されたが，これがスターリンの左旋回を意味するかは，諸説の分かれるところである。28年1月になると，未納への厳罰を適用して調達の完遂を命ずるスターリンの電報が地方に送られ，地方では様々な弾圧手段が行使された。党中央委は非常措置を排除する決議を繰り返したが，現場では強力な行政的圧力を伴う調達が実行され，党中央委は事実上これら地方における弾圧的措置を黙認した。こうして，あらゆる分野で行政的措置が強まり，28年をネップからの転換期と見ることができる。この時までに都市でのネップは終わりを告げた。小売店主，床屋，仕立屋のような小経営者は法外な税によって営業を閉じた。ブルジョワ専門家，インテリへの攻撃が始まり，多くの作家や歴史家が逮捕され，彼らを銃殺や強制収容所への収監が待ち構える。29年7月から教会や修道院の閉鎖が始まり，聖職者への迫害が再び強まった。37年5月までに全寺院の清算を目標とする「反宗教

五カ年計画」が32年に宣言された。

　27年11月にトロツキー＝ジノーヴィエフを中心とする合同反対派が党中央統制委員会により除名処分が決定された後、スターリンは個人的独裁権を確立するための闘争に取りかかった。「非常措置」の適用に対して農民宥和路線を掲げるブハーリンを中心とする右派を厳しく断罪し、28年夏までに党内でのスターリン派の優勢は明白になった。29年4月の党中央委・中央統制委合同総会と第16回党協議会でブハーリンは激しい批判の的となった。このような批判は人民委員会議議長ルィコーフや労働組合指導者トムースキィらにも及び、29〜30年に右派の指導者全員が次々と職を解かれ、政治局から排除された。

（8）　集団化の悲劇

　これまでは共同体的土地関係が温存され、農民の自発性に基づく農業集団化が想定されていた。しかしながら、穀物調達危機はこの方針の再考を促し、集団化をこの問題解決への鍵と見て、29年末以後急進的強制集団化が断行された。穀物地区では熱病のように党員によって集団化が実行された。「全面的集団化に基づく階級としてのクラーク（ボリシェヴィキによれば資本家的富裕農を指す）の撲滅」政策は30年1月5日付け党中央委決議によって強化された。この決議によって、最短期間での全面的集団化が指示された。続く1月30日の中央委政治局会議は秘密決議「全面的集団化地区におけるクラーク経営撲滅への措置について」を採択し、2月5日から6日にかけての深夜に北カフカースでクラークの撲滅が開始され、それは全国に波及した。1カ月間でコルホーズ（集団農場）に農民の58％を登録させるため、数万のコミニストが農村に送り出された。

　十月政変以来ボリシェヴィキ権力は農村における階級闘争にこだわり続け、反政府的農民をクラークと断罪してきたが、ここでも集団化運動への反対勢力をクラークと認定し、29年末にスターリンは、全面的集団化への移行とともにクラークの撲滅への移行が始まったと宣言した。これは農民への宣戦布告であると同時に党指導部内での「反右翼的偏向」キャンペーンとも連動していた。

　農民は家畜の大量清算、党員へのテロル、武装蜂起などで絶望的な抵抗を示し、30年3月2日の『プラヴダ』論文で、スターリンは集団化の際の行き過ぎを非難したが、これは一時的後退にすぎなかった。第16回党大会で集団化政策が確認されると、この流れはいっそう強まった。村で全体集会が開かれ、そこで情宣活動

家がコルホーズの利点を説明し，次いで派遣された党活動家が富裕農民名簿を作成し，彼らの家屋，家畜，農具が没収され，コルホーズの不可分資本に算入された。これら富裕農民と家族は市民権を剥奪され，荷物をまとめるわずかな時間が与えられ，最寄りの鉄道駅に運ばれ，貨物列車でウラル，シベリア，カザフスタンに追放された。現地に到着した彼らは数百キロを徒歩で荒れ地にある村落に追い立てられた。

　7月末の法令によって全面的集団化地区で共同体が解体された。集団化の全期間で追放された400万以上のうち，180万人が殺された。これは成人だけの数字である。「クラークの撲滅」をとおしてコルホーズに加入する農家の割合は28年の1.7％から37年には93.0％にまで飛躍的に上昇した。

　しかしこれは，多大な犠牲を伴った。農民は家畜の共同化に抗議して大量の家畜を屠殺し，28年から33年までに馬の頭数は51％，牛は42％，豚は40％，山羊と羊は66％減少した。最初はクラークの撲滅を恐れ，さらにはコルホーズ労働を嫌い都会での職を求めて，特に若年層が大量に都市へと逃げ出した。こうして32年の春の畑作業が始まるまでに，牽引用家畜の激減と残された家畜の完全な疲弊，労働力の喪失によって，充分な播種ができないことは明白になっていた。コルホーズ員はそこでの勤労に意欲がなく，大規模な離村が各地で見られた。集団経営からの大量の脱出が各地で認められ，ソ連農業の完全な崩壊が始まった。これに国際情勢の緊張が加わった。31年9月に日本は旧満州に侵攻し，33年初頭にはソ連国境にまでその勢力を拡大し，ソ連に対する武力干渉が直接の脅威となりつつあった。このような状況下で農民との妥協はありえない選択であった。収穫キャンペーンの際には貧しい農民による穀物の窃盗が頻出し，そのため穀物の窃盗に銃殺を含む厳罰が法制化され，あらゆる弾圧手段を駆使する32年の穀物調達キャンペーンによって穀物はすっかり奪い取られ，翌年の播種用種子まで没収された。この帰結が32〜33年の大飢饉であった。

　この時の飢饉の主な原因が気象条件でなかったことは，全面的集団化が行われた地域に飢饉の主な罹災地が集中していることからも明らかである。スターリンは33年1月の党中央委・中央統制委員会合同総会で，農業の崩壊の元凶を「クラーク」，「怠け者のクラーク員」に求め，500万から700万の犠牲者といわれている大飢饉には沈黙をとおした。1921〜22年の大飢饉と同様に，この事実も長い間国民の目から秘匿され，ようやく新たな研究が蓄積されつつある。

重工業化と集団化を基軸とするスターリンの「上からの革命」によってソ連型社会は完全に変貌した。29年に始まる世界恐慌のもとでもソ連での五カ年計画は着実な成果を収め，それは不況に苦しむ欧米諸国で新しい世界の出現として盛んに喧伝されたとしても，その背後に指令＝行政システムに統合された社会と無数の民衆の犠牲が隠されていることを見逃してはならない。

第2節　ファシズムの時代

（1）戦後危機とファシズムの登場

　第一次世界大戦終結後の1919年から，第二次世界大戦が終わる45年までの時期を，ドイツの政治学者E・ノルテは「ファシズムの時代」と名づけた。それは，この時期にヨーロッパ諸国で様々なファシズム運動が発生し，特にイタリアとドイツでファシズム体制が築き上げられたからだけではない。第二次世界大戦が，「ファシズム」対「反ファシズム」の戦いと喧伝されたように，ファシズムが「時代を規定する現象」であったことにも起因している。

　ファシズムという言葉は，ムッソリーニが結成した「イタリア戦闘ファッシ」（後のファシスト党）に由来するが，ドイツのナチズムをはじめとするファシズム運動には，ナショナリズムを強調して反マルクス主義，反自由主義，反民主主義などを掲げることや，指導者への服従を組織原理とすること，また突撃隊のような暴力の専門部隊を保持していることなど，多くの共通点が見られた。それでは，第一次世界大戦後のヨーロッパで，なぜファシズム運動が大きな勢力に成長していったのだろうか。

　戦後，アメリカ大統領ウィルソンが唱える「民族自決」原理に基づき，連合国とドイツ，オーストリアなど敗戦国との間でヴェルサイユ条約をはじめとする一連の講和条約が締結された。また，ポーランド，ハンガリー，ユーゴスラヴィア，チェコスロヴァキアといった多数の新しい国家が誕生した。講和条約によって作り出された戦後ヨーロッパの国際秩序は「ヴェルサイユ体制」とよばれるが，この体制に強い不満をもったのは多くの領土を失ったドイツだけではなかった。すでに講和交渉中から，チェック人，ハンガリー人，ルーマニア人，ポーランド人などが武力行使によって領土を要求するという事態が生じていた。多様な民族が混在する東ヨーロッパでは，すべての民族が満足できるような国境線を引くこと

は不可能であった。ナショナリズムを強調するファシズム運動が勃興する背景は，すでにヴェルサイユ体制によって生み出されていたのである。

　ファシズム運動の興隆を考える上で忘れてはならない世界史的事件は，第一次世界大戦中に起こったロシア革命である。この世界初の社会主義革命は，ヨーロッパばかりでなく世界中に強い衝撃を与えた。支配階級には激しい恐怖を，そして労働者階級など貧しい人々には強烈な希望を呼び覚ましたのである。すでに戦争中から，オーストリア＝ハンガリー，ドイツなどでは労働者によるストライキや反戦デモの波が拡がっていた。ドイツでは，「ロシアの二の舞」を恐れた支配階級側が譲歩を余儀なくされて，一定の民主化を行ったほどであった。しかし，そのような小手先の改革では，労働者たちの革命的エネルギーを鎮めることはできなかった。

　ドイツでは，18年10月末から11月にかけて，水兵たちが起こした反乱をきっかけにドイツ革命が生じ，帝政が崩壊した。ロシアの労働者や兵士ソヴェトにならった労働者・兵士レーテが結成されたが，レーニンが期待したような社会主義国家の誕生にはいたらず，議会制民主主義を採用したヴァイマール共和国が生まれた（ただ，バイエルンでは，短命ながら社会主義共和国設立の試みがなされた）。

　短命に終わったが，ハンガリーではベラ＝クンの指導下でソヴェト共和国が誕生し，17～19年のスペインは「ボリシェヴィキの2年間」とよばれた。イタリアでも，19～20年にストライキや工場占拠，農業労働者の労働争議など労働運動が盛り上がり（「赤い2年」），同じ時期，イギリスやフランスでも労働者のストライキが続発した。

　一方，労働運動や革命運動の高揚に直面し，守勢に立たされていた支配階級側も，徐々に攻勢に転じるようになる。この場合，イギリスやフランスのように既存の支配層が自ら危機を克服した国もあれば，社会の全面的刷新を唱える新しい勢力に危機の克服を委ねる国もあった。この新しい勢力がファシズムであり，最初にファシズムが権力の座についた国がイタリアであった。

（2）　ファシズムの第一波──イタリア・ファシズム体制の誕生

　参戦時の約束を反故にされた戦勝国イタリアでも，ヴェルサイユ体制への不満は強く，このような不満と労働運動の高揚が結びついて，上記のように「赤い2年」とよばれる革命的危機が勃発した。しかし他方で，まさにこの「赤い2年」

のさなかに、労働運動がとりわけ強力だった中部イタリアで、暴力的にこれを打倒しようとする動きも現れてきた。

このような動きを利用して勢力を伸ばしたのは、ムッソリーニの「イタリア戦闘ファッシ」であった。イタリア各地でファシスト武装集団が結成され、企業家や地主などの援助を受けて、「懲罰遠征」と称する労働運動への攻撃が激しく行われた。

ファシスト勢力は、1921年5月の選挙では35議席（520議席中）しか獲得できなかったが、ムッソリーニは「イタリア戦闘ファッシ」を政党へと再編成し、地方議会で勢力を伸ばしていく。22年7月、社会主義勢力は反ファシズムのゼネストを行ったが、ファシズム側はこれに対抗して敗北させ、10月には「ローマ進軍」を行うと宣言し、政治権力を要求した。こうして、ムッソリーニが首相に任命され、ファシスト連立内閣が誕生した。

この後、ファシズム体制の確立に向けて様々な措置がとられていく。ファシスト勢力内部の対立や、社会党のマッテオッティ暗殺をきっかけに盛り上がった反ファシズム運動による危機もあったが、ムッソリーニはこれらを巧みに乗り切り、26年秋には他の政党すべてを解散させて一党支配体制を確立した。

イタリアでムッソリーニが着々と独裁体制を固めていた頃、ほかの西ヨーロッパ諸国では、第一次世界大戦後の激動が一段落し、経済的にも政治的にも落ち着きを見せていた。こうした状況は、ドイツにおいて特に顕著であった。

ドイツでは、ヴァイマール共和国成立後も左右両派の厳しい対立が続いた。右翼はクーデタを行い（20年3月のカップ一揆）、左翼の共産党も何度か武装蜂起を試みた。さらに、フランス・ベルギー軍によるルール占領が行われた23年には、こうした混乱が頂点に達し、秋にはナチ党（国民社会主義ドイツ労働者党）のヒトラーがミュンヘンでクーデタを試みた（ミュンヘン一揆）。

だが共和国政府は、23年秋の通貨改革によって未曾有のハイパーインフレーションを終息させた。ドーズ案の受け入れによって賠償問題も解決の方向に向かい、アメリカからの資本が大量に流入することで、ドイツは24年以降、経済力を急速に回復させていった。経済の回復は政治的安定をももたらし、ヒトラーの釈放後25年に再建されたナチ党も、28年5月の国会選挙では、わずか12議席しか獲得することができなかった。

以上のように、第一次世界大戦後大きな危機に陥っていたヨーロッパの資本主

義体制は，再び安定の方向に向かうかに見えた。しかし，このような経済的安定・繁栄は，アメリカの金融的支援によって支えられた「借金景気」にすぎず，29年秋のアメリカにおける株価の大暴落は，たちまちヨーロッパ経済を不況のどん底に陥れることになった。

（3） ファシズムの第二波——ナチ党の権力掌握

　ナチ党は，1930年9月の国会選挙において107議席を獲得し，一気に第2党に躍り出た。恐慌による銀行や企業の倒産によって失業者が巷に溢れるという状況の中，共産党も勢力を伸ばし，ドイツは再び左右両派の対立が激化する混乱状態に陥った。ナチ党付属の武装団体である突撃隊は，共産党や社会民主党のデモや集会を襲って流血騒ぎを繰り返し，首都のベルリンではさながら内戦状態が現出していた。

　ナチ党は，それぞれの階層が望むことを約束し，指導者ヒトラーの強い力を前面に押し出して派手な選挙プロパガンダを展開し，支持者を増やしていった。そして，32年7月の国会選挙でさらに得票を伸ばし，議会第1党になったのである。だが，ナチ党の快進撃もここまでであった。同じ年の11月に行われた国会選挙では，ナチ党は第1党の地位は維持したものの，前回の選挙よりも議席数を減少させた。ナチ党の退潮はその後の地方議会選挙でも明らかで，12月には後の宣伝大臣ゲッベルスが「われわれはもう終わりだ」と日記に記すほどであった。

　ところが，共産党支持者の着実な増加に恐怖を感じた支配階級の一部の間で，ヒトラーを首相にして危機を乗り切ろうとする動きが強まり，33年1月30日に，ヒトラーは大統領ヒンデンブルクによって首相に任命された。

　ヒトラー内閣は，当初のムッソリーニ政府と同じく連立内閣で，ナチ党員の閣僚はヒトラーを含めて3名だけであったが，この後一党支配体制の樹立に向けて様々な措置を矢継ぎ早にとっていく。まず，言論・出版の自由などの基本的人権が停止され，新たに選出された議会では，政府に立法権を与える全権委任法が成立し，また400万人以上の組合員を擁していた社会民主党系の労働組合も，突撃隊による襲撃によって解体された。政党は禁止されるか，解散に追い込まれた。こうして，イタリアでは4年以上かかった過程が，ドイツでは半年足らずで完了し，33年7月には一党支配体制が樹立された。

　以上のように，30年代はじめのヨーロッパでは，イタリア・ドイツという2つ

の強国でファシズム体制が成立し,「ファシズムの時代」が本格的に始まる。ヒトラーによる一党支配体制の確立が,ほかのヨーロッパ諸国のファシズム運動に大きな刺激を与えたのである。ハンガリーの矢十字党,ルーマニアの鉄衛団,クロアチアのウスタシャなどの活動が激しく展開されるようになる。こうして,30年代のヨーロッパにおける国際関係は,ファシズム体制が成立した国,特にヒトラー・ドイツの行動にイギリス,フランスなどの国々がどう対応するのかということを焦点にして展開されていく。

(4) 反ファシズムの動き

各国ファシズム運動に共通の中心的な敵はマルクス主義だったので,マルクス主義勢力が反ファシズム運動の中心となるのは自然の成り行きだったはずである。しかし,ロシア革命の成功以降,ヨーロッパのマルクス主義勢力は,ソ連共産党に忠実な共産党勢力と社会民主主義勢力に分裂してしまった。この分裂がいかにファシズム運動の台頭を助けたのかは,ドイツの状況を見れば明らかである。

ドイツ共産党は,スターリンの指示に忠実に従い,「社会ファシズム論」を展開し,社会民主党を激しく攻撃した。これによれば,社会民主主義勢力はまさにファシズムだと,あるいはむしろそれよりも危険だというのである。このため,ドイツでは,社会民主党と共産党の得票数を合算すればナチ党を上回る選挙民の支持を得ながら,ナチ党支配を阻止できなかった。

だが,ドイツにおけるファシズム体制の成立は,これらの勢力の危機感を強めた。反ファシズム統一戦線の方向にまず動いたのはフランスであった。34年7月に,社会党と共産党の間で「統一戦線協定」が結ばれ,秋にはブルジョワ左派にも参加がよびかけられた。こうした動きをうけて,35年7～8月のコミンテルン第7回大会は統一戦線(＝人民戦線)政策を前面に押し出した。

人民戦線政府は36年2月にスペインで,6月にはフランスで誕生した。しかし,このような反ファシズムの動きはファシズム勢力との対立をいっそう強めることになり,スペインでは36年7月に,政府とフランコを指導者とする反乱軍との間で内戦が勃発した。フランコ側にはムッソリーニやヒトラーが支援を与え,ソ連のスターリンや反ファシズムに燃えた世界各地からの共産主義者,社会主義者,自由主義者などの義勇兵が人民戦線政府を支持した。義勇兵からなる国際旅団は,「スペインは国際ファシズムの墓場とならねばならない」というスローガンを掲

げたが，3年近くに達する内戦に勝利したのは，特にヒトラーの強力な支援を受けた反乱軍側であり，スペインにおける第二次世界大戦の前哨戦ともいうべきファシズムと反ファシズムの戦いは，ファシズム側の勝利に終わったのである。

この間にも，ヒトラーは戦争への準備を着々と進めていた。34年10月に国際連盟を脱退したドイツは，公然とヴェルサイユ体制の破壊に乗り出していく。翌35年3月には，一般兵役義務を導入して軍備拡張に着手し，36年3月には非武装地帯であったラインラントに進駐した。そして38年3月には，オーストリアを併合し，8月にはチェコスロヴァキアのズデーテン地方を併合した。イタリアもまた，35年に大軍をエチオピアに送り込み，この地を併合していた。

イタリアやドイツの露骨な膨張政策に対して，英仏両国は何とか戦争を回避しようと譲歩を続けた（「宥和政策」）。ドイツによるズデーテン地方の併合を承認した38年のミュンヘン協定が，このような政策の頂点であった。しかし，ミュンヘン協定によっても，東方における「生存圏」の獲得に邁進するヒトラー・ドイツの行動を抑えることはできず，両陣営の衝突はもはや時間の問題であった。

歴史への扉23　　2つの人種主義

「アウシュヴィッツ」に象徴されるナチスのユダヤ人虐殺（「ホロコースト」や「ショアー」とよばれ，およそ600万人のユダヤ人が殺された）はあまりにも有名である。だが，ナチスに殺された人々はユダヤ人だけではなかった。いわゆる「ジプシー」（シンティ，ロマ）も50万人以上が犠牲となった。また，ナチスは，1941年6月の独ソ戦開始後に捕虜として捕らえたソ連人兵士に十分な食料を与えず，その結果，半年で335万人の捕虜のうち60％が飢えや病気で死亡したといわれている。

このようなナチスの蛮行は，自分たちはアーリア人種（ゲルマン人種や北方人種という表現も用いられた）に属しており，最も優秀であるという人種論に基づいていたが，優秀なはずのドイツ人の中にも，「生きるに値しない」として「安楽死」の名のもとで殺された人々がいた。肉体的あるいは精神的障がい者である。犠牲者の数はおよそ7万人といわれている（後にアウシュヴィッツなどで使用されるガス室は，まず「安楽死」のために利用された）。また，ナチ時代には，浮浪者，常習犯，売春婦，仕事嫌いといった人々が「反社会的分子」の烙印を押されて，迫害された。ゲシュタポや刑事警察による一斉検挙によって，何万人と強制収容所に送られ，劣悪な待遇のために死んでいった。さらに，「遺伝的疾患」をもつと診断された30万以上の

人々は，強制的に断種措置を施された。

　ナチ時代には，人種主義（一定の人間集団を「劣等」と分類して取り扱うような理論と実践）が国家の行動を決定する中心的な基準となった。この点を重視して，この時代のドイツを「人種主義国家」とよぶ研究者もいる。とはいえ，ナチスの人種主義は，けっしてナチス特有のものでも，ドイツ特有のものでもなかった。そこには，19世紀以降ヨーロッパ全体で徐々に広がってきた人種思想，反セム主義（伝統的なユダヤ人憎悪を生物学的に基礎づけたもの），優生思想など様々な思想が流れ込んでいる。ここでは，G・ボックにならって，2つの人種主義——「人類学的人種主義」（人種思想）と「優生学的人種主義」（優生学あるいはドイツでは人種衛生学ともよばれた）——を区別し，両者のヨーロッパ的広がりを見てみよう。

　人種思想の主要な流れは，19世紀前半から「アーリア神話」（L・ポリアコフ）という形をとって，ヨーロッパ知識人の間に広まっていった。当時のヨーロッパでは，言語学の発展によって古代インド文化全体への関心が高まり，その支配民族アーリア人が「インド・ヨーロッパ語族」全体を指す言葉になっていく。さらに，人種概念の普及や人類学の確立に促されて，アーリア人の観念は「白人種」と結びついていった。ここに見られるのは，明らかに「言語」と「人種」の混同であるが，19世紀末から20世紀初頭のヨーロッパ知識人の間で，白人がほかの人種に比べて生物学的に優秀だという考えは，ごく当然のこととして受け入れられていた。

　優生学の方は，人種思想よりも遅れて20世紀に入って広がっていく。「優生学」という言葉を作ったのは，イギリスのF・ゴルトンである。彼は，人間の才能がどの程度遺伝によるのかを統計的に解明し，人種の質を改良できる可能性を探ろうとした。1912年にはロンドンで第1回国際優生学会議が開かれ，300人以上の研究者が世界中から集まったという。理論のレベル，実践のレベルでの違いはあったが，当時，優生学は最新の科学として，政治的立場の違いを超えて流行した学問であった。

　優生学の実践には，良い遺伝形質を積極的に増やそうとする積極的優生学と，悪い遺伝形質を抑えようとする消極的優生学があったが，実際に行われたほとんどの政策は「消極的」政策であり，最も顕著な例が断種政策である。

　ナチスは，政権掌握から半年後に「遺伝病子孫予防法」（断種法）を発布して，「遺伝病」とされた人々に対する強制断種を導入した。だが，世界で初めての断種法を成立させたのはアメリカであった（断種を行うには，両親か後見人の同意が必要だとされていたが）。アメリカでは，1909～13年の間に16の州で断種法が成立し，最終的には32州が導入した。ナチスの断種法は，このアメリカの，特にカリフォルニア州の断種政策を十分に検討した上で導入されたといわれている。ヨーロッパでも，ナチス・ドイツよりも早くスイスやデンマークで断種法が出されていた。

以上のように，人種思想にしろ，優生学にしろ，あるいはここでは触れることができなかったが，反セム主義にしろ，それらはけっしてドイツだけ，ナチスだけに限られたものではなく，ヨーロッパ全体，欧米全体に共通する現象だったのである。もちろん，これらをすべて融合させた形で，しかもあれほど大規模に実践したのは，ナチスだけであった。しかし，だからといって，すべてをナチスの「狂気」の帰結だとして片づけてしまえば，これらの現象を生み出した「ヨーロッパ近代」という時代，そこにはらまれていた危険，しかもけっして過去のものになったとはいえない危険（たとえば，旧ユーゴスラヴィアで行われた「民族浄化」を見れば明らかである）をきちんと認識できないだろう。その意味で，ヨーロッパ近代の歴史を知ることは，私たちが生きている21世紀の現在に潜む危険を認識する上で欠かすことができない作業なのである。

参考文献

米本昌平・松原洋子・橳島次郎・市野川容孝『優生学と人間社会――生命科学の世紀はどこへ向かうのか』講談社，2000年。

M・バーリー／W・ヴィッパーマン著，柴田敬二訳『人種主義国家ドイツ1933―1945』刀水書房，2001年。

レオン・ポリアコフ著，アーリア主義研究会訳『アーリア神話――ヨーロッパにおける人種主義と民族主義の源泉』法政大学出版局，1985年。

ウォルター・ラカー編，井上茂子ほか訳『ホロコースト大事典』柏書房，2003年。

第3節　第二次世界大戦

（1）ヴェルサイユ体制の崩壊と戦争の勃発

　ナチス政権下のドイツは，1938年に入ると国外のドイツ人をも包摂する民族共同体の建設に向け，領土の拡張に着手した。すなわち同年3月にオーストリアを併合し，9月にはチェコスロヴァキアに対し，ドイツ系住民が多数居住するズデーテン地方の割譲を強硬に要求したのである。これに対し，英・仏・独・伊の4カ国首脳はドイツのミュンヘンで協議し，当事国であるチェコスロヴァキアの同意を得ることなく，ズデーテン地方のドイツへの併合を認めた。こうした英仏の行動は，それぞれグローバルに展開する帝国の利害擁護を念頭に，戦争の回避を第一とした世界戦略の一環でもあったが，結果的にヒトラーによる侵略を助長したとして，後には批判的に「宥和政策」とよばれるようになった。

実際，ヒトラーの領土的野心はこれにとどまらなかった。ドイツは39年3月，ミュンヘン会談での合意に反してチェコスロヴァキア残部に軍を進駐させ，同国を解体した。また，前年10月から，ポーランドに対しても領土にかかわる要求を突きつけており，これがポーランドによって拒否されると，両国間で確認されていた不可侵宣言を一方的に破棄するなど，ポーランド進撃の意図を明らかにし始めた。

　こうした事態を受けてイギリスは，フランスとともに対独包囲網の形成をソ連に打診したが，実現にはいたらなかった。ソ連は，英仏がドイツの攻撃の矛先を東方に向けようとしているとの疑念を払拭できず，また東部国境で日本軍と武力衝突を繰り返していたこともあり，ドイツとの合意を選択した。両国は8月23日に独ソ不可侵条約を締結し，開戦後の相互の安全を確保しただけでなく，付帯の秘密議定書により，フィンランドからバルト三国・ポーランドを経てルーマニアへといたる地域を分割する各々の勢力圏の範囲をも定めた。

　こうしてドイツは，ソ連との衝突の危険を回避した上で，9月1日，ポーランド侵攻を開始した。独ソ不可侵条約締結直後にポーランドと相互援助条約を結んだ英仏は9月3日にドイツに宣戦し，ここにヨーロッパにおける第二次世界大戦が始まった。

（2）ドイツによる大陸制覇と独ソ戦の勃発

　開戦後，ドイツ軍はポーランド軍を圧倒し続け，1939年9月末には首都ワルシャワを占領した。この間，9月17日にはソ連も独ソ不可侵条約の秘密議定書に従ってポーランドに侵入し，ポーランド領をドイツと折半した。ドイツとの了解を前提としていたこの時期に，ソ連はさらに領土を拡張し，自国の安全保障を図ろうとした。まず39年11月にフィンランドに侵攻し，翌年にカレリア地方を割譲させた。また40年6月には，ルーマニアのベッサラビア地方と北ブコヴィナ地方を併合し，さらに8月までにリトアニア，ラトヴィア，エストニアのバルト三国を強引にソ連に編入した。

　一方，西部戦線では，英仏軍とドイツ軍とが実質的な戦闘を交えずにらみ合う，「奇妙な戦争」とよばれる状態がしばらく続いた。しかし40年4月になると，ドイツは中立国スウェーデンが産出する鉄鉱石の搬出経路掌握を狙い，デンマークとノルウェーに軍を進めた。5月にはオランダとベルギーを占領し，続いてフラ

ンスを攻撃，6月14日にはパリを占領した。ドイツはフランスに降伏を強い，その北部を占領下におくとともに，南部はドイツに協力するペタン将軍が率いるヴィシー政府の支配に委ねた。さらにヒトラーは，イギリスを撃破すべくロンドンなどを空襲したが，チェンバレンに代わって5月に首相に就任したチャーチルがイギリス国民に徹底抗戦を訴え，ドイツの上陸を阻止した。

この間，40年6月10日にイタリアがドイツの快進撃に乗じて英仏に宣戦した。イタリアは9月から10月にかけてエジプトやギリシアに侵攻したものの苦戦し，これを支援するためにドイツ軍は北アフリカとバルカン半島にも戦線を展開することになった。その過程でドイツは，41年3月までにハンガリー，ルーマニア，ブルガリアを日独伊三国同盟に引き入れ，4月には抵抗するユーゴスラヴィアとギリシアを占領した。

こうしてヨーロッパ大陸の大部分を掌握したヒトラーは，対英戦線の行き詰まりや，バルカンでのソ連との利害対立などを背景として対ソ戦争を決意し，41年6月22日，独ソ不可侵条約を破棄してソ連に侵攻した。不意をつかれたソ連軍は総崩れとなり，穀倉地帯のウクライナを奪われたほか，レニングラード（サンクト・ペテルブルク）も包囲される苦境に陥ったが，12月になると天候にも助けられ，かろうじて首都モスクワの目前でドイツ軍の進撃を食い止めた。

ヒトラーは対ソ戦争を，2つの相対立する政治体制が，最終的に決着をつける戦争と位置づけ，ソ連軍政治将校の殺害を指示するなど，国際法に反する行為も辞さなかった。また，戦地の食糧調達も現地住民の飢餓を前提とするなど，ドイツによる占領支配は過酷なものとなった。西欧での占領政策と様相を異にするドイツの東方占領政策の背景には，ポーランド人やロシア人などスラヴ系民族を劣等民族とし，さらにその下位にユダヤ人を位置づけるナチスの人種イデオロギーがあった。

（3） 連合国の結成と戦局の転換

両大戦間期をつうじて，孤立主義の立場をとっていたアメリカは，ドイツの一連の侵略行為を，自らが信奉する民主主義への脅威と認識した。1940年末に3選を果たしたローズヴェルト大統領は，「民主主義諸国の兵器庫」としてのアメリカの役割を明確化し，翌41年3月に武器貸与法を成立させて，ドイツとの交戦国に対して物資の援助を行った。独ソ戦勃発後の同年8月14日には，ローズヴェル

トとイギリス首相チャーチルが会談し，戦後世界秩序の原則を示す「大西洋憲章」を公表した。これは領土不拡大，体制選択の自由，恐怖と貧困からの自由など8項目からなり，ファシズム対民主主義の図式を前面に打ち出すものであった。

他方アメリカは，アジアでも日中戦争において中国の支援にまわり，対日経済封鎖を強化していた。そして41年12月7日（日本時間では8日），ハワイの真珠湾を攻撃した日本と開戦し，その直後，日本と軍事同盟を結ぶドイツ・イタリアとも戦争状態に入った。こうして，ヨーロッパとアジアでそれぞれ繰り広げられていた戦争は，アメリカを介してつながることとなり，文字どおりの世界戦争へと転化していった。ドイツ・イタリア・日本など枢軸国と称される国々と戦う，アメリカ・イギリス・ソ連・中国など26カ国は連合国として結束し，42年1月1日に共同宣言を発して戦争目的を明らかにした。この26カ国には，ドイツの占領支配を逃れて国外に亡命政府を組織したポーランドやチェコスロヴァキア，ギリシアなども含まれ，後にはド・ゴールがイギリスで組織した自由フランス政府も連合国に名を連ねた。

42年夏になると，アメリカが太平洋の制海権を握り，ヨーロッパ戦線でもアメリカ軍が北アフリカに上陸するなど，連合国が反撃に転じた。戦争は長期化し，総力戦の様相を呈するようになった。ドイツでは戦争経済への国民の動員が強化され，不足する資源や労働力は占領地域，特に東欧からの搾取によって補われた。また総力戦化の過程で，ナチス・ドイツは各地のゲットーに隔離していたユダヤ人をアウシュヴィッツなどの強制収容所に送致し，重労働，飢餓，毒ガスなどによる「絶滅」を図った。このユダヤ人絶滅政策（ホロコースト）の犠牲者は，600万人に達するといわれている。こうしたドイツによる占領支配は，各地の抵抗運動やパルチザン活動を活発化させていくことになる。

43年2月には，ソ連のスターリングラードをめぐる攻防戦でドイツ軍が壊滅的敗北を喫し，以後東部戦線からの退却を重ねることになった。イタリアも，連合国軍のシチリア島上陸を許したムッソリーニ政権が崩壊すると，同年9月に無条件降伏した（図10-1，図10-2）。

（4）戦争の終結から「戦後」へ

戦局の転換を受け，連合国首脳は戦後をにらんだ意見交換を活発化させた。1943年11月のカイロ会談では，米・英・中の首脳が日本降伏後の満州の中国返還，

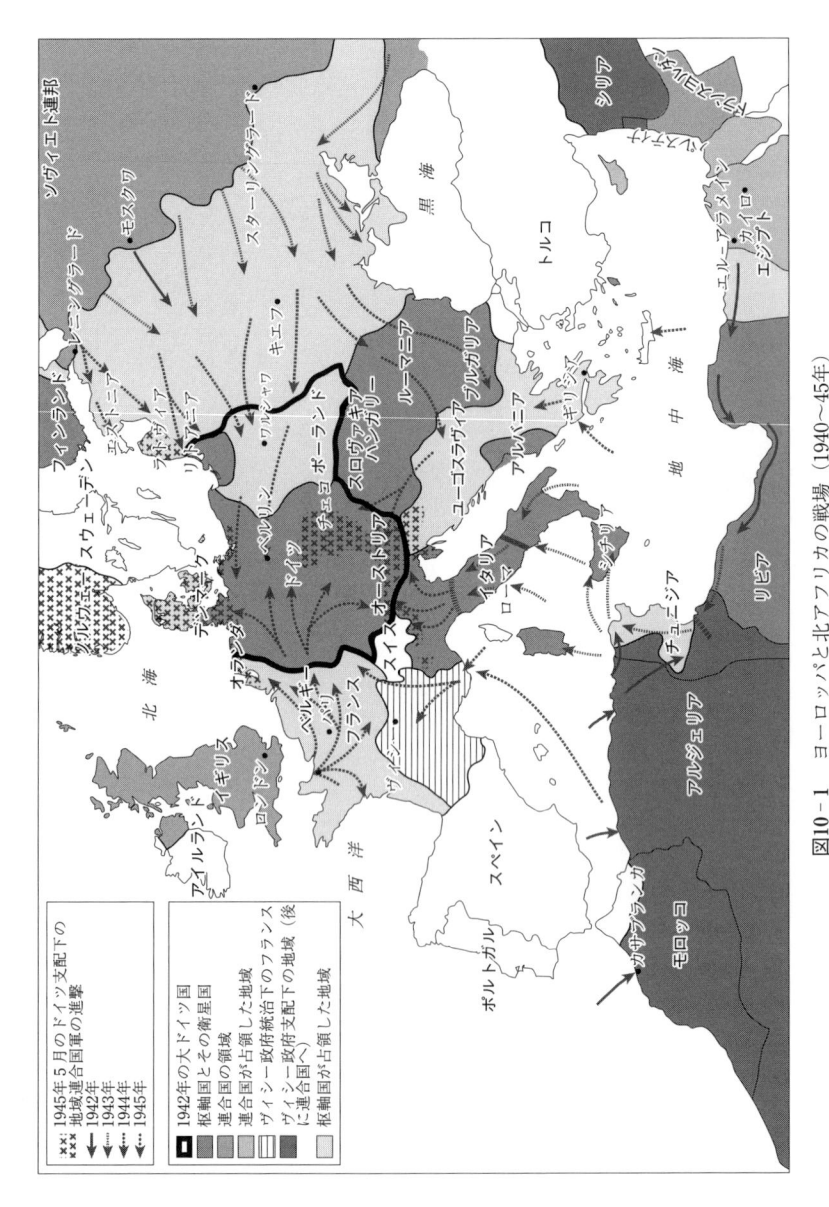

300　第Ⅳ部　現代世界の中の西洋

図10-1　ヨーロッパと北アフリカの戦場（1940〜45年）
出典：マルカム・フォーカス/ジョン・ギリンガム編、中村英勝他訳『イギリス歴史地図』東京書籍、1983年、157頁より筆者作成。

第10章 2つの世界大戦 301

図10-2 極東の戦場（1941〜45年）
出典：マルカム・フォーカス/ジョン・ギリンガム編、中村英勝他訳『イギリス歴史地図』東京書籍、1983年、158頁より筆者作成。

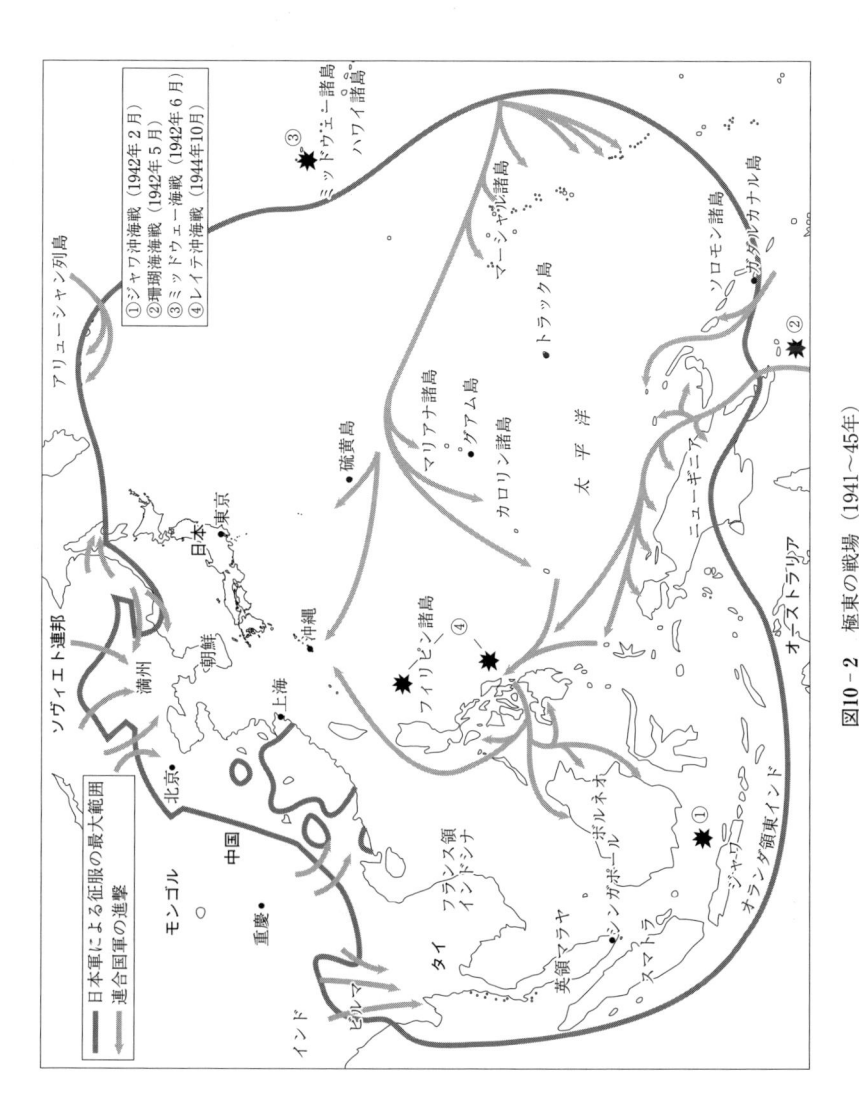

朝鮮独立などを確認し，その直後のテヘラン会談では米・英・ソの3首脳が戦後のドイツ占領体制などについて協議した。テヘラン会談では，かねてからソ連が要求していた米英軍のヨーロッパ大陸上陸（第二戦線問題）についても合意を得て，それに基づき翌44年6月に，フランス北部でノルマンディー上陸作戦が敢行された。その成功に続き，連合国軍は8月にパリを解放した。東部戦線でもソ連軍が大攻勢を展開し，東欧諸国のドイツ占領を解いていった。さらに45年初頭以降，連合国軍はドイツ本国に対して東西から攻勢をかけ，ベルリンもソ連軍の手により陥落した。最終的にドイツは，ヒトラー自殺後の5月8日に無条件降伏した。

　この間，ソ連は英米の十分な了解を得ないまま，東欧諸国に共産党を含む連立政権を樹立し，影響力の確保を図った。特に，連合国に名を連ねるポーランドの政権および領土のあり方をめぐっては，45年2月のヤルタ会談で米・英とソ連との間で議論が紛糾した。連合国を主導する3大国間の亀裂は，戦後の冷戦へとつながっていくことになる。

　ヤルタ会談では，このほかソ連の対日参戦についてローズヴェルトとスターリンが合意を得て，7月のポツダム会談では米・英・中の3首脳の名で日本に対して無条件降伏勧告が出された。日本はこのポツダム宣言を無視したものの，アメリカによる広島と長崎への原子爆弾投下，さらにはソ連の参戦に打撃を受け，ついに8月14日にポツダム宣言受諾を決定した。日本は9月2日に降伏文書に調印し，ここに第二次世界大戦が終結した。

　第一次世界大戦の33カ国を大きく上回る，72カ国もの参戦国を数えた第二次世界大戦では，1億人を超える兵士が動員され，3000万人超の戦死者が出た。この戦争は，第一次世界大戦後の国際秩序に不満をもったドイツや，日本の膨張主義的侵略が原因となった点で，第一次世界大戦と連続した流れに位置づけることができる。また，民主主義，民族自決，国際協調など第一次世界大戦で打ち出された諸価値を，これを拒否する枢軸国を打倒することにより再確認し，その普遍性を高めたという点でも，第二次世界大戦は第一次世界大戦を補完する性格をもった。両大戦をあわせて「20世紀の三十年戦争」とよぶ向きもある。

　他方で，第二次世界大戦が新時代の幕開けを告げる戦争となったことも事実である。ロケットやレーダー，原子爆弾の開発など，国家のプロジェクトとして推進された科学の発達は，戦争の帰趨を決し，さらに戦後国際政治の展開にも影響

を及ぼすことになった。また，第一次世界大戦以上に総力戦となったこの大戦は，戦闘員と民間人，軍需施設と非軍需施設の区別を曖昧にした。相手国民全体を敵視するプロパガンダも展開される中，都市への無差別爆撃などが行われ，被害が著しく拡大した。さらに，戦争の終結にあたって決定的役割を果たしたアメリカとソ連が超大国としての地位を確立し，英仏などかつての植民地帝国，ひいてはヨーロッパの国際政治上の影響力が相対的に低下することになったのも，見逃せない変化である。

歴史への扉24　第二次世界大戦と東欧のドイツ人

　東欧においてドイツ人は，中世のいわゆる東方植民から20世紀にいたるまで，独自の，ときに支配的な政治的，経済的，文化的存在感を示し続けていた。しかし，東欧諸国におけるドイツ人の人口は，20世紀の後半になると極端に減少する。住民構成においてドイツ人が占める割合で見た場合，たとえばポーランドでは2.3%（1931年公式統計）から0.9%（92年推計），ハンガリーでは5.5%（30年公式統計）から0.2%（90年推計），チェコスロヴァキアにいたっては22.3%（30年公式統計）から0.2%（91年公式統計）といった具合である。第二次世界大戦は，こうした変化をもたらした戦争でもあった。

　ナチス・ドイツはドイツ人民族共同体の建設を謳い，第二次世界大戦開戦後，バルト諸国を含む東欧やソ連諸地域に散在していたドイツ系住民を，ポーランドから奪った地に入植させた。これに伴い，170万人にのぼるポーランド人やユダヤ人が強制的に立ち退かされている。ナチスがドイツ人居住領域の民族的「純化」を念頭に，大規模な住民移動に着手したことは，同じくナチスが行ったホロコーストとともに，多民族空間としての東欧の姿をラディカルに変容させる引き金となった。

　入植者を含む東欧のドイツ人は，今度は敗戦によりドイツに移住を強いられることになる。一部はソ連軍の接近を前に疎開を試みていたが，ポーランドやチェコスロヴァキアの戦後政権は，疎開したドイツ人の帰還を阻んだ。そればかりか，領内に居住するドイツ人を強制的に「追放」し始めたのである。これに対しては，45年7月のポツダム会談で，ポーランドやチェコスロヴァキア，ハンガリーからのドイツ系住民の移送は，「秩序だって，かつ人道的に」行われなければならないとする条項が作成され，会談後の共同コミュニケにも盛り込まれた。この条項は，既成事実として進行するドイツ人強制移住の無秩序ぶりに一定の歯止めをかけるものであった反面，ドイツ人の強制移住を国際社会として事実上追認するものであった。結

局,大戦末期から戦後初期にかけて,戦後ポーランド領から800万人を超えるドイツ人が,チェコスロヴァキアからは350万人に及ぶドイツ人が移住を強いられた。

　第二次世界大戦で東欧諸国の多くは独立を失ったが,ドイツの敗北の結果,ソ連に併合されたバルト三国を除くすべての国が独立を回復した。その意味で第二次世界大戦後の秩序は,国民国家体系としてのヴェルサイユ秩序との連続性をもっている。しかし,上記のような住民構成の劇的な変化を見るならば,これとは違った評価が浮かび上がる。第二次世界大戦が東欧諸国にもたらしたものは,ホロコーストと戦後の住民移動により,愛憎あい交えながらも,ともに歴史を築き上げてきたユダヤ人とドイツ人の存在感が極端に弱くなった,歴史的にはまったく新しい秩序だったのである。

1960年代のベルリンの壁
出典：アフロ提供。

第11章　現代国際体制の成立と展開

第1節　冷戦の出現と展開
第2節　多極化と冷戦の終焉
第3節　冷戦後の世界

第1節　冷戦の出現と展開

（1）　冷戦構造の出現

　第二次世界大戦は，世界の多くの地域に破壊と混乱をもたらして終結した。ヨーロッパは，戦勝国と敗戦国にかかわりなく大きな傷を負い，その世界的地位は凋落した。それに代わって台頭したのは，戦争をつうじて新たな経済的繁栄を実現したアメリカ，そして圧倒的な軍事力を中欧にまで進出させたソ連という，2つの超大国であった。この新たな国際的な権力の配置が，冷戦の基本的な背景となった。

　しかしながら，冷戦を国際政治における米ソ対立の枠組みと捉えるだけでは不十分である。冷戦期の国際関係においては，米ソ間の対立・競争・共存の契機と，東西それぞれの陣営内における超大国を頂点とする国際的な政治的・経済的・軍事的システムを創造・維持・改変しようとする契機が，複雑に交錯した。同時に冷戦は，世界中の多くの国々の政治・経済・社会のあり方にも大きな影響を及ぼした。このように，冷戦とは，国際関係のみならず各国の国内社会のあり方までをも大きく規定する，動的な世界秩序の枠組みだったのである。国際的な権力の多極化が進み，数次にわたる東西間の緊張緩和（デタント）を経験しながらも，1980年代末に東欧の社会主義体制が内部崩壊するまでの40年以上にわたって冷戦が継続した大きな原因は，ここにあった。

　第二次世界大戦中の米ソ関係は，緊張をはらみつつも，概ね良好に推移していた。国際連合は，この大国間の協調が戦後も維持されるという期待のもとに設立された。しかし，大戦末期から46年にかけて，米ソ関係はしだいに悪化していった。帝政ロシア時代以来たびたび西欧からの侵略を受けた経験をもつソ連は，自国の周囲に緩衝地帯を構築することをめざして，軍事力を背景に東欧諸国に親ソ政権を樹立し，トルコやイランにも影響力を拡大しようとした。アメリカは，このようなソ連の動きを，自らの構想する開放的な戦後秩序への脅威と見なした。一方，アメリカは，国連における原子力国際管理交渉において，国際管理が実現されるまで自らの原爆独占を維持しようとする姿勢を示した。ソ連は，自らの安全保障に配慮を示さぬアメリカへの警戒心を強め，東欧支配を徐々に強化しつつ，独自の核兵器開発を進めた。

戦後世界の政治的・経済的な混乱が，アメリカの懸念に拍車をかけた。44年のブレトン・ウッズ会議において，主要国は，金・ドルの自由交換を基礎とする国際的な通貨の安定と流動性に基づく開放的な国際経済秩序をめざすことに合意していた。戦後相次いで設立された国際通貨基金（IMF）と国際復興開発銀行（IBRD）を核とするブレトン・ウッズ体制は，中長期的には資本主義世界の経済的繁栄の基礎を提供することになる。しかし，ブレトン・ウッズ体制は，大戦直後の世界的な混乱に対する処方箋とはならなかった。西欧では，国内経済のみならず域内諸国を結びつけていた経済的ネットワークが破壊されたことで生産が落ち込み，各国はドル不足に苦しんでいた。東南アジアなどでは，植民地支配を打破しようとするナショナリスト勢力と西欧宗主国との衝突が始まっていた。これらの結果，戦後まもなくアメリカがイギリスなどに供与した援助や借款は，復興を軌道に乗せることなく，短期間のうちに費消されてしまった。経済的停滞が政治を不安定化させ，フランスやイタリアでは戦時中のレジスタンス闘争で威信を高めていた共産党が勢力を拡大した。

　以上のような事態を打開すべく，アメリカのトルーマン政権は，ソ連・共産主義の影響力拡大を阻止すると同時に，資本主義世界経済を復興させることをめざす積極的な対外政策に乗り出していった。このようなアメリカの対外政策は，「封じ込め」政策と総称される。「封じ込め」政策は，47年3月のトルーマン・ドクトリンにおいて明確に宣言され，6月に発表された欧州復興計画（マーシャル・プラン）で本格的に始動した。アメリカは，ドイツ西部を含む西欧圏をソ連・東欧圏から明確に切り離した上で，48〜51年の間に130億ドルあまりを提供し，西欧諸国の経済復興と政治的安定の基礎を築いた。さらに49年4月には，米・加と西欧の計12カ国が北大西洋条約（NATO）を締結し，冷戦における西側陣営の骨格が姿を現した。これらと軌を一にして，アメリカの対日占領政策は，民主化から経済復興に軸足を移していった。アメリカは，西欧と日本という世界経済の中核地域を復興させ，アメリカを中心とする西側陣営にこれらの地域を統合することを，世界戦略の基礎に据えたのである。

　このようなアメリカの動きに，ソ連は対抗する姿勢を示した。ソ連は，47年にコミンフォルムを結成して各国共産党への支配を強め，翌年には東欧諸国における共産主義政党の一党支配体制を確立，49年には相互経済援助会議（コメコン）を結成して，東欧における排他的な政治的・経済的ブロックを構築した。米ソ対

立の焦点となったドイツでは，米・英・仏の占領地域を統合する動きにソ連が反発したことから，48年に第一次ベルリン危機が勃発し，翌年には東西ドイツ国家が成立した。これらの結果，冷戦を象徴する東西に分断されたヨーロッパが出現した。

東西対立はその後もエスカレートしていった。ソ連は49年には原爆を保有し，アメリカはこれに対抗すべく水爆開発を決定，53年までに米ソがともに水爆を保有するにいたった。50年に勃発した朝鮮戦争は，西側陣営の大規模な軍備拡張の契機となった。大戦後に減少を続けていたアメリカの軍事支出は一挙に3倍以上に拡大し，その後一時的な減少期はあるものの，冷戦期をつうじて増加基調をたどることになる。同時にアメリカは，西欧諸国にも軍備の強化を促した。発足時には象徴的色彩の強かったNATOの軍事機構が整備され，アメリカの対外援助は軍事援助の色彩を強めていった。

これと並行して，西ドイツと日本を西側陣営に全面的に統合しようとする動きが加速した。日本は51年，サンフランシスコ講和条約によって主権を回復すると同時に，日米安全保障条約を締結した。西ドイツの場合は，隣国の強大化を恐れるフランスが再軍備に難色を示したことなどから，欧州防衛共同体（EDC）構想の提起とその挫折という曲折を経た後，55年に主権回復とNATO加盟を果たした。ソ連がこれに対抗して東欧諸国とワルシャワ条約を締結したため，ヨーロッパには東西の軍事同盟がにらみ合う状況が出現した。

冷戦は，政治・経済モデルを巡る対立という側面も有した。極度に単純化するならば，西側陣営の先進諸国は，部分的に計画経済を取り入れた修正資本主義を採用し，公的な社会保障を導入して福祉国家を発展させた。政治的自由主義が価値観として共有され，自由主義・保守主義政党と社会民主主義政党が主要政党として政権をめざす政党システムが発展した。一方，東側陣営では，社会主義計画経済が導入され，共産主義政党が一党独裁によって統治する政治システムが構築された。このように各陣営内で同一の政治・経済モデルが採用されたことにより，陣営内諸国の政治的・経済的・社会的な同質化が促され，このことが陣営の統合力として作用した。同時に，対立しあう2つの陣営は，経済成長や「豊かさ」という価値観を共有し，この共有された目標に向けて，競い合い，並走していた。それゆえ冷戦前半期は，人類史上における未曾有の「豊かさ」が実現した時代ともなったのである。

（2） 冷戦と発展途上地域

　第二次世界大戦後の世界史の大きな特徴は，植民地であった地域が独立を果たし，地球上の大部分が主権を有する国民国家に覆い尽くされたことにあった。東南アジアにおいては，大戦中に日本軍に駆逐されていた西欧宗主国が戦後に支配の回復をめざして軍を送り，ナショナリスト勢力との武力衝突に発展したが，50年代中葉までには，ベトナム，カンボジア，ラオス，インドネシア，マラヤ連邦（後にマレーシアに発展）が独立を果たした。中東においては，シリアとレバノンがフランスの支配を離れる一方，イギリスが事実上の勢力圏としていたエジプトやイランでは，反英ナショナリズムの高まりを前にイギリスの影響力が大きく後退した。アフリカでは，激しい独立戦争を経たアルジェリアやアンゴラなどを除けば，全体的には平和的過程を経て1950年代後半から70年代にかけて，多くの独立国が生まれた。

　しかし，これら新興独立国の多くにおいて，独立の達成は新たな政治的混乱の始まりにすぎなかった。インド・パキスタン紛争やアラブ・イスラエル紛争に代表される地域紛争，そしてコンゴ動乱（1960～65），ナイジェリアのビアフラ戦争（1967～70），アンゴラ内戦（1975～2002）をはじめとする独立後のアフリカ諸国の内戦や政治的混乱に見られるように，脱植民地化に伴う国民国家建設は，これらの地域の多くに政治，民族，宗教などをめぐる新たな対立を惹起するものでもあった。

　冷戦は，発展途上地域の動向に様々な影響を及ぼした。アメリカは，発展途上地域を西側陣営に政治的・経済的に統合することをめざした。このことは，世界経済の中核地域の統合をめざすアメリカの世界戦略と表裏一体の関係にあった。それゆえアメリカは，原則的には植民地支配に反対する立場をとりながら，発展途上地域のナショナリズムを支持することには慎重であった。これらナショナリスト勢力の多くは，旧宗主国，外国資本，周辺国などを敵視しながら国民国家建設を進めようとすることが多く，しばしば親共産主義勢力を含んでいたからである。

　結果的にアメリカは，多くの場合，イギリスやフランスなど旧植民地宗主国が発展途上の地域に一定の影響力を維持することを是認あるいは支援すると同時に，ナショナリスト勢力に対しては冷戦の論理を掲げて西側陣営との連携を説くことになった。その具体的な方法の1つは，米州機構（OAS），東南アジア条約機構

(SEATO), バグダード条約（後のCENTO）などの多国間条約，そして米比，米韓，米台などの二国間条約によって，多くの地域に張り巡らせた同盟網であった。同時にアメリカは，軍事援助やラテンアメリカ諸国向けの「進歩のための同盟」に代表されるような経済援助によって，発展途上諸国の支持を獲得しようとした。これらの政策が機能しないと見れば，アメリカは直接介入も辞さなかった。アメリカは，イラン（1953），グァテマラ（1954）のナショナリスト政権を秘密工作によって転覆し，キューバ（1961）では非公式の，ドミニカ（1965）では公然たる軍事介入を行うにいたった。他方ソ連も，50年代半ば以降，アメリカよりも寛大な条件で軍事援助や経済援助を提供することによって，あるいは親西側勢力と対立する現地勢力を支援することによって，発展途上地域への影響力の拡大をめざすようになった。このようにして発展途上地域は，旧植民地宗主国，アメリカ，ソ連，さらには中国が影響力を競う舞台となった。そして，これら外部勢力の介入の結果，インドシナやアフリカにおける内戦や政治的対立は，激化あるいは長期化することになったのである。

　発展途上諸国は，超大国の思惑によって自らの進路が規定されることに反発した。55年のアジア・アフリカ会議（バンドン会議）は，平和共存や主権尊重を謳った平和十原則を採択し，非同盟運動の起点となった。発展途上諸国が冷戦のダイナミクスから独立した独自の政治勢力としての「第三世界」たることをめざす非同盟運動は，非同盟諸国会議に引き継がれていった。60年代以降は，国連貿易開発会議（UNCTAD）や「77カ国グループ」など，主に国連をつうじて発展途上地域の経済的利益の拡大や，国際経済システムの改変をめざす動きが強まった。発展途上諸国は「北」の先進国に対し，自らを「南」と位置づけることによって，「南北問題」を国際社会の取り組むべき課題として提示したのである。

　しかし，発展途上国の挑戦は，概して期待された成果を生まなかった。たしかに戦後世界においては，超大国といえども発展途上国を含む国際世論を無視することはできなくなった。しかし，「第三世界」が国際政治・経済の進路を左右するような影響力をもち得たわけではなかった。多くの発展途上国は，域内対立や国内対立を克服する手段として，東西いずれかの陣営に属し，超大国の支援や庇護を受ける道を選択した。非同盟運動の主唱者であった，ネルーのインド，ナセルのエジプト，スカルノのインドネシアなども，超大国からの援助に大きく依存していた。結果的に冷戦期をつうじて，韓国など一部の国々を除き，発展途上国

の多くは経済的停滞や低開発を脱することはできなかった。一次産品の輸出に依存する国々は，その国際価格の変動に翻弄された。輸入代替工業化は，概して途上国経済の「離陸」をもたらさず，国民総生産が増加した国々においても，人口増加が経済成長を相殺した。

　一方，冷戦期の発展途上国の多くは，政治的自由が定着しなかった点で共通していた。韓国の朴正熙，イランのパフラヴィ国王，ザイールのモブツ，インドネシアのスハルト，キューバのカストロ，そして数多くの発展途上国に出現した軍事政権は，その国内・対外政策は多様ながら，権威主義的ないし独裁的な政治体制のもとで国民国家建設を進めた点で共通していた。米ソ両国は，冷戦を有利に遂行するために，これら抑圧的指導者たちとの連携を厭わなかった。皮肉なことに，「第三世界」を特徴づけることになったのは，冷戦を背景として成立した，抑圧的政治体制だったのである。

（3）　東西陣営の変容

　1950年代中葉以降，先進国における冷戦は「長い平和」へと向かっていった。53年にスターリンが死去した後，ソ連は「平和共存」路線をとり，西側陣営との関係改善を求め始めた。50年代半ば以降，米ソ関係は，緊張の緩和（デタント）期と高揚期を交互に繰り返していくことになる。

　55年7月，戦後初めて米ソ首脳が会したジュネーヴ・サミットは，具体的な合意を生み出さなかったものの，米ソがともに戦争を望んでおらず，共存が可能であることを相互に印象づけた。しかし，58年に再燃した台湾海峡危機や第二次ベルリン危機では，超大国は明示的あるいは暗示的な核の威嚇に訴えた。50年代後半から60年代は，大陸間弾道ミサイル（ICBM）が実用化されるなど，戦略環境が流動化し，米ソ両国が自らの戦略的優位をめざして核軍拡に励んだ時期でもあった。この過程で，ソ連がアメリカ本土を射程に入れる核ミサイルをキューバに配備しようとしたことを契機に，62年10月にキューバ危機が勃発し，米ソは核戦争の瀬戸際の危機を経験した。

　キューバ危機以降，米ソは核軍拡を継続したものの，核の威嚇を背景に超大国が対峙する場面は減少した。また両国の核戦力が戦略的均衡（パリティー）に向かうにつれて，米ソは相互抑止を安定的なシステムと見なすとともに，核拡散の防止に共通の利害を見出すようになった。部分的核実験禁止条約（1963）や核拡

散防止条約（1968）が成立した背景には，既存の核保有国，ことに米ソが，自らの特権的な地位を固定化しようとする思惑が存在した。

これに加えて，東西陣営を分かつ境界線と各陣営内における超大国の特権的な地位を米ソが暗黙のうちに相互に承認したことで，冷戦は競争的な共存の時代に転化していった。アメリカは，しばしば東側陣営への「巻き返し」を語りながら，東ベルリン暴動（1953）を嚆矢として東欧諸国で発生したソ連支配への抵抗の動きに実質的な支援を与えることはなく，ソ連がこうした動きを圧殺するのを事実上黙認した。他方，61年に東ドイツが「ベルリンの壁」を構築して以降，ベルリンをめぐる緊張は緩和に向かったが，このことはソ連が西ベルリンを含む中欧の現状を容認したことを意味していた。

東西陣営の境界が安定化してゆくのに並行して，各陣営内部では新たな秩序を模索する動きが顕在化した。56年のフルシチョフによるスターリン批判以降，ハンガリー（1956），チェコスロヴァキア（1968）など，東欧諸国では自由化・民主化を求める動きが断続的に発生した。ソ連は，これらを軍事介入によって抑え込み，68年には社会主義諸国への介入権を正当化するブレジネフ・ドクトリンを発した。早くから独自路線を追求したユーゴスラヴィアに続いて，アルバニアやルーマニアもソ連から距離を取り始めた。しかし，冷戦前半期には，ソ連の東欧支配が大きく動揺することはなかった。

これに対して，中国はソ連の支配権に挑戦する姿勢を強めていった。中ソは50年に友好同盟条約を締結していたが，50年代中葉以降，中国はソ連の「平和共存」路線を批判し，より強硬な対外政策を主張するようになった。ソ連は対中支援の縮小などによって中国を抑制しようとしたが，中国は独自の核戦力を有する大国への道を指向した。60年代には，中ソ対立は武力衝突にいたるまでに激化し，東側陣営は中ソ2大国が並立する様相を呈していった。

西側陣営内でも，関係再編に向けた動きが現れた。米ソがほかを圧倒する核兵器を保有するようになるにつれて，西欧諸国はアメリカの核抑止力に不安を抱くようになり，核問題は米・西欧間の断続的な摩擦の原因となった。60年代に入ると，西欧諸国は東西緊張緩和に向けて独自の動きを見せ始めた。ド・ゴールのもとでフランスは，NATOの軍事機構を脱退し，ソ連への接近を試みるなど，独自外交を追求した。西ドイツでは，後の「東方外交」につながっていく，ソ連や東欧との平和的関係を求める動きが胎動した。NATOは，67年に東西関係の改

善を目標の1つに据えるようになった。

　西側先進諸国が急速な経済復興を遂げた結果，アメリカの経済的地位は相対的に低下した。60年代には，国際的なドルの過剰とアメリカからの金流出が進行し，これに伴って基軸通貨としてのドルの安定性が問題となった。社会保障の拡大とベトナム戦費の膨張に伴うアメリカ連邦支出の拡大が，ドル危機を加速した。ブレトン・ウッズ体制を維持するための金プール制やIMFの制度改革，そして米軍の海外駐留経費の負担など，アメリカが西側先進諸国からの協力を必要とする局面が増えていった。

　ベトナム戦争は，アメリカの政治的，軍事的，経済的な力の限界のみならず，その道義性の限界をも明らかにした。54年のジュネーヴ協定によってベトナムが暫定的に南北に分割された後，北ベトナムは自らの主導のもとに全土を統一することをめざし，南ベトナムに圧力を加えた。これに対してアメリカは，南ベトナムを存続させるべく同国への支援を段階的に強化し，65年以降は，北ベトナムに恒常的な空爆（北爆）を加え，米地上軍を南ベトナムにおける戦闘に本格的に投入するようになった。しかし，イギリスやフランスなど西欧主要国は，アメリカのベトナム政策から距離をおき，戦争の泥沼化は西側陣営の結束を弱体化させた。さらに，戦争の悲惨な現実が世界的に報道されるにつれて，アメリカを含む西側世界でわき起こった反戦運動は，体制への「異議申し立て」や対抗文化とも結びつき，60年代末には，冷戦的な国際秩序を下支えしていた西側先進諸国内の政治的秩序を大きく動揺させることとなった。「長い平和」の埒外におかれた発展途上地域の戦争が，グローバルな冷戦秩序の再編を促すことになったのである。

歴史への扉25　　キッチン・ディベート

　1959年7月24日，リチャード・ニクソン米副大統領は，モスクワで開催されたアメリカ博覧会の会場に，ソ連の最高指導者ニキータ・フルシチョフを迎えた。フルシチョフは，共産主義の経済的および科学技術上の成果を誇りつつ，共産主義がごく近い将来，資本主義に追いつき追い越すであろうとの展望を意気軒高に開陳した。これに対してニクソンは，当時の最新技術であったカラーテレビ用のカメラを指さしながら，アメリカの民生用技術の優位を語るとともに，米ソ間の交流進展に期待を示す余裕を見せた。会話のクライマックスは，2人が博覧会場内に展示されてい

図11-1 キッチン・ディベート
出典：アフロ提供。

た「典型的なアメリカ家屋」のキッチンに差しかかったところで訪れた。食器洗浄器を指さしながら，最新の技術的成果を普通の労働者や農民が享受できるアメリカの豊かさを誇るニクソンに対して，フルシチョフは，ソ連では全国民に住居をもつ権利が保障されていると切り返し，アメリカ人はソ連を理解していないと不平を述べた。これに対してニクソンは，住宅購入者が多様な選択肢の中から自由に選択を行えることが重要であると応じ，東側陣営諸国における自由の不在を暗に批判した。

この「キッチン・ディベート」は，首脳レベルの会談には珍しく，すべてが報道陣の眼前で展開し，しかも会話はすべて即興であった。もっとも，アメリカ博覧会自体がアメリカや資本主義の優位性をソ連の一般国民に印象づけることを目的としたものであり，ニクソンの言動はその大きな筋書きに沿ったものだったともいえる。しかし歴史的に重要なのは，核軍拡競争に励んでいた米ソの首脳が，ともに自らの平和的な意図を強調し，相互理解の必要性に言及したことであった。それに加えて両首脳は，資本主義と共産主義のイデオロギー上の対立を，経済的な豊かさという両者共通の目標に向けた平和的競争に転化しようとする姿勢を，即興の会話の中で図らずも示したのである。

このことの意味は，その後の展開でさらに明確になった。同年9月にアメリカのキャンプデーヴィッドでアイゼンハワー大統領と会談したフルシチョフは，第二次ベルリン危機の原因となっていた最後通牒を取り下げ，自らの平和的な意図を強調した。これをきっかけに，米ソ関係は2度目のデタントの季節を迎えることになる。一方，帰途に北京に立ち寄ったフルシチョフは，中国の最高指導者毛沢東を前に，アメリカの豊かさや米首脳の現実的対外姿勢を高く評価する一方で，2度の台湾海

峡危機を惹起した中国の瀬戸際外交を批判した。毛沢東はソ連への不信感を強め，まもなく中ソ対立は後戻りできぬほどに深まっていくことになる。

　キッチン・ディベートからは，冷戦の「長い平和」への転換と多極化の胚胎を，同時に垣間見ることができるのである。

参考文献
佐々木卓也『アイゼンハワー政権の封じ込め政策──ソ連の脅威，ミサイル・ギャップ論争と東西交流』有斐閣，2008年。

第2節　多極化と冷戦の終焉

（1）　1970年代──多極化とデタントの動揺

　1970年代は，国際政治の既存の秩序や価値が大きく揺らいだ時代であり，「危機の10年」であった。まず，ベトナム戦争である。69年1月にリチャード・ニクソン政権が発足した際，アメリカの国防支出はベトナム戦争が本格化した64年の540億ドルから，約800億ドルに増大していた。ベトナム関連の戦費は国内インフレを誘発し，ドルの力を弱めていた。財政赤字も68年度にはすでに252億ドルに達していた（前年度は87億ドル）。

　しかも，70年までには，この戦争で朝鮮戦争時を上回る5万5000人の米兵が戦死し，30万人が負傷するにいたるのである。にもかかわらず，アメリカは依然として南ベトナムに55万人，アジア全体に実に91万人の兵力を展開していた。ベトナム戦争の早期終結は，ニクソン政権にとって，至上命題であった。その上，ソ連は核戦力を向上させ，今やアメリカとほぼ均等（パリティー）に達していた。すでに，64年には中国も核実験に成功し，66年にはフランスがNATOの軍事機構から脱退していた。さらに，アメリカがベトナムの泥沼に足をすくわれている間に，日本や西ヨーロッパの経済的な台頭も著しかった。軍事でも経済でも，国際政治の構造は多極化に向かいつつあったのである。

　こうした中で，ニクソンは国家安全保障問題担当・大統領補佐官のヘンリー・キッシンジャーとともに，国益と国力の冷徹な計算に基づき，米ソ2極構造を前提にした冷戦外交から，多極構造を前提にしたヨーロッパ流の古典外交への回帰を試みる。69年7月の「グアム・ドクトリン」で，ニクソンはすでに同盟国に通

常戦力での負担を求めていた。71年2～3月に，ニクソン政権は韓国から米軍一個師団を強引に撤収した。「グアム・ドクトリン」の適用である。経済面でも，同年8月にニクソンは，金とドルとの兌換の一時停止を発表した。貿易赤字に悩むアメリカの金保有高は，100億ドルにまで落ち込んでいたからである。やがて，国際経済はドルを機軸通貨とした固定相場制から，変動相場制に移行していく。これも経済力の実態に応じた負担の軽減であった。

　さらに，ニクソン政権は米中ソの戦略的三角形（国際政治に大きな影響を与える三大国の戦略的関係）の操作を図った。まず対ソ政策では，ジョンソン政権以来の戦略兵器制限交渉（SALT）を推進した。これは米ソの戦略兵器の上限を設定しようとする軍備管理交渉であり，軍縮交渉ではなかったが，米ソ関係の安定に資するはずであった。緊張緩和（デタント）の潮流である。ニクソンとキッシンジャーは，米ソの戦略関係の安定が，ほかの領域での米ソ協力にも波及するという連繋（リンケージ）戦略を構想していた。72年5月に，ニクソンはアメリカ大統領として初めてモスクワを訪問し，SALT-I協定と弾道弾迎撃ミサイル（ABM）制限条約に調印した。後者は，相手の核ミサイル攻撃に対する迎撃システムを制限することで，相互の脆弱性を確保し，逆に，核による相互抑止態勢を維持しようとするものである。

　ニクソン政権の対中政策は，より劇的であった。一方で，アメリカはベトナム和平のために北ベトナムに対する中国の影響力に期待し，他方，中ソ関係の悪化に伴い，中国も対ソ牽制のために米中関係の改善を望んでいた。キッシンジャーが北京との秘密交渉を重ねた末，71年7月に，ニクソンは翌年春の訪中を発表し，72年2月にこれが実現した。同年に再選を果たしたニクソンは，翌73年1月にパリでベトナム和平協定の締結にこぎつけた。こうしてアメリカにとってのベトナム戦争は，ようやく終結した。

　だが，60年代以来の黒人公民権運動やベトナム反戦運動のうねりの中で，既存の価値や秩序に反逆する「対抗文化」（カウンターカルチャー）が勃興し，これに対する反発とともに，アメリカ社会は「文化戦争」とよばれる事態が生じていた。加えて，72年6月には，ニクソン大統領が権力を乱用した犯罪，いわゆる「ウォーターゲート事件」が発覚し，74年8月には大統領の辞任にまで発展した。さらに，75年4月に南ベトナムの首都サイゴンが陥落したことは，「ベトナム戦争とは何だったのか」という深刻な問いを，改めてアメリカにつきつけることになっ

た。建国200年を目前にして、アメリカ社会は未曾有の混乱に陥っていたのである。

さらに、石油危機が世界を襲った。73年10月の第四次中東戦争に端を発して、アラブ産油諸国が石油の供給制限を行い、石油輸出国機構（OPEC）が石油価格の大幅引き上げに踏み切ったのである。74年1月には、原油価格は1年前の4倍に跳ね上がった。すでにローマ・クラブによる72年の報告書『成長の限界』が、人口爆発や資源エネルギーの枯渇、環境破壊などに警告を発していたが、この石油危機は世界経済にとって大打撃であった。EC諸国や日本は、イスラエル寄りの中東政策を転換せざるを得なかった。当然これは、イスラエルを支持するアメリカと、日欧の関係を険悪化させた。

この間、72年12月には米ソ・デタントを背景に、また、西ドイツのヴィリー・ブラント首相の積極的な「東方外交」（東ヨーロッパ諸国との和解外交）を直接の契機として、東西ドイツ基本条約が締結され、両国間に準外交関係が樹立された。この72年こそデタントの頂点であろう。翌年9月には、東西ドイツの国連同時加盟も実現した。

また73年1月には、ようやくイギリス、アイルランド、デンマークがECに加盟した。第一次EC拡大である。74年12月には、EC首脳会議も「欧州理事会」として制度化された。こうしたヨーロッパ統合の動きは、まだ象徴的な域を出ていなかったが、米ソ戦略関係とは異なるレベルにおける、ヨーロッパ協調外交の可能性を示すものであった。また、西ヨーロッパでの共産主義政党の台頭（ユーロ・コミュニズム）は、アメリカの対西ヨーロッパ不信を招いた。

70年代の後半は、国際政治に宗教の影響が復活した時期であった。アメリカでは76年に、ジミー・カーターという宗教色の強い大統領が登場し、草の根ではキリスト教原理主義が勢いを増していた。77年にはイスラエルで労働党が初めて総選挙に破れ、シオニズム（ユダヤ人民族主義）や宗教色の強いリクードが政権を奪取し、78年にはポーランド出身のヨハネ・パウロ2世がローマ教皇に就任し、後のポーランドの自主管理労働組合「連帯」を勇気づけた。また、79年にはイランのイスラム革命が勃発する。イランでのこの革命は、やがて第二次石油危機を誘発し、また駐イラン米大使館職員52人が、444日にわたってイスラム過激派の人質になる事件を惹起した。

70年代後半は、米ソ・デタントが終焉に向かった時期でもある。75年7〜8月

には，欧州安保協力会議（CSCE）が開催され，デタントの精華ともいうべきヘルシンキ宣言が発せられた。ここに米ソ両国と欧州諸国は，領土保全と国境不可侵，経済協力などを謳い，人権問題の重要性を確認した。戦後の国境線の不可侵はソ連の望むものであったが，西側との経済交流や人権問題は，やがてソ連体制とその東欧支配を蝕んでいく。他方，国境線の不可侵を承認したことで，ニクソンの後任ジェラルド・フォード大統領は，東欧系アメリカ市民や右派の批判にさらされた。やはり同年の11月には，国際経済問題などを討議するために，第1回の先進国首脳会議（サミット）がフランスのランブイエで開かれている。CSCEやサミットは，戦後秩序が動揺する中での秩序再構築の試みであった。

　だがソ連のレオニード・ブレジネフ政権は，アンゴラやエチオピアなど，戦略的周辺部での軍事介入を重ねていた。デタントをめぐるアメリカの連繋戦略は裏切られたのである。76年の米大統領選挙で，現職のフォードを僅差で破った民主党のカーターは，ベトナム反戦世論に支えられたリベラル派であった。カーター政権は，ソ連との第二次戦略兵器制限交渉（SALT-II）を推進したが，勢いを強める国内の反デタント派の批判に絶えずさらされた。その上，ソ連は国内の反体制派への締めつけを強め，77年末には，中央ヨーロッパにSS-20という中距離核ミサイル（INF）の導入を開始した。それでも79年6月に，米ソ両国はSALT-II条約の調印にこぎつけた。同年12月のNATO外相・国防相級理事会は，ソ連のSS-20配備に対抗して，西ヨーロッパにアメリカのINFの配備を推進しながら，アメリカがソ連とINFの削減を交渉するという「2重決定」を下した。しかし，そのわずか2週間後に，ソ連がアフガニスタンに軍事侵攻したため，アメリカ上院でのSALT-II批准の可能性は潰え，デタントも名実ともに終焉したのである。

（2）　1980年代——新冷戦と冷戦の終焉

　ソ連のアフガニスタン侵攻，イラン革命，第二次石油危機と，1980年の米大統領選挙では，現職のカーターに不利な材料が勢ぞろいしていた。予想どおり，共和党右派のロナルド・レーガンがカーターに圧勝した。イランでの人質が解放されたのは，カーターの離任直後である。レーガンは選挙をつうじて「強いアメリカ」を標榜し，やがてはソ連を「悪の帝国」とよぶにいたった。米ソ間の新たな緊張の高まりは，新冷戦とよばれた。

　79年5月には，イギリスでも保守党のマーガレット・サッチャーが史上初の女

性首相に就任しており，レーガンとサッチャーは対ソ強硬外交と「小さな政府」で共鳴し合っていた。82年4月に英領フォークランド諸島をアルゼンチンが占拠すると，サッチャー政権は直ちに武力でこれを解放し，結果として10年を超える長期政権への基盤を固めた。

　レーガン政権は大規模な軍拡に乗り出した。83年末に，レーガンは「核兵器を無力化して時代遅れにする」防衛システムの開発を表明した。これが戦略防衛構想（SDI）であり，ジョージ・W・ブッシュ政権でのミサイル防衛の源流である。レーガン政権内部には，SDIの実現性はともかくとして，対ソ圧力に利用できると考える者もあったが，大統領自身は相互核抑止（米ソ双方が相手を破壊できる核戦力をもつことで，核戦争の可能性を小さくすること）の超克を真剣に模索していた。懸案のINFについても，レーガン政権はソ連がSS-20を撤去するならアメリカもINF配備を見合わせるという，「ゼロ・オプション」を提案したが，ソ連はこれに応じず，NATOの「2重決定」どおり，83年11月に西ヨーロッパへのINF配備が始まった。SALT-IIに代わる戦略核兵器削減交渉（START）も難航したことから，西ヨーロッパでは大規模な反核運動が展開された。

　さらにレーガン政権は，第三世界でも攻勢に転じた。アフガニスタンやアンゴラで反ソ勢力を支援し，レバノンやグレナダにも軍事介入した。80年にアメリカをはじめとする西側諸国が，ソ連のアフガニスタン侵攻に抗議して，モスクワ・オリンピックをボイコットしたのに対して，84年のロサンジェルス・オリンピックには，ソ連をはじめとする東欧諸国が不参加を決めた。こうした出来事は新冷戦の深刻化を物語るものであるが，84年レーガンは圧倒的な支持率で大統領に再選された。

　ソ連はレーガン政権の一連の攻勢に対応できなかった。82年11月のブレジネフ書記長の死去以来，84年2月のユーリー・アンドロポフ書記長の死去，そして85年3月のコンスタンティン・チェルネンコ書記長の死去と，ソ連指導部の高齢化と疲弊が顕著になっていた。さらに第一次石油危機以降，ソ連は東欧諸国に原油を安定供給できなくなっており，また，81年12月にポーランド政府が「連帯」運動を戒厳令で弾圧せざるを得なくなるなど，ソ連ブロック内の弛緩も進んでいた。アフガニスタンでの対ゲリラ戦の長期化も，ソ連経済を苦しめていた。チェルネンコの後任に54歳の改革派ミハイル・ゴルバチョフが就任したことが，ソ連と世界にとって大きな転機となった。

1985年11月にジュネーヴで，6年半ぶりに米ソ首脳会談が開かれた。レーガンとゴルバチョフは戦略核兵器の大幅削減では合意したが，SDIをめぐって対立した。翌86年10月の，レイキャヴィックにおける2度目の米ソ首脳会談でも，SDIが障害となった。レーガンは「SDIは交渉の道具ではない」との立場を貫いたのである。この間，86年4月には，ソ連はチェルノブイリ原子力発電所での大規模な事故を経験している。やがて，ゴルバチョフはSDIを棚上げして交渉に臨み，87年12月には，ついにINF全廃条約が調印された。レーガンの強硬路線とゴルバチョフの「新思考外交」が，史上初の核軍縮条約に結実したのである。こうして新冷戦は終幕した。

米ソ関係の変化の影で，ヨーロッパ統合も進行していた。1985年1月にジャック・ドロールが欧州共同体（EC）委員会委員長に就任したことが，大きな転機であった。ドロールは，92年までに域内で国境を廃止するよう，欧州議会に提案した。85年6月には，EC委員会も「域内市場白書」を発表して，物財，人，サービス，資本の移動障壁を具体的に指摘し，これらを92年末までに撤廃するよう勧告した。さらに，同年末に起草された「単一欧州議定書」（87年7月発効）は，EC閣僚理事会での決定方式を，従来の全会一致から加重特定多数決に代え，これにより市場統合に向けての意思決定が格段に速くなった。81年1月のギリシアに次いで，86年1月にはスペインとポルトガルがECに加盟して，第二次，第三次の拡大も進んだ。こうしてECが世界のGNPに占める比率は18.6％に達し，西ヨーロッパに大きな自信を与えた。他方，85年にアメリカは，71年ぶりに債権国から債務国に転落している。

89年にジョージ・H・ブッシュがレーガンから政権を継承した時，アメリカは2兆5000億ドルの財政赤字と5600億ドルの貿易赤字という「双子の赤字」を抱えていた。さらに，ブッシュ新政権は国際環境の急変に直面していた。ヘルシンキ宣言以来，東欧にも市民の自由な活動がゆるやかに拡がりつつあったが，ゴルバチョフの「ペレストロイカ」（経済再建），「グラスノスチ」（情報公開）という改革路線に刺激されて，89年には民主化の動きが一挙に加速化し，「東欧革命」とよばれる共産主義体制の崩壊が続いた。ゴルバチョフはこれに対して，不介入の立場を守った。89年11月9日には，東西冷戦の象徴であった「ベルリンの壁」がついに倒壊された。71年前に第一次世界大戦に敗れ，ドイツ帝国が崩壊した日にちと，まったく同じであった。12月には，ルーマニアのニコライ・チャウシェスク

政権も打倒され，東欧の共産主義体制は全滅した。こうした中でブッシュとゴルバチョフは，マルタ島で米ソ首脳会談に臨み，ついに「冷戦の終焉」を確認したのである。

（3）「新世界秩序」？——ドイツ統一と湾岸戦争，ソ連崩壊

　ベルリンの壁の崩壊直後に，西ドイツのヘルムート・コール首相はドイツ統一計画を打ち出した。問題は，統一ドイツがNATOに残留し得るかどうかであった。これを警戒するソ連を慰撫するために，西ドイツは巨額の経済援助を約束し，アメリカもNATOの通常戦力と核戦力の削減や，ソ連との安全保障対話の拡大を決めた。

　こうして，8月には東西ドイツが統一条約に調印し，さらに9月には，米ソ英仏の4大国と東西ドイツの「2プラス4」が「ドイツ問題の最終解決に関する条約」に調印して，10月にドイツ統一が実現した。ここに，ヨーロッパにおける冷戦は実質的にも終焉した。かつて1815年のウィーン会議の際には，ドイツは35の邦国と4つの自由都市から成っていた。ビスマルクはオーストリアを排除して，そのドイツを統一し，ヒトラーはオーストリアを併合した。第二次世界大戦後の戦勝国はドイツを分断して，オーストリアとの統一も禁じた。1990年の東西ドイツ統一で，「ドイツはいくつであるべきか」という19世紀以来の国際政治上の大問題に，ようやく答えが出たことになる。

　ドイツ統一プロセスの進むさなかの90年8月に，サダム・フセイン下のイラクが，突如として隣国クウェートに侵攻し，これを「19番目の州」として併合した。その背景には，石油利権の対立があった。ブッシュ政権は「侵略は認められない」という断固たる態度を示し，9月には，「民主主義的な政府」と「市場経済」の拡大を軸にした，冷戦後の「新世界秩序」を高らかに謳った。アメリカとともに28カ国が「多国籍軍」を形成し，さらに同年11月末，翌91年1月15日までにイラクがクウェートから撤兵しなければ「あらゆる必要な手段」の行使を容認するという，国連安全保障理事会決議第678号が可決された。合計で12もの国連安保理決議が，「多国籍軍」を支えた。

　91年1月17日未明，米軍を主力とする50万の「多国籍軍」が，「砂漠の嵐」作戦を開始した。米軍はハイテク兵器を駆使して空爆を重ね，2月24日に地上軍が突入すると，戦闘はわずか100時間で終息した。国連安保理決議第687号による屈

辱的な停戦を、フセインは受諾せざるを得なかった。それはアメリカの圧倒的な軍事力と、国連外交の輝かしい勝利の瞬間であり、「新世界秩序」の確立のようにも見えた。だがフセインは生き残り、その後も紛争の種となった。また、アメリカはその圧倒的軍事力の行使に試行錯誤を重ね、国連の安全保障分野での活躍への期待も、ほどなく退潮する。地域紛争や民族紛争が頻発するにつれて、「新世界秩序」は「新世界無秩序」とすら揶揄されるようになる。

さて、もう1つの超大国ソ連の動向に目を転じよう。91年7月には、すでに形骸化したワルシャワ条約機構が解散した。ソ連邦内では、ゴルバチョフが独立運動や自由化や民主化の流れと、共産党保守派との板ばさみになっていた。ゴルバチョフがソ連の連邦制を改編して、各共和国の主権を前提にした「国家連合」への意向を決めると、91年8月に保守派はクーデターを敢行した。だが、ロシア共和国のボリス・エリツィン大統領がクーデターに毅然と反対し、市民も彼を支持したため、保守派のクーデターは挫折した。同年12月には、エリツィンの主導でソ連は解体し、ロシア連邦に生まれ変わった。この壮大な歴史の実験は、しかし、あっけなく幕を閉じたのであった。

こうして、アメリカが唯一の超大国として世界に残ったのである。

歴史への扉26　　2つのSALT

　核戦略には、しばしば煩瑣な英語の略語が登場する。二次にわたる戦略兵器制限交渉（SALT）にも、多くの略語が満ち溢れている。大陸間を飛翔するような、破壊力の大きい核兵器を戦略核という。より射程が短く破壊力の小さなものが戦術核で、両者の中間が戦域核（INF）である。戦略核はさらに、その運搬手段によって3種類に大別できる。大陸間弾道ミサイル（ICBM）、潜水艦発射弾道ミサイル（SLBM）、そして戦略爆撃機である。

　第一次のSALTは1969年11月に始まり、72年5月に調印された。米ソ・デタントの象徴であった。これは、弾道弾迎撃ミサイル（ABM）条約と戦略的攻撃兵器制限暫定協定から構成される（アメリカでは、条約は上院の批准を必要とするが、協定は行政府かぎりのものである）。前者の条約は、ABM基地を米ソ双方で2カ所（各100基）に制限した。理論上、ABMが多数配備されれば、戦略核で相手国に先制攻撃をかけた後、その相手国が残された戦略核で反撃してきても、自国の戦力や国力を

ABMである程度は守り抜ける。これは米ソが相手国に攻撃された後にも，相手国を破壊できるだけの核戦力を相互に保持し抑止機能を維持するという，相互確証破壊（MAD）の根幹に反する。そこで，ABMを制限することになったのである。

後者の協定は，72年7月段階で米ソが保有するICBM, SLBM, 戦略爆撃機の数を上限とするものである。これは「今ある量を減らす」軍縮ではなく，「ある量よりも増やさない」という軍備管理であった。ところがこの協定には，大きな欠陥があった。ICBMやSLBM, 戦略爆撃機の数を制限しても，そこに搭載する核弾頭の数は制約されていなかったのである。そこで，米ソ両国は，1つのミサイルに複数の核弾頭を搭載できるように，個別誘導多弾頭（MIRV）化を推進した。さらに，米ソ両国はミサイルの命中精度の向上に努力を傾注した。こうして，第一次のSALTは質的な核軍拡に貢献してしまった。

そこで72年12月には，早くも第二次SALTが開始された。ソ連の中距離爆撃機バックファイアを交渉に含めるかどうかで難航したが，79年6月には，バックファイアを含めて，MIRV化ミサイルの弾頭数も制限する形で条約が調印された。しかし79年12月に，ソ連がアフガニスタンに侵攻したため，これに反発するアメリカ上院が新条約を批准する可能性はまったくなくなった。85年には未批准のまま失効している。やがてレーガン政権は，82年6月に新たな戦略兵器削減交渉（START）を開始し，91年7月に同条約が調印された。その頃には，ソ連のアフガニスタン侵攻以来，本格化した米ソの新冷戦はおろか，冷戦そのものが終焉しつつあった。

第3節　冷戦後の世界

（1）　時代の転換――軍縮と資本主義世界の拡大

　ソ連の解体後，旧ソ連に代わって西側との外交交渉に臨んだロシアの大統領ボリス・エリツィンは，先進各国との友好関係樹立に努め，1980年代後半に始まった軍縮をより進めた。危機的状況に陥った経済を立て直すために，ロシアに民主主義と資本主義経済を築くと約束し，先進各国から経済的支援を獲得し，そして国民経済に重くのしかかる軍事費を減らすことが急務であった。米ロ両国は93年に第二次戦略兵器削減条約（START-II）を結び，戦略兵器の核弾頭数を3分の1に削減することとしたほか，陸海空すべての分野で兵力削減を進めた。冷戦時代，ソ連がアメリカと世界の覇権を競うことができた理由は，その核戦力と陸軍力にあったが，ロシアはこの2つを経済力に見合った規模にまで引き下げること

を選択した。西側と対抗する勢力圏を世界各地に築いた超大国ソ連の外交路線は放棄され，周辺地域に一定の影響力をもつ国家として，ロシアは新しい歩みを始めた。

　ソ連末期の改革は世界各地の社会主義国にも影響を与えた。アフリカではモザンビークで，市場経済が導入され，複数の政党が政権を争う自由選挙も実施された。共産党の独裁を維持した国でも，冷戦後は政治秩序が大きく変化した。めざましい発展を遂げたのは中国であった。中国は89年の天安門事件で学生や民衆の民主化要求を弾圧した後，市場経済の建設と外資導入で高度経済成長を続けた。2001年，西側先進国が自由貿易を促進するために創設した世界貿易機関（WTO）に加盟し，その経済力を背景に軍拡を推し進めた。新たな世界大国として台頭した中国とは反対に，経済危機に瀕したのはキューバや北朝鮮などであった。これらの国は，主要な貿易相手であったソ連の崩壊で物資不足に悩み，その打開策として旧ソ連や中国にならった経済の自由化を部分的に行った。東ヨーロッパでは，ルーマニアのように自由選挙が行われた後も，旧共産党系の政府が組織されるところもあったが，そのような国も先進国との結びつきを強化するため，経済の資本主義化をすすめた。そのおかれた立場によって，政治のあり方や市場経済の導入の程度は異なったものの，かつての東側の国々は資本主義諸国に自国経済を開放し，経済運営の脱社会主義化を試みていった。

　東ヨーロッパとソ連で起こった政治の民主化と経済の自由化は，資本主義国も変えていった。軍事政権や人種差別国家に国際社会の批判が集中するようになったため，韓国では93年に32年ぶりの文民大統領が誕生した。その翌年にはアパルトヘイトを廃止した南アフリカで，ネルソン・マンデラが初の黒人大統領となった。さらに，民主政治が成熟している先進国でも，政治的変化が起こった。ソ連崩壊の前年に，イギリスでサッチャー首相が退陣に追い込まれたのに続き，92年，アメリカでも湾岸戦争を勝利に導いたブッシュ大統領が再選に失敗した。冷戦が資本主義の勝利に終わった時，両国で指導者が交代した背景には，市民が20世紀中頃までとはまったく違う情勢に対応できる，新感覚の政治家を求めていたことがあった。

　70年代から飛行機と高速道路を使い，人やモノが地球上を大規模に行き交うようになっていたが，90年代になると，そうした動きを人工衛星やインターネット，携帯電話を利用して効率的に管理できるようになった。この時，イギリス，アメ

リカはほかの先進国に先駆けて経済運営に市場原理を積極的に取り入れるとともに，世界を舞台に活躍する個人や企業の力をうまく引き出すことに成功して，21世紀初頭まで続く好況期を出現させた。

　しかし，そうした好況には影の部分が伴っていた。90年代初頭，経済成長が生み出した所得格差の拡がりなど，様々な社会問題に関心が集まり始めた。この結果，景気を維持したまま，中産階級の生活をよりきめ細やかに配慮する政府の建設を唱えたビル・クリントンが，ブッシュを破ってアメリカの新大統領となった。彼は市場原理をうまく活用する一方で，政府の効率的な公的サーヴィスを約束する中道的な立場をとり，国民の支持を得たのである。そうした政治スタイルは，ヨーロッパの社会民主主義勢力に手本を与えることになった。97年にはイギリス労働党のトニー・ブレアが，98年にはドイツ社民党のゲアハルト・シュレーダーが保守勢力を破って首相になった。この3人の指導者はヴェトナム戦争期に青春を過ごした新世代の人々で，冷戦時代の政治家のように左右のイデオロギーにこだわるのではなく，柔軟で実利的な立場から政治に取り組んだ。彼らは資本主義も社会主義もそれぞれ問題があることを直視して，その克服をめざす「第三の道」とよばれる路線を採用して成功したのであった。

（2）　新しい危機——暴走するマネーと大量破壊兵器の恐怖

　1990年代は超大国間の核戦争で人類が絶滅する危険性が遠のき，貿易の自由化によって「インフレなき経済成長」が先進資本主義国で実現していった時代である。しかし，それはまた，冷戦期とは異なる形の危機が次々と噴出した時代でもあった。

　第1に経済的側面から見ると，グローバル化した経済の危うさが97年から翌年にかけてのアジア通貨危機で噴出した。タイを出発点に，東南アジア全体に広がった通貨の暴落と外国資本の流出は，ロシアやブラジルへと広がった。これら各国に巨額の投資をしていた先進国の金融機関が打撃を受け，アメリカでは大手投資信託会社が倒産し，日本でも銀行や証券会社が破綻していった。一部の途上国の経済混乱が世界全体に波及し，経済大国でさえ震撼する事態になったのは，資本がより大きな利潤を求めて地球上を瞬時に駆け回る仕組みができあがっていたためである。国際協調体制のもと，この危機は克服されたが，その代償は大きかった。インドネシアでは，国際通貨基金（IMF）が巨額の金融援助の条件として

強制した経済の構造改革に民衆が反発し，暴動が爆発する中，スハルトの長期政権が崩壊した。

　第2に政治的側面から見ると，国際社会は続発する地域紛争に悩むこととなった。そして，その中で世界平和に大国の力が必要なことがあらためて確認された。92年，米ソ対立の解消を受けて，ブトロス＝ガリ国連事務総長は新たな国連の任務として平和強制部隊の創設を提案した。それは紛争地に，強力な武力行使の権限を認められた国連部隊を派遣し，停戦維持や武装解除，暫定政権樹立にあたらせようとするものであった。けれども翌年，この提案を具体化した部隊がソマリアに展開すると，現地の武装勢力との戦争になった。アメリカ軍が秩序回復のために介入すると，一般住民が巻き込まれて多数の死者を出す事態となり，国連は撤退に追い込まれた。内戦で引き裂かれた社会に平和を強制することは，国連の能力を超える事業であった。94年にルワンダで，その犠牲者が50万人を越すともいわれる大量虐殺が発生した時にも，国連は介入のための部隊編成に手間どり，緊急展開能力のあるフランスの軍事力に頼らねばならなかった。

　こうした状況下では，国連が大国の利害が絡んだ問題に対応できないのは当然であった。旧ユーゴスラヴィア地域で発生したコソボ紛争では凄惨な戦闘を止めるため，99年にセルビアに対してNATO軍の空爆が実施されたが，この時，NATOは国連安保理の合意が得られる見込みがないことから，国連の承認なしに武力を行使した。その後も民族紛争は続き，2003年，スーダン西部のダルフールで始まった内戦では虐殺が行われ，大量の難民が発生したが，国連も大国も有効な措置をとることができなかった。

　第3に，軍事的側面から見ると，核兵器保有国の増加は深刻な問題であった。南アフリカのように，冷戦の終結で自発的に核兵器を破棄した国もあった。また，核廃絶を求める国際世論も高揚して，95年には核不拡散条約の無期限延長が決定し，96年には包括的核実験禁止条約が国連総会で採択された。しかし，5大国の核保有を認めたまま，他国の開発を厳しく取り締まることに反発したインドは，98年に核兵器保有を公式に宣言した。すると，インドとカシミール地方の帰属問題をめぐって軍事的に対立するパキスタンも，対抗措置としてただちに核保有を宣言し，わずか半月の間に新たに2つの国が核保有国に加わった。核施設の査察をめぐり，95年にアメリカと戦争直前までいった北朝鮮も，極秘に核兵器の開発を進め，2006年には核実験を強行した。02年に核兵器開発疑惑が浮上したイラン

も，他国や国連が懸念を表明しているにもかかわらず，核物質の開発を続けている。

　経済が破綻し，国民が飢餓に苦しむ北朝鮮の核保有は，小国でも大量破壊兵器が保有できる何よりの証拠であった。それ以上に深刻な問題として浮上したのは，紛争地域の武装勢力，さらには潤沢な資金をもつテロ集団や犯罪組織でも，そうした兵器の開発や入手が実現可能になったことである。米ロの軍縮で旧ソ連軍の核兵器が解体され，核開発に携わってきた科学者たちが職を失った時，核兵器の原料や核製造に必要な知識が，闇の国際市場に流出することを，米ロは何よりも恐れた。また，核と違って製造に巨大施設を必要としない化学兵器や細菌兵器であれば，国際社会の監視の目を逃れてつくるのも簡単であった。

　実際，短期間のうちに大量破壊兵器を開発した集団が，予想もつかなかった地域でテロ事件を起こした。95年，世界一安全と言われた国である日本で，オウム真理教団は化学兵器サリンを製造し，地下鉄で無差別テロを行った。この事件はアメリカ政府を震撼させたが，それは93年に，ニューヨークの世界貿易センタービルを中東のイスラム過激派から爆弾攻撃された経験を，アメリカがもつためであった。クリントン政権は，大量破壊兵器を用いたテロが発生した場合の緊急対応策を準備するともに，93年に成立したパレスチナ解放機構とイスラエルの和平合意をすすめるなど，イスラム教徒の反米感情をやわらげることで，テロの原因を取り除こうとした。

　しかし，テロ事件は収まらなかった。98年，ケニアとタンザニアのアメリカ大使館に爆弾攻撃が行われると，クリントンはサウジアラビアの富豪，ビンラディンが率いる国際テロ組織アルカイダの犯行と断定し，アフガニスタンとスーダンにあると思われたアルカイダの拠点をミサイル攻撃した。

（3）　21世紀の国際秩序――テロとの戦いと混沌の世界

　2001年9月11日，民間航空機をハイジャックしたテロリストによって，アメリカの政治経済の中心部であるニューヨークの世界貿易センタービルと，首都ワシントンの国防総省が同時に攻撃された。「9.11」とよばれるこの凶行がアルカイダの犯行であると確信したアメリカは，同年，国連の求めに応じずにアルカイダの引き渡しに応じなかったアフガニスタンに対して，イギリスなどとともに攻め込んだ。

9.11は外国人を含む多くの民間人の生命と，その財産を無差別に奪い，ニューヨーク株式市場の閉鎖や世界的な株安を引き起こして，国際社会に大きな打撃を与えた。国連が世界の平和と安全に対する脅威として9.11を非難する決議を採択したのも，またNATOがそれをアメリカ一国だけでなく，NATO加盟国全体への攻撃と見なしてアルカイダの打倒に向けて対米協力を決めたのも，罪なき人々を巻き込んだテロがあまりにも残酷だったからである。チェチェンの独立を求める集団のテロを経験していたロシアも，テロとの戦いに参加するためNATO加盟国との関係強化に踏み出した。それまでロシアは，旧ソ連に対抗する軍事機構として発足したNATOの東ヨーロッパへの拡大を懸念していたが，02年にNATO・ロシア理事会の設置に合意し，NATOの運営に関与するようになり，またバルト三国など自国に隣接する中東欧の7カ国が04年にNATOに新規加盟することも容認した。各国はこうした軍事的な協力をすすめただけでなく，観光客や学生を装ったテロリストが大量破壊兵器を秘かに自国領内にもち込むのを水際で阻止したり，テロ組織の資金源を根絶し，容疑者の割り出しや逮捕を行ったりするため，国際的な政策協調の枠組み作りに努めた。国境を越えて活動する国際的なテロ組織と戦うために，国の違いを超えた政府関係者のネットワークが発展したのである。

しかし02年，アメリカが大量破壊兵器を使った攻撃を未然に防ぐためには，テロ組織やテロリストを支援する国家に先制攻撃を行うことも辞さないという考えを発表すると，アメリカを支持してきた国々の間から批判の声が起こった。翌年，アメリカはイラクが国際テロ組織と関係をもち，湾岸戦争後も大量破壊兵器の開発を行っていたとして，フセイン政権を排除するための戦争を開始した。この時フランスとロシア，ドイツはアメリカの説く開戦の大義を認めず，このためアメリカはイラクへの武力行使決議を国連で採択することができなかった。イギリスや日本などと有志連合を結成し，この戦争に臨んだアメリカは圧倒的な勝利を収めたものの，戦後，戦争の理由となった大量破壊兵器が発見されなかったことや，イラクの治安が悪化し国連事務所などへの自爆テロや外国人の誘拐事件が続発したこと，さらにはアメリカ兵によるイラク人捕虜への拷問事件が発覚したことなどから，国際的な非難を浴びることになった。

イラク戦争は世界規模の反戦平和運動のきっかけとなった。それを組織する上で重要な役割を担ったのは，市民運動のネットワークであった。第二次世界大戦

後，発展途上国の開発や紛争地域の緊急支援，環境問題などの分野で実績をあげてきた非政府組織（NGO）の活動は軍事問題にも及ぶようになり，アメリカやロシア，中国といった大国が反対した対人地雷全面禁止条約（1999年発効）の成立に大きく貢献した。また経済のグローバル化に反対するNGOの一部は，民衆を国際会議の開催地に集めることで各国政府代表に圧力をかける戦術をとり，1999年のWTO閣僚会議を決裂に追い込んだほか，2001年のジェノヴァ・サミットでは，10万人規模のデモを仕掛け，死者や多数の負傷者をだす事態を起こした。

　人々が巻きおこす抗議の渦は，政治とは本来無縁の世界にも広がった。08年の北京オリンピックはチベットの民族運動を宣伝する絶好の機会となり，チベットのラサを皮切りに中国各地でチベット人の暴動が発生すると，中国のチベット政策に抗議して聖火リレーの妨害が行われたりした。活動家たちはマスメディアの注目が集まるイベントを選んで，その主張を効果的にアピールし，国家指導者たちに圧力をかけた。

　中国とロシアは，イラク戦争後も他国の追随を許さぬ卓絶した軍事力を用いてテロ支援国家を打倒し，民主主義樹立の名のもとに親米国家建設をめざすアメリカへの反発を強めた。経済成長と軍備拡大に邁進する中国は，エネルギー資源の確保をめざしてアフリカ諸国との関係を強化したが，その中には人権侵害が世界から批判されているスーダンやジンバブウェも含まれていた。ロシアは04年にグルジアで，05年にウクライナとキルギスで，民主主義の確立を唱える勢力によって親ロシア派の政権が打倒されると，自国周辺で反ロシア派の台頭が起きるのではないかと懸念した。07年，ミュンヘンでロシア大統領ウラジーミル・プーチンはNATOの東方拡大を批判したが，その理由は旧ソ連の構成国でNATO加盟を足がかりに，アメリカの支援に頼ったロシアへの敵対活動が起こると警戒したためであった。08年，グルジア国内で軍事紛争が発生すると，ロシアは親ロシア派住民を支持して軍事介入し，NATOと築いた軍事協力も全面凍結すると発表した。

　この強硬政策を可能にしたのは，世界経済の成長によってもたらされたエネルギー資源価格の高騰であった。原油や天然ガスの産出国であるロシアは，そうした資源に依存しているヨーロッパ諸国に圧力をかけて，譲歩を引き出せるようになっていた。01年に中ロ善隣友好協力条約を締結した中ロ両国は，05年に合同軍事演習を実施し，アメリカや西欧への示威行為を行った。

図11-2　バラク・オバマ
2009年「核なき世界」をめざしたことなどが評価されてノーベル平和賞を贈られた。
出典：http://nobelprize.org/nobel_prizes/peace/laureates/2009/obama-photo.html

一方，アメリカとその同盟国は，中東地域に民主的秩序を構築できず，苦しむこととなった。治安維持とテロリスト掃討のため，戦後も同地域への占領軍の駐留が長期化し，人的にも金銭的にもコストが巨大になっていった。しかも，アメリカにおいて発生した住宅金融市場の混乱は，08年に大手金融機関リーマン・ブラザーズの破綻を招き，それをきっかけに世界経済に危機が広がった。翌年，20世紀のアメリカ文明を象徴した自動車産業の最大手であるGM（ゼネラル・モーターズ）とクライスラーが倒産したほか，アラブ首長国連邦のドバイで信用不安が発生した。混迷する世界経済は各国首脳に解決のための協調行動を取るように迫った。

　09年，アメリカ大統領に就任したバラク・オバマは，イラクとアフガニスタンでの治安回復と経済危機の克服に努力した。また，就任早々，核廃絶に向けた取り組みを発表するなど，野心的な目標を打ち出した。それは，アメリカが失った世界からの信頼を回復しようとして取られた象徴的行動であった。

　21世紀初頭の世界を考える時，大国間の対立や抗議行動の頻発だけではなく，安心して暮らせる社会をめざして人々が懸命に努力したことも見なくてはならない。交通通信手段が発達し，相互依存がすすんだ世界では，ある国が問題状況を放置すればその被害は世界中に広がる。テロと大量破壊兵器が国際政治の中心的争点になったのも，まさにこのためである。03年，新種の感染症である新型肺炎（SARS）は中国から東南アジア，カナダ，ヨーロッパへとわずか数カ月のうちにたちまち広がった。この時，もし中国政府がSARSの発生を隠蔽することなく問題を早期に伝えていれば，被害をより限定することができたかもしれない。

　2004年のスマトラ沖大地震が発生した時，様々な国家やNGOが被災地を救援，復興しようと，直ちに物資や人員を送った。国際社会が苦境に陥った人々に手を

差し伸べて，紛争の発生やテロの温床となるのを未然に防ぐことは，国家間で繰り広げられる権力外交に劣らぬ重要性をもった，安全保障政策の新しい柱と認識されるようになっている。

歴史への扉27　イラク戦争とヨーロッパ
——21世紀における民主主義と帝国主義

　イラク戦争は冷戦後のヨーロッパとアメリカの関係を考える上で，注目すべき事件であった。遮二無二，戦争へと突き進むアメリカにフランスとロシアが同調しなかったのは，この2つの国が中東にもつ軍事的，経済的関心を考えれば予想された範囲の出来事であった。しかし，ドイツまで戦争反対に回ったのはアメリカにとって予想外であった。ドイツのシュレーダー政権は，苦戦が予想された2002年秋の総選挙に勝利するため，反戦派の票を獲得しようとしたのである。

　こうしたヨーロッパの動向に苛立ったアメリカでは，平和的解決に固執するヨーロッパと，正義実現のため果断に行動するアメリカとの間には，根本的な価値観の対立があると論じるロバート・ケーガンの著書が話題になった。彼は暴力を嫌うヨーロッパと，武断的なアメリカを別の星の住民になぞらえて，アメリカはヨーロッパに縛られるべきではないと主張した。一方ヨーロッパでも，アメリカとの間に一線を画すべきであるとする意見が台頭した。03年2月，ヨーロッパ各国で，イラクへの武力行使に対するアメリカへの抗議デモが展開された。戦争が終結した同年5月には，現代哲学界の巨人であるユルゲン・ハーバーマスとジャック・デリダが声明を発表し，非アメリカ的な価値観に基づいて，新生ヨーロッパを建設しようと訴えた。

　ヨーロッパで反米気運が高揚した直接の理由は，イラクが大量破壊兵器を隠しもっている確証が一向に示されないことにあった。けれども，それと同じくらいに重要なことは，アメリカの唱える民主主義に，多くの人々が疑問を感じたことであった。イラク問題が起こった時，ヨーロッパではヨーロッパ連合（EU）の憲法制定作業がすすみ，また東欧諸国のEU加盟を控えて，新時代にふさわしい政治理念が議論されていた。このため，人々の政治意識が高まっていたのである。

　上述した声明でハーバーマスとデリダが指摘したのは，政教分離，市場経済への信頼，戦争や暴力に対する態度といった民主主義の根本にかかわる考え方が，アメリカとヨーロッパで大きく隔たっていることであった。具体的にいうと，ブッシュ大統領を含めて多くのアメリカの政治家が，キリスト教の教えに忠実な形で政治活動を行っていることは，世俗化したヨーロッパから見ると，キリスト教民主主義政

党の者でさえ異様に思えた。貧富の格差を容認する社会風土や未成年者を死刑にする人権感覚も，ヨーロッパの常識からすれば受け入れがたいものであった。ヨーロッパとアメリカの衝突は武力行使の正当性の問題を越えて，アメリカ民主政の正当性にまで及んでいたのである。

　もっとも，アメリカがこのような形で批判を受けるようになったのは，今に始まったことではない。60年代，西側世界に社会的抗議運動が燎原の火のごとく広がった。アメリカ公民権運動やフランス五月革命などをきっかけにして，人種や性などを理由にした差別や，大量消費社会が生み出した環境破壊の問題に人々の関心が高まり，西側諸国はその対策に取り組むようになった。しかし，70年代のアメリカでは差別是正措置や環境政策の行き過ぎが次第に問題とされるようになり，80年代に入るとロナルド・レーガン大統領のもとで，保守主義理念に基づいた新しい政治が行われるようになった。所得の平等よりも経済成長を優先させる政策が実施されたほか，治安強化を理由にヨーロッパよりも格段に厳しい犯罪者への刑罰がとられるようになった。また，キリスト教倫理の復活をめざした宗教右翼の政治的影響力も強くなった。21世紀初頭のヨーロッパが批判する，「アメリカ」的な民主主義のあり方は，その多くがレーガン以降の「保守化」の中で生まれたのである。

　2000年アメリカ大統領選挙で辛勝したジョージ・W・ブッシュは，レーガン支持者を基盤とする政治家であった。オックスフォードに学び，ヨーロッパとの協調を重視した前大統領クリントンとの違いを強調する目的もあって，ブッシュは就任以来，ことさらに保守派の主張に沿った外交路線を取った。その典型は，ヨーロッパ諸国やNGOの後押しで成立した地球温暖化防止のための京都議定書（1997年採択）への不参加であった。そしてブッシュ政権は，9.11後，国連や主要同盟国の反対を押し切ってでもアメリカが行動する代表例を，イラク戦争で作った。

　こうしたブッシュ外交に反対する政治勢力は，アメリカ国内に依然として強力な基盤を築いていた。アメリカ政治が保守化したといっても，アメリカ国民すべてが保守的になったわけではなかった。ブッシュと対立する民主党のリベラル派の中には，「ヨーロッパ」的な民主主義観に共鳴する人々が数多く存在した。他方，ヨーロッパでも，非アメリカ的な価値観をもつ者ばかりではなかった。イギリス，スペインなどはイラク戦争を支持し，また東ヨーロッパには，EUに加盟したとはいえ，政情不安なロシアに対する後ろ盾として，アメリカとの良好な関係を望む国が多かった。アメリカもヨーロッパも，一枚岩になって相手に向かっていくような状況ではなく，その内部に深刻な対立を抱えていたのであった。

　興味深いことに，イラク戦争が迫る中，主要メディアでもリベラル派の論客マイケル・イグナティエフによって，ブッシュ外交が「帝国主義」として論じられるようになった。イラク戦争に反対したフランスやロシアの動きにも，利権をめぐる帝

国主義的思惑を見て取ることは容易である。イラク戦争の歴史的意義を考える時，民主主義を求める市民の国を越えた動きに注目するとともに，21世紀初頭の「帝国主義」がどのような歴史的位相にあるのか検討することが重要である。

参考文献
M・イグナティエフ著，中山俊宏訳『軽い帝国——ボスニア，コソボ，アフガニスタンにおける国家建設』風行社，2003年。
J・デリダ／J・ハーバーマス著，瀬尾育生訳「われわれの戦後復興——ヨーロッパの再生」『世界』2003年8月号，86～93頁。

EU加盟国（2011年）

第12章　ヨーロッパ統合への道

第1節　脱植民地化とヨーロッパ統合 ─────────
第2節　ヨーロッパ統合の拡大 ─────────

第1節　脱植民地化とヨーロッパ統合

（1）　戦後復興と植民地

　第二次世界大戦は，戦勝国か敗戦国かにかかわらず，西欧各国に未曾有の経済的苦況をもたらした。とりわけ，かつての「世界の工場」，ついで「世界の銀行」として経済的覇権国の地位にあったイギリスの疲弊は著しく，その地位を完全にアメリカ合衆国に譲らなければならなかった。1945年末にイギリスは，アメリカとカナダから巨額な借款を得て，ようやく窮状を一時的に脱する始末だった。フランスやイタリア，オランダ，ベルギーも，それぞれ地上戦の舞台になったため，イギリス以上の苦況に陥った。敗戦国ドイツの状況は，戦勝国にまして壊滅的だった。イギリスを筆頭にして18世紀から工業化（産業革命）を進め，豊かな生活を享受してきた西欧各国は，大戦から抜け出した1945年，戦後復興という重い課題に，第一次世界大戦に続いてふたたび直面したのである。

　西欧が自身の復興のためにまず利用しようと考えたのは，大戦前から保持していた植民地などの従属地域であった。たとえばイギリスでは戦時中から，その広大な帝国（イギリス連邦）との紐帯を強めようとする動きがあった。白人自治領（カナダとオーストラリアなど）との関係はもちろんのこと，アジア・アフリカ植民地との経済関係強化が追求された。植民地省が中心になって43年に策定された「マラヤ連合」構想は，マラヤ各州のスルターンの権限を弱め，イギリス領マラヤに対する支配の強化を狙ったものだった。

　しかし，第二次世界大戦中からアジアでは，そのマラヤ自体が日本軍によって占領されるなど，イギリスの軍事力が大きく弱体化したため，植民地支配の継続は容易でなかった。たとえばインドでは，大戦中にイギリスが自治領化を約束するものの，ガンディーらはそれを拒否し，独立運動を強化した。そして結局47年にイギリスは，インドの独立を容認せざるを得なくなった。

　インドを失ったイギリスにとって，天然ゴムと錫などの資源が豊富で海上交通の要衝でもあるマラヤの重要性が高まった。植民地産品，中でもタイヤの原料となる天然ゴムをアメリカに輸出しドルを獲得することが，イギリス経済の再建には不可欠だと考えられた。こうしてマラヤ支配を強めようとするイギリスに対して，48年から独立運動側の武装闘争が激化した。

フランスも大戦中から，戦後復興において植民地を重要視していた。44年から46年まで臨時政府首班を務めることになるド・ゴールは，大戦中の42年6月に国外からのフランス国民向けラジオ放送で，「国民の未来にとって」重要なのは植民地だと語っていた。だがフランスにとっても，植民地支配の継続は容易でなかった。たとえば大戦中に日本軍によって占領されたベトナムでは，大戦直後にベトミン（ベトナム独立同盟）によって，フランスからの独立が宣言された。それに対してフランスは，46年からベトナムへ再侵攻し，インドシナ戦争を引きおこした。

オランダも，大戦中に日本軍に占領された東インド植民地（インドネシア）の再獲得をめざした。こうして，大戦最末期にスカルノらが独立を宣言して建てたインドネシア共和国への軍事侵攻が，47年に開始された。

中東では，大戦を経てヨーロッパの支配力は大きく後退した。46年までに，レバノンとシリアがフランスから，ヨルダンがイギリスから，それぞれ独立した。

一方アフリカの状況は，アジアとは異なっていた。ドイツ軍の侵攻がごく一部にとどまったアフリカでは，西欧諸国による支配体制が大戦後も維持されたのである。しかし，アフリカでも，フランスの植民地であったアルジェリアで45年5月に反仏暴動が発生するなど，独立運動は次第に激しくなっていった。

（2） 戦後復興と経済協調

西欧諸国は，戦後復興のもう1つの鍵を，各国の経済運営の協調に求めた。これは，政治および軍事レベルでのなんらかの協調を含意してもいた。3度目の大戦を回避し，さらに大戦後に出現した米ソの2超大国それぞれに対抗していくためには，国民国家の枠を越えて協力し，なにがしかの統合を実現しなければならないという認識が，西欧諸国に広がっていたのである。

大戦後の早い段階で，このような動きをリードしていたのはイギリスだった。保守党の元首相チャーチルが，1946年9月のチューリヒ大学での演説で「ヨーロッパ合衆国」の創設を訴えた。労働党政権も，外相ベヴィンが48年1月に西欧同盟を提唱した。これが3月に，イギリスとフランスおよびベネルクス三国（オランダ・ベルギー・ルクセンブルク）によるブリュッセル条約の調印へつながった。この条約では，集団的自衛のほかに，経済運営における協調の促進が謳われていた。

西ドイツも協調に熱心だった。ドイツの再軍事大国化を懸念するフランスなど，近隣国の同意を得て敗戦から復興しなければならない西ドイツにとって，近隣国と経済・政治・軍事にわたり，広く協調関係を築くことが必要だったのである。49年に西ドイツの初代首相となるキリスト教民主同盟（CDU）のアデナウアーは，前年48年5月のCDU執行委員会において，西欧を連邦化すればドイツに対する西欧諸国の不安を払拭できると語った。さらに同じ委員会においてアデナウアーは，西欧は連邦化によって，米ソに対抗し得る「頑強で巨大な第三の世界的力」となることが可能である，という考えも示した。
　実際，フランスとベネルクス三国も，ドイツの再軍事大国化を阻止し得るような，西欧の連邦化に前向きだった。フランス外相ビドーは，48年7月のブリュッセル条約機構外相理事会で，欧州議会の創設を提案した。多国間をつなぐなんらかのシステムを西欧に構築し，そのシステム内にドイツを取りこむことで，ドイツの行動を将来にわたって規制するというのが，フランスとベネルクス三国の狙いだった。
　だが，連邦の中身について各国政府間で話し合いが進むにつれ，思惑の違いが表面化した。イギリス政府は，国家主権を制限しない，政府間協力の枠に収まるシステムを構想したのに対し，多くの大陸諸国政府は，国家権力の一部が委譲される超国家的機関の設置を望んだのである。また大陸諸国内にも，ド・ゴールのように，国家主権の制限に反対する有力政治家は少なくなかった。
　さらにイギリスは，西欧の連邦化を支持し，それに加わる姿勢を見せながらも，アメリカ合衆国との2国間関係とイギリス連邦という2つの枠組みを，ヨーロッパとのかかわりよりも重視する立場をとり続けていた。たとえば，47年8月にフランスが提案した欧州関税同盟は，イギリスの賛同を得られず実現しなかった。イギリスにとって，植民地マラヤで天然ゴムを栽培し，それをアメリカに輸出するための便宜を確保するほうが，西欧という枠内での関税を調整するよりも，はるかに重要だったのである。
　こうして結局，マーシャル・プランによるアメリカからの経済復興資金を分配するために48年3月に創設された欧州経済協力機構（OEEC）も，49年1月に誕生した欧州評議会も，それぞれ政府間協力を進める機関としかならなかった。また，同年4月に設立された北大西洋条約機構（NATO）も，国家主権に抵触しない多国間軍事同盟にとどまった。

（3） 欧州石炭鉄鋼共同体の誕生

　西欧の統合に向けての新しい動きは，イギリスを脇役におきつつ，1950年に現れた。この年の5月，フランス外相シューマンが西ドイツに対して，両国の石炭と鉄鋼生産全体を，ヨーロッパのほかの国も参加できる機関の管理下におくことを提唱したのである。シューマン・プランとよばれるこの提案は，石炭や鉄鉱石の採掘と鉄鋼の生産という，国家主権にかかわる権限が超国家的機関に委譲され，その機関の決定事項に加盟国が拘束されることを意味していた。

　シューマン・プランの実現を図る委員会が，フランス，ドイツ，イタリア，ベネルクス三国によって設置され，委員長にはフランス人モネが就任した。そして6カ国による51年4月の条約調印を経て，52年8月に欧州石炭鉄鋼共同体（ECSC）の業務が開始され，モネがその「最高機関」の長に就いた。「最高機関」は，各国1名で構成される閣僚理事会と，各国の議会代表で構成される共同議会，そして各国政府が任命する裁判官からなる司法裁判所の，計3機関から助言・監督を受けるという制約下におかれながらも，重要事項を決定し実行する権限を有していた。

　イギリスはECSCに参加しなかった。オーストラリアと南アフリカという，世界有数の鉄鉱石産地がイギリス連邦のメンバーであるという事情が，不参加の背景にあった。

　鉄鋼業という基幹産業が6カ国によって共用化されたことで，西欧の超国家的統合は経済レベルでは一歩踏み出した。そしてフランスは同時期に，軍事レベルでの同様の統合を提唱した。冷戦の進展に伴い，アメリカが西欧全体の軍事力強化のために西ドイツの再軍備を要求してきたのを受け，フランスは50年5月に，シューマン・プランと同様の超国家的な軍事機関の設置と，西ドイツの再軍備とをワンセットで提唱したのである。提唱者のフランス国防相の名にちなんで，プレヴァン・プランとよばれるこの構想は，52年5月に，欧州防衛共同体（EDC）条約がECSC加盟6カ国によって調印され，なかば実現した。しかしフランス議会の批准審議では，ドイツ再軍備そのものに反対するド・ゴール派と共産党の支持を得られず，54年8月に批准案が否決された。

　その後，西ドイツとイタリアが54年10月にブリュッセル条約に加盟し，既加盟国のイギリス，フランス，ベネルクス三国と合わせて，集団的自衛を目的にした西欧同盟が創設された。そして，結局フランスも西ドイツの再軍備を承認し，西

ドイツは54年に NATO に加盟した。こうして，軍事レベルでの西欧の統合は，超国家的機関を欠いた，政府間協力という段階にとどまり続けた。

（4） 脱植民地化と欧州経済共同体の誕生

　1950年以降に，西欧諸国が経済協調に対してますます積極的に取り組むようになった背景には，同時期，アジア・アフリカにおける独立運動が奔流のように勢いを増したという事情があった。植民地などの従属地域を，戦後復興の切り札の1つにしたいという西欧各国の目算は，独立運動の盛り上がりを前にして，徐々に萎まざるを得なかった。それに反比例して，西欧という枠内での経済協調を進めて戦後復興をめざすという考え方が，勢いを増していったのである。

　東南アジアでは，まずオランダが50年にインドネシアの独立を承認した。ついでフランスもインドシナから退場した。対ベトミン戦に戦力を集中せざるを得なくなるまで追いつめられたフランスは，まずラオス（1953）とカンボジア（1954）の独立を承認した。そしてディエンビエンフーの戦いでベトナム軍に大敗したフランスは，54年7月に停戦協定の締結を余儀なくされ，56年にベトナム全土から軍隊を撤退させたのである。さらにマレー半島南部では，イギリスが57年にマラヤ連邦の独立を承認した。

　アフリカでは，大戦後にイタリア領からイギリスとフランスの共同統治領になっていたリビアが，51年に独立を果たした。56年には，フランスがモロッコとチュニジアの独立を承認した。翌57年にはガーナがイギリスから独立する。結局，一挙に17カ国が独立し，「アフリカの年」とよばれることになる60年までに，アフリカ大陸の過半以上が，西欧諸国の直接支配から脱した。

　西欧諸国が50年以降，植民地独立の承認へと追いつめられていったのは，独立運動を抑えるための出費に耐えられなくなったからである。軍事費を確保するために，増税，福祉抑制，赤字国債発行などが西欧諸国で多かれ少なかれ断行され，その結果としてインフレや失業，低賃金が国民生活を圧迫した。西欧諸国にとって第二次世界大戦後の植民地は，その経済復興に資するどころか，経済発展の足かせにさえなってきたのである。

　西欧諸国にとって，戦後復興のための切り札として残ったのは経済運営の協調だった。こうして，この動きは55年から加速する。この年，ECSC 加盟6カ国外相会議がシチリア島のメッシーナで開かれ，ECSC を範として欧州経済共同体

(EEC) と欧州原子力共同体 (EURATOM) の創設を約する「メッシーナ宣言」が採択された。そして2年にわたる交渉を経て，57年3月，EEC と EURATOM を創設するローマ条約が調印され，両共同体は58年に発足した。ローマ条約では，関税障壁や輸出入量制限のない共同体内共通市場の準備，加盟国以外に対する共通な関税・貿易政策の制定，農業分野における共通政策の実施，化石燃料に代わる原子力の民間開発などの推進が取り決められた。

だが EEC は，ECSC と比べると，超国家的性格が薄まっていた。加盟国の意思が直接反映される閣僚理事会が決定機関となり，ECSC の「最高機関」に替えて設けられた欧州委員会が，提案・執行機関となったのである。こうした変更は，超国家的機関の設置を強く望むオランダ・ベルギーの連邦主義と，政府間協力にとどめたいフランスの国家連合主義との妥協の産物だった。

58年，意志堅固な国家連合主義者のド・ゴールが，アルジェリア独立反対派の支持を集めてフランス大統領に就任したため，フランスは西欧の連邦化にますます消極的になるのではないかという予測が，一部の評者の間で広がった。しかしド・ゴールは結局，軍事費が重くのしかかっていたアルジェリア維持政策を放棄し，61年にアルジェリア民族解放戦線との正式交渉に踏み切った。そしてフランスは，62年にアルジェリアの独立を承認した。ニューカレドニアなどにわずかな植民地を保持するだけになったフランスにとって，経済発展の鍵は，西欧という枠内での協調しか残されていなかった。ド・ゴールは，ECC に残留しつつ，その超国家的性格を弱める努力を続けることになる。

実際，ECSC と EEC は，加盟6カ国の経済発展に有効だった。各国は50年代に戦後復興を終え，60年代にはフランスとドイツを筆頭に高度経済成長を達成したのである。

(5) イギリスの EEC 加盟問題

イギリスは，ECSC についで EEC にも参加しなかった。イギリスは，ヨーロッパの枠内での経済協調政策としては，スウェーデン，ノルウェー，デンマーク，スイス，オーストリア，ポルトガルとともに，60年5月に欧州自由貿易連合 (EFTA) を設立するにとどめた。EFTA は EEC と異なり，イギリス連邦からの農産物輸入が多いイギリスの利害を配慮して，工業製品の貿易自由化に活動を限定していた。さらに，域外諸国からの輸入品に共通関税をかけることもなかった。

しかし，EFTAのほうが人口規模が小さく，また，ノルウェー，デンマーク，オーストリア各国が，競争力の弱い製造業を国内に抱えていたことから関税の引き下げに消極的だったために，EFTA加盟国の経済発展は，EEC加盟国とくらべて立ち後れが目立った。実際，イギリスは60年に，国民総生産（GNP）で西ドイツに追い抜かれてしまった。

こうした事態を受け，イギリスはEFTA設立から1年後の61年8月に，EECへの加盟申請を行った。EECがECSCと違って超国家的性格を弱めていたことも，イギリスにとっては好都合に思われた。またイギリスは，イギリス連邦内のカナダやオーストラリア，ニュージーランドとの間で，工業製品輸出と農産物輸入という相互関係にあることから，3国からの農産物輸入総量の現状維持を条件に加盟を果たそうと望んだ。

しかしEEC諸国は，カナダなどと同じ温帯農産物生産国であり，イギリスのもちだした条件は受けいれがたかった。またイギリスは，国内農家に直接補助金を与える農業保護政策をとっていたが，EECに加盟すれば，その継続が保証されるかどうか見通しが立たない状況だった。この時期のEECは，農産物への価格補助を基調とする共通農業政策を追求していたのである。さらに，EECをとおしてアメリカに対抗することで西欧，ひいてはフランスの自立と大国化をめざしていたド・ゴールにとって，軍事（とりわけ核兵器供与）や経済面でアメリカと緊密な関係にあるイギリスがEECに加盟することは，「トロイの木馬」のように思われたのである。こうして，最終的にはド・ゴールの拒絶により，EECとイギリスとの第一次加盟交渉は63年1月に決裂した。

イギリスは67年5月に，ふたたび加盟申請を行ったが，イギリス経済の深刻な停滞が背景にあった。イギリスのGNPはフランスにも60年代前半に追いつかれ，60年代後半に入るや追い抜かれてしまったのである。

フランスをのぞくEEC加盟5カ国は，イギリスの加盟に前向きで，共通農業政策やイギリス連邦との関係などの係争事項では，妥協点を見出そうという立場をとった。しかし，ふたたびド・ゴールが拒否を明言したため，イギリスとの加盟交渉は中断された。

なお，この間，65年4月に，ECSCの「最高機関」と，EECおよびEURATOMの欧州委員会とを統合し，欧州共同体（EC）委員会（通称は欧州委員会）を設置するブリュッセル条約が締結され，67年7月に発効した。それ以降，3共同

体は EC と総称されるようになる。この変更は，機構上の多重性を解消するための措置であるだけでなく，ECSC の「最高機関」を廃止することで，EC が全体として国家連合的性格を強めることを意味していた。

第 2 節　ヨーロッパ統合の拡大

（1）イギリスの EC 加盟

　ド・ゴールが1969年 4 月に政界を引退したのを受け，イギリスの EC 加盟交渉が70年に再開された。同時にアイルランド，デンマーク，ノルウェーとの加盟交渉も始まった。ド・ゴールの後任のポンピドゥーは，イギリスの加盟に前向きな姿勢をとった。フランスとしては，EC 内で西ドイツが突出した経済力をもちつつあることへの警戒心から，イギリスの加盟で西ドイツの発言力を牽制しようとしたのである。

　交渉は，共通農業政策への移行期間の設置と，イギリス連邦農産物の関税率と輸入量など，主要係争点で合意に達して72年 1 月に決着し，原加盟 6 カ国と 4 カ国との間で加盟条約が調印された。そして，ノルウェーは調印後の国民投票で加盟反対が多数を占めたため加盟を断念したが，翌73年 1 月に同条約が発効し，イギリス，アイルランド，デンマークを迎えて，新 EC は 9 カ国に拡大した。

　その後79年 6 月に，直接普通選挙による初めての欧州議会選挙が加盟国ごとに実施された。欧州議会は，欧州委員会委員の任命を承認し，それを罷免する権限も有する機関である。また，欧州委員会によって提出される法案の制定権を閣僚理事会と共有する，立法機関の 1 つでもある。

　EC には81年にギリシアが，86年にはスペインとポルトガルがそれぞれ加盟した。ただし，79年に自治権をデンマークから与えられたグリーンランドは，85年の住民投票で EC から離脱した。86年までに加盟12カ国へと拡大した EC だったが，71年のドル・ショックと 2 度にわたるオイル・ショック（73年，79年）に起因する世界的不況下で，70年代後半から80年代をつうじて，加盟各国の経済成長は減速した。しかも日本が不況からいち早く脱出し，アジアの新興工業地域（NIES）も国際競争力をつけて台頭してくる中で，EC 各国の経済低迷は際だっていた。

　こうした低迷からの脱却をめざして，EC 加盟国は80年代半ばから，域内を単

一市場化して規模拡大による経済の効率化を図り，国際競争力の回復をめざした。イニシアチヴをとったのは，85年に欧州委員会委員長に就任した元フランス蔵相ドロールだった。こうして，人・資本・商品の自由な流通を保証する域内単一市場の創設を狙いとするする単一欧州議定書が，86年2月に調印され，87年7月に発効した。またこの議定書には，「欧州政治協力」という考え方が初めて明記され，ECが経済協調だけでなく，共通の外交・安全保障政策もめざすことが確認された。

（2）ECからEUへ——中・東欧への拡大

ECがこのように活動を再活性化させていた時期に，1989年に東欧革命が勃発し，東欧社会主義圏が崩壊した。東西に隔てられていたヨーロッパは，これ以降，資本主義のもとで民主政治と市場経済という，共通の政治・経済制度をもつようになった。まず東ドイツが1990年に西ドイツに吸収されてドイツの再統一が行われ，その結果，ECは中欧の旧東ドイツ地域にも拡大した。そしてECは，93年6月にコペンハーゲン首脳会議で，ECをさらに東方へ拡大する方針を確認した。

並行してEC加盟国は，92年2月にマーストリヒト条約を締結し，欧州市民権の創設や欧州議会の権限強化，共通の外交・安全保障政策の追求，刑事司法分野での協調など，政治統合を推進することと，通貨統合を図ることで合意した。欧州市民権の創設により，EC加盟国で市民権を有する者は，ほかの加盟国への移動や移住が可能となり，さらに，居住地での地方選挙投票権を有することになった。ECは超国家的性格を強めたのである。ただし，単一通貨導入や共通社会政策実施などに関して，国家主権の行使を認める様々な例外規定（選択的離脱権）が織り込まれていた。

マーストリヒト条約の批准作業は，デンマークやフランス，イギリスで難航したが，結局，加盟国すべてが批准し，93年11月に発効した。こうして，この条約によりECに替わって欧州連合（EU）が誕生した。その後，95年にオーストリア，スウェーデン，フィンランドがEUに加盟し，EUは15カ国に拡大した。そして99年に，単一通貨ユーロが導入された。ただし，イギリスやスウェーデン，デンマークは選択的離脱権を行使し，自国固有の通貨を保持した。

東欧革命後の旧社会主義国の間では，EU加盟を梃子に市場経済導入を進め，自国経済を発展させたいという希望が強かった。またEU加盟により，豊かな

「ヨーロッパへの復帰」がかなうという期待感もあった。しかし既加盟国の間では，旧社会主義国が加盟基準（民主国家であることと，EU内の自由競争に対応し得る市場経済であること）をクリアするにはかなりの年数が要するだろうという見方が強かった。基準に達するまでの，EUが加盟候補国に行う経済援助の負担も軽くないと予想された。また，旧社会主義国は経済後進国であるので，加盟後の受益額（経済開発と共通農業政策のために，ある加盟国がEUから得る金額が，その加盟国の分担金額よりも大きい場合の差額）が巨額にのぼるだろうとも予想された。負担が増えることへの反発が，既加盟国の間では根強かった。

しかし，東方への拡大による市場規模増大への経済的期待は，EU内で発言力を強めるドイツで大きかった。また，91年からユーゴスラヴィア連邦で内戦が始まり，それが99年に深刻化すると，ヨーロッパ全体の安全保障を確実にするためには，旧社会主義圏をすみやかにEUに組み入れたほうがよいとする政治的考慮が優勢になった。こうして2004年9月に，ポーランド，チェコ，ハンガリー，スロヴァキア，スロヴェニア，エストニア，ラトヴィア，リトアニア，マルタ，キプロスがEUに加盟し，07年1月にはブルガリアとルーマニアも加盟した。

（3）現在のEU

EUは2010年時点で，加盟27カ国，人口約5億を抱えるまでに拡大した。スイスとノルウェーなどを除くヨーロッパのほぼ全域が，EUによって統合されたのである。現在，クロアチア，トルコ，マケドニア，アイスランドが加盟候補国となっており，将来もEUは拡大を続けるだろう。

ヨーロッパの統合が進展したといっても，国民国家の解消に向かっているわけではない。EUは原型であるECSCからして，超国家的であると同時に国家連合的でもあるという，2重の性格を有してきた。EUがこうした性格の機関であったからこそ，ヨーロッパの統合が進展したともいえるだろう。

さらに，ヨーロッパが従来から抱える諸問題が，統合の進展で解消されたわけでもない。たしかに現EUは，人口でアメリカ合衆国の1.6倍を数え，国内総生産（GDP）でも肩を並べている。通貨ユーロは，基軸通貨としてのドルの地位を脅かす存在にもなっている。第二次世界大戦後に，超大国の米ソに対抗し得る存在になろうとした西欧は，南・中・東欧を取り込んで，たしかにそのような地位を得た。しかし住民間の貧富の差も，地域間の経済格差も埋まっていない。西欧

からの投資の受け入れ先となった南・中・東欧は，低賃金労働力と安価な産品の供給地という地位から抜け出せないでいる。一方の西欧では，雇用の新規創出が進まず，若年失業率が高止まりしている。ほかにも，旧植民地やトルコから西欧へ，さらには新加盟国から西欧へと流入する（移民）労働者とその子孫にかかわる問題がある。人の移動は，流出先の社会全体に経済利益や文化の発展をもたらすが，住民個々に対しては，雇用をめぐる軋轢や文化摩擦を生んでいる。

　しかし経済格差や，ムスリム系を中心とする移民問題は，ヨーロッパだけの問題ではない。統合によって実現した，あるいは実現可能な成果（経済のパイの拡大と域内平和）と，統合だけでは解決できない次元の問題（パイの分配方法の変革）とを分けて斟酌すれば，ヨーロッパ統合の経験は，第二次世界大戦後の世界において，人類全体が共有すべき知的財産になり得るかもしれない。

科学技術の利用法の争い
「原子力」をめぐって天使と悪魔が競っている。
出典：1945年8月15日付『パンチ』。

第13章　現代科学技術の光と闇

第1節　ノーベル賞から見た20世紀の科学
第2節　戦争と科学技術
第3節　第二次世界大戦後の環境問題

第1節　ノーベル賞から見た20世紀の科学

（1）　ノーベル賞への評価の確立

　ノーベル賞は，スウェーデンの発明家・事業家のA・ノーベル（スウェーデン語では「ノベル」の発音に近いが以下では慣例にならう）の遺言に基づき，1901年から授賞が始まった賞であり，物理学，化学，生理学・医学，文学，平和の5分野からなる（1969年に授賞の始まった「アルフレッド・ノーベル記念経済学スウェーデン国立銀行賞」をノーベル経済学賞と呼ぶこともある）。本節では，3つの自然科学分野の賞を取り上げ，賞に関わる出来事が与える情報をもとに，20世紀，特にその前半期の自然科学の転換点のいくつかを描写する。

　ノーベル賞にかかわる出来事が与える情報は，おおよそ2種類に分かれる。1つは受賞者や候補者の全体的な傾向にかかわるもので，これはしばしば，科学研究の動向や各国の研究水準に関する指標として用いられる。本節でもこの情報をもとに，必要に応じて受賞者選考の経緯にも触れながら，20世紀前半の科学の特徴のいくつかを描写することとしたい。

　さらにノーベル賞が与えるもう1つの情報にも注目したい。ノーベル賞の国際的な威信が高まるにつれ，特定の人物への授賞が，科学の領域を離れて，ときに政治的な関心を集めるようになっていく。これは，文学賞や平和賞では頻繁に見られる事態であるが，賞の誕生後まもない20世紀前半には，自然科学分野の賞についても同様の現象が発生していた。本節では，こうした出来事の分析をもとに，当時の科学がおかれた国際的な状況をも描写したい。

　以上のように，ノーベル賞をめぐる出来事が，20世紀以降の科学の歴史を叙述する豊かな材料を提供しているのは，この賞が高い国際的評価を得ており，多くの科学者たちが受賞者選考に協力を惜しまないためである。そこで以下では，賞が創設されてから一定の評価を獲得するまでの過程をたどり，あわせて賞の性格についての基本的な事項を確認しておく。

　ノーベル賞それ自体の知名度は，発足当初からすでに高かった。ノーベルが死去したのは1896年末であったが，翌年1月には，莫大な遺産の使途を指定した遺言状の中身が世界各国で報じられている。ただし，その時期に一般的な関心を集めたのは文学賞と平和賞であった。第1回の物理学賞の受賞者W・C・レントゲ

ンは，12月の授賞式のために極寒のストックホルムに行くことを好まず，また授賞式参加のために多くの講義を延期しなければならないことに不満を漏らしている．科学者にとって，創設直後のノーベル賞の権威はこの程度のものであった．

発足当初のノーベル賞への評価は，ノーベルが指定した選考・授賞機関である，スウェーデン科学アカデミー（物理学賞・化学賞）とカロリンスカ研究所（生理学・医学賞）への国際的評価を反映したものであった．当時のスウェーデンは工業が未発達の小国であり，S・アレニウスなど著名な科学者はいたものの，科学研究の分野における地位は低かった．

同時期，ヨーロッパの主要国においても，科学アカデミーなどが設けた賞や研究助成が存在していた．これらと比較した際のノーベル賞の特徴は，賞金額の大きさと選考の国際性にある．ノーベル賞の一分野の賞金額は，フランスのオシリス賞（10万フラン）やロンドンの王立協会による研究助成の総額（約10万フラン）の2倍以上（約21万フラン）であった．また，外国人が授賞対象となる賞はほかにもあったが，ノーベル賞では世界各国から集めた推薦状が選考に用いられる点が特徴的であった．賞の創設当時，賞金の大きさは話題となったが，推薦状を世界中から集める方式はよく理解されておらず，さらにこれを，大国をさしおいて小国スウェーデンの機関が実施することが賞の評価に影響していた．

ノーベル賞の地位を次第に高めていったのは，発足後の慎重な受賞者選考の蓄積である．賞の地位を向上させる受賞者の選考が優先され，このために，ノーベル自身の遺言のうち，授賞対象に授賞の前年になされ人類に最大の貢献を果たした発明・発見であることを求める条項は犠牲にされた．第1回の授賞対象となった研究は，レントゲンのエックス線の発見（1895），J・H・ファント・ホフの物理化学研究（1880年代），E・ベーリングの血清療法（特にジフテリアの療法）の確立（1890年代）であり，それらの特徴や行われた時期は，必ずしもノーベルが定めた条件を満たしてはいなかった．しかしいずれも，世界中の研究者の間で評価が確定していた点は一致している．

第1回の賞のうち，特に生理学・医学賞の選考経緯は，選考者の意図をよく物語っている．この賞に関して選考委員会がカロリンスカ研究所の教授会に申し出たのは，マラリア研究のR・ロス，狼瘡の光療法の発見者N・フィンセンの共同受賞であり，さらにフィンセンではなく消化の生理学の研究で知られていた，I・パヴロフを推す少数意見もあった．ところが，教授会の投票では以上の候補

すべてが否決され，最終結果は，委員会が候補としなかったベーリングの単独受賞となった。教授会は，初回の賞は学術・医療の両面で不動の評価を得ている人物が単独で受賞すべきであると判断したのである。

　選考者たちは，慎重な選考が賞への評価に直結することをよく理解しており，この配慮は以後も引き継がれた。候補が実際に発表した研究のみが問題とされ，候補の将来性を見込んだ授賞や，ある分野に生涯を捧げたことを顕彰するための授賞は排除された。ノーベル自身は発展途上の研究の支援も意図していたが，選考団体はこれも重視しなかった。選考の姿勢はいきおい保守的なものとなったが，その反面，時流に乗り遅れた授賞が賞の権威を損なうことも意識されていた。1922年，研究の革新性から当時はまだ多くあった反対を押し切って，A・アインシュタイン（21年の賞）と，N・ボーアへの授賞が決まった動機の1つは，賞への注目を集めることにあった。

　第3回の物理学賞がベックレルとキュリー夫妻に与えられると，新しい元素（ラジウム）の発見という業績が注目され，自然科学分野の賞も一般的な関心を集めるようになった。科学者の間で賞の地位が確立するにはいたらなかったものの，第一次世界大戦前には，対立を深めるヨーロッパの各国で，受賞者数を競い合う論調が現れるほどには認知度は高まっていた。

（2）　第一次世界大戦の影響

　第2回以降の生理学・医学賞の受賞者は，ロス（1902），フィンセン（1903），パヴロフ（1904）であり，いずれも第1回に選考委員会が推した候補であった。受賞者の研究は賞の威信を向上させる，あるいは少なくとも損なわない程度には優れていなければならなかったが，この条件が満たされていれば，各年の具体的な受賞者は，選考委員会や教授会内の対立と妥協の末に決定されていったことがうかがわれる。実際，受賞にふさわしい科学者は，現実に受賞する科学者の数をはるかに上回っているのが通常である。したがって，最終的な受賞者には，選考者のある種の判断や傾向なども反映される。最も強く影響するのは選考委員の専門分野であるが，それ以外の要素がかかわる場合もある。

　第一次世界大戦下のノーベル物理学賞・化学賞の選考には，敵対する両陣営から均等に受賞者を出そうとする意図を見ることができる。物理学賞では，14年の賞はM・ラウエ（独）に，15年の賞はブラッグ父子（英）に与えられた。16年の

賞には受賞者がなく，17年の賞はC・G・バークラ（英）に，18年の賞はM・プランク（独）に（決定は19年），19年の賞はJ・シュタルク（独）に与えられた。化学賞では，14年の賞はT・リチャーズ（米）に，15年の賞はR・ヴィルシュテッター（独）に，18年の賞はF・ハーバー（独）に与えられた（決定は19年）。16年，17年，19年の賞には受賞者がない。戦時中に授賞が行えなかったために，以上の受賞者は20年6月に特別に設けられた授賞式に招待されたが，大戦後の科学界における国際対立のために，協商側からの参加者はバークラのみとなるという事態が生じた。

大戦中の14年10月，ドイツの知識人の一部は，「93人の知識人の声明」とよばれる訴えを発表して，彼らがドイツ軍と一体であるとし，また，ドイツがベルギーで残虐行為にいたったとする協商側の主張を否定していた。プランク，ヴィルシュテッター，ハーバーも93人のうちに含まれていた。こうしたドイツの知識人たちの活動を理由に，大戦後の19年に協商側の科学者たちが設立した国際学術研究会議は，ドイツ人科学者を国際的な学術組織から排除する活動を展開していた。この状況下で，科学アカデミーは，19年に決定された物理学賞・化学賞のうち，3つをドイツ人に与えたのである。

ハーバーへの授賞は特に大きな関心をよんだ。大戦中，ハーバーは毒ガスの開発を行って戦争に協力し，戦後は，戦争犯罪人として起訴されることこそなかったものの，国際的な非難にさらされていた。大戦後，協商側との協調をめざしたスウェーデン首相のK・H・ブランティングは，強い国際的な反発を招くことを想像せず，親ドイツの姿勢ゆえにハーバーへの授賞を決定したとして，アカデミーを非難した。フランスでも同様の報道がなされた。

リチャーズとブラッグ父子が20年6月の授賞式に参加しなかったのは，協商側の科学者として，上述のような反ドイツ意識を共有していたためであった。参加したドイツ人たちは，この機会に科学におけるドイツとスウェーデンの関係が強化されることを期待し，またドイツでは，3人の受賞は知的世界での彼らの祖国の勝利を示すものであると報じられた。戦後のドイツ科学の展開がめざましかったこともあり，ドイツ人科学者たちは，自分たちの排除は，排除する側にとっての不利を意味すると見なし，26年に排除措置が緩和された後も，自ら宥和に乗り出すことはなかった。大戦直後の3人のドイツ人のノーベル賞受賞が彼らの自信を支えていた。

ハーバーの主要な業績は、アンモニア合成のいわゆるハーバー法の開発であり、授賞対象としてほかの年に比べてまったく遜色はなかった。化学賞の選考委員会は、ハーバーの毒ガス開発について情報を得ない状態で選考を行った可能性が高い。また、19年から20年にかけての出来事が、その後の受賞者の選考に影響を及ぼした形跡は見られない。しかしこの事件をとおして、戦争の影響下にある時期に行う選考と授賞には十分な注意が必要であることを、関連諸機関は学んだものと考えられる。

（3）物理学の変革とノーベル賞

1918年のプランクの物理学賞受賞は、20世紀初頭に始まった物理学の変革に、ノーベル賞が対応し始めたことを示していた。プランクの受賞理由は1900年の量子論の創設であり、微視的領域ではエネルギーは基本的な単位の整数倍でやりとりされるとするこの理論の前提にならって、アインシュタインの光量子仮説（1905）、ボーアの量子論的原子模型（1913）といった成果が生み出されていた。プランクへの授賞は遅すぎた感があった。

量子論の誕生以降、自身では実験を行わず理論研究のみを行う物理学者の数は徐々に増えていった。全体として見れば、その数はけっして多くはなかったが、量子論に関連する成果以外にも、特殊および一般相対性理論（1905, 15〜16）や後者に基づく宇宙論などが現れた。第一次世界大戦後には、理論研究が物理学の前線の主要な一端を担っていることは明らかになりつつあった。これに対し、理論研究の中心地から離れたスウェーデンの科学者によって、保守的な選考が行われることの多いノーベル賞は、創設以来、理論研究には冷淡な態度を取り続けていた。プランクへの授賞はこの傾向に変化が生じたことを示していたが、理論研究への評価の定着にはさらに数年を要した。

難題は、アインシュタインへの評価であった。プランクが受賞者に決定した頃、日食の観測結果によって一般相対性理論の予言が確かめられ、アインシュタインの成果は、ニュートン以来の時間・空間概念に根本的な修正を迫る理論として、一般の人々からも注目を集めることとなった。反面、物理学の専門家の中には、特殊および一般相対性理論の両者に対し、実験上の根拠が十分でないことなどを根拠に、その正しさを疑うものもいた。19年以降、アインシュタインへのノーベル賞授賞を求める推薦者は増加したが、選考委員会では、純粋な理論研究への反

感もあり，20年および21年の授賞は見送られた．

　1922年，理論研究を専門としていたC・W・ウセーンが選挙委員会に加わったが，彼は，アインシュタインへの授賞が遅れることがノーベル賞の権威を損なうと感じていた．また，量子論に基づく研究の将来を担うであろうボーアにも，授賞することを望んでいた．そこでウセーンは，相対性理論と純粋な理論研究の両者に対する反感が強い選考委員会や科学アカデミーに，2人の理論物理学者への授賞を認めさせようと，アインシュタインの業績の中でも実験的根拠が安定している光電効果の法則の発見を授賞対象とし，この法則との関連の強いボーアの原子模型にも授賞することを主張した．光電効果の法則を説明するためにアインシュタインが提唱した理論が光量子仮説であったが，これは相対性理論以上に強い反発を招きかねなかったため，言及を避けたのである．この戦略は功を奏し，22年に2人の物理学者への授賞が実現した．

　量子論の理論的な整備は25～26年にかけて進展し，新たな理論的枠組みとして量子力学が誕生する．量子力学の誕生により，物理学は物質の性質や原子の内部に探求の領域を広げる手段を獲得したが，この成果に対する授賞に関して，ウセーンは今度は強く反発した．量子力学は理論として完成しておらず，特に特殊相対性理論との接合に不備があるというのがその理由であった．量子力学の創始者，E・シュレーディンガーとW・ハイゼンベルクへの授賞は，特殊相対性理論との接合を試みたP・A・M・ディラックとの組み合わせにより，33年になって実現した．

　新たな研究の枠組みである量子力学の誕生は，研究の手法の根本的な変化をもたらし，長い研究の伝統をもつ国々と，そうでない国々との間の壁を崩すことにもなった．量子力学の誕生以前は，物理学の先端研究のほとんどはヨーロッパの科学者たちに担われてきたが，30年代以降，日本やアメリカの研究者たちがここに参入するようになった．ノーベル賞受賞者で見る限りでは，理論研究では日本の成果が先行し，34年に発表された中間子論が，戦時を含む期間に彫琢され，また観測や実験によって確認された結果，49年に湯川秀樹が物理学賞を受賞した．

　アメリカでは，ロックフェラーやカーネギーなどの財団が，第一次世界大戦後に始めた科学研究への大規模な援助を背景に，主要大学において研究設備の充実が図られるとともに，外国人研究者の雇用や若手研究者の留学が活発化した．物理学賞受賞者のC・D・アンダーソン（36年受賞）が所属していたカリフォルニ

ア工科大学や，E・O・ローレンス（39年受賞）が所属していたカリフォルニア大学は，この動きの中で台頭してきた新たな研究拠点である。第二次世界大戦後に実験研究の主要な潮流となる，大規模設備を用いたいわゆる「ビッグ・サイエンス」は，彼らによって創始された。

ナチスがドイツで政権を掌握すると，30年代後半にはユダヤ系の人々を中心とする亡命が盛んになる。多くの亡命知識人を受け入れたアメリカは，以後，名実ともに学問研究の中心となったが，この動きによって最も大きな発展を見た分野は，原子物理学であった。亡命者の備えた条件と受け入れ側の必要が調和したためである。ただし，選ぶ権利があったのは受け入れ側のアメリカ人科学者たちであった。ノーベル賞受賞者であっても，最盛期を過ぎたと判断されたシュレーディンガーの申し出は受け入れられず，亡命の意思はなかったにもかかわらず，研究能力で注目を集めた三十代後半のハイゼンベルクは，逆に複数の有力大学から好条件を提示されている。

（4）第二次世界大戦とドイツ人受賞者たち

1936年，ナチス批判で著名なC・オシエツキーがノーベル平和賞の受賞者に選ばれると，ヒトラーはノーベル賞全体に強い反発を示し，翌年にはどの賞であってもドイツ人が受賞することを禁じた。ドイツ外務省は，ノーベル化学賞の選考委員でドイツから帰化していたH・オイラー・フェルピンをつうじ，以後ドイツ人への授賞は行わないよう要請したが，受け取った返事は，受賞者の選考基準は，研究成果のみによるというものであった。ノーベル賞は20年前後に続いて，ふたたび政治的な緊張にさらされることとなった。

受賞禁止の影響は，まず推薦行動に現れた。37年の秋以降，大戦終了時まで，ドイツからの受賞者候補の推薦は，生理学・医学賞に関する1例を除いて途絶えた。

39年には，3人のドイツ人への授賞が発表された。A・ブーテナントとR・クーンに化学賞を，G・ドーマクに生理学・医学賞を与えるという内容であった。他の年と同様，彼らの業績に問題はなかったが，あえてドイツ人への授賞が選択された背景には，選考の独立性を誇示しようという意図があった可能性も想像できる。

ドイツではノーベル賞に関する報道が禁じられていたため，3人のドイツ人科

学者たちが受賞を知ったのは，ストックホルムからの電報によってであった。政府の許可を得る前に感謝の返事を送ったドーマクは，ヒトラーの個人的な命令により1週間にわたってゲシュタポに拘束された。クーンとブーテナントは，教育省で受賞拒否の意思を記した手紙を見せられ，署名した上で発送するよう命ぜられた。文面は無礼なものであったが，ヒトラーが眼を通していたために修正は許されなかった。ドーマクも釈放後に同様の内容の手紙の送付を命ぜられた。この年，受賞者中3名が出席できないことを理由に，ノーベル賞の授賞式は開催されなかった。

第二次世界大戦の終結が見え始めると，39年の経験にもかかわらず，化学賞の選考委員会は，再びドイツ人への授賞を検討するようになった。44年，核分裂の発見者のO・ハーンへの授賞が決まりかけたが，ドーマクと同様の事態に陥ることをハーン自身が懸念していたため，決定は見送られた。翌年，大戦終結後に受賞が決定したが，やはりハーンはこの年の授賞式には出席できなかった。ドイツの原子爆弾開発計画にかかわった科学者の1人として，ハイゼンベルクやラウエらとともにイギリスに拘束されていたためである。

多少の困難は大戦後まで引き続いたものの，ヒトラーとの確執は，20年前後の出来事のような苦い教訓は残さなかった。ハーンは46年の授賞式に無事に出席してメダル，賞状，賞金を受け取り，ドーマク，ブーテナント，クーンも後にメダルと賞状は受け取った。それ以後，自然科学分野の3賞の選考・授与にかかわる人々が，2つの大戦に即して経験したような事態に出会うことは，少なくとも表面上はなくなった。ノーベル賞の歴史からも，科学と国際政治の関わりが，第二次世界大戦の前後で変化したことが理解できる。

歴史への扉28　日本の科学者とノーベル賞
──戦前からの歴史

日本人が初めてノーベル賞を受賞したのは1949年であるが，日本の科学者とノーベル賞とのかかわりは，第1回の賞から始まっている。この年，生理学・医学賞に北里柴三郎が推薦されている。05年には，物理学賞・化学賞に関して，東京帝国大学が候補者推薦の依頼を受けている。長岡半太郎の土星型原子模型の欧文での発表が04年であったため，その影響である可能性もあるが，日露戦争が原因としても考えられる。当時のスウェーデンは，ロシアと国境を接していた。

東京帝国大学への依頼に応えたのは，田中館愛橘と長岡半太郎であったが，このうち長岡は，後に個人としての推薦を依頼されるようになった。30年から死去する50年まで連続して依頼を受けており，このような例は国際的に見ても珍しい。また，長岡が推薦した候補は最終的にはすべて受賞者となっている。40年に湯川が初めて候補となった際の推薦者の1人も長岡であり，湯川は，長岡が初めて推薦した日本人でもあった。

湯川以前に最も有力な候補であったのは，山極勝三郎である。15年にウサギの耳に人工的に癌を発生させるのに成功しており，26年には癌研究者のJ・フィビゲルとともに生理学・医学賞の有力候補の1人となったが，翌年実際に受賞したのはフィビゲル1人であった。その数年後から日本の医学界では，この決定の背景には東洋人や日本人への差別があるとささやかれるようになり，再実験で確認できなかったフィビゲルの研究結果が誤りであったことが52年に確定すると，逸話全体はさらに劇的なものに変貌を遂げた。

日本で最も有名な科学者である野口英世は，研究拠点であったロックフェラー研究所に関係する医学者の推薦を受け，10回以上候補となっているが，主要な業績とされる梅毒スピロヘータの培養成功，脳梅毒の病原体の解明，黄熱病の病原体の解明のうち，脳梅毒に関するもの以外は，今日では誤りであったと理解されている。

生理学・医学賞は，戦後になって利根川進が受賞したが，利根川は分子生物学者であり，2010年末現在，日本人の医師・医学者から受賞者は出ていない。

本節で述べたとおり，量子力学という新たな理論的枠組みの成立の後，日本は原子核・素粒子理論で躍進を遂げたが，この分野は以後も日本が高い国際競争力を誇る分野であり続けた。湯川についでノーベル賞を受賞したのは，やはり専門を同じくする朝永振一郎であり，21世紀に入って南部陽一郎，小林誠，益川敏英が受賞者となった。実験研究者であるが，小柴昌俊も素粒子実験・宇宙線観測という，関連の深い分野の研究が専門である。また，日本人に初めて与えられた化学賞も，量子力学に基づく化学分野の理論研究に対するものであった。受賞者の福井謙一は，湯川が書いた教科書で量子力学を学んでいる。自然科学の分野で西洋に対抗する地位にいたることは，長岡以来の日本の物理学者の夢であったが，それが実現する環境をもたらしたのは，世界規模で生じた物理学の基礎理論の大変革であった。

第2節　戦争と科学技術

（1）　近代戦の始まり

現代という時代はいつ始まったのだろう。

歴史研究者の多くが「現代」の起点とするのは，第一次世界大戦（1914〜18）あるいはロシア革命（1917）である。その理由は，それまでの欧州中心の政治的な枠組みが崩れて，新しい世界秩序が模索され始めたからである。その第一次世界大戦は，近代兵器が導入されたという点で，実は技術史の上からも画期となる戦争だった。この節では，第一次世界大戦を起点に，戦争と科学・技術の関係について考えてゆく。

動員兵力が6000万人を超えたこの戦争では，飛行船による爆撃や，潜水艦による無差別攻撃，毒ガスの使用，無線による情報戦などが行われ，戦車も登場した。もちろん，人間の歴史が始まって以来，優れた兵器の製造は綿々と行われてきており，技術の発展と兵器の製造は密接な関係を保ってきた。その点だけから見れば，第一次世界大戦だけが技術力による戦争だったわけではない。しかし，この大戦での近代兵器の導入は，市民を巻き込んだ大量殺戮を可能にし，戦争を総力戦へと推し進めた点で，それまでの兵器の歴史から一線を画しているのである。また，近代兵器製造の技術が，19世紀の基礎科学・工学の発展を応用する形でもたらされたことから，知を究めることを第一義とする科学と，戦争や工業生産，人々の日常の暮らしにかかわる技術との連続性がはっきりとした点で，それまでの科学観がくつがえされた時期であったといえる。

たとえば，飛行技術に注目してみよう。古来「空を飛ぶこと」は人々の夢であった。レオナルド・ダ・ヴィンチも，飛行機械に取り組んでいたことはよく知られている。17世紀以来，飛行船について多くの取り組みがなされ，それが完成したのは18世紀末のフランスであった。ほどなく，飛行船によって英仏海峡横断までなされるようになり，フランス陸軍がこれを偵察に使ったという。しかし，飛行船が実用化されたのは19世紀末であり，有名なツェッペリンの飛行船は，1900年に最初の飛行を行った。そして第一次世界大戦では，こうした飛行船が軍事目的のために盛んに使われたのである。一方，19世紀には飛行機の研究も進んでいた。飛行船が空気より軽いガスを使って飛ぶのに対し，空気より重い装置を飛ばすためには，かなりの徹底的な科学的研究が必要だった。ドイツで有人グライダーが作られたのが19世紀末であり，アメリカのライト兄弟の実験が行われたのは20世紀初頭であった。

こうした，第一次世界大戦前までの飛行機は，夢見がちでもの好きな在野の科学者や技術者による試みの域にとどまっていた。ところが，大戦の勃発とともに

飛行機の研究に国家的資金が投入され、専用の工場や技師がつけられるようになると、一気に信頼性の高い技術として確立されてしまった。19世紀から20世紀初頭にかけて、基礎的な発見がありながら、遅々たる歩みをしていた分野に大戦中に資金が大量に投入され、その応用技術が大発展を遂げた分野として、ほかに無線技術などが知られている。つまり、軍事技術の発展に科学的知識が応用され、科学者も技術者も総力戦を戦い抜くために、国家の目的に協力する時代が訪れたのが、第一次世界大戦だったということができる。

また20世紀初頭のアメリカで、自動車などの大量生産方式や、それを可能にする工作機械の開発が進められたが、たとえばイギリスなどでは、第一次世界大戦に入るまで、そうした生産技術はなかなか普及しなかった。ところが、大戦期に兵器などの精密機器の需要が膨れあがり、新しい生産技術が一気に町工場にまで浸透していった。戦争は、科学的知識の応用による新兵器の開発を促すだけではなく、経済的または社会的要因から難しかった新しい生産技術の普及も促すという効果を見せたのであった。

(2) 科学者・技術者の戦時動員体制

第一次世界大戦が終わって、世の中には厭戦気分が広がり、平和に向けての新しい世界秩序が模索される中、兵器生産のために急速に発展した技術が民生用にも転用された。ラジオ、自動車、飛行機はもちろん、電話や電灯、電気掃除機などもこの大戦間期に一般に広まったのである。その一方で、国際的な商業協定や企業の独占による生産制限などによって、生産の技術的な発展は阻害される傾向にあった。だが、1939年の第二次世界大戦の勃発により、軍需が増大して生産が国家的に統制されたことにより、民間の産業部門における技術水準は再び急速に高まっていった。

一方、先の第一次世界大戦で明らかになったことは、これからの戦争は科学技術力の戦いになるため、いかに科学者や技術者の動員を図るかが勝敗の鍵を握るということだった。たとえば、第一次世界大戦で多くの新技術を兵器に応用したドイツでは、すでに19世紀から国立の基礎研究機関が他国の範となっていた。1887年に創設されたドイツの国立物理工学研究所は、イギリスの国立物理学研究所設立（1899）やアメリカの国立標準局設立（1901）、日本の理化学研究所設立（1917）のモデルとなったことで知られる。さらにドイツでは、巨額の民間資金

を財源として，11年にカイザー・ヴィルヘルム協会が設立され，たとえば，化学工業界からの寄付をもとにした化学研究所や銀行家からの寄付による物理化学研究所など，多くの大学外研究所が設立され，そこで高度な水準の研究が行われた。

　第一次世界大戦では，大学外研究所の1つカイザー・ヴィルヘルム協会の研究所が積極的に戦争に協力し，西部戦線での毒ガス兵器使用をはじめとする新兵器開発などを担った。しかし，敗戦国となったドイツの学界は，あからさまな戦争協力に対する外国からの批判にさらされ，戦前の高い国際評価を失うことになった。民間資金も戦後のインフレで枯渇しかけ，カイザー・ヴィルヘルム協会は大きな困難に直面した。しかし，国力の礎として科学を育てるという方針により，ワイマール共和国政府が研究資金を提供し，大学外研究機関を維持したのである。そしてナチス政権にいたって，国家による統制が極度に推し進められ，学問の自律性を押さえ込むことになった。この時に，多くのユダヤ系亡命科学者がアメリカに流れ込んだことは，前節で述べられたとおりである。

　ナチス政権下のドイツで，最も多く資金が投入された兵器開発は，ペーネミュンデ陸軍実験所で行われたロケット開発であった。多くの優秀な科学者や技術者が投入され，捕虜を中心とした十数万人の労働者がその開発を支えた。これはナチス政権下で成功した数少ない技術開発事例で，第二次世界大戦でイギリスとベルギーに発射されたV2ロケットは，この実験所で生みだされた。ちなみにドイツ敗戦後，ペーネミュンデの科学者たちの多くはアメリカに移され，ヴェルナー・フォン・ブラウンをはじめとする研究者が戦後アメリカの宇宙開発を担ったことは，よく知られている事実である。

　このような人材の移動に象徴されるように，2つの大戦を経て科学・技術力を高めていったのはアメリカであった。もちろん，アメリカでも科学者が軍事産業に動員されることは，それまでも存在した。たとえば南北戦争時に，リンカーンが科学アカデミーに協力要請をしている。また第一次世界大戦では，科学者の動員のために全米研究会議（NRC）が1918年に設立され，大学の科学者たちが研究資金を得て戦争に協力することになった。ただしこの全米研究会議は，戦間期に軍事研究遂行という目的を失ってゆく。そのような状況下で，39年に国家航空諮問委員会（NACA）の委員長に就任したマサチューセッツ工科大学のヴァネヴァー・ブッシュが，ハーバード大学学長のジェームズ・コナント，マサチューセッツ工科大学学長のカール・コンプトン，さらに科学アカデミー会長のフランク・

ジュエットらに働きかけ，科学者・技術者の動員体制の確立の必要性をローズヴェルト大統領に説いた。こうして40年5月にできあがったのが，全米国防研究委員会（NRDC）である。さらに戦局の緊迫化を受けてブッシュは，軍とアカデミーの協力を得て大統領直属の包括的な戦時動員を担う連邦政府機関を設立するべきだと，大統領に進言した。こうして翌41年6月にブッシュを長として設立されたのが科学研究開発局（OSRD）であり，全米国防研究委員会のほか，陸軍と海軍の研究開発プロジェクト，国家航空諮問委員会が一括してこの局の管轄下となった。

（3）　原子爆弾
　アメリカの原子爆弾の開発は，実はまずハンガリーからの亡命科学者たちによって立案されたものだった。彼らはナチスの科学者たちによる原子爆弾の開発が先に成功してしまうことを恐れ，すでに亡命していた高名なアインシュタインに相談し，大統領に進言してもらったのである。しかし当初アインシュタインらは，ウランを使った原子爆弾は飛行機では運べないほど重いため，兵器として使うには船で運んで港で爆発させるのがよいという提案をしていた。これを受けてウラン諮問委員会が結成されたものの，船を使うという戦術が軍に受け入れられなかったため，ウラン諮問委員会は解散し，この提案については全米国防研究委員会が引き継ぐことになった。さらにこの委員会も科学研究開発局設立とともに，その管轄下に入ったが，ブッシュらは原子爆弾の可能性に懐疑的だった。しかし，同盟国であるイギリスの科学者たちがこの可能性を高く見積もり，さらに1941年にウランより大きい人工元素プルトニウムが生成され，軽量の原子爆弾製造の可能性が生じてきた。そこで，科学研究開発局の特別プロジェクトとして陸軍が担当することになり，アメリカでの原子爆弾開発が本格的に始動することになった。やがてこの秘密プロジェクトは，「マンハッタン地区」という暗号名でよばれるようになる。
　カリフォルニア大学バークレー校放射線研究所でのプルトニウム生成とともに，シカゴ大学の冶金研究所にてウラン濃縮の研究が行われた。さらにこうした大学研究施設での研究成果を受けて，民間化学企業が実際の生産を行った。こうしてできあがった濃縮ウランとプルトニウムが，ニューメキシコ州のロスアラモス研究所に運ばれ，原子爆弾の設計と製造が行われたのである。そして，45年7月に

爆発実験が実施され，8月6日，広島に濃縮ウラン型『リトルボーイ』が，9日には長崎にプルトニウム型『ファットマン』が投下された。2発の原爆投下は，8月15日の日本の全面降伏による戦争終結をもたらしたが，深刻な被害の甚大さを前にして，人類は「核」の時代に突入したことを知らされることになった。

第二次世界大戦後は，ソ連とアメリカの核兵器をめぐる軍拡競争を軸とした，いわゆる東西冷戦期にあたる。この節が扱う科学・技術に焦点をあてて，第二次世界大戦後の世界を考えるならば，戦時動員体制によって科学者・技術者が国家に奉仕した結果，大量破壊兵器である原子爆弾が実際に投下され，国家のための科学というあり方や，科学者の社会的責任などが問われる時代になったといえる。

図13-1 第二次世界大戦後の1946年に，アメリカのOSRDが出版した公式記録書の冒頭に掲げられた原爆の図
「新時代の象徴」とのキャプションがつけられていた。
出典：Baxter, James Phinney, *Scientists Against Time*, Boston, Little, Brown and company, 1946.

科学者自身がこの問題について考えて行動した例としては，イギリスの哲学者バートランド・ラッセルとアルバート・アインシュタインによる，55年の「ラッセル・アインシュタイン宣言」が有名である。これは，科学者は自分の研究内容が平和に対して大きな危険性をもつことを認識した場合，その危険性について訴え，回避するための方策を提言する義務があるという考え方に基づき，核兵器の不使用を勧告しているものである。これは，冶金研究所で原爆開発に携わったジェームズ・フランクによって45年6月に書かれた，「フランク報告」の流れを汲んでいると考えられる。この宣言を受けて，社会的責任を果たそうとした科学者らにより，57年にカナダのパグウォッシュで第一回の「科学と世界の諸問題に関するパグウォッシュ会議」が開かれ，以後，毎年会議が開かれるようになった。この会議そのものと事務局長は冷戦構造の終焉後，冷戦時代の核戦争抑止に功績があったという理由でノーベル平和賞を受賞したことで知られている。

また63年，アメリカの科学社会学者であるデレック・プライスは，実験施設や

研究に必要な費用が指数関数的に増加している科学分野があることを指摘し，これを「巨大科学」とよんだ。これに先立つ61年には，アイゼンハワー大統領が任期を終える際の演説で「軍産複合体」という造語を持ち出し，軍事産業の肥大化とそれを支える科学者の存在を嘆いた。この時点では，造語の指す具体的な内容ははっきりしなかったものの，60年代末から70年代にかけてはベトナム反戦運動とともに，「巨大科学」や「軍産複合体」，さらには「軍産学複合体」を支える，大学の基礎研究に対する軍の研究資金援助への反発が起こった。こうした科学・技術と社会の問題は，現代も盛んに論じられている。

（4） レーダー，コンピュータ，ネットワーク

原子爆弾が核の時代の幕を切って落とし，様々な政治的あるいは社会的問題を引き起こして注目を集めたため，アメリカの第二次世界大戦中の戦時動員の問題は原子爆弾を中心に語られることが多い。しかし，科学研究開発局の予算配分では，原爆製造計画であるマンハッタン計画への20億ドルの予算が割り振られた時，それよりも巨額が投じられていた分野があった。当時，28億ドルがあてられていたレーダーである。レーダー開発のために，科学研究開発局予算から使われた額は総額141億ドルにのぼる。これを一手に握ったのが，マサチューセッツ工科大学に設置された放射線研究所などであり，こうした研究所から軍に納入された大小様々なレーダー装置は，25億ドル分にもなった。レーダーは爆撃の指針を与える技術でもあり，また防衛のための最重要技術でもあったため，これだけの重点的な予算配置がなされたのであった。そして実際，ドイツのレーダー開発も，陸海軍で別方式が育ってしまった日本のレーダー開発もはるかにしのぎ，アメリカは圧倒的な技術力の優位に立って，戦局を有利に進めることができた。

そもそもレーダーは，第二次世界大戦以前には電波探知機とよばれ，38年にはイギリスの南東海岸に電波探知機による防衛ラインが作られていた。しかし当時アメリカは，この技術を重要視しておらず，大戦中にゼロからスタートすることになった。それにもかかわらず，動員体制と巨額の研究費により，センチ波レーダーとよばれるきわめて精度の高いレーダー開発にまでいたった。やがて敵機来襲の探知という狭い応用範囲から，爆撃の誘導や船舶の安全な航行，航空管制といった広い分野をレーダー技術が支えるようになった。

このほか科学研究開発局では，ますます複雑になる兵器システムを操る人材の

育成のために，実験心理学者も動員された。また，そうした操作者である人間をシステムの一要素とみなして，人間と機械の情報交換をシステム設計に含める，「人間機械混成システム」という新しい概念が生まれたのである。これは，戦後アメリカの新しい科学思潮として知られる「サイバネティクス」につながっていった。また，戦時中には完成にいたらなかったが，軍の資金で弾道計算のために開発された自動計算機が電子化され，戦後まもなく，プログラム内蔵式とよばれる現在のデジタル・コンピュータが生まれ，科学計算の自動化に大いに力を発揮した。

このほかにも多方面にわたる軍事研究開発援助を行い，多数の成果をあげた科学研究開発局も，大戦が終わると動員を解除し，その役目を終えることになった。開発局長であったブッシュは，解散前の45年7月に，平時における基礎科学への国家的援助のための機関設置を訴え，『科学，その限りなきフロンティア』という報告書を大統領に提出した。

この報告書は200ページ近くに及ぶものであり，戦時も平時も，公共の福祉や国の繁栄のためには，基礎科学の発展が必要だという認識を基本としている。そして，理工系の若手の人材を確保するためにも，研究開発援助を行う機関を作るべきだと提言している。ただしこの提案は議会の一部などから，基礎科学への援助は民主的な手続きをふまえて行われるべきだという強い意見が出された。そうした困難を乗り越えた末に，50年に全米科学財団（NSF）ができたのである。一方，戦後まもなく，海軍，陸軍，空軍もそれぞれ独自に研究開発援助を始め，科学研究開発局の仕組みを平時に移行するという作業は一元的には進まなかった。

こうした中，49年にソ連の核実験が成功したという報告がもたらされた。このことは，アメリカもソ連の核攻撃を受ける可能性が出てきたことを意味していた。そこで，戦中に巨額の研究費によりレーダーを開発した放射線研究所の人々を中心に，レーダー網による全米防空網計画が持ち上がった。戦後実用の域に達していたデジタル・コンピュータに通信・制御機能を担わせ，半自動の情報通信網を作るという巨大な計画のもと，レーダー技術者，コンピュータ技術者，実験心理学者などが一堂に会する国防研究所が作られたのである。これがマサチューセッツ工科大学のリンカーン研究所である。この全米防空網システムは，54年に正式にSAGEと名づけられ，58年頃に稼働し始める。しかし皮肉なことに，その直前に大陸間弾道ミサイルが実用段階に入ったため，敵機来襲による核爆撃に備え

るという防空網自体の戦略的意味は,大きくそがれることになった。
　ところがこのシステムは,結果的には航空管制技術をはじめとし,多くの科学分野の発展に貢献し,特にデジタル・コンピュータの技術を飛躍的に安定させた。また,コンピュータと通信を融合した新しい領域を拓いたことは,後に大きな意味をもってくる。
　この頃,冷戦構造が新たな局面に突入していた。57年10月,ソ連の人工衛星スプートニクの打ち上げが成功したのである。これを受けてアメリカでは,基礎科学熱が高まり,アイゼンハワー大統領はすぐさま大統領科学諮問委員会(PSAC)を創設した。そして翌58年に入ってすぐ,国防総省内に国防のための研究・工学担当長官という新しい役職を設け,そこに直属する高等研究プロジェクト局(ARPA)を設立したのである。これは当初,宇宙開発の統括的部局とされたが,宇宙開発は文民主導でという議会の思惑に推され,国家航空諮問委員会を改組した国家航空宇宙局(NASA)が宇宙開発を担うことになる。そこで,高等研究プロジェクト局は,大陸間弾道ミサイルの開発のほか,新しい助成分野を検討した結果,指揮・統制システムを高度化するため,コンピュータの研究開発支援に乗り出すことになる。62年には新しい部局が作られ,初代部長に実験心理学者のJ・C・R・リックライダーが就任した。リックライダーはこの部局に情報処理技術部と名前をつけ,大勢の利用者が同時に大型コンピュータを利用する時分割処理システムの開発などに力を入れた。この部局の予算は,高等研究プロジェクト局の予算の1％にも満たない規模でしかなかったが,コンピュータの研究開発支援という分野では,ほかに助成を行っている政府組織全部の助成金額の総計より多くの助成額を誇ったため,コンピュータ関係の研究をしている大学への影響力は大きかった。
　やがて66年には,この情報処理技術部の助成先間のリソース共有や研究者間の連絡のために,通信ネットワークの設立が着手され,69年に時分割処理システム間を結ぶコンピュータ・ネットワーク,ARPAネットが稼働し始めた。そして,70年代に入ると,軍事用無線ネットワークとの相互接続の仕組みが整えられ,ネットワーク間接続が始まり,これがやがて現在のインターネットへとつながった。実は,同じようなコンピュータ・ネットワークの研究開発はイギリスでも取り組まれており,その原理の発見はアメリカより早かったが,研究予算が小規模だったため実装が遅れていたのであった。つまり,現在のアメリカのコンピュータ研

究開発とネットワーク分野での優位は，冷戦構造という新たな戦時体制下で，SAGE や情報処理技術部に国家的な軍事研究予算がつぎ込まれたために，確立されたということができよう。

このように，現代の科学や技術は，戦争を背景に，国力（特に戦力）の礎として国家資金が導入されることで発展・飛躍し，その成果が日常生活に還元されるという構図が繰り返されて今にいたっているといえる。電気，自動車，飛行機，コンピュータ，携帯電話などの現在の私たちの生活に欠かせない技術が，こうした来歴をもつことは記憶にとどめておいてよいだろう。

歴史への扉29　　先見の明があったポール・バラン

「インターネットは，もともと核攻撃を避けるために作られた米軍のネットワークから始まった」という記述を見かけたことはないだろうか。実はこれは，インターネットの源流といわれる，ARPA ネットの起源に関する俗説である。ARPA ネットそのものは，核攻撃を避けるという目的でデザインされたわけではなかった。しかしこれとは別に，核攻撃を避けるための分散型ネットワークのアイデアも実際に存在した。それは，ランド社というシンクタンク研究員のポール・バランによって，1960年代前半に空軍に提案されていた計画である。この頃，アメリカ本土に核攻撃があるかもしれないという恐怖が全米に広がっていたことは，本文でも述べたとおりである。バランの提案は，通信ネットワークが中央集権的に作られていると，中央のセンターが攻撃された場合，情報網が壊滅してしまうため，分散型にしたほうがよいというものだった。この案のためにバランが考案したのが，蓄積伝達方式とよばれる方式だ。これは，通信するデータをバラバラにして送り，到着地点で再構成するという方式である。しかしこのバランの提案は，空軍では棚上げになってしまった。

ところが後に，ARPA ネットが研究者の情報交換を目的に構築された際，この蓄積伝達方式が導入されたのであった。ただしこの時，ほぼ同様の考え方で研究を進めていたイギリスの研究者は，これをパケット通信方式とよんでいた。ARPA ネットの設計の大枠をデザインしたローレンス・ロバーツは，まずイギリスの方式を知り，その後に自国でお蔵入りになっていた報告書を読んだといわれている。

こうした意味では，現在のインターネットに欠かせないパケット通信方式のアイデアをもちながら，直接的には「核攻撃を避けるための分散型ネットワーク」の提案が実現できなかったバランは，歴史に名を残し損ねた，不運な技術者のように思

> われるかもしれない。ところがこのバランという人は、まだARPAネットすら稼
> 働する以前の60年代の半ばに、ネットワークの時代が訪れることを予見し、さらに、
> ネットワークの時代における情報の安全性の重要性を主張して、歴史に名を刻んで
> いる。その頃アメリカでは、国家データ・バンクとよばれる個人情報のデータベー
> スが構築されつつあった。バランは、個人情報が電子的に蓄積されるようになれば、
> それを扱う人々の倫理が大切になることを訴えていたのである。さらに、もともと
> 「核攻撃を避けるための分散型ネットワーク」の発想自体、通信ネットワークの耐
> 力を高めようという考え方であり、バランは、ネットワーク社会の弱点を早くから
> 予見していた人物だったということができる。

第3節　第二次世界大戦後の環境問題

(1)「環境の時代」

　現代は「環境の時代」としばしばいわれており、その画期として注目されるのが1970年前後の動向である。70年のアメリカでは、環境アセスメントを義務づけた国家環境政策法がニクソン大統領の署名で発効し、第1回アースディ集会には約2000万人が参加した。西ドイツで前年に成立していたブラント政権も、革新政治の1つとして環境保護をとりいれることになる。「環境保護」(Umweltschutz) という用語は従来ドイツにはなく、この時に英語 (environmental protection) から翻訳されたものである。水俣病をはじめ、深刻な公害病を経験していた日本では、71年に環境庁が成立した。多国間の活動で影響が大きかったのは、欧州評議会の自然保護年 (1970) やローマクラブの報告「成長の限界」(1972)、国連人間環境会議 (1972) などである。軍事的色彩が濃いNATOですら、環境問題についての科学的議論を行う委員会を、69年に立ち上げている。

　大気、水、土壌、人間自身を含む動植物に人間活動が及ぼす様々な負荷は、この頃からしだいに「環境問題」と総称されるようになった。もちろん、これらの負荷に関しては前史がある。産業革命の負の側面は、工場からの煤煙や廃液はもちろんのこと、工業都市への人口集中による汚物の集積としても現れ、後者への対応策として、イギリスでは19世紀半ばに公衆衛生法が成立した。19世紀から20世紀にいたる転換期には、国民国家における自然と社会との関係が問い直される。フロンティアが消失したアメリカでは、今日まで続く自然保護団体シエラクラブ

が生まれ，急速に工業化が進んだドイツで高揚した郷土保護運動は，ナショナリスティックで観念的な田園賛美に耽溺しつつ，都会の物質主義的退廃を非難した。他方で自然の改変は国民国家の枠内にとどまらず，たとえば森林破壊による土壌侵食や水源枯渇は世界各地で進行しており，大戦間期にはヨーロッパの林学者に人類全体の危機すら感じさせるにいたる。

以下では，主に第二次世界大戦終結から60年代末までの時期について概観する。産業発展と技術革新が優先的かつ急速に推進されるこの時代にも，人間社会がもたらす負の諸影響に対して，様々な議論や取り組みがなされている。それらはある面では戦前からの延長であり，またある面では戦後の新たな状況に対応しながら，70年代以降の環境論議の枠組みを形成していったのである。

(2) 塵降る戦後世界

1945年は政治史上の大きな転換点であるが，敗戦により決定的転換があったかにみえるドイツですら，過去との連続性を有している。包括的自然保護のための初の国法であった，ナチス政権下の帝国自然保護法は，西ドイツでは76年の連邦自然保護法が発効するまで，各州の保護行政の法的基盤として残存していた。これに対して，早くも47年にドイツ森林保護同盟が成立していたことは，新たな時代の保護意識の始まりを予感させる。その直接的な背景には，木材を復興作業の資材として西ヨーロッパ諸国へ輸出し，代価はドイツ国民の食糧確保にあてるという名目で，特にイギリス占領当局が大規模に行った森林伐採があった。もっとも，この同盟の志向は，ドイツ国民の精神文化の源泉を森林に見いだしていた点では，社会的保守層の伝統的な保護思想の流れを汲んでいた。

戦後に新たに付け加わった最大の論点は，核エネルギーである。広島への原爆投下直後のトルーマン声明においてすでに，人間による自然界の力の利用が，原子力によって新局面に突入することが予見されていた。商用原子力発電所の運転開始は54年にソ連のオブニンスク発電所が先陣を切り，イギリスやアメリカのほか，西側諸国がこの後を追った。西ドイツでも原子炉建造が各地で進められる中で住民の反発があったものの，NATO加盟の後，58年に巻き起こった核武装議論をめぐる市民デモ「核兵器死反対闘争」に比べれば，その声は概してローカルなものにとどまっている。54年の第五福竜丸の被曝を詳述するまでもなく，米ソの核実験競争により飛散する放射性降下物は，核兵器への国際的な懸念を大きな

ものにしていた。やがて環境保護運動の思想的支柱の1人となる，オーストリアの文筆家ロベルト・ユンクは，57年に広島を訪れた後，同市と市民の歩みを著作でヨーロッパに伝えている。

　放射性降下物との対比で，旧来からの塵の問題ともいえる降下煤塵については，戦前からの議論が50年代の立法に結実している。経済復興が著しかった西ドイツの工業地帯ルール地方では，大気汚染が再び深刻化していた。自然保護に関する議論では，煤塵に対して森林がフィルター作用をも発揮するとしばしば述べられていたが，当然そのような作用は根本的解決策にはなりえなかった。問題は排出源となる産業施設への規制強化であり，19世紀半ばのプロイセンの法律に起源をもつ連邦営業法（産業施設の設置許可について定める法律）が59年に改正されることで，それが実現したのである。アメリカでは55年に大気汚染防止法が，イギリスでもその翌年に大気浄化法が成立している。これらの法律には欠陥もあったが，その後，それを補完する法律が成立し，また技術的対策もあいまって，煤塵は徐々に減少へと向かうことになる。

　59年にはロンドンで，大気汚染に関する戦後最初の大規模な国際会議である，国際大気浄化会議が開催されている。ロンドンでは，主に暖房のための石炭燃焼により煤煙問題が過去に何度も起こっていたが，大気の対流が特に起こりにくい気象条件下で発生した52年12月のスモッグの際は，1週間足らずで約4000人もの死者が出た。国際大気浄化会議は，イギリスの全国大気浄化協会（現在の「連合王国環境保護」の前身）設立60周年の節目に開かれたものだったが，次の段階へのステップでもあったといえよう。すなわち，スモッグによる死亡の最たる原因物質であり，次の10年に石炭から石油へのエネルギー転換が決定的になる中で，解決困難な課題として残される硫黄酸化物の排出について，この時点で国際的な研究協力の必要性が確認されていたのである。

（3）黙示録と健康志向との間で

　アメリカの海洋生物学者，レイチェル・カーソンの『沈黙の春』（1962）はしばしば引き合いに出される書物である。農業用殺虫剤のDDTなどが生態系全体に与える負荷を，鳥鳴かぬ春という黙示録的ビジョンで世に問うたこの書は，ときのケネディ大統領をも動かすことになった。広く読まれている今日と比べれば，当時，国際的な影響力は必ずしも大きくはなかったが，西ドイツでは63年には訳

書が出ており，加盟員数を増やしていた鳥類保護連盟（19世紀末成立，現在のドイツ自然保護連盟）がこれを推薦した。ただし，アメリカや西ドイツをはじめとする先進諸国でDDTが使用禁止となるのは，70年以降のことである。かねてよりこういった化学物質で汚染されていた国際河川ラインでは，69年夏に魚類の大量死が発生している。

　ところで『沈黙の春』には，発がん性物質との関連で予防医学の意義が強調されている箇所がある。様々な化学物質により，食物や水，空気など，環境すべてが汚染された後で，それによる発症者が出るたびに個々に治療する方法は効果的ではなく，集団予防という観点で化学物質自体を事前に減らすべきだとカーソンは説いている。未然防止という考え方は，後の環境論議で重要なものになるが，それにも前史があることは，科学史家プロクターが示すエピソードで想起できる。ナチス政権下のドイツでも予防的保健政策が重視されており，当該箇所でカーソンが依拠している発がん性物質研究者は，当時のドイツに研究職を求めていたのである。

　がん医療の実践はともかく，予防という観点が強調される前提となっていたのは，汚染物質の遍在化，あるいは日常化という世界観である。このような世界観を，文学的な誇張に過ぎないと過小評価することはできない。63年の部分的核実験禁止条約は，放射性降下物の脅威を一時的に後退させ，硫黄酸化物については，ソ連ですら60年代半ばには排出許容濃度を定めていたが，さらには自動車からの鉛や窒素酸化物の排出が，新たな課題として浮上しつつあった。西ドイツでは登録自家用車数が60年代のうちに約3倍となり，おおよそ2世帯に1台という水準にまで上昇している。大気の汚れは，移動というきわめて普遍的な生活行為に密着した問題となった。

　しかし，こうした状況に対する強い危機感だけでなく，自然への緩やかな愛着に目を向けることが，後の時代の環境意識の幅広さを理解する鍵となる。経済成長下の都会生活に疲弊した西ドイツ市民にとって，心身の健康という観点から，自然公園は魅力的な散策地の1つであった。自然公園のコンセプトの端緒は20世紀の初めにあり，そこでは自然を「護る」ことに主眼が置かれていたが，自然保護公園協会の提言で57年以後，各地に指定された自然公園では，駐車場やキャンプ場が整備されるなど，自然を「使う」ことが前提となっていた。イギリスでも50年代初頭から国立公園が順次指定されていたが，両国とも指定地への訪問者が

増加するのは，モータリゼーションや週休2日制などの条件がそろい出した60年頃からである。

　68年に頂点を迎えた，学生運動のうねりも見逃せない。パリ五月革命の参加者からは，後に少なからぬ環境保護活動家が生まれており，他国でも同様の傾向があった。ただし，ベトナム戦争——アメリカが散布した枯れ葉剤が，深刻な負荷をもたらしたことはいうまでもない——への反対などを掲げる彼らの主張は，明確に環境保護的であると特定できる内容を含んでいたわけではない。むしろ，この時の異議申し立てやデモの経験が，後の保護運動の態度や形態に生かされたといえよう。また，その内容という点でいうのであれば，物質主義を象徴しているアメリカで，自然回帰的な生活を唱えたヒッピーを想起することもできる。菜食主義の実践などは，より緩やかな形で現在の消費文化に溶け込んでいる。

（4）「環境の時代」と歴史学

　1970年代以降，これまでに見てきたものも含めて，様々な問題が「環境問題」として論じられてきた。捕鯨問題もその1つであり，72年のストックホルムにおける国連人間環境会議で，この問題が取りあげられたことが，その重要な契機となった。71年にカナダで設立され，当初は反核を旗印としていたグリーンピースが，環境保護団体として国際的に知られたのも，後の反捕鯨キャンペーンによるところが大きい。

　ソ連における，チェルノブイリ原子力発電所の86年の大事故は，一方では「環境問題」の不可避性をあらためて世界に印象づけた。西ドイツで緑の党（80年結党）が勢いづいたことが示唆しているように，73年の石油危機以後，原子力に対する依存傾向が強くなっていた諸国では，自国でも惨事が起こり得るという危機感が強まったのである。チェルノブイリ事故と同じ年に，社会学者ウルリヒ・ベックも，現代を「リスク社会」と表現している。現代社会で生きる以上（動植物を含めて），誰もがスモッグであれ放射能汚染であれ，社会に内在する何らかの環境リスクを負わざるを得ない。避けられないほどの多くの負荷を内包する，現代社会のあり方そのものを問題視する意図が，総称としての「環境問題」には込められているといえる。

　他方で，最も直接的な負荷を被ったのは——放射性降下物が世界中に拡散したとはいえ——現在のウクライナ，特に原発周辺に暮らす住民や動植物だという現

実がある。「環境問題」という総体からは逃れられないとしても，個々の負荷（の発生可能性）は現実には偏って存在しており，またそれを自己の周囲から遠ざけようとする試みは常になされている。たとえば，近年アメリカにおいて，先住民部族居留地への放射性廃棄物施設の建設が許可されたことは，そのような偏りをまた1つ可能にしてしまったといえる。日系企業の海外進出による「公害輸出」も，負荷移転の例である。

現代社会のあり方自体を問うことは必要だが，社会的行為の結果やその後の対応の単位として存在するのは，現在も「環境問題」というよりは個々の様々な負荷である。だからこそ，それらをめぐる歴史を振り返ることは，正確な現状分析力を養う助けとなるはずである。

歴史への扉30　環境問題とメディア

環境問題が社会に認知される際に，メディアは重要な役割を果たす。人間はしばしば，思わぬ形で遠くの土地や地球全体に環境負荷をもたらしている。そうした負荷は，空間的距離をメディアで縮めない限り把握困難である。身近な問題でも，長期的で自然科学的な変化は人間の知覚では捉えがたく，ときにメディアが図示する情報だけが頼りとなる。フロンなどの生産量削減を定めたモントリオール議定書採択（1987）前後の国際世論の高まりは，南極上空のオゾン濃度低下現象がコンピュータグラフィックスの着色により「穴」，すなわち「オゾンホール」としてテレビなどで示されることなしにあり得なかった。

センセーショナルな文言を広めるのもメディアであり，雑誌など旧来からの媒体でもその威力はあなどれない。61年の西ドイツ連邦議会選挙戦で，社会民主党のブラントが大気汚染を争点とした際，総合週刊誌『シュピーゲル』は，黒煙を吐き出す工場の写真と「ルールに青空を」という表題を付して特集を組んだ。実際には，大気汚染については，すでに地方や国の政治家が議論を重ねていた。だが，ほかのメディアで同様の表現が繰り返されたこともあり，「ルールに青空を」という文句が人口に膾炙し，ブラントが初めて問題を指摘したかのようなイメージが形成され，今もなお，もたれている。

『シュピーゲル』でより著名なのは，このさらに20年後の，「森の死」論議を起こした特集である。硫黄酸化物による森林被害自体は，ルール地方などでかねてより見られ，70年代には，これら酸化物が溶け込んだ酸性雨が，遠く北欧諸国にも影響

をもたらしていた。しかし，西ドイツ中で立ち枯れが議論されることになった発端は，「森が死んでいく」とよびかけた81年の同誌の特集であった。

　この件について，メディアの力に対する単純な賞賛を戒めさせるのは，民俗学者レーマンの考察である。「シュヴァルツヴァルト（保養地として有名なドイツ南西部の山林地帯）で，80年代末にモミの森が消える」と煽るような当時の黙示録的な報道は，都市圏の住民に事態の不可逆性を確信させた。近隣で木が１本でも伐採されれば，市当局に陳情書が出される。これに対して，地方の住民は冷静だった。都会から来たジャーナリストは彼らに蒙昧さすら感じ取るが，普段から木々を見て，それについて会話している彼らは，森林の長期的回復力を知っていたのである。都市住民を駆り立てたのは，少数の統計を使いまわすだけで量産された報道であり，それらは各地域の個々の状況に即していたわけでもなかった。

　環境意識の喚起は重要だが，それが個々の環境負荷に対する建設的議論につながるとは限らない。その点でメディアには，一長一短がある。ともあれ，アメリカの文化史家ウィンクラーが，様々な文学作品をとおして核兵器に対する人々の意識を分析したように，環境問題がメディアでいかに描かれるのかを考察することは，歴史学の魅力ある課題といえよう。

参考文献

* **本書全体にかかわる参考文献**

有賀貞『国際関係史――16世紀から1945年まで』東京大学出版会，2010年。
岡義武『国際政治史』岩波書店，2009年。
近藤和彦編『イギリス史研究入門』山川出版社，2010年。
N・デイヴィス著，別宮貞徳訳『ヨーロッパⅢ　近世』共同通信社，2000年。
N・デイヴィス著，別宮貞徳訳『ヨーロッパⅣ　現代』共同通信社，2000年。
服部良久・南川高志・小山哲・金澤周作編『人文学への接近法――西洋史を学ぶ』京都大学学術出版会，2010年。
望田幸男・野村達朗・藤本和貴夫・川北稔・若尾祐司・阿河雄二郎編『西洋近現代史研究入門〔第3版〕』名古屋大学出版会，2006年。
歴史学研究会編『世界史史料5　ヨーロッパ世界の成立と膨張　17世紀まで』岩波書店，2007年。
歴史学研究会編『世界史史料6　ヨーロッパ近代社会の形成から帝国主義へ　18・19世紀』岩波書店，2007年。

第Ⅰ部の参考文献

* **第Ⅰ部全体にかかわる参考文献**

『主権国家と啓蒙　16-18世紀』(岩波講座世界歴史16)岩波書店，1999年。
『環大西洋革命　18世紀後半―1830年代』(岩波講座世界歴史17)岩波書店，1997年。
I・ウォーラーステイン著，川北稔訳『近代世界システム――農業資本主義と「ヨーロッパ世界経済」の成立』Ⅰ・Ⅱ，岩波書店，1981年。
I・ウォーラーステイン著，川北稔訳『近代世界システム　1600-1750』名古屋大学出版会，1993年。
I・ウォーラーステイン著，川北稔訳『近代世界システム　1730-1840s』名古屋大学出版会，1997年。
G・エストライヒ著，阪口修平・千葉徳夫・山内進訳『近代国家の覚醒――新ストア主義・身分制・ポリツァイ』創文社，1993年。
小倉欣一編『近世ヨーロッパの東と西――共和政の理念と現実』山川出版社，2004年。

川北稔『洒落者たちのイギリス史――騎士の国から紳士の国へ』平凡社ライブラリー，1993年。
川北稔『イギリス近代史講義』講談社現代新書，2010年。
P・グベール著，遅塚忠躬・藤田苑子訳『歴史人口学序説――17・18世紀ボーヴェ地方の人口動態構造』岩波書店，1992年。
R・シャルチエ著，長谷川輝夫・宮下志朗訳『読書と読者――アンシャン・レジーム期フランスにおける』みすず書房，1994年。
J・スカール／J・カロウ著，小泉徹訳『魔女狩り』岩波書店，2004年。
高澤紀恵『主権国家体制の成立』山川出版社，1997年。
W・ドイル著，福井憲彦訳『アンシャン・レジーム』岩波書店，2004年。
N・Z・デイヴィス著，成瀬駒男訳『愚者の王国 異端の都市』平凡社，1987年。
H・R・トレヴァー＝ローパーほか著，今井宏編訳『一七世紀危機論争』創文社，1975年。
永田諒一『ドイツ近世の社会と教会――宗教改革と信仰派対立の時代』ミネルヴァ書房，2000年。
二宮宏之『フランス アンシアン・レジーム論――社会的結合・権力秩序・叛乱』山川出版社，2007年。
二宮宏之・阿河雄二郎編『アンシアン・レジームの国家と社会――権力の社会史へ』山川出版社，2003年。
G・パーカー著，大久保桂子訳『長篠合戦の世界史――ヨーロッパ軍事革命の衝撃1500-1800年』同文舘，1995年。
長谷川輝夫・大久保桂子・土肥恒之『ヨーロッパ近世の開花』（世界の歴史17）中央公論社，1997年。
P・バーク著，中村賢二郎・谷泰訳『ヨーロッパの民衆文化』人文書院，1988年。
P・バーク著，原聖訳『近世ヨーロッパの言語と社会――印刷の発明からフランス革命まで』岩波書店，2009年。
F・ハルトゥング／R・フィーアハウスほか著，成瀬治編訳『伝統社会と近代国家』岩波書店，1982年。
L・フェーヴル著，二宮敬訳『フランス・ルネサンスの文明』ちくま学芸文庫，1996年。
L・フェーヴル／H・J・マルタン著，関根素子ほか訳『書物の出現』上・下，筑摩書房，1985年。
J・ブリュア著，大久保桂子訳『財政＝軍事国家の衝撃――戦争・カネ・イギリス国家1688-1783』名古屋大学出版会，2003年。
F・ブローデル著，村上光彦・山本淳一訳『物質文明・経済・資本主義 15-18世紀』全6巻，みすず書房，1985-99年。
J・ヘンリー著，東慎一郎訳『17世紀科学革命』岩波書店，
R・ポーター著，見市雅俊訳『啓蒙主義』岩波書店，2004年。

A・R・マイヤーズ著,宮島直機訳『中世ヨーロッパの身分制議会』刀水書房,1996年。

＊ 第1章にかかわる文献
G・エルトン著,越智武臣訳『宗教改革の時代』みすず書房,1973年。
倉塚平編訳『宗教改革急進派——ラディカル・リフォーメーションの思想と行動—』ヨルダン社,1976年。
『宗教改革著作集』全15巻,教文館,1983-2001年。
R・シュトゥッペリヒ著,森田安一訳『ドイツ宗教改革史研究』ヨルダン社,1984年。
R・スクリブナー／S・ディクスン著,森田安一訳『ドイツ宗教改革』岩波書店,2009年。
中村賢二郎ほか編訳『原典宗教改革史』ヨルダン社,1976年。
G・フランツ著,寺尾誠・中村賢二郎・前間良爾・田中真造訳『ドイツ農民戦争』未来社,1989年。
P・ブリックレ著,田中真造・増本浩子訳『ドイツの宗教改革』刀水書房,1991年。
B・メラー著,森田安一・棟居洋・石引正志訳『帝国都市と宗教改革』教文館,1990年。
森田安一『図説・宗教改革』河出書房新社,2010年。
渡邊伸『宗教改革と社会』京都大学学術出版会,2001年。

＊ 第2章の各節にかかわる文献
第1節「ポルトガル・スペイン」
青木康征『コロンブス——大航海時代の起業家』中央公論社,1989年。
池上岑夫ほか監修『スペイン・ポルトガルを知る事典』新訂増補,平凡社,2001年。
生田滋『大航海時代とモルッカ諸島——ポルトガル,スペイン,テルナテ王国と丁字貿易』中央公論社,1998年。
大内一・染田秀藤・立石博高『もうひとつのスペイン史——中近世の国家と社会』同朋舎出版,1994年。
金七紀男『エンリケ航海王子——大航海時代の先駆者とその時代』刀水書房,2004年。
合田昌史『マゼラン——分割を体現した航海者』京都大学学術出版会,2006年。
S・スブラフマニアム著,三田昌彦・太田信宏訳『接続された歴史——インドとヨーロッパ』名古屋大学出版会,2009年。
関哲行・立石博高編訳『大航海の時代——スペインと新大陸』同文舘,1998年。
関哲行『スペインのユダヤ人』山川出版社,2003年。
立石博高編『スペイン・ポルトガル史』(新版世界各国史16) 山川出版社,2000年。
M・N・ピアスン著,生田滋訳『ポルトガルとインド——中世グジャラートの商人と支配者』岩波書店,1984年。
松森奈津子『野蛮から秩序へ——インディアス問題とサラマンカ学派』名古屋大学出版会,2009年。

歴史学研究会編『南北アメリカの500年　第1巻「他者」との遭遇』青木書店，1992年。

第2節「イタリア」

S・J・ウルフ著，鈴木邦夫訳『イタリア史　1700-1860』法政大学出版会，2001年。

北田葉子『近世フィレンツェの政治と文化——コジモ1世の文化政策（1537-60）』刀水書房，2003年。

北原敦編『イタリア史』（新版世界各国史15）山川出版社，2008年。

齊藤寛海・山辺規子・藤内哲也編『イタリア都市社会史入門——12世紀から16世紀まで』昭和堂，2008年。

清水廣一郎・北原敦編『概説イタリア史』有斐閣，1988年。

Ch・ダガン著，河野肇訳『イタリアの歴史』創土社，2005年。

藤内哲也『近世ヴェネツィアの権力と社会——「平穏なる共和国」の虚像と実像』昭和堂，2005年。

第3節「オランダ」

石坂昭雄『オランダ型貿易国家の経済構造』未来社，1971年。

C・ウィルスン著，堀越孝一訳『オランダ共和国』平凡社，1971年。

J・ホイジンガ著，栗原福也訳『レンブラントの世紀——17世紀ネーデルラント文化の概観』創文社，1968年。

川口博『身分制国家とネーデルランドの反乱』彩流社，1995年。

森田安一編『スイス・ベネルクス史』（新版　世界各国史14）山川出版社，1998年。

T・トドロフ著，塚本昌則訳『日常礼讃——フェルメールの時代のオランダ風俗画』白水社，2002年。

E・デ・ヨング著，小林頼子監訳『オランダ絵画のイコノロジー——テーマとモチーフを読み解く』NHK出版，2005年。

J・ド・フリース／A・ファン・デァ・ワウデ著，大西吉之・杉浦未樹訳『最初の近代経済——オランダ経済の成功・失敗と持続力　1500-1815』名古屋大学出版会，2009年。

第4節「フランス」

城戸毅『百年戦争——中世末期の英仏関係』刀水書房，2010年。

高澤紀恵『主権国家体制の成立』山川出版社，1997年。

高澤紀恵『近世パリに生きる』岩波書店，2008年。

谷川稔・渡辺和行編著『近代フランスの歴史』ミネルヴァ書房，2006年。

二宮素子著『宮廷文化と民衆文化』山川出版社，1999年。

福井憲彦編『フランス史』（新版世界各国史12）山川出版社，2001年。

P・バーク著，石井三記訳『作られる太陽王　ルイ14世』名古屋大学出版会，2004年。

F・ブローデル著，村上光彦訳『日常性の構造　物質文明・経済・資本主義15-18世紀』2巻，みすず書房，1985年。

二宮宏之『フランス　アンシアン・レジーム論——社会的結合・権力秩序・叛乱』岩波書

店，2007年．
R・ミュシャンブレッド著，石井洋二郎訳『近代人の誕生』筑摩書房，1992年．

第5節「イギリス」
岩井淳・指昭博編『イギリス史の新潮流——修正主義の近世史』彩流社，2000年．
今井宏『イギリス革命の政治過程』未来社，1984年．
越智武臣『近代英国の起源』ミネルヴァ書房，1966年．
川北稔『工業化の歴史的前提——帝国とジェントルマン』岩波書店，1983年．
川北稔『民衆の大英帝国』岩波書店，1990年．
近藤和彦編『長い18世紀のイギリス——その政治社会』山川出版社，2002年．
指昭博『イギリス宗教改革の光と影』ミネルヴァ書房，2010年．
指昭博編『「イギリス」であること——アイデンティティ探求の歴史』刀水書房，1999年．
指昭博編『王はいかに受け入れられたか——政治文化のイギリス史』刀水書房，2007年．
浜林正夫『イギリス名誉革命史』上・下，未来社，1981年，1983年．
山本正『「王国」と「植民地」——近世イギリス帝国のなかのアイルランド』思文閣出版，2002年．
K・ライトソン著，中野忠訳『イギリス社会史1580-1680』リブロポート，1991年．
P・ラスレット著，川北稔・指昭博・山本正訳『われら失いし世界』三嶺書房，1986年．

＊ 第3章の各節にかかわる文献

第1節「神聖ローマ帝国とオーストリア」
勝田有恒・森征一・山内進編『概説西洋法制史』ミネルヴァ書房，2004年．
木谷勤・望田幸男編『ドイツ近代史——18世紀から現代まで』ミネルヴァ書房，1992年．
木村靖二・成瀬治・山田欣吾編『ドイツ史1』『ドイツ史2』（世界歴史大系）山川出版社，1997年，1996年．
木村靖二編『ドイツ史』（新版世界各国史13）山川出版社，2001年．
阪口修平『プロイセン絶対王政の研究』中央大学出版部，1988年．
渋谷聡『近世ドイツ帝国国制史研究——等族制集会と帝国クライス』ミネルヴァ書房，2000年．
神寶秀夫『近世ドイツ絶対主義の構造』創文社，1994年．
成瀬治『絶対主義国家と身分制社会』山川出版社，1988年．
山本文彦『近世ドイツ国制史研究——皇帝・帝国クライス・諸侯』北海道大学図書刊行会，1995年．
伊藤宏二『ヴェストファーレン条約と神聖ローマ帝国——ドイツ帝国諸侯としてのスウェーデン』九州大学出版会，2005年．
皆川卓『等族制国家から国家連合へ——近世ドイツ国家の設計図「シュヴァーベン同盟」』創文社，2005年．

P・H・ウィルスン著，山本文彦訳『神聖ローマ帝国 1495〜1806』岩波書店，2005年．
第2節「近世北欧」
入江幸二『スウェーデン絶対王政研究』知泉書館，2005年．
D・カービー著，百瀬宏・石野裕子監修『フィンランドの歴史』明石書店，2008年．
O・ステーネシェン／I・リーベク著，岡沢憲芙監訳，小森宏美訳『ノルウェーの歴史』早稲田大学出版部，2005年．
橋本淳編『デンマークの歴史』創元社，1999年．
深沢克己編『国際商業』ミネルヴァ書房，2002年．
L・ミュラー著，玉木俊明・根本聡・入江幸二訳『近世スウェーデンの貿易と商人』嵯峨野書院，2006年．
村井誠人編『スウェーデンを知るための60章』明石書店，2009年．
村井誠人編『デンマークを知るための68章』明石書店，2009年．
百瀬宏・石野裕子編著『フィンランドを知るための44章』明石書店，2008年．
百瀬宏・熊野聰・村井誠人編『北欧史』（新版世界各国史21）山川出版社，1998年．
第3節「東中欧・ロシア」
阿部重雄『コサック』教育社歴史新書，1981年．
飯尾唯紀『近世ハンガリー農村社会の研究――宗教と社会秩序』北海道大学図書刊行会，2008年．
伊東孝之・井内敏夫・中井和夫編『ポーランド・ウクライナ・バルト史』（新版世界各国史20）山川出版社，1998年．
小倉欣一編『近世ヨーロッパの東と西――共和政の理念と現実』山川出版社，2004年．
栗生沢猛夫『ボリス・ゴドノフと偽のドミトリー――「動乱」時代のロシア』山川出版社，1997年．
薩摩秀登『プラハの異端者たち――中世チェコのフス派にみる宗教改革』現代書館，1998年．
柴宜弘編『バルカン史』（新版世界各国史18）山川出版社，1998年．
G・シュタットミュラー著，丹後杏一訳『ハプスブルク帝国史――中世から1918年まで』刀水書房，1987年．
白木太一『近世ポーランド「共和国」の再建――四年議会と五月三日憲法への道』彩流社，2005年．
R・G・スクルィンニコフ著，栗生沢猛夫訳『イヴァン雷帝』成文社，1994年．
丹後杏一『ハプスブルク帝国の近代化とヨーゼフ主義』多賀出版，1997年．
土肥恒之『ロシア近世農村社会史』創文社，1986年．
土肥恒之『『死せる魂』の社会史――近世ロシア農民の世界』日本エディタースクール出版部，1989年．
土肥恒之『ピョートル大帝とその時代』中公新書，1992年．

戸谷浩『ハンガリーの市場町——羊を通して眺めた近世の社会と文化』彩流社，1998年．
鳥山成人『ロシア・東欧の国家と社会』恒文社，1985年．
中澤達哉『近代スロヴァキア国民形成思想史研究——「歴史なき民」の近代国民法人説』刀水書房，2009年．
中村仁志『プガチョフの反乱』平凡社，1987年．
南塚信吾編『ドナウ・ヨーロッパ史』（新版世界各国史19）山川出版社，1999年．
山田朋子『ポーランド貴族の町——農奴解放前の都市と農村，ユダヤ人』刀水書房，2008年．
和田春樹編『ロシア史』（新版世界各国史22）山川出版社，2002年．

第4節「オスマン朝」

新井政美『オスマン vs. ヨーロッパ——〈トルコの脅威〉とは何だったのか』講談社，2002年．
柴宜弘編『バルカン史』（新版世界各国史18）山川出版社，1998年．
鈴木董『オスマン帝国——イスラム世界の「柔らかい専制」』講談社，1992年．
鈴木董『オスマン帝国の権力とエリート』東京大学出版会，1993年．
鈴木董『パクス・イスラミカの世紀』（新書イスラームの世界史2）講談社現代新書，1993年．
谷川稔編『歴史としてのヨーロッパ・アイデンティティ』山川出版社，2003年．
永田雄三編『西アジア史Ⅱ　トルコ・イラン』（新版世界各国史9）山川出版社，2002年．
永田雄三・羽田正『成熟のイスラーム社会』（世界の歴史15）中央公論社，1998年．
林佳世子『オスマン帝国の時代』山川出版社，1997年．
間野英二編『西アジア史』（アジアの歴史と文化9）同朋舎，2000年．
三橋冨治男『オスマン＝トルコ試論』吉川弘文館，1966年．
歴史学研究会編『世界史とは何か——多元的世界の接触の転機』（講座世界史1）東京大学出版会，1995年．
歴史学研究会編『近代世界への道——変容と摩擦』（講座世界史2）東京大学出版会，1995年．
歴史学研究会編『多元的世界の展開』（地中海世界史2）青木書店，2003年．

第Ⅱ部の参考文献

* 第Ⅱ部全体にかかわる参考文献

オリヴァー・ジマー著，福井憲彦訳『ヨーロッパ史入門　ナショナリズム1890-1940』岩波書店，2009年．

R・J・エヴァンズ，井川匠・大内宏一・小原淳・前川陽祐・南祐三訳『力の追求　ヨーロッパ史　1815-1914』上下巻，白水社，2018年。
谷川稔『国民国家とナショナリズム』山川出版社，1999年。
谷川稔・北原敦・鈴木健夫・村岡健次『近代ヨーロッパの情熱と苦悩』(世界の歴史22)中央公論新社，2009年。
T・C・ブランニング編著，望田幸男・山田史郎監訳『オックスフォード　ヨーロッパ近代史』ミネルヴァ書房，2009年。

* 第4章全体に共通する文献
五十嵐武士・福井憲彦『アメリカとフランスの革命』(世界の歴史21) 中央公論新社，1998年。
I・ウォーラーステイン著，川北稔訳『近代世界システム1730〜1840s　大西洋革命の時代』名古屋大学出版会，1997年。
柴田三千雄ほか編『フランス史2　16世紀〜19世紀半ば』山川出版社，1996年。
専修大学人文科学研究所編『フランス革命とナポレオン』未来社，1998年。
服部春彦『経済史上のフランス革命・ナポレオン時代』多賀出版，2009年。
E・J・ホブズボーム著，安川悦子・水田洋訳『市民革命と産業革命――二重革命の時代』岩波書店，1968年。

* 第4章の各節にかかわる文献
第1節「フランス革命」
安藤隆穂編『フランス革命と公共性』名古屋大学出版会，2003年。
M・オズーフ著，立川孝一訳『革命祭典――フランス革命における祭りと祭典行列』岩波書店，1988年。
柴田三千雄『フランス革命』(増補版) 岩波書店，2007年。
R・シャルチエ著，松浦義弘訳『フランス革命の文化的起源』岩波書店，1994年。
竹中幸史『フランス革命と結社――政治的ソシアビリテによる文化変容』昭和堂，2005年。
谷川稔『十字架と三色旗――もうひとつの近代フランス』山川出版社，1997年。
遅塚忠躬『フランス革命――歴史における劇薬』岩波ジュニア新書，1997年。
二宮宏之『フランス　アンシアン・レジーム論――社会的結合・権力秩序・叛乱』岩波書店，2007年。
L・ハント著，松浦義弘訳『フランス革命の政治文化』平凡社，1989年。
F・フュレ／M・オズーフ著編，河野健二・阪上孝・富永茂樹監訳『フランス革命事典(1)〜(7)』みすず書房，1998〜2000年。
松浦義弘『フランス革命の社会史』(世界史リブレット) 山川出版社，1997年。

第2節「ナポレオンとヨーロッパ」

上垣豊『ナポレオン――英雄か独裁者か』山川出版社，2013年。
J・エリス著，杉本淑彦・中山俊訳『ヨーロッパ史入門　ナポレオン帝国』岩波書店，2008年。
杉本淑彦『ナポレオン伝説とパリ』山川出版社，2002年。
杉本淑彦『ナポレオン――最後の専制君主，最初の近代政治家』岩波新書，2018年。
谷口健治『バイエルン王国の誕生――ドイツにおける近代国家の形成』山川出版社，2003年。
R・デュフレス著，安達正勝訳『ナポレオンの生涯』（文庫クセジュ）白水社，2004年。
西川長夫『フランスの近代とボナパルティズム』岩波書店，1984年。
浜忠雄『ハイチ革命とフランス革命』北海道大学図書刊行会，1998年。
松嶌明男『図説ナポレオン――政治と戦争』河出書房新社，2016年。
本池立『ナポレオン――革命と戦争』世界書院，1992年。
T・レンツ著，福井憲彦監訳『ナポレオンの生涯』創元社，1999年。

第3節「ウィーン体制」

木谷勤・望田幸男編著『ドイツ近代史――18世紀から現代まで』ミネルヴァ書房，1992年。
喜安朗『パリの聖月曜日――19世紀都市騒乱の舞台裏』岩波現代文庫，2008年。
末川清『近代ドイツの形成――「特有の道」の起点』晃洋書房，1996年。
O・ダン著，末川清・姫岡とし子・高橋秀寿訳『ドイツ国民とナショナリズム　1770―1990』名古屋大学出版会，1999年。
A・J・P・テイラー著，倉田稔訳『ハプスブルク帝国　1809―1918年』筑摩書房，1987年。
服部春彦・谷川稔編著『フランス近代史――ブルボン王朝から第五共和政へ』ミネルヴァ書房，1993年（第3章）。
矢野久／A・ファウスト編『ドイツ社会史』有斐閣，2001年。
良知力編『[共同研究]1848年革命』大月書店，1979年。
良知力『青きドナウの乱痴気――ウィーン1848年』平凡社，1985年。

第4節「産業革命の進展と社会問題」

金澤周作『チャリティとイギリス近代』京都大学学術出版会，2008年。
角山栄編『産業革命の時代』（講座西洋経済史Ⅱ）同文舘，1979年。
角山栄・村岡健次・川北稔『産業革命と民衆』（生活の世界歴史10）河出文庫，1992年。
A・ディグビー／C・ファインスティーン編，松村高夫・長谷川淳一・高井哲彦・上田美枝子訳『社会史と経済史――英国史の軌跡と新方位』北海道大学出版会，2007年。
西沢保・服部正治・栗田啓子編『経済政策思想史』有斐閣，1999年。
P・ハドソン著，大倉正雄訳『産業革命』未来社，1999年。
馬場哲・小野塚知二編『西洋経済史学』東京大学出版会，2001年。
藤瀬浩司『資本主義世界の成立』ミネルヴァ書房，1980年。

A・G・フランク著，大崎正治ほか訳『世界資本主義と低開発』柘植書房，1978年。
E・J・ホブズボーム著，浜林正夫・神武庸四郎・和田一夫訳『産業と帝国』未来社，1984年。
湯沢威編『イギリス経済史——盛衰のプロセス』有斐閣，1996年。
吉岡昭彦『近代イギリス経済史』岩波書店，1981年。
歴史学研究会編『講座世界史2　近代世界への道，変容と摩擦』東京大学出版会，1995年。

＊　第5章の各節にかかわる文献
第1節「ブルジョワ社会の原風景」
D・キャナダイン著，平田雅博・吉田正広訳『イギリスの階級社会』日本経済評論社，2008年。
J・スペンス著，中尾真理訳『ビカミング・ジェイン・オースティン』キネマ旬報社，2009年。
P・ブレンド著，石井昭夫訳『トマス・クック物語——近代ツーリズムの創始者』中央公論社，1995年。
新井潤美『階級にとりつかれた人びと——英国ミドルクラスの生活と意見』中公新書，2001年。
井野瀬久美惠『大英帝国という経験』（興亡の世界史第16巻）講談社，2007年。
井野瀬久美惠「表象のヴィクトリア女王」『岩波講座・天皇と王権を考える』第7巻，2002年。
岩間俊彦『イギリス・ミドルクラスの世界』ミネルヴァ書房，2008年。
金澤周作『チャリティとイギリス近代』京都大学学術出版会，2008年。
川本静子『ヴィクトリア女王——ジェンダー・王権・表象』ミネルヴァ書房，2006年。
谷田博幸『ヴィクトリア朝百貨事典』（ふくろうの本）河出書房新社，2001年。
角山栄・川北稔・村岡健次『産業革命と民衆』（生活の世界歴史10）河出文庫，1992年。
松村昌家『水晶宮物語』ちくま学芸文庫，2000年。
第2節「イタリアの統一」
北原敦編著『イタリア史』（新版世界各国史15）山川出版社，2008年。
S・J・ウルフ著，鈴木邦夫訳『イタリア史——1700-1860』法政大学出版会，2001年。
C・ダガン著，河野肇訳『イタリアの歴史』創土社，2005年。
藤澤房俊『赤シャツの英雄ガリバルディ』洋泉社，1987年。
藤澤房俊『匪賊の反乱——イタリア統一と南部イタリア』太陽出版，1992年。
藤澤房俊『大理石の祖国——近代イタリアの国民形成』筑摩書房，1997年。
藤澤道郎『物語イタリアの歴史——解体から統一まで』中公新書，1991年。
G・プロカッチ著，斎藤泰弘・豊下楢彦訳『イタリア人民の歴史』未来社，1984年。
R・ロメーオ著，柴野均訳『カヴールとその時代』白水社，1992年。

第3節「ドイツの統一と第二帝国」
上山安敏『世紀末ドイツの若者』三省社，1986年。
川越修・姫岡とし子・原田一美・若原憲和編著『近代を生きる女たち――19世紀ドイツ社会史を読む』未来社，1990年。
北村昌史『ドイツ住宅改革運動――19世紀の都市化と市民社会』京都大学学術出版会，2007年。
末川清『近代ドイツの形成――「特有の道」の基点』晃洋書房，1996年。
竹中亨『帰依する世紀末――ドイツ近代の原理主義者群像』ミネルヴァ書房，2004年。
田中洋子『ドイツ企業社会の形成と変容――クルップ社における労働・生活・統治』ミネルヴァ書房，2001年。
野田宣雄『教養市民層からナチズムへ――比較宗教社会史のこころみ』名古屋大学出版会，1988年。
服部伸『ドイツ「素人医師」団――人に優しい西洋民間療法』講談社，1997年。
姫岡とし子『近代ドイツの母性主義フェミニズム』勁草書房，1993年。
穂鷹知美『都市と緑――近代ドイツの緑化文化』山川出版社，2004年。
望田幸男『ドイツ・エリート養成の社会史――ギムナジウムとアビトゥーアの世界』ミネルヴァ書房，1998年。
望田幸男編『近代ドイツ＝資格社会の展開』名古屋大学出版会，2003年。
山名淳『ドイツ田園教育舎研究――「田園」型寄宿制学校の秩序形成』風間書房，2000年。

第4節「フランスの共和政と国民統合」
M・アギュロン著，阿河雄二郎ほか訳『フランス共和国の肖像――闘うマリアンヌ』ミネルヴァ書房，1989年。
桜井哲夫『「近代」の意味――制度としての学校・工場』（NHKブックス）日本放送出版協会，1984年。
谷川稔『十字架と三色旗――もうひとつの近代フランス』山川出版社，1997年。
谷川稔・渡辺和行編『近代フランスの歴史――国民国家形成の彼方に』ミネルヴァ書房，2006年。
長井伸仁『歴史がつくった偉人たち――近代フランスとパンテオン』山川出版社，2007年。
P・ノラ編，谷川稔監訳『記憶の場――フランス国民意識の文化＝社会史』全3巻，岩波書店，2002～2003年。
橋本伸也・藤井泰・渡辺和行・進藤修一・安原義仁『エリート教育』ミネルヴァ書房，2001年。
福井憲彦『世紀末とベル・エポックの文化』（世界史リブレット46）山川出版社，1999年。
楠原茂『近代フランス農村の変貌――アソシアシオンの社会史』刀水書房，2002年。
渡辺和行・南充彦・森本哲郎『現代フランス政治史』ナカニシヤ出版，1997年。
渡辺和行『エトランジェのフランス史――国民・移民・外国人』山川出版社，2007年。

＊ 第6章の各節にかかわる文献

第1節「オーストリアと中・東ヨーロッパの再編」

伊東孝之ほか監修『東欧を知る事典』平凡社，1993年。

大津留厚『増補改訂　ハプスブルクの実験——多文化共存を目指して』春風社，2007年。

大津留厚『ハプスブルク帝国』（世界史リブレット）山川出版社，1996年。

大津留厚ほか『民族』ミネルヴァ書房，2003年。

野村真理『ウィーンのユダヤ人・19世紀末からホロコースト前夜まで』御茶の水書房，1999年。

馬場優『オーストリア＝ハンガリーとバルカン戦争——第一次世界大戦への道』法政大学出版局，2006年。

南塚信吾編『ドナウ・ヨーロッパ史』（新版世界各国史19）山川出版社，1999年。

山田史郎ほか『移民』ミネルヴァ書房，1998年。

J・ル・リデー著，田口晃・板橋拓己訳『中欧論・帝国からEUへ』白水社，2004年。

第2節「ロシアの近代化」

加納格『ロシア帝国の民主化と国家統合——二十世紀初頭の改革と革命』御茶の水書房，2001年。

杉浦秀一『ロシア自由主義の政治思想』未来社，1999年。

鈴木健夫『近代ロシアと農村共同体——改革と伝統』創文社，2004年。

高田和夫『近代ロシア社会史研究』山川出版社，2004年。

高田和夫『近代ロシア農民文化史研究——人の移動と文化の変容』岩波書店，2007年。

高橋一彦『帝政ロシア司法制度史研究——司法改革とその時代』名古屋大学出版会，2001年。

竹中浩『近代ロシアへの転換——大改革時代の自由主義思想』東京大学出版会，1999年。

崔在東『近代ロシア農村の社会経済史——ストルィピン農業改革期の土地利用・土地所有・協同組合』日本経済評論社，2007年。

橋本伸也『エカテリーナの夢　ソフィアの旅——帝制期ロシア女子教育の社会史』ミネルヴァ書房，2004年。

原暉之『ウラジオストク物語』三省堂，1998年。

和田春樹『テロルと改革——アレクサンドル二世暗殺前後』山川出版社，2005年。

竹中浩『模索するロシア帝国——大いなる非西欧国家の一九世紀末』大阪大学出版会，2019年。

第3節「トルコの近代化と民族問題」

新井政美『トルコ近現代史』みすず書房，2001年。

新井政美『オスマン vs. ヨーロッパ——〈トルコの脅威〉とは何だったのか』講談社，2002年。

新井政美『オスマン帝国はなぜ崩壊したのか』青土社，2009年。

河野淳『ハプスブルクとオスマン帝国——歴史を変えた〈政治〉の発明』講談社選書メチ

エ，2010年。
小玉新次郎・大澤陽典編『アジア諸民族の生活文化』阿吽社，1990年。
小松香織『オスマン帝国の近代と海軍』山川出版社，2004年。
佐藤次高編『西アジア史Ⅰ　アラブ』(新版世界各国史8) 山川出版社，2002年。
佐原徹哉『近代バルカン都市社会史――多元主義空間における宗教とエスニシティ』刀水書房，2003年。
柴宜弘編『バルカン史』(新版世界各国史18) 山川出版社，1998年。
鈴木董『オスマン帝国――イスラム世界の「柔らかい専制」』講談社，1992年。
鈴木董『イスラムの家からバベルの塔へ――オスマン帝国における諸民族の統合と共存』東京大学出版会，1993年。
鈴木董『オスマン帝国の解体――文化世界と国民国家』筑摩書房，2000年。
鈴木董『オスマン帝国の権力とエリート』東京大学出版会，1993年。
鈴木董編『パクス・イスラミカの世紀』(新書イスラームの世界史2) 講談社現代新書，1993年。
永田雄三編『西アジア史Ⅱ　トルコ・イラン』(新版世界各国史9) 山川出版社，2002年。
永田雄三・羽田正『成熟のイスラーム社会』(世界の歴史15) 中央公論社，1998年。
永田雄三『前近代トルコの地方名士――カラオスマンオウル家の研究』刀水書房，2009年。
林佳世子『オスマン帝国500年の平和』講談社，2008年。
間野英二編『アジアの歴史と文化9　西アジア史』同朋舎，2000年。
間野英二『新書東洋史8　中央アジアの歴史』講談社，1977年。
R・マントラン著，小山皓一郎訳『改訳トルコ史』白水社，1982年。
南塚信吾編『ドナウ・ヨーロッパ史』(新版世界各国史19) 山川出版社，1999年。
歴史学研究会編『近代世界への道――変容と摩擦』(講座世界史2) 東京大学出版会，1995年。
歴史学研究会編『民族と国家――自覚と抵抗』(講座世界史3) 東京大学出版会，1995年。
歴史学研究会編『多元的世界の展開』(地中海世界史2) 青木書店，2003年。
歴史学研究会編『ネットワークのなかの地中海』(地中海世界史3) 青木書店，2003年。

＊　第7章全体に共通する文献
A・ポーター著，福井憲彦訳『帝国主義』岩波書店，2006年。
加藤祐三・川北稔『アジアと欧米世界』(世界の歴史25) 中央公論新社，2010年。

＊　第7節の各節にかかわる文献
第1節「イギリス帝国と移民」
油井大三郎『世紀転換期の世界――帝国主義支配の重層構造』未来社，1989年。
柴田三千雄ほか編『世界の構造化』(シリーズ世界史への問い9) 岩波書店，1991年。

村岡健次ほか編『新帝国の開花』（英国文化の世紀1）研究社出版，1996年。
山田史郎ほか『移民』ミネルヴァ書房，1998年。
樺山紘一ほか編『移動と移民』（岩波講座世界歴史19）岩波書店，1999年。
藤川隆男編『白人とは何か？──ホワイトネス・スタディーズ入門』刀水書房，2005年。
D・R・ローディガー著，小原豊志ほか訳『アメリカにおける白人意識の構築──労働者階級の形成と人種』明石書店，2006年。
井野瀬久美惠『大英帝国という経験』（興亡の世界史16）講談社，2007年。
川北稔『民衆の大英帝国──近世イギリス社会とアメリカ移民』岩波現代文庫，2008年。
J・C・トーピー著，藤川隆男監訳『パスポートの発明──監視・シティズンシップ・国家』法政大学出版局，2008年。

第2節「帝国主義と植民地問題」

J・オースタハメル著，石井良訳『植民地主義とは何か』論創社，2005年。
A・L・ストーラー著，永渕康之・水谷智・吉田信訳『肉体の知識と帝国の権力』以文社，2010年。
土屋健治『カルティニの風景』めこん，1991年。
C・B・ディヴィス／K・E・ウィルバーン著，原田勝正・多田博一監訳『鉄路17万マイルの興亡──鉄道からみた帝国主義』日本経済評論社，1996年。
永原陽子編『「植民地責任」論──脱植民地化の比較史』青木書店，2009年。
平野千果子『フランス植民地主義の歴史──奴隷制廃止から植民地帝国の崩壊まで』人文書院，2002年。
増田義郎『太平洋──開かれた海の歴史』集英社，2004年。
宮本正興・松田素二編『新書アフリカ史』講談社新書，1997年。
ムルタトゥーリ著，佐藤弘幸訳『マックス・ハーフェラール──もしくはオランダ商事会社のコーヒー競売』めこん，2003年。

第Ⅲ部の参考文献

* **第Ⅲ部全体にかかわる参考文献**

有賀貞ほか編『アメリカ史』全2巻，山川出版社，1994年。
有賀夏紀ほか編『アメリカ史研究入門』山川出版社，2009年。
紀平英作編『アメリカ史』（新版世界各国史24）山川出版社，1999年。
国本伊代『概説ラテンアメリカ史』新評論，2001年。
野村達朗編『アメリカ合衆国の歴史』ミネルヴァ書房，1998年。
増田義郎・山田陸男編『ラテンアメリカ史Ⅰ　メキシコ，中央アメリカ，カリブ海』（新

版世界各国史25）山川出版社，1999年。
増田義郎編『ラテンアメリカ史Ⅱ　南アメリカ』（新版世界各国史26）山川出版社，2000年。
歴史学研究会編『南北アメリカの500年』全5巻，青木書店，1992〜93年。

＊　第8章全体に共通する文献
五十嵐武士・福井憲彦『アメリカとフランスの革命』（世界の歴史21）中央公論社，1998年。
池本幸三ほか『近代世界と奴隷制――大西洋システムの中で』人文書院，1995年。
I・ウォーラーステイン著，川北稔訳『近代世界システム　1730-1840s　大西洋革命の時代』名古屋大学出版会，1997年。
J・H・エリオット著，越智武臣ほか訳『旧世界と新世界　1492-1650』岩波書店，1975年。
川北稔ほか『環大西洋革命　18世紀後半―1830年代』岩波書店，1997年。
Z・トドロフ著，及川馥訳『他者の記号学　アメリカ大陸の征服』法政大学出版局，1986年。

＊　第8章の各節にかかわる文献
第1節「ラテンアメリカ」
網野徹哉・高橋均『ラテンアメリカ文明の興亡』（世界の歴史18）中央公論社，1997年。
C・ギブソン著，染田秀藤訳『イスパノアメリカ――植民地時代』平凡社，1981年。
斉藤晃『魂の征服』平凡社，1993年。
染田秀藤『ラテンアメリカ史――植民地時代の実像』世界思想社，1990年。
染田秀藤ほか編『ラテンアメリカの歴史――史料から読み解く植民地時代』世界思想社，2005年。
増田義郎『インディオ文明の興亡』（世界の歴史7）講談社，1977年。
N・ワシュテル著，小池佑二訳『敗者の想像力』岩波書店，1984年。
第2節「北米植民地とカナダ」
大原祐子『カナダ現代史』山川出版社，1981年。
木村和男編『カナダ史』（新版世界各国史23）山川出版社，1999年。
木村和男／フィリップ・バックナー／ノーマン・ヒルマー『カナダの歴史――大英帝国の忠誠な長女1713〜1982』刀水書房，1997年。
日本カナダ学会編『新版　史料が語るカナダ――1535-2007』有斐閣，2008年。
馬場伸也・大原祐子編『概説カナダ史』有斐閣，1984年。
細川道久『カナダの歴史がわかる25話』明石書店，2007年。
W・L・モートン著，木村和男訳『大陸横断国家の誕生――カナダ連邦結成史1857〜1878年』同文舘，1993年。

木村和男『カナダ自治領の生成——英米両帝国下の植民地』刀水書房，1989年。
M・B・ノートン著，白井洋子ほか訳『新世界への挑戦　15-18世紀』三省堂，1996年。
第3節「アメリカ合衆国の成立と拡大」
有賀貞『アメリカ革命』東京大学出版会，1988年。
五十嵐武士『アメリカの建国——その栄光と試練』東京大学出版会，1984年。
S・ウィレンツ著，安武秀岳監訳，鵜月裕典・森脇由美子共訳『民衆支配の讃歌——ニューヨーク市とアメリカ労働者階級の形成　1788-1850』木鐸社，2001年。
S・M・エヴァンズ著，小檜山ルイ・竹俣初美・矢口祐人訳『アメリカの女性の歴史——自由のために生まれて』明石書店，1997年。
R・ケリー著，長尾龍一・能登路雅子訳『アメリカ政治文化史——建国よりの一世紀』木鐸社，1987年。
斎藤眞『アメリカ革命史研究——自由と統合』東京大学出版会，1992年。
J・B・スチュワート著，真下剛訳『アメリカ黒人解放前史——奴隷制廃止運動（アボリショニズム）』明石書店，1994年。
田中きく代『南北戦争期の政治文化と移民——エスニシティが語る政党再編成と救貧』明石書店，2000年。
辻内鏡人『アメリカの奴隷制と自由主義』東京大学出版会，1997年。
E・フォーナー著，横山良・竹田有・常松洋・肥後本芳男訳『アメリカ——自由の物語』上下巻，岩波書店，2008年。

＊　第9章の各節にかかわる文献
第1節「20世紀前半のアメリカ合衆国」
今津晃編『第一次世界大戦下のアメリカ——市民的自由の危機』柳原書店，1981年。
今津晃ほか編『市民的自由の探求——両大戦間期のアメリカ』世界思想社，1985年。
関西アメリカ史研究会編著『アメリカ革新主義史論』小川出版，1973年。
紀平英作『ニューディール政治秩序の形成過程の研究』京都大学学術出版会，1993年。
O・ザンズ著，有賀貞ほか訳『アメリカの世紀はいかに創られたか？』刀水書房，2005年。
常松洋ほか編『アメリカ合衆国の形成と政治文化』昭和堂，2010年。
長沼秀世ほか『アメリカ現代史』岩波書店，1991年。
R・ホフスタッター著，清水知久ほか訳『改革の時代——農村神話からニューディールへ』みすず書房，1988年。
第2節「アメリカ外交の展開」
有賀貞ほか編『概説アメリカ外交史』有斐閣，1998年。
入江昭著，篠原初枝訳『太平洋戦争の起源』東京大学出版会，1991年。
W・A・ウィリアムズ著，高橋章ほか訳『アメリカ外交の悲劇』お茶の水書房，1986年。
紀平英作『パクスアメリカーナへの道』山川出版社，1996年。

C・ソーン著，市川洋一訳『満州事変とは何だったのか』上・下，草思社，1994年。
高橋章『アメリカ帝国主義形成史の研究』名古屋大学出版局，1999年。
西崎文子『アメリカ外交とは何か』岩波書店，2004年。
肥後本芳男・山澄亨・小野沢透編『現代アメリカの政治文化と世界』昭和堂，2010年。
A・J・メイヤ著，斉藤孝・木畑洋一訳『ウィルソン対レーニン』1，2，岩波書店，1983年。
山澄亨『アメリカ外交と戦間期の国務省官僚』芦書房，2008年。

第3節「第二次世界大戦後の南北アメリカ」

秋元英一・菅英輝『アメリカ20世紀史』東京大学出版会，2003年。
有賀夏紀『アメリカの20世紀』（上下）中央公論社，2002年。
G・アンドラーデ／堀坂浩太郎編『変動するラテンアメリカ社会』彩流社，1999年。
S・スコッチポル著，河田潤一訳『失われた民主主義――メンバーシップからマネージメントへ』慶應義塾大学出版会，2007年。
高橋均『ラテンアメリカの歴史』（世界史リブレット）山川出版社，1998年。
常松洋・松本悠子編『消費とアメリカ社会――消費大国の社会史』山川出版社，2005年。
中野秀一郎『エスニシティと現代国家――連邦国家カナダの実験』有斐閣，1999年。
R・ライシュ著，雨宮寛ほか訳『暴走する資本主義』東洋経済新報社，2008年。
吉田健正『カナダ　20世紀の歩み』彩流社，1999年。

第Ⅳ部の参考文献

＊　第Ⅳ部全体にかかわる参考文献

石井修『国際政治史としての20世紀』有信堂高文社，2000年。
木戸蓊・伊東孝之編『東欧現代史』有斐閣，1987年。
清水広一郎・北原敦編『概説イタリア史』有斐閣，1988年。
山口定『現代ヨーロッパ政治史』上・下，福村出版，1982年，1983年。
渡辺和行・南克彦・森本哲朗『現代フランス政治史』ナカニシヤ出版，1997年。
渡邉啓貴編『ヨーロッパ国際関係史――繁栄と凋落，そして再生』有斐閣，2002年。
P・ガイス／G・ル・カントレック監修，福井憲彦・近藤孝弘監訳，山田美明ほか訳『ドイツ・フランス共通歴史教科書【現代史】――1945年以後のヨーロッパと世界』明石書店，2008年。
P・クラーク著，西沢保ほか訳『イギリス現代史　1900-2000』名古屋大学出版会，2004年。
T・ジャット著，森本醇訳『ヨーロッパ戦後史』上・下，みすず書房，2008年。

T・C・ブランニング編，望田幸男・山田史郎監訳『オックスフォード ヨーロッパ近代史』ミネルヴァ書房，2009年。
E・ホブズボーム著，河合秀和訳『20世紀の歴史――極端な時代』三省堂，1996年。

* **第10章全体に共通する文献**

木畑洋一『国際体制の展開』（世界史リブレット）山川出版社，1997年。
木村靖二『二つの世界大戦』（世界史リブレット）山川出版社，1996年。
歴史学研究会編『20世紀の世界1』（世界史史料10）岩波書店，2006年。

* **第10章の各節にかかわる文献**

第1節「第一次世界大戦とロシア革命の衝撃」
奥田央編『20世紀ロシア農民史』社会評論社，2006年。
梶川伸一『幻想の革命』京都大学学術出版会，2004年。
富田武『スターリニズムの統治構造』岩波書店，1996年。
R・コンクエスト著，白石治朗訳『悲しみの収穫――ウクライナの大飢饉』恵雅堂出版，2007年。
R・サービス著，中島毅訳『ロシア革命 1900-1927』岩波書店，2005年。
O・フレヴニューク著，富田武訳『スターリンの大テロル』岩波書店，1998年。
S・P・メリグーノフ著，梶川伸一訳『ソヴェト＝ロシアにおける赤色テロル（1918～23）』社会評論社，2010年。
野部公一・崔在東編『20世紀ロシアの農民世界』日本経済評論社，2012年。

第2節「ファシズムの時代」
桐生尚武『イタリア・ファシズムの生成と危機 1919-1925』御茶の水書房，2002年。
斎藤孝『ヨーロッパの1930年代』岩波書店，1990年。
E・ノルテ著，ドイツ現代史研究会訳『ファシズムの時代――ヨーロッパ諸国のファシズム運動 1919-1945』福村出版，1972年。
D・ポイカート著，小野清美ほか訳『ワイマル共和国――古典的近代の危機』名古屋大学出版会，1993年。
D・ポイカート著，木村靖二・山本秀行訳『ナチス・ドイツ――ある近代の社会史』三元社，1991年。

第3節「第二次世界大戦」
秋野豊『偽りの同盟――チャーチルとスターリンの間』勁草書房，1998年。
木畑洋一『第二次世界大戦――現代世界への転換点』吉川弘文館，2001年。
紀平英作『パクス・アメリカーナへの道――胎動する戦後世界秩序』山川出版社，1996年。
斎藤治子『独ソ不可侵条約――ソ連外交秘史』新樹社，1995年。
長谷川毅『暗闘――スターリン，トルーマンと日本降伏』中央公論新社，2006年。

広瀬佳一『ヨーロッパ分断1943——大国の思惑，小国の構想』中公新書，1994年。
油井大三郎・古田元夫『第二次世界大戦から米ソ対立へ』中央公論新社，1998年。
渡辺和行『ナチ占領下のフランス——沈黙・抵抗・協力』講談社，1994年。
J・ハーバーマスほか著，徳永恂ほか訳『過ぎ去ろうとしない過去——ナチズムとドイツ歴史家論争』人文書院，1995年。
G・レッシング著，佐瀬昌盛訳『ヤルタからポツダムへ——戦後世界の出発点』南窓社，1971年。

＊ 第11章全体に共通する文献

五百旗頭真編『戦後日本外交史』有斐閣，1999年。
五十嵐武士編『アメリカ外交と21世紀の世界——冷戦史の背景と地域的多様性をふまえて』昭和堂，2006年。
石井修『国際政治史としての二〇世紀』有信堂，2000年。
菅英輝編『冷戦史の再検討』法政大学出版局，2010年。
佐々木卓也編『戦後アメリカ外交史 新版』有斐閣，2009年。
村田晃嗣『アメリカ外交——苦悩と希望』講談社，2005年。
M・L・ドックリル／M・F・ホプキンズ著，伊藤裕子訳『冷戦 1945-1991』岩波書店，2009年。
J・S・ナイ著，田中明彦・村田晃嗣訳『国際紛争——理論と歴史』（原書第5版）有斐閣，2005年。
M・フルブルック著，芝健介訳『二つのドイツ——1945-1990』岩波書店，2009年。

＊ 第11章の各節にかかわる文献

第1節「冷戦の出現と展開」
J・L・ギャディス著，五味俊樹ほか訳『ロング・ピース——冷戦史の証言「核・緊張・平和」』芦書房，2002年。
M・シャラー著，市川洋一訳『「日米関係」とは何だったのか——占領期から冷戦終結まで』草思社，2004年。
D・ホロウェイ著，川上洸・松本幸重訳『スターリンと原爆』大月書店，1997年。
T・J・マコーミック著，松田武・高橋章・杉田米行訳『パクス・アメリカーナの五十年——世界システムの中の現代アメリカ外交』東京創元社，1992年。
V・マストニー著，秋野豊・広瀬佳一訳『冷戦とは何だったのか——戦後政治史とスターリン』柏書房，2000年。
第2節「多極化と冷戦の終焉」
村田晃嗣『大統領の挫折——カーター政権の在韓米軍撤退政策』有斐閣，1998年。
T・G・アッシュ著，杉浦茂樹訳『ヨーロッパに架ける橋——東西冷戦とドイツ外交』

上・下，みすず書房，2009年．
H・A・キッシンジャー著，岡崎久彦監訳『外交』上・下，日本経済新聞社，1996年．
P・キャロル著，土田宏訳『70年代アメリカ——なにも起こらなかったかのように』彩流社，1994年．
S・タルボット／M・R・ベシュロス著，浅野輔訳『最高首脳交渉——ドキュメント・冷戦終結の内幕　上・下』同文書院インターナショナル，1993年．
J・A・ベーカーIII著，仙名紀訳『シャトル外交——激動の四年』上・下，新潮社，1997年．

第3節「冷戦後の世界」
長谷川雄一・高杉忠明『現代の国際政治——冷戦後の日本外交を考える視角（新版）』ミネルヴァ書房，2002年．
町田幸彦『コソボ紛争——冷戦後の国際秩序の危機』岩波書店，1999年．
M・イグナティエフ著，中山俊宏訳『軽い帝国——ボスニア，コソボ，アフガニスタンにおける国家建設』風行社，2003年．
W・G・ハイランド著，堀本武功・塚田洋訳『冷戦後のアメリカ外交』明石書店，2005年．

＊　第12章全体に共通する文献
遠藤乾編『ヨーロッパ統合史』名古屋大学出版会，2008年．
遠藤乾編『〈原典〉ヨーロッパ統合史——史料と解説』名古屋大学出版会，2008年．
木畑洋一編『ヨーロッパ統合と国際関係』日本経済評論社，2005年．
紀平英作編『ヨーロッパ統合の理念と軌跡』京都大学学術出版会，2004年．
清水貞俊著『欧州統合への道——ECからEUへ』ミネルヴァ書房，1998年．
辰巳浅嗣編『EU——欧州統合の現在』（第2版）創元社，2009年．
細谷雄一編『イギリスとヨーロッパ——孤立と統合の二百年』勁草書房，2009年．
力久昌幸『イギリスの選択——欧州統合と政党政治』木鐸社，1996年．
B・アンジェル／J・ラフィット著，田中俊郎監修，遠藤ゆかり訳『ヨーロッパ統合——歴史的大実験の展望』創元社，2005年．
T・ゾンマー著，加藤幹雄訳『不死身のヨーロッパ——過去・現在・未来』岩波書店，2000年．
R・フランク著，広田功訳『欧州統合史のダイナミズム——フランスとパートナー国』日本経済評論社，2003年．

＊　第12章の各節にかかわる文献
第1節「脱植民地化とヨーロッパ統合」
木畑洋一『帝国のたそがれ——冷戦下のイギリスとアジア』東京大学出版会，1996年．
Ch・ド・ゴール著，村上光彦・山崎庸一郎訳『ド・ゴール大戦回顧録　新装』（全6巻）みすず書房，1999年．

J・O・M・G・モネ著，近藤健彦訳『ジャン・モネ――回想録』日本関税協会，2008年。
第2節「ヨーロッパ統合の拡大」
庄司克宏『欧州連合――統治の論理とゆくえ』岩波書店，2007年。
高屋定美『EU経済』ミネルヴァ書房，2010年。
羽場久美子『統合ヨーロッパの民族問題』講談社，1994年。
羽場久美子『拡大ヨーロッパの挑戦』中央公論新社，2004年。
羽場久美子・小森田秋夫・田中素香編『ヨーロッパの東方拡大』岩波書店，2006年。
宮島喬・羽場久美子編『ヨーロッパ統合のゆくえ――民族・地域・国家』人文書院，2001年。

* 第13章全体に共通する文献
内井惣七『科学の倫理学』丸善，2002年。
紀平英作『歴史としての核時代』山川出版社，1998年。

* 第13章の各節にかかわる文献
第1節「ノーベル賞から見た20世紀の科学」
宮田親平『毒ガス開発の父ハーバー――愛国心を裏切られた科学者』朝日新聞社，2007年。
R・L・サイム著，米沢富美子監修，鈴木淑美訳『リーゼ・マイトナー――嵐の時代を生き抜いた女性科学者』シュプリンガー・フェアラーク東京，2004年。
A・パイス著，西島和彦監訳，金子務・岡村浩・太田忠之・中澤宣也訳『神は老獪にして――アインシュタインの人と学問』産業図書，1987年。
J・L・ハイルブロン著，村岡晋一訳『マックス・プランクの生涯――ドイツ物理学のディレンマ』法政大学出版局，2000年。
I・ハルギッタイ著，阿部剛久訳『ノーベル賞――その栄光と真実』森北出版，2007年。
K・ホフマン著，山崎正勝・小長谷大介・栗原岳史訳『オットー・ハーン――科学者の義務と責任とは』シュプリンガー・ジャパン，2006年。
W・ムーア著，小林澈郎・土佐幸子訳『シュレーディンガー――その生涯と思想』培風館，1995年。
J・オルフ＝ナータン編，宇京頼三訳『第三帝国下の科学――ナチズムの犠牲者か，加担者か』法政大学出版局，1996年。
第2節「戦争と科学技術」
喜多千草『インターネットの思想史』青土社，2003年。
坂本義和編『核と人間』Ⅰ・Ⅱ，岩波書店，1999年。
廣重徹『科学の社会史』Ⅰ・Ⅱ，岩波書店，2002年，2003年。
J・アバテ著，大森義行・吉田晴代訳『インターネットをつくる――柔らかな技術の社会史』北海道大学図書刊行会，2002年。

D・ディクソン著，里深文彦監訳，増田祐司解説『戦後アメリカと科学政策——科学超大国の政治構造』同文舘，1988年。

G・A・リッター著，浅見聡訳『巨大科学と国家——ドイツの場合』三元社，1998年。

S・リリー著，伊藤新一・小林秋男・鎮目恭夫訳『人類と機械の歴史』（増補版）岩波書店，1968年。

R・ローズ著，神沼二真・渋谷泰一訳『原子爆弾の誕生』上・下，紀伊国屋書店，1995年。

第3節「第二次世界大戦後の環境問題」

A・M・ウィンクラー著，麻田貞雄監訳，岡田良之助訳『アメリカ人の核意識——ヒロシマからスミソニアンまで』ミネルヴァ書房，1999年。

R・カーソン著，青樹簗一訳『沈黙の春』新潮社，1974年。

M・A・シュラーズ著，長尾伸一・長岡延孝監訳『地球環境問題の比較政治——日本・ドイツ・アメリカ』岩波書店，2007年。

R・ドロール／F・ワルテール著，桃木暁子・門脇仁訳『環境の歴史——ヨーロッパ，原初から現代まで』みすず書房，2007年。

R・N・プロクター著，宮崎尊訳『健康帝国ナチス』草思社，2003年。

U・ベック著，東廉・伊藤美登里訳『危険社会——新しい近代への道』法政大学出版局，1998年。

R・ユンク著，原田義人訳『灰燼の光——甦えるヒロシマ』文芸春秋新社，1961年。

U・リンゼ著，内田俊一・杉村涼子訳『生態平和とアナーキー——ドイツにおけるエコロジー運動の歴史』法政大学出版局，1990年。

A・レーマン著，識名章喜・大淵知直訳『森のフォークロア——ドイツ人の自然観と森林文化』法政大学出版局，2005年。

人名索引

[ア 行]

アイゼンハワー (Eisenhower, Dwight David 1890-1969) 258, 314, 362-364
アインシュタイン, A (Einstein, Albert 1879-1955) 350, 352, 353, 360
アダムズ, ジョン (Adams, John 1735-1826) 227
アダムズ, ジョン・Q (Adams, John Quincy 1767-1848) 230
アデナウアー (Adenauer, Konrad 1876-1967) 338
アブデュルアズィズ (Abdülaziz 1830-76) 177
アブデュルハミト2世 (Abdülhamid II 1842-1918) 177
アブデュルメジト1世 (Abdülmecit I 1823-61) 176
アルバート公 (Albert 1819-61) 130, 135, 136
アルバ公 (Fernando Álvarez de Toledo, Duque de Alba 1507-82) 44
アルブケルケ (Albuquerque, Afonso de 1453-1515) 35
アルベルト, カルロ (Alberto, Carlo 1798-1849) 118
アレクサンデル6世 (Alexander VI 1432?-1503) 36
アレクサンドル1世 (Aleksandr I 1777-1825) 115
アレクサンドル2世 (Aleksandr II 1818-81) 169
アレクサンドル2世 (Aleksandr II 1818-81) 171
アレクサンドル3世 (Aleksandr III 1845-94) 172
アレニウス, S (Arrhenius, Svante August 1859-1927) 349
アンジュー公 (François de Valois, Duc d'Anjou 1555-84) 45
アンダーソン, C・D (Anderson, Carl David 1905-91) 353
アンリ2世 (Henri II 1519-59) 50
アンリ4世 (Henri IV 1553-1610) 50
イヴァン3世 (Ivan III 1440-1505) 82
イヴァン4世 (雷帝) (Ivan IV 1530-84) 82
イサベル1世 (Isabel I 1451-1504) 35, 36, 206
イダルゴ, ミゲル (Hidalgo y Costilla, Miguel 1753-1811) 214
イブラヒム・シナースィ (Ibrahim Ahinâsi 1826-71) 177
インカ・ガルシラーソ・デ・ラ・ベガ (Inca Garcilaso de la Vega 1539-1616) 213
ヴィクトリア女王 (Victoria 1819-1901) 130, 135-137
ヴィッテ, S (Vitte, Sergey Yulievich 1849-1915) 172, 173, 274
ヴィットリオ・エマヌエーレ2世 (Vittorio Emanuele II 1820-78) 144
ウィリアム3世 (William III 1650-1702) 59, 61
ヴィルシュテッター, R (Willstätter, Richard Martin 1872-1942) 351
ウィルソン, ウッドロー (Wilson, Thomas Woodrow 1856-1924) 241, 242, 247-251, 254, 289
ヴィルヘルム1世 (Wilhelm I 1797-1888) 149, 150, 155
ヴィルヘルム2世 (Wilhelm II 1859-1941) 150

ウィレム 1 世, オランィエ公 (Willem I, Willem van Oranje 1533-84) 44
ウェイクフィールド, エドワード・ギボン (Wakefield, Edward Gibbon 1796-1862) 187
ウォーラーステイン, イマニュエル (Wallerstein, Immanuel 1930-) 16
ウセーン, C・W (Ossen, Carl Wilhelm 1879-1944) 353
エーレンスレーヤ (Oehlenschläger, Adam Gottlob 1779-1850) 77
エカチェリーナ 2 世 (Ekaterina II 1729-96) 83
エドワード 6 世 (Edward VI 1537-53) 26
エベール (Hébert, Jasques René 1757-94) 101
エリザベス 1 世 (Elizabeth I 1533-1603) 26, 45, 57, 135
エリツィン, ボリス (Yeltsin, Boris Nikolaevich 1931-2007) 322, 323
エンヴェル (Enver 1881-1922) 178
オースティン, ジェーン (Austen, Jane 1775-1817) 131
オシエツキー, C (Ossietzky, Carl von 1898-1938) 354
オバマ, バラク (Obama, Barack 1961-) 330
オルデンバルネフェルト, ヨハン・ファン (Oldenbarnevelt, Johan van 1547-1619) 45
オルレアン公フィリップ (Philippe, duc d' Orléans 1674-1723) 52

[カ 行]

カーソン, レイチェル (Carson, Rachel Louise 1907-64) 368
カーター, ジミー (Carter, James Earl [Jimmy] 1924-) 259, 317
カーライル, トマス (Carlyle, Thomas 1795-1881) 128

カール 5 世 (Karl V 1500-58) 20, 43
カール12世 (Karl XII 1682-1718) 75
カールシュタット (Karlstadt 1486-1541) 22
カヴール (Camillo Benso, conte di Cavour 1810-61) 142, 143
カストロ (Castro, Fidel 1926-) 263, 311
カブラル (Cabral, Pedro Álvares 1467?-1520?) 35
カプリーヴィ (Kaprivi, Leo 1831-99) 150
カボット (Caboto, Giovanni 1425?-98/99) 60
ガマ, ヴァスコ・ダ (Gama, Vasco da 1469?-1524) 34
ガリバルディ (Garibaldi, Giuseppe 1807-82) 143, 144
カルヴァン, ジャン (Calvin, Jean 1509-64) 25, 50
カルノー (Carnot, Marie François Sadi 1837-94) 158
カルロス 1 世 (Carlos I 1500-58) 36, 37
カロンヌ (Calonne, Charles-Alexandre de 1734-1802) 53
ガンディー, マハートマー (Gandhī, Mahātma 1869-1948) 190
北里柴三郎 (1852-1931) 355
キッシンジャー, ヘンリー (Kissinger, Henry Alfred 1923-) 315
ギャリソン, ウィリアム・ロイド (Garrison, William Lloyd 1805-79) 232
キャロライン王妃 (Caroline Amelia Elizabeth 1768-1821) 135
キュリー夫妻 (Curie, Marie/Pierre 1867-1934/1859-1906) 350
キング牧師 (Martin Luther King, Jr. 1929-68) 258
クーン, R (Kuhn, Richard 1900-67) 354, 355
グスタヴ 1 世 (Gustav I 1496-1560) 26
グスタヴ 2 世アードルフ (Gustav II Adolf 1594-1632) 74
グスタヴ 3 世 (Gustav III 1746-92) 75

クリスチャン4世 (Christian IV 1577-1648) 74
クリントン, ビル (Clinton, William Jefferson [Bill] 1946-) 260, 325, 327, 332
クレイ, ヘンリー (Clay, Henry 1777-1852) 230, 231
クロムウェル, オリヴァ (Cromwell, Oliver 1599-1658) 58, 61
クロムウェル, トマス (Cromwell, Thomas 1485?-1540) 56
ゲッベルス (Goebbels, Joseph 1897-1945) 292
ケネディ, ジョン・F (Kennedy, John Fitzgerald 1917-63) 258, 368
ゲルツェン (Gertsen, Aleksandr Ivanovich 1812-70) 171
ケレンスキー (Kerenskiy, Aleksandr Fyodorovich 1881-1970) 277
コール, ヘルムート (Kohl, Helmut 1930-) 321
コシチューシコ (Kościuszko, Tadeusz 1746-1817) 80
小柴昌俊 (1926-) 356
コジモ1世 (Cosimo I 1519-74) 38
コシュート (Kossuth Lajos 1802-94) 117, 118
コッツェブー (Kotzebue, August von 1761-1819) 115
ゴドゥノフ, ボリス (Godunov, Boris 1552?-1605) 82
コナント, ジェームズ (Conant, James Bryant 1893-1978) 359
小林誠 (1944-) 356
コルテス, エルナン (Cortéz, Hernán 1485-1547) 36, 207
ゴルトン, F (Galton, Francis 1822-1911) 295
ゴルバチョフ, ミハイル (Gorbachyov, Mikhail Sergeevich 1931-) 319
ゴレムイキン (Goremykin, Ivan Loggionovich 1839-1917) 173

人名索引 397

コロンブス, クリストバル (Columbus, Christopher 1451-1506) 36, 60, 202, 203, 206

[サ 行]

ザクセン公モーリッツ (Moritz 1521-53) 24
サッチャー, マーガレット (Thatcher, Margaret 1925-) 318, 324
ザビエル, フランシスコ (Xavier, Francisco 1506-1552) 35
サン=ジュスト (Saint-Just 1767-94) 102
サン・マルティン (San Martín, José de 1778-1850) 214
シェイエス (Sieyès, Emmanuel Joseph 1748-1836) 99, 103
ジェイムズ1世 (James I 1394-1437) 57
ジェイムズ2世 (James II 1633-1701) 59
ジェファソン (Jefferson, Thomas 1743-1826) 228-230
ジェマル (Cemâl Paşa 1872-1922) 178
ジッキンゲン (Sickingen, Franz von 1481-1523) 21
ジャクソン, アンドルー (Jackson, Andrew 1767-1845) 229-231
シャルル8世 (Charles VIII 1470-98) 49
シャルル10世 (Charles X 1757-1836) 116
シューマン (Schuman, Robert 1886-1963) 339
シュタイン (Stein, Freicherr vom und zum 1757-1831) 109
シュタルク, J (Stark, Johannes 1874-1957) 351
シュレーダー, ゲアハルト (Schröder, Gerhard 1910-90) 325, 331
シュレーディンガー, E (Schrödinger, Erwin 1887-1961) 353, 354
ジョアン1世 (João I 1357-1433) 33
ジョアン2世 (João II 1455-95) 34, 36
ジョージ1世 (George I 1660-1727) 59
ジョージ4世 (George IV 1762-1830) 135
ジョゼフ (Joseph Bonaparte 1768-1844)

108

ジョゼフィーヌ（Joséphine de Beauharnais 1763-1814） 105
ジョンソン，リンドン（Johnson, Lyndon Baines 1908-73） 258
ジョンソン，アンドルー（Johnson, Andrew 1808-75） 235
スカルノ（Sukarno, Akhmed 1901-70） 310
スターリン（Stalin, Iosif Vissarionovich 1879-1953） 286, 293, 302, 312
ストルイピン（Stolypin, Petr Arkad'evich 1862-1911） 173, 174, 274
ストルーエンセ（Struensee, Johann Friedrich 1737-72） 75
スハルト（Suharto 1921-2008） 311, 326
スマイルズ，サミュエル（Smiles, Samuel 1812-1904） 133
スレイマン1世（Suleiman I 1494-1566） 86
セリム3世（Selim III 1761-1808） 175
ソモサ（Somoza Debyle, Anastasio 1925-80） 264
ソモサ（Somoza Garcia Anastasio 1896-1956） 263
ゾラ，エミール（Zola, Émile 1840-1902） 159

［タ　行］

ダグラス，スティーヴン（Douglas, Stephen Arnold 1813-61） 233, 234
ダドリ，レスター伯ロバート（Dudley, Robert, 1st Earl of Leicester 1533-88） 45
田中舘愛橘（1856-1952） 356
タヌッチ（Tanucci, Bernardo 1698-1783） 41
タフト，W・ハワード（Taft, William Howard 1857-1930） 247
タラート（Talât 1874-1921） 178
ダラム伯（Earl of Durham, John George Lambton 1792-1840） 222
ダリーン（Dalin, Olof von 1708-63） 77

タレーラン（Talleyrand-Périgord, Charles Maurice 1754-1838） 99, 113
ダントン（Danton, Georges Jacques 1759-94） 101
チェンバレン（Chamberlain, Arthur Neville 1869-1940） 298
チェンバレン，ジョセフ（Chamberlain, Joseph 1836-1914） 188
チャーチル，ウィンストン（Churchill, Winston Leonard Spencer 1874-1965） 255, 298, 299, 337
チャールズ1世（Charles I 1600-49） 57
チャールズ2世（Charles II 1630-85） 58
チュルゴ（Turgot, Anne Robert Jacques 1727-81） 53
ツヴィングリ（Zwingli, Huldreich 1484-1531） 21
ディアス（Diaz, Porfirio 1830-1915） 262
ディアス，バルトロメウ（Diaz, Bartholomeu 1450?-1500） 34
ディケンズ，チャールズ（Dickens, Charles John Huffam 1812-70） 133
ディズレーリ，ベンジャミン（Disraeli, Benjamin 1804-81） 127, 136
ディラック，P・A・M（Dirac, Paul Adrien Maurice 1902-84） 353
トゥパク・アマル1世（Túpac Amaru I ?-1572） 216
トゥパク・アマル2世（Jose Gabriel Tupac Amaru II 1738-81） 217
トーニー，ロージャー（Taney, Roger Brooke 1777-1864） 233
ドーマク，G（Domagk, Gerhard 1895-1964） 354, 355
ド・ゴール（De Gaulle, Charles André Joseph Marie 1890-1970） 299, 312, 337-339, 341, 342
トドロフ，ツヴェタン（Todorov, Tzvetan 1939-） 48
利根川進（1939-） 356
朝永振一郎（1906-1979） 356

トルドー (Trudeau, Piene E. 1919-2000) 265
トルーマン, ハリー・S (Truman, Harry S. 1884-1972) 256, 258, 307, 367
トルストイ (Tolstoi, Dmitrii Andreevich 1823-89) 172
ドレフュス (Dreyfus, Alfred 1859-1935) 158, 159
ドロール, ジャック (Delors, Jacques 1925-) 320, 344
トロツキー (Trotskiy, Leon 1879-1940) 276

[ナ 行]

ナームク・ケマル (Nāmk Kemâl 1840-88) 177
長岡半太郎 (1865-1950) 355, 356
ナセル (Nāṣr, Gamāl Abdu'l 1918-70) 310
南部陽一郎 (1921-) 356
ニクソン, リチャード (Nixon, Richard Milhous 1913-94) 259, 313-315, 366
ニコライ1世 (Nikolai I 1796-1855) 169
ニコライ2世 (Nikolai II 1868-1918) 172, 173, 274
ネッケル (Necker, Jacques 1732-1804) 53
ネルー (Nehrū, Jawāharllā 1889-1964) 310
ノーベル, A (Nobel, Alfred Bernhard 1833-96) 348
野口英世 (1876-1928) 356
ノックス, ジョン (Knox, John 1505-72) 26
ノックス, ロバート (Knox, Robert 1638-1700?) 128

[ハ 行]

バークラ, C・G (Barkla, Charles Glover 1877-1944) 351
ハーディング, ウォレン (Harding, Warren Gamaliel 1865-1923) 250
ハーバー, F (Haber, Fritz 1868-1934) 351, 352
ハーン, O (Hahn, Otto 1879-1968) 355
ハイゼンベルク, W (Heisenberg, Werner Karl 1901-76) 353-355
ハイレッディン (Hayreddin, Barbarossa 1475-1546) 86
バブーフ (Babeuf, François Noël 1760-97) 102
パフラヴィ国王 (Pahlavi, Mohammad Rezā Shāh 1919-80) 311
パヴロフ, I (Pavlov, Ivan Petrovich 1849-1936) 349, 350
ハミルトン, アレグザンダー (Hamilton, Alexander 1757-1804) 227
ハルデンベルク (Hardenberg, Karl August 1750-1822) 109
ピウス7世 (Pius VII 1742-1823) 111
ピウス9世 (Pius IX 1792-1878) 141, 142, 148
ピサロ, フランシスコ (Pizarro, Francisco 1476-1541) 36, 207
ビスマルク (Bismarck, Otto Eduard Leopold Fürst von 1815-98) 147, 155, 159, 172, 193
ビドー (Bidault, Georges 1899-1983) 338
ヒトラー (Hitler, Adolf 1889-1945) 292, 296-298, 302, 354, 355
ピノチェト (Augusto Pinochet Ugarte 1915-2006) 264
ヒューズ, チャールズ (Hughes, Charles Evans 1862-1948) 251
ビューロー (Bülow, Bernhard Fürst von 1849-1929) 151
ピョートル大帝 (1世) (Pyotr I 1672-1725) 75, 82
ヒル, オクタヴィア (Octavia Hill 1838-1912) 134
ヒンデンブルク (Hindenburg, Paul von Beneckendorff und von 1847-1934) 292
ビン・ラディン (Bin Ladin, Osama 1957-) 327
ファルネーゼ, パルマ公アレッサンドロ (Alessandro Farnese 1545-1592) 45

ファント・ホフ，J・H（Van't Hoff, Jacobus Henricus 1852-1911） 349
フィビゲル，J（Fibiger, Johannes Andreas Grib 1867-1928） 356
フィヒテ（Fichte, Johann Gottlieb 1762-1814） 109
フィンセン，N（Finsen, Niels Ryberg 1860-1904） 349, 350
フーヴァー，ハーバート（Hoover, Herbert Clark 1874-1964） 252
プーチン，ウラジーミル（Putin, Vladimir Vladimirovich 1952-） 329
ブーテナント，A（Butenandt, Adolf Friedrich Johann 1903-95） 354, 355
プーフェンドルフ，ザムエル（Pufendorf, Samuel von 1632-94） 66
ブーランジェ（Boulanger, Georges Ernest 1837-91） 158
フェーブル，リュシアン（Febvre, Lucien Paul Victor 1878-1956） 3
フェリー，ジュール（Ferry, Jules François Camille 1832-93） 156, 158, 160, 193
フェリペ2世（Felipe II 1527-98） 37, 44
フェルディナント1世（Ferdinand I 1503-64） 24
フェルナンド2世（Fernando II） 35, 206
フェルディナント，フランツ（Franz Ferdinand 1863-1914） 168
フェルビン，H・オイラー（Euler-Chelpin, Hans von 1873-1964） 354
プガチョフ（Pugachyov, Emel'yan Ivanovich 1742?-75） 83
ブキエ（Bouquier, Gabriel 1739-1810） 105
福井謙一（1918-98） 356
ブシコー，アリスティド（Boucicaut, Aristide 1810-77） 138
フセイン，サダム（Hussein, Saddam 1937-2006） 321, 328
ブッシュ，ヴァネヴァー（Bush, Vannevar 1890-1974） 359
ブッシュ，ジョージ・H・H・W（Bush, George Herbert Walker 1924-） 260, 320, 324, 325
ブッシュ，ジョージ・W（Bush, George Walker 1946-） 260, 319, 331, 332
ブハーリン（Bukharin, Nikolay Ivanovich 1888-1938） 278
ブラウン，ヴェルナー・フォン（Braun, Wernher Magnus Maximilian Freiherr von 1912-77） 359
ブラウン，ジョン（Brown, John 1800-59） 234
ブラッグ父子（Bragg, William Henry/William Lawrence 1862-1942/1890-1971） 350, 351
プランク，M（Planck, Max Karl Ernst Ludwig 1858-1947） 351, 352
フランコ（Franco Bahamonde, Francisco 1892-1975） 293
フランソワ1世（François Ier 1494-1547） 24
ブランティング，K・H（Branting, Karl Hjalmar 1860-1925） 351
ブラント，ヴィリー（Brandt, Willy 1913-92） 366, 371
フリードリヒ・ヴィルヘルム4世（Wilhelm IV 1795-1861） 146
ブリソ（Brissot, Jacques Pierre 1754-93） 100
ブリンガー（Bullinger, Johannes Heinrich 1504-75） 26
フルシチョフ（Khrushchyov, Nikita Sergeevich 1894-1971） 312-314
フルリー（Fleury, André Hercule de 1653-1743） 52
ブレア，トニー（Blair, Tony 1953-） 325
プレヴァン（Pleven, René 1901-1993） 339
プレーヴェ（Pleve, Vyacheslav Konstantinovich 1846-1904） 173
フレシネ（Freycinet, Charles Louis de Saulces de 1828-1923） 156
ブレジネフ，レオニード（Brezhnev, Leonid Il'ich 1906-82） 312, 318
フレデリック・ヘンドリック，ナッサウ伯およびオランイェ公（Frederik Hendrik van Oranje

人名索引 401

1584-1647) 45
フンボルト (Humboldt, Karl Wilhelm von 1767-1835) 109
ヘイズ, ラザフォード (Hayes, Rutherford Birchard 1822-93) 236
ペイン, トマス (Paine, Thomas 1737-1809) 226
ベヴィン (Bevin, Ernest 1881-1951) 337
ベーリング (Bering, Vitus Jonassen 1681-1741) 83
ベーリング, E (Behring, Emil Adolf von 1854-1917) 349
ベール, ポール (Bert, Paul 1833-86) 160
ベールナドット (Bernadotte, Jean-Baptiste 1763-1844) 76
ペタン (Pétain, Henri Philippe 1856-1951) 298
ベック, ウルリヒ (Beck, Ulrich 1944-) 370
ベックレル (Becquerel, Antoine Henri 1852-1908) 350
ベラ＝クン (Béla=Kun 1886-1937) 290
ペロン (Perén, Juan Domingo 1895-1974) 263
ヘンリ7世 (Henry VII 1457-1509) 56, 60
ヘンリ8世 (Henry VIII 1491-1547) 26, 56, 60
ホイジンガ, ヨハン (Huizinga, Johan 1872-1945) 48
ホイットニー, イーライ (Whitney, Eli 1765-1825) 232
ボーア, N (Bohr, Niels Henrik David 1885-1962) 350, 352, 353
ホーエンローエ (Chlodwig Fürst zu Hohenlohe-Schillingsfürst 1819-1901) 150
ホーフト, コルネーリス・P (Hooft, Cornelis Pieterzoon 1547-1626) 47
ボナパルト, ナポレオン (Napoléon Bonaparte 1769-1821) 105-109, 111, 113, 139, 154
ボナパルト, ルイ＝ナポレオン (ナポレオン3世) (Napoléon III 1808-73) 143, 154, 155
ホブズボーム, E・J (Hobsbawm, Eric John 1917-) 126
ボリーバル, シモン (Bolivar, Simón 1783-1830) 214
ホルヴェーク, ベートマン (Hollweg, Theobald Theodor Friedrich Alfred von Bethmann 1856-1921) 151
ホルベア (Holberg, Johan Ludvig 1684-1754) 77
ホワイトリー, ウィリアム (Whiteley, William 1831-1907) 138
ポンピドゥー (Pompidou, Georges 1911-74) 343

[マ 行]

マーシャル, ジョン (Marshall, John 1755-1835) 231
マウリッツ, ナッサウ伯 (のちオランイェ公) (Maurits van Oranje 1567-1625)? 45
マザラン (Mazarin, Jules 1602-61) 51
マゼラン (Magellan, Ferdinand 1480?-1521) 36, 37
益川敏英 (1940-) 356
マッカーシー (McCarthy, Joseph Raymond 1908-57) 257
マッキンリー, ウィリアム (McKinley, William 1843-1901) 247
マッセイ (Massey, Charles Vincent 1887-1967) 265
マッツィーニ, ジュゼッペ (Mazzini, Giuseppe 1805-72) 116, 140, 142
マッテオッティ (Matteotti, Giacomo 1885-1924) 291
マディソン, ジェイムズ (Madison, James 1751-1836) 227, 229, 230
マフムート2世 (Mahmut II 1784-1839) 176
マリア・テレジア (Maria Theresia 1717-80) 41, 72, 81
マリー＝ルイーズ (Marie-Louise 1791-1847) 109

マルサス，ロバート（Malthus, Thomas Robert 1766-1834） 125, 186
マンゾーニ（Manzoni, Alessandro 1785-1873） 141
マンデラ，ネルソン（Mandela, Nelson Rolihlahla 1918-） 324
マントイフェル（Manteuffel, Otto Theodor, Freiherr von 1805-82） 149
ミドハト・パシャ（Midhat Pasha 1822-84） 177
ミハイル・ロマノフ（Mihail Romanov 1596-1645） 82
ミュンツァー（Mntzer, Thomas 1489?-1525） 22
ムスタファ・ケマル（Mustafa Kemal 1881-1938） 178, 180
ムッソリーニ，ベニート（Mussolini, Benito 1883-1945） 252, 291, 299
メアリ1世（Mary I 1516-58） 26
メアリ2世（Mary II 1662-94） 59
メイヒュー，ヘンリ（Mayhew, Henry 1812-87） 127, 137
メッテルニヒ（Metternich, Klemens Wenzel Nepomuk Lothar von 1773-1859） 113, 115, 116, 118, 119
毛沢東（1893-1976） 314
モース，サミュエル（Morse, Samuel Finley Breese 1791-1872） 230
モネ（Monnet, Jean 1888-1979） 339
モブツ（Mobutu Sese-S'eko Kuku Ngbendu Wa Za Banga 1930-97） 311
モレーロス（Morelos y Pavón, José María 1765-1815） 214
モンロー（Monroe, James 1758-1831） 230

[ヤ 行]

山極勝三郎（1863-1930） 356
湯川秀樹（1907-81） 353
ユンク，ロベルト（Jungk, Robert 1913-94） 368
ヨーゼフ2世（Joseph II 1741-1790） 41, 72, 81
ヨング，エディ・デ（Jongh, Eddy de 1931-） 48

[ラ・ワ 行]

ラージン，ステンカ（Razin, Sten'ka 1630?-71） 82
ライデン，ヤン・ファン（Leiden, Jan van 1509-36） 22
ラウエ，M（Laue, Max Theodor Felix von 1879-1960） 350, 355
ラス・カサス（Las Casas, Bartolomé de 1474-1566） 207, 211
ラスプーチン（Rasputin, Grigoriy Efimovich 1872-1916） 274
ラッセル，バートランド（Russell, Bertrand Arthur William 1872-1970） 361
ラファイエット（La Fayette, Marquis de 1757-1834） 99
リー，ロバート（Lee, Robert Edward 1807-70） 234
リヴィングストン，デイヴィッド（Livingstone, David 1813-73） 137
リシュリュー（Richelieu, Armand Jean du Plessis de 1585-1642） 50
リチャーズ，T（Richards, Theodore William 1868-1928） 351
リネー（リンネ）（Linne, Carl Von 1707-78） 77
リプシウス，ユストゥス（Lipsius, Justus 1547-1606） 73
リンカーン，エイブラハム（Lincoln, Abraham 1809-65） 234, 235
ルイ13世（Louis XIII 1601-43） 50
ルイ14世（Louis XIV 1638-1715） 51
ルイ15世（Louis XV 1710-74） 52
ルイ16世（Louis XVI 1754-93） 53
ルイ=フィリップ（Louis-Philippe 1773-1850） 116

人名索引 403

ルター, マルティン (Luther, Martin 1483
　-1546)　20
ルナン, エルネスト (Renan, Ernest 1823-92)
　157
レーガン, ロナルド (Reagan, Ronald 1911
　-2004)　260, 318, 332
レーニン (Lenin, Vladimir Il'ich 1870-1924)
　276
レオポルド, ピエトロ (Leopold 1747-92)
　41
レオポルド2世 (Leopold II 1835-1909)　194
レントゲン (Röntgen, Wilhelm Konrad 1845
　-1923)　348, 349
レンブラント (Rembrandt van Rijn 1606-69)
　47
ロー, ジョン (Law, John 1671-1729)　52
ローズヴェルト, フランクリン (Roosevelt,
　Franklin Delano 1882-1945)　243-245, 252

　-256, 298, 302, 360
ローズヴェルト, セオドア (Roosevelt, Theo-
　dore 1858-1919)　241, 247
ローレンス, E・O (Lawrence, Ernest Orland
　1901-58)　354
ロジャーンコ (Rodzyanko, Mikhail Vladi-
　mirovich 1859-1924)　277
ロス, R (Ross, Ronald 1857-1932)　349, 350
ロッジ, ヘンリー・C (Lodge, Henry Cabot
　1850-1924)　250
ロベスピエール (Robespierre, Maximilien
　François Marie Isidore 1758-94)　101, 102,
　106
ロヨラ (Loyola, Ignatius de 1491-1556)　27
ロリス=メリコフ (Loris-Melikov, Mikhail
　Tarielovich 1825?-1888)　171
ワシントン, ジョージ (Washington, George
　1732-99)　226, 227, 229

執筆者紹介 (所属, 執筆分担, 執筆順, ＊は編者)

＊小山 哲（こやま さとし）（京都大学大学院文学研究科教授, 第Ⅰ部総説, 第3章第3節・歴史への扉6）
渡邊 伸（わたなべ しん）（京都府立大学文学部教授, 第1章・歴史への扉1）
合田 昌史（ごうだ まさふみ）（京都大学大学院人間・環境学研究科教授, 第2章第1節）
藤内 哲也（とうない てつや）（鹿児島大学法文教育学域法文学系教授, 第2章第2節・歴史への扉2）
桜田 美津夫（さくらだ みつお）（就実大学名誉教授, 第2章第3節・歴史への扉3）
髙澤 紀恵（たかざわ のりえ）（法政大学文学部教授, 第2章第4節）
指 昭博（さし あきひろ）（神戸市外国語大学名誉教授, 第2章第5節・歴史への扉4）
渋谷 聡（しぶたに あきら）（島根大学法文学部教授, 第3章第1節・歴史への扉5）
入江 幸二（いりえ こうじ）（富山大学人文学部准教授, 第3章第2節）
新谷 英治（しんたに ひではる）（関西大学文学部教授, 第3章第4節・第6章第3節・歴史への扉7・16）
＊上垣 豊（うえがき ゆたか）（龍谷大学法学部教授, 第Ⅱ部総説・第4章第2節）
竹中 幸史（たけなか こうじ）（山口大学人文学部教授, 第4章第1節・歴史への扉8）
南 直人（みなみ なおと）（立命館大学食マネジメント学部教授, 第4章第3節・歴史への扉9）
小関 隆（こせき たかし）（京都大学人文科学研究所教授, 第4章第4節・歴史への扉10）
井野瀬 久美惠（いのせ くみえ）（甲南大学文学部教授, 第5章第1節・歴史への扉11）
柴野 均（しばの ひとし）（信州大学名誉教授, 第5章第2節）
北村 昌史（きたむら まさふみ）（大阪市立大学大学院文学研究科教授, 第5章第3節・歴史への扉12）
長井 伸仁（ながい のぶひと）（東京大学大学院人文社会系研究科准教授, 第5章第4節・歴史への扉13）
大津留 厚（おおつる あつし）（神戸大学名誉教授, 第6章第1節・歴史への扉14）
竹中 浩（たけなか ゆたか）（奈良大学社会学部教授, 第6章第2節・歴史への扉15）
藤川 隆男（ふじかわ たかお）（大阪大学大学院文学研究科教授, 第7章第1節・歴史への扉17）
平野 千果子（ひらの ちかこ）（武蔵大学人文学部教授, 第7章第2節・歴史への扉18）
＊山田 史郎（やまだ しろう）（同志社大学文学部教授, 第Ⅲ部総説・第9章第3節）
網野 徹哉（あみの てつや）（東京大学大学院総合文化研究科教授, 第8章第1節・歴史への扉19）
細川 道久（ほそかわ みちひさ）（鹿児島大学法文教育学域法文学系教授, 第8章第2節・歴史への扉20）
肥後本 芳男（ひごもと よしお）（同志社大学言語文化教育研究センター教授, 第8章第3節・歴史への扉21）
中野 耕太郎（なかの こうたろう）（東京大学大学院総合文化研究科教授, 第9章第1節・歴史への扉22）

山澄　亨（椙山女学園大学現代マネジメント学部教授，第9章第2節）
＊杉本　淑彦（京都大学名誉教授，第Ⅳ部総説・第12章）
梶川　伸一（金沢大学名誉教授，第10章第1節）
原田　一美（第10章第2節・歴史への扉23）
吉岡　潤（津田塾大学学芸学部教授，第10章第3節・歴史への扉24）
小野沢　透（京都大学大学院文学研究科教授，第11章第1節・歴史への扉25）
村田　晃嗣（同志社大学法学部教授，第11章第2節・歴史への扉26）
中野　博文（北九州市立大学外国語学部教授，第11章第3節・歴史への扉27）
岡本　拓司（東京大学大学院総合文化研究科教授，第13章第1節・歴史への扉28）
喜多　千草（京都大学大学院文学研究科教授，第13章第2節・歴史への扉29）
岡内　一樹（京都大学大学院文学研究科，日本学術振興会特別研究員DC，第13章第3節・歴史への扉30）

《編著者紹介》

小山　　哲（こやま・さとし）
　　1961年　生まれ。
　　1989年　京都大学大学院文学研究科博士後期課程研究指導認定退学。
　　現　在　京都大学大学院文学研究科教授。
　　主　著　「トポスとしてのサルマチア――ポーランド史におけるヨーロッパ的アイデンティティ」紀平英作編『ヨーロッパ統合の理念と軌跡』京都大学学術出版会，2004年。
　　　　　　「人文主義と共和政――ポーランドから考える」小倉欣一編『近世ヨーロッパの東と西――共和政の理念と現実』山川出版社，2004年。
　　　　　　「ヤーシの留学――ポーランド貴族が西欧で学んだこと」前川和也編『空間と移動の社会史』ミネルヴァ書房，2009年。

上垣　　豊（うえがき・ゆたか）
　　1955年　生まれ。
　　1985年　京都大学大学院文学研究科博士後期課程研究指導認定退学。
　　現　在　龍谷大学法学部教授。
　　主　著　『近代フランスの歴史――国民国家形成の彼方に』（共著）ミネルヴァ書房，2006年。
　　　　　　『規律と教養のフランス近代――教育史から読み直す』ミネルヴァ書房，2016年。
　　　　　　『はじめて学ぶフランスの歴史と文化』（編著）ミネルヴァ書房，2020年。

山田　史郎（やまだ・しろう）
　　1954年　生まれ。
　　1984年　同志社大学大学院文学研究科文化史学専攻博士後期課程中退。
　　現　在　同志社大学文学部文化史学科教授。
　　主　著　『アメリカ史のなかの人種』山川出版社，2006年。
　　　　　　『権力と暴力』（共編著）ミネルヴァ書房，2007年。

杉本　淑彦（すぎもと・よしひこ）
　　現　在　京都大学名誉教授。
　　主　著　『文明の帝国』山川出版社，1995年。
　　　　　　『ナポレオン伝説とパリ』山川出版社，2002年。
　　　　　　ジェフリー・エリス著『ナポレオン帝国』（訳）岩波書店，2008年。

　　　　　　　大学で学ぶ西洋史［近現代］

| 2011年4月20日　初版第1刷発行 | 〈検印省略〉 |
| 2021年6月30日　初版第9刷発行 | |

　　　　　　　　　　　　　　　　　定価はカバーに
　　　　　　　　　　　　　　　　　表示しています

編著者	小山　哲 上垣　豊 山田史郎 杉本淑彦
発行者	杉田啓三
印刷者	江戸孝典

　　発行所　株式会社　ミネルヴァ書房
　　　　　607-8494 京都市山科区日ノ岡堤谷町1
　　　　　　　　　電話代表 (075)581-5191
　　　　　　　　　振替口座 01020-0-8076

　　© 小山・上垣・山田・杉本, 2011　共同印刷工業・藤沢製本

　　　　　ISBN978-4-623-05938-6
　　　　　　Printed in Japan

服部良久・南川高志・山辺規子 編著
大学で学ぶ 西洋史〔古代・中世〕
A5・376頁
本体2,800円

南塚信吾・秋田 茂・高澤紀恵 責任編集
新しく学ぶ西洋の歴史
A5・450頁
本体3,200円

中井義明・佐藤専次・渋谷 聡・加藤克夫・小澤卓也 著
教養のための西洋史入門
A5・328頁
本体2,500円

小澤卓也・田中 聡・水野博子 編著
教養のための現代史入門
A5・418頁
本体3,000円

朝治啓三 編
西洋の歴史 基本用語集〔古代・中世編〕
四六・304頁
本体2,200円

望田幸男 編
西洋の歴史 基本用語集〔近現代編〕
四六・256頁
本体2,000円

金澤周作 監修
論点・西洋史学
B5・340頁
本体3,200円

指 昭博 編著
はじめて学ぶ イギリスの歴史と文化
A5・264頁
本体2,800円

木畑洋一・秋田 茂 編著
近代イギリスの歴史
A5・392頁
本体3,000円

南 直人・谷口健治・北村昌史・進藤修一 編著
はじめて学ぶ ドイツの歴史と文化
A5・346頁
本体3,200円

上垣 豊 編著
はじめて学ぶ フランスの歴史と文化
A5・346頁
本体3,200円

杉本淑彦・竹中幸史 編著
教養のフランス近現代史
A5・358頁
本体3,000円

北村暁夫・伊藤 武 編著
近代イタリアの歴史
A5・284頁
本体3,200円

藤内哲也 編著
はじめて学ぶ イタリアの歴史と文化
A5・384頁
本体3,200円

和田光弘 編著
大学で学ぶ アメリカ史
A5・344頁
本体3,000円

立石博高 編著
概説 近代スペイン文化史
A5・388頁
本体3,200円

──── ミネルヴァ書房 ────
https://www.minervashobo.co.jp/